电子商务理论与实务

(第2版)

周小勇　马建森　主　编
史吉锋　程国辉　龚爱清　副主编

清华大学出版社
北京

内 容 简 介

电子商务是一门集经济学、市场学、管理学与信息科学于一体的综合性课程，也是一门理论与实践结合紧密的应用型课程。本书根据应用型本科院校经贸、管理等专业的培养目标和教学特点而编写，在吸收国内外电子商务领域的最新研究成果和实践案例的基础上，系统阐述了电子商务的基础理论、运作流程和行业应用，着重突出了电子商务理论在现代商业中的具体应用。

本书的特点是通俗易懂、深入浅出、简明扼要、实用性强，可作为应用型本科院校、高等专科学校、高等职业技术学校、普通本科院校、成人高等学校和民办高等学校的市场营销、工商管理、经济管理、电子商务、物流管理、国际贸易、旅游、金融保险等专业的教材，也可作为政府机关、企事业单位的培训用书或参考书。

本书封面贴有清华大学出版社防伪标签，无标签者不得销售。
版权所有，侵权必究。举报：010-62782989，beiqinquan@tup.tsinghua.edu.cn。

图书在版编目(CIP)数据

电子商务理论与实务/周小勇，马建森主编. —2版. —北京：清华大学出版社，2021.4(2022.7 重印)
ISBN 978-7-302-57719-5

Ⅰ. ①电… Ⅱ. ①周… ②马… Ⅲ. ①电子商务—高等学校—教材 Ⅳ. ①F713.36

中国版本图书馆 CIP 数据核字(2021)第 050108 号

责任编辑：陈冬梅
装帧设计：李　坤
责任校对：王明明
责任印制：丛怀宇

出版发行：清华大学出版社
网　　址：http://www.tup.com.cn, http://www.wqbook.com
地　　址：北京清华大学学研大厦 A 座　　邮　　编：100084
社 总 机：010-83470000　　邮　　购：010-62786544
投稿与读者服务：010-62776969, c-service@tup.tsinghua.edu.cn
质量反馈：010-62772015, zhiliang@tup.tsinghua.edu.cn
课件下载：http://www.tup.com.cn, 010-62791865

印 装 者：三河市铭诚印务有限公司
经　　销：全国新华书店
开　　本：185mm×260mm　　印　张：20.5　　字　数：500 千字
版　　次：2014 年 8 月第 1 版　2021 年 4 月第 2 版　　印　次：2022 年 7 月第 2 次印刷
印　　数：1501～2500
定　　价：58.00 元

产品编号：084520-02

第 2 版前言

在经济高速发展的当今时代，电子商务的应用越来越广泛，几乎渗透到了每一个行业领域，影响着政府、各种社会组织与个人的行为方式，其理论体系与运作机制也日趋成熟。它赋予了商务和生产活动更高的效率，给企业和个人的创新、发展提供了新的机遇，给社会经济增长带来了新的途径。电子商务所带来的商业革命，彻底改变了传统的商贸方式和规则，促进了企业的管理变革，推动了社会经济的发展。

在我国，由于经济的快速发展以及国内形势的持久稳定，电子商务的发展速度体现出巨大的潜力。截至 2020 年 3 月，我国网民规模达到 9.04 亿人，互联网规模位居世界第一位；互联网普及率达到 64.5%，域名总量达到 5094 万个，其中 CN 域名注册量达到 2243 万个，位居国家域名世界第一。网上市场、网络银行、网上证券、网上保险、网络教育、网络商店、网络预定、网络游戏、网上医疗、网络办公与电子政务等各种电子商务活动日新月异，不断发展。

为了适应社会经济发展对电子商务知识的需求，培养我国电子商务人才，尤其是工作在第一线的应用型人才，我们编写了本书。鉴于目前电子商务方面的实用性教材特别是适用于应用型本科的教材不多，本书遵循理论联系实际、突出实用性的原则，在本书的框架、结构、内容等方面做了一些创新与尝试。全书分为基础篇、运作篇、应用篇三大部分，每篇既可以独立使用，又可以互相贯通，教者与学者都可以根据自己的需要与水平选择相应的内容。本书每一章的内容都配有学习要点及目标、引例、知识点、案例分析、归纳与提高、习题和小资料等具有特色的栏目，有助于学生的理解和学习，以及培养学生的实践能力和解决实际问题的能力。

笔者结合在企业工作的经验和在教育科研工作中的成果，对电子商务基础理论、运作流程和行业应用等内容进行了较为全面、系统、深入的阐述。全书分三篇，共包含电子商务概述、电子商务机理与模式、电子商务技术、电子商务网站建设、电子商务网络营销、电子商务支付、电子商务物流、电子商务安全、典型行业电子商务、移动电子商务、社交电子商务和跨境电子商务 12 章内容。

本书既可作为市场营销、工商管理、经济管理、电子商务、物流管理、国际贸易、旅游、金融保险等专业本科、高职高专层次教材，也可作为政府机关、企事业单位的培训用书或参考书，还可供广大正在或志在从事电子商务及相关活动的人员阅读。

本书由桂林航天工业学院周小勇、马建森主编，负责拟定编写大纲，组织协调并总撰定稿。参与编写的人员有：周小勇(第一章、第三章、第六章、第八章)、马建森(第九章、

第十一章、第十二章)、史吉锋(第二章、第五章)、程国辉(第四章、第十章)、龚爱清(第七章)。

  在本书的编写过程中参阅了国内外许多电子商务方面的有关教材、文献、资料,并从公开发表的书籍、报刊和网站上选用了一定的课件、案例和资料,特向有关单位和个人表示感谢。同时,由于种种原因,可能在列举参考文献中有所遗漏,实出无心,敬请原谅。

  由于编者水平有限,书中难免有不当之处,恳请广大读者和同行批评指正,以便进一步修改与完善。

编 者

第1版前言

在经济高速发展的当今时代,电子商务的应用越来越广泛,几乎渗透到了每个行业领域,影响着政府、各种社会组织与个人的行为方式,其理论体系与运作机制也日趋成熟。它赋予了商务和生产活动更高的效率,给企业和个人的创新、发展提供了新的机遇,给社会经济增长带来了新的途径。电子商务所带来的商业革命,彻底改变了传统的商贸方式和规则,促进了企业的管理变革,推动了社会经济的发展。

在我国,由于经济的快速发展以及国内形势的持久稳定,电子商务的发展速度体现出巨大的潜力。截至2013年12月底,我国网民规模达到5.64亿人,互联网规模位居世界第一位;互联网普及率达到42.1%,域名总量达到1469万个,其中CN域名注册量达到781万个,位居国家域名世界第一。网上市场、网络银行、网上证券、网上保险、网络学校、网上书店、电子客票、网络游戏、网络电视、网络歌手、网上医疗、网络办公与电子政务等各种电子商务活动日新月异,不断发展。

为了能够适应社会经济发展对电子商务知识的需求,培养我国电子商务人才,尤其是工作在第一线的应用型人才,我们编写了本书。鉴于目前电子商务方面的实用性教材特别是适用于应用型本科的教材不多,本书遵循理论联系实际、突出实用性的原则,在本书的框架、结构、内容等方面做了一些创新与尝试。全书分为基础篇、运作篇、应用篇三大部分,每篇既可以独立使用,又可以互相贯通,教者与学者都可以根据自己的需要与水平选择相应的内容。本书每一章的内容都配有学习要点及目标、引例、知识点、案例分析、归纳与提高、习题和小资料等具有特色的栏目,有助于学生的理解和学习,以及培养学生的实践能力和解决实际问题的能力。

笔者结合在企业工作的经验和在教育科研工作中的成果,对电子商务基础理论、运作流程和行业应用等内容进行了较为全面、系统、深入的阐述。全书分三篇,共包含电子商务概述、电子商务机理与模式、电子商务技术基础、电子商务运行环境、电子商务网站建设、网络营销与管理、电子支付与网络银行、电子商务与物流、电子商务安全与管理、企业电子商务应用、电子商业与贸易、服务业电子商务和移动电子商务13章内容。

本书既可作为市场营销、工商管理、经济管理、电子商务、物流管理、国际贸易、旅游、金融保险等专业本科、高职高专层次教材,也可作为政府机关、企事业单位的培训用书或参考书,还可供广大正在或志在从事电子商务及相关活动的人员阅读。

本书由周小勇、史吉锋主编,负责拟定编写大纲,组织协调并总撰定稿,李光明参与了全书书稿的审核工作。参与编写的人员有:周小勇(第三章、第七章、第九章、第十一章)、史吉锋(第二章、第四章、第六章、第十二章)、张立国(第八章、第十章)、程国辉(第五章、第十三章)、李伟其(第一章)。

在本书的编写过程中参阅了国内外许多电子商务方面的有关教材、文献、资料,并从公开发表的书籍、报刊和网站上选用了一定的课件、案例和资料,特向有关单位和个人表示感谢。同时,由于种种原因,可能在列举参考文献中有所遗漏,实出无心,敬请原谅。

由于编者水平有限,书中难免有不当之处,恳请广大读者和同行批评指正,以便进一步修改与完善。

编 者

目　　录

第一篇　基　础　篇

第一章　电子商务概述 3
第一节　电子商务的产生与发展 4
　　一、电子商务产生的背景 4
　　二、电子商务的产生 5
　　三、电子商务的发展 7
第二节　电子商务的内涵与特点 11
　　一、电子商务的内涵 11
　　二、电子商务与其他学科的关系 14
　　三、电子商务与传统商务的比较 15
　　四、电子商务的特点 17
第三节　电子商务的功能与效益 20
　　一、电子商务的主要功能 20
　　二、电子商务的经济效益 21
　　三、电子商务的社会效益 23
案例分析 25
归纳与提高 26
习题 27

第二章　电子商务的机理与模式 29
第一节　电子商务的基本框架 30
　　一、基础网络层 31
　　二、安全交易层 31
　　三、商务应用层 32
　　四、外部环境 33
第二节　电子商务系统及其组成 35
　　一、电子商务系统的定义 35
　　二、电子商务系统的参与主体 35

第三节　电子商务的一般流程 38
　　一、电子商务的基本流程 38
　　二、电子商务的"四流" 40
第四节　电子商务的盈利模式 43
　　一、盈利模式及其要素 43
　　二、常见的电子商务盈利模式 43
第五节　电子商务的交易模式 44
　　一、B2B 模式 45
　　二、B2C 模式 46
　　三、C2C 模式 48
　　四、O2O 交易模式 48
案例分析 50
归纳与提高 51
习题 52

第三章　电子商务技术基础 53
第一节　计算机网络技术 54
　　一、计算机网络的概念与功能 55
　　二、计算机网络的分类 56
　　三、计算机网络的组成 57
第二节　Internet 技术 59
　　一、IP 地址与域名系统 60
　　二、Internet 常用服务 64
第三节　电子商务的新兴技术 68
　　一、移动互联网技术 68
　　二、物联网技术 71
　　三、云计算技术 73

四、大数据技术 75
　　案例分析 76
　　归纳与提高 78
　　习题 78

第二篇　运　作　篇

第四章　电子商务网站建设 83

第一节　电子商务网站概述 83
　　一、电子商务网站的概念 83
　　二、电子商务网站的分类 84
　　三、电子商务网站的特点 86

第二节　电子商务网站的规划与设计 87
　　一、电子商务网站的建设规划 88
　　二、电子商务网站的总体设计 90

第三节　电子商务网站的管理与维护 96
　　一、电子商务网站管理与维护的
　　　　内容 96
　　二、电子商务网站运营管理规范 97
　　三、电子商务网站内容维护规范 97
　　案例分析 98
　　归纳与提高 101
　　习题 101

第五章　电子商务网络营销 103

第一节　网络营销概述 103
　　一、网络营销的含义 103
　　二、网络营销的基本理论 104
　　三、网络营销的主要内容 105
　　四、网络营销的特点 106

第二节　网络营销市场分析 107
　　一、网络营销环境概述 107
　　二、顾客网络购买行为分析 110
　　三、网络营销调研 113

第三节　网络营销策略 116
　　一、网络营销的产品策略 116
　　二、网络营销的价格策略 119
　　三、网络营销的渠道策略 122
　　四、网络营销的促销策略 123

第四节　网络营销的实施与评价 132
　　一、网络营销的实施流程 132
　　二、网络营销效果评价与控制 133
　　案例分析 135
　　归纳与提高 136
　　习题 137

第六章　电子商务支付 138

第一节　电子支付概述 139
　　一、传统支付方式 139
　　二、电子支付方式 140
　　三、电子货币 142

第二节　电子支付系统 146
　　一、电子支付系统的构成 146
　　二、电子支付系统的基本流程 148
　　三、电子支付系统的主要类型 148

第三节　网络银行 151
　　一、网络银行概述 152
　　二、网络银行的功能与流程 154

第四节　第三方支付 158
　　一、第三方支付的概念与特点 159
　　二、第三方支付的基本流程 160
　　三、第三方支付的主要问题 161

第五节　移动支付 162

一、移动支付概述 162
二、移动支付的分类 162
三、移动支付的基本流程 163
案例分析 164
归纳与提高 165
习题 166

第七章 电子商务物流 168

第一节 电子商务与现代物流 169
一、物流概述 169
二、电子商务与物流的关系 172
三、电子商务对物流活动的影响 173

第二节 电子商务物流模式选择 ... 176
一、电子商务下的物流模式 176
二、电子商务企业的物流模式
　　选择 179

第三节 电子商务物流技术 181
一、条码技术 181
二、射频技术 184
三、EDI 技术 186
四、GIS 技术与 GPS 技术 188

第四节 电子商务物流配送 191
一、电子商务物流配送概述 191
二、电子商务物流配送的作用 192

三、电子商务对传统物流配送的
　　影响 193
四、电子商务物流配送的流程 195
案例分析 196
归纳与提高 197
习题 198

第八章 电子商务安全 199

第一节 电子商务安全概述 201
一、电子商务面临的安全问题 201
二、电子商务安全的基本要求 204
三、电子商务的安全体系结构 206

第二节 电子商务安全技术 207
一、网络安全技术 207
二、数据加密技术 211
三、数字认证技术 215

第三节 电子商务安全的管理 221
一、电子商务安全的管理措施 221
二、电子商务的诚信机制 223
三、电子商务安全的立法 224
四、其他安全保障措施 225
案例分析 226
归纳与提高 228
习题 229

第三篇　应　用　篇

第九章 典型行业电子商务 233

第一节 零售业电子商务 234
一、零售与零售业 234
二、电子零售 235
三、电子商务新零售 239

第二节 服务业电子商务 242

一、服务业电子商务概述 242
二、旅游业电子商务 244
三、金融业电子商务 247
案例分析 250
归纳与提高 251
习题 252

第十章 移动电子商务 254

第一节 移动电子商务概述 254
一、移动电子商务的内涵 255
二、移动电子商务的特点 255

第二节 移动电子商务的技术基础 256
一、移动通信技术 256
二、无线通信技术 259
三、移动电子商务应用开发技术 261

第三节 移动电子商务价值链和商业模式 263
一、移动电子商务价值链 263
二、移动电子商务商业模式 264

第四节 移动电子商务的应用 266
一、移动信息服务 266
二、移动营销服务 268
三、移动商务服务 270
四、移动定位服务 271
五、移动办公服务 272
六、移动社交与购物服务 274

案例分析 275
归纳与提高 276
习题 276

第十一章 社交电子商务 278

第一节 社交电子商务概述 279
一、社交电子商务的内涵 279
二、社交电子商务的优势与局限性 282
三、社交电子商务的发展 284

第二节 社交电子商务的应用模式 286
一、内容型社交电子商务模式 286
二、团购型社交电子商务模式 287
三、导购型社交电子商务模式 290

案例分析 291
归纳与提高 292
习题 292

第十二章 跨境电子商务 294

第一节 跨境电子商务概述 295
一、跨境电子商务的概念 296
二、跨境电子商务的特点 297

第二节 跨境电子商务模式 298
一、跨境电子商务模式概述 298
二、跨境电子商务平台模式 299
三、跨境电子商务交易模式 300

第三节 跨境电子商务物流 301
一、跨境电子商务物流概述 301
二、跨境电子商务物流分类 303
三、跨境电子商务物流模式的选择 306

第四节 跨境电子商务支付与通关 307
一、跨境支付概述 308
二、跨境电子商务支付与外汇管理 308
三、跨境电子商务通关 310

案例分析 312
归纳与提高 314
习题 314

参考文献 315

第一篇

基础篇

第一章

第一章 电子商务概述

学习要点及目标

理解电子商务的内涵与特点；把握电子商务与传统商务的区别；了解电子商务的产生、发展过程；掌握电子商务的功能与效益。

引例

电子商务之父：亚马逊网上书店的创办

1994年，一个名叫杰夫·贝索斯(Jeff Bezos)的年轻人迷上了迅速发展的因特网，当时他还只是个财务分析师兼基金管理员。他列出了20种可能在因特网上畅销的产品。通过认真的分析，他选择了图书。5年后，他创办的Amazon.com(亚马逊网上书店)年销售额超过了6亿美元。贝索斯以前并没有图书销售行业的经验，但他知道图书属于低价商品，易于运输，而且很多顾客在买书时不要求当面检查。因此，如果促销有力，就能够激发顾客购买图书的欲望。在全球范围内，每时每刻都有400多万种图书正在印刷，其中100多万种是英文图书。然而，即使是最大的书店也不可能库存20万种图书。从这里，贝索斯发现了图书在线销售的战略机会。

除了上述销售机会，另一个因素对于亚马逊网上书店的成功也同样重要，即图书销售这个行业的供应商结构。贝索斯发现，图书市场上有很多出版商，但没有一个能够垄断市场。因此，就没有出版商能够制约亚马逊网上书店的图书供应，或作为竞争者进入这个市场。贝索斯最后决定把公司设在西雅图，因为这里有很多计算机编程高手，还有全球最大的图书分销中心。

贝索斯鼓励读者把自己的书评发给网站，他把这些评论和图书的出版商信息一起发布。读者的书评就像街边书店里店员的推荐和建议。虽然贝索斯看到了因特网具有送达小的、高度集中的细分市场的巨大力量，但他知道网上书店不可能满足所有顾客的所有要求。因此，他编制了一套销售辅助程序，把其他网站划分为不同的主题，这些网站可以和亚马逊网上书店特定主题的图书建立链接。作为回报，亚马逊网上书店将销售额的一定百分比交给这些网站。

亚马逊网上书店在成长过程中，总是在不断地寻找新的战略机会。1996年，它开始销售CD唱片和录像带。它的WWW网站软件可以追踪顾客的购货记录并向顾客推荐相关书籍。此外，顾客还可以要求亚马逊网上书店在某一作者出版新书时通知自己。由于不断关注并改进图书的进货、促销、销售和运输等业务环节，贝索斯和他的亚马逊网上书店成为电子商务领域最耀眼的一颗明星。

思考：贝索斯为什么选择在网上销售图书？亚马逊网上书店成功的原因有哪些？

(资料来源：电子商务教程. 中国互动出版网, www.china-pub.com)

> **必备知识点**
>
> 电子商务的内涵与特点　电子商务与传统商务的区别　电子商务的功能与效益
>
> **拓展知识点**
>
> 电子商务的产生、发展过程　电子商务的应用与发展现状　电子商务与其他学科的关系　推动电子商务发展的因素

第一节　电子商务的产生与发展

当今时代，无论是跨国公司还是乡间果农，无论是政府采购还是民间交易，都在运用着集商流、物流、资金流、信息流"四流合一"的电子商务。电子商务作为现代商业的基本模式，通过市场全球化、交易连续化、成本低廉化、资源集约化等优势，越来越成为当代服务业中的重要产业。

一、电子商务产生的背景

电子商务的产生是20世纪世界经济与社会发展发生重大变化的结果。这一时代的重大经济背景，就是经济全球化与社会信息化两大基本趋势。经济全球化与信息技术革命不断推动资本经济转变为信息经济和知识经济，强烈地影响着国际经济贸易环境，同时加快了世界经济结构的调整与重组。这不仅对商务的运作过程和方法产生了巨大的影响，甚至对人类的思维方式、经济活动方式、工作方式和生活方式产生了重要影响，这种影响直接催生了电子商务。

(一)经济全球化

经济全球化是指各国、各地区发生的经济活动互相依存，越来越紧密，彼此不可分离的一个不断演变的过程。对国家来说，必须把本国的经济发展目标建立在统一的世界市场的基础上，充分考虑各种可能性和可行性，制定经济社会发展战略；对企业来说，必须善于吸收他国企业的优势，进行多国企业联合的组合式生产，方能迅速将产品销往全球最需要的市场；对个人来说，必须准备迎接世界范围内更激烈的谋职求生发展的竞争，并且善于捕捉各种各样的商机，以施展个人的才干。

经济全球化是在新科技革命的推动下加速的，其中，网络技术对它的成长尤为重要。互联网为经济生活的全球化提供了用之不竭的信息资源、灵活方便的交往手段、高速宽敞的活动通道，还提供了统一的表演舞台——无所不包的网络市场。因特网的发展使国界的限制作用大大降低，加快了全球成为"地球村"和各国民众成为"地球村"村民的步伐。

(二)社会信息化

与经济全球化潮流相呼应，社会信息化的潮流来势迅猛。信息产业在社会经济生活中的地位迅速上升，报纸、广播、电视、通信、广告、咨询等信息制作、加工、传输部门在国民经济中的比重在提高。信息产业没有物质产品，只生产数字、文字、图像、声音资料，

却创造出千万亿元的产值，成为许多国家的支柱产业。计算机的发明大大加快了信息产业的发展，使各种文字、数字、音像信息的制作加工大为简化，成本显著降低；而因特网又使信息传输的成本大幅度降低，为信息产业的发展插上了翅膀，加快了经济信息化的步伐。社会信息化具有三大主要特征——"3A"。

1．FA(工厂自动化)

工厂自动化起步很早，但仅限于单纯的机械加工领域。20 世纪 80 年代从电子、汽车、钢铁、石化向食品加工、建材生产和其他行业延伸，由数控机床、机器人和计算机连接在一起，建立起多种自动生产系统和柔性生产系统。柔性生产系统即根据客户需求精确生产多品种、中小批量的灵活系统。

2．OA(办公自动化)

从 20 世纪 70 年代以来，人们越来越多地通过文字处理机、计算机、复印机和传真机等办公设备处理日常事务，称为办公室自动化或办公自动化。办公自动化提高了企业现代化管理水平，提高了业务效率，拉动了现代信息技术需求，也提高了政府机构和整个国民经济的运行效率。

3．HA(家庭自动化)

家庭自动化不是彩电、冰箱、计算机"三大件"，而是指更高级的家庭生活信息系统。首先，大量的"环境控制机器"陆续进入居民家庭，这类装有微计算机和传感器的机器主要用于家庭的防灾、防盗和节省能源；其次，各种"教育和游戏机器"大量上市，从幼儿园到中学、大学的各种家用学习软件正在普及，有些公司还开发出了家庭教育系统；最后，各种应用性很强的家庭生活信息系统，如电话机装上自动翻译系统，不懂外语的人也可以同外国人交流，再如网上家庭购物、居家医疗等。

经济全球化与社会信息化两大潮流互相推动、互为因果，呈加速发展之势，这为电子商务的产生与发展提供了广阔的天地。

二、电子商务的产生

电子商务的产生与因特网和信息技术的发展是密切相关的。

(一)因特网的发展历史

电子商务是伴随着因特网的发展而产生的。因特网最早是作为军事通信工具而开发的。1957 年，苏联发射了第一颗人造地球卫星，美国为了在高技术领域、军事领域与苏联竞争，成立了高级研究计划署(ARPA)。20 世纪 60 年代后期，ARPA 承担了开发一个不易遭破坏的实验性的计算机通信网络系统的任务，这个网络叫作 ARPANET，目标是保证通信系统在核战争中仍能发挥作用，因为中央通信系统在战争中是被破坏的主要目标，所以系统的基本设计要求是保证网络上每个节点具有独立的功能并具有等同的地位，资源共享，异种计算机能实现通信。该网络使用"包交换/分组交换"这种新的信息传输技术，其原理是：一组信息首先被分割为若干个"包"，每个包均包含它的目的地址，每个包通过不同线路到达目的地，再组装还原成原来的信息。这一原理成为因特网的标准。

1969年9月，ARPANET联通4个站点，即加州大学洛杉矶分校、加州大学圣巴巴拉分校、犹他大学和斯坦福研究所，这是最早的计算机互联网络，开始利用网络进行信息交换。1971年，ARPANET发展到15个站点，新接入的站点包括哈佛大学、斯坦福大学、林肯实验室、麻省理工学院、卡内基·梅隆大学、美国航空航天局等；采用由加州大学洛杉矶分校的斯蒂夫·克洛克设计的网络控制协议NCP，此协议包括远程登录以及远程文件传输的协议和电子邮件，从而形成了ARPANET的基本服务。1972年互联网工作组(INWG)宣告成立，1973年ARPANET扩展成国际互联网，第一批接入的国家有英国和挪威。1975年由于ARPANET已由试验型网络发展为实用型网络，其运行管理由ARPA移交给国防通信局DCA。

20世纪80年代，局限在军事领域的ARPANET开始被用于教育、科研领域。1981年，TCP/IP 4.0版本正式成为ARPANET的标准协议。同年，美国国家科学基金会(NSF)成立了计算机科学网，联合科研、教学单位共同开发和改进网络，并运行TCP/IP协议。1982年TCP/IP加入UNIX内核中，商业电子邮件服务在美国25个城市开始启动。1983年，DCA把ARPANET各站点的通信协议全部转为TCP/IP，这是全球因特网正式诞生的标志。1992年因特网协会(ISOC)成立。1993年国际互联网络信息中心(InterNIC)成立。从1995年起，因特网主干网转由企业支持，实现商业化运营。1997年，美国开始研究开发速度提高几百倍、上千倍的第二代因特网，其他国家迅速跟进，目前已在美洲、欧洲、亚洲等一些国家和地区投入运营。

因特网是一个为所有企业提供的平等、开放的平台，其技术性能决定了电子商务可以进行空前广泛的数据交换，可以在全球范围形成开放的用户市场，并且贸易伙伴的形式和数量不受限制。因特网就好像在真实的三维空间以外构建了一个虚拟的第四空间，这个空间可以提供高效率的商务环境，将几乎全部传统商业行为"移植"过来并进行改造。

可以说，采用电子商务是网络时代对众多企业的强制性要求，要么做电子商务，要么将无商可务(E-business or No business)。物质、能源、信息被认为是现代经济的三大资源，而因特网是把能源与信息结合起来的载体，所以因特网的能量将超过单纯的能源，其社会经济影响深远。一般而言，只有一种新的能源才能成为新的经济时代的特征，如"蒸汽时代""电力时代"。因此，"因特网经济""网络社会"这种表述可以说是反映了未来社会的本质特点。

(二)电子商务产生的基本条件

电子商务最早产生于20世纪60年代，发展于90年代，其产生和发展的重要条件主要包括以下几项。

1. 因特网的成熟

如前所述，由于因特网逐渐成为全球通信与交易的媒体，全球上网用户呈几何级数增长，因特网快捷、安全、低成本的特点为电子商务的发展提供了应用条件。

2. 计算机的广泛应用

随着社会的进步和科技的发展，计算机的处理速度越来越快、处理能力越来越强、价格越来越低、应用越来越广泛，这为电子商务的应用提供了基础。

3. 信用卡的普及

信用卡以其方便、快捷、安全等优点而成为人们消费支付的重要手段,并由此形成了完善的全球性信用卡计算机网络支付与结算系统,使"一卡在手、走遍全球"成为可能,同时也为电子商务中的网上支付提供了重要的手段。

4.《电子安全交易协议》的制定

1997年5月31日,由美国威士国际组织(VISA International)和万事达国际组织(Master Card International)等联合制定的《安全电子交易协议》(Secure Electronic Transaction,SET)出台,并得到大多数厂商的认可和支持,这为开发网络上的电子商务提供了一个关键的安全环境。

5. 各国政府的支持

自1997年欧盟发布《欧洲电子商务协议》,美国随后发布《全球电子商务纲要》以后,电子商务受到世界各国政府的重视,许多国家的政府开始尝试网上采购,这为电子商务的发展提供了有力的支持。

电子商务的产生是社会经济发展的必然结果,经济全球化将加速电子商务在各国的推广。在未来全球竞争面前,一个企业如果不能适应这种经营环境的变化,将无法生存下去。企业要发展,必须学会应用电子商务这一新的竞争手段,才能在市场竞争中取得胜利。

三、电子商务的发展

电子商务的发展经历了两个基本阶段,而随着社会经济发展的需要和电子信息技术、网络互联技术、现代通信技术和现代物流技术等水平的不断提高,全世界电子商务的发展迅速,进入密集创新和快速扩张的新阶段。

(一)基于EDI的电子商务(20世纪60—90年代)

从技术的角度来看,人类利用电子通信的方式进行贸易活动已有几十年的历史了。早在20世纪60年代,人们就开始用电报报文发送商务文件;70年代人们又普遍采用方便、快捷的传真机来替代电报。但是由于传真文件是通过纸面打印来传递和管理信息的,不能将信息直接转入信息系统中,因此人们开始采用EDI(电子数据交换)作为企业间电子商务的应用技术,这也就是电子商务的雏形。

EDI在20世纪60年代末期产生于美国。当时的贸易商们在使用计算机处理各类商务文件的时候发现,由人工输入一台计算机中的数据70%是来源于另一台计算机输出的文件,由于过多的人为因素,影响了数据的准确性和工作效率的提高。人们开始尝试在贸易伙伴之间的计算机上使数据能够自动交换,EDI便应运而生。

EDI是将业务文件按一个公认的标准从一台计算机传输到另一台计算机上的电子传输方法。由于EDI大大减少了纸张票据,因此,人们也形象地称之为"无纸贸易"或"无纸交易"。

(二)基于因特网的电子商务(20世纪90年代至今)

因为使用增值网(VAN)的费用很高,仅大型企业才会使用,从而限制了基于EDI的电子商务应用范围的扩大。20世纪90年代中期后，因特网迅速普及，逐步地从大学、科研机构走向企业和百姓家庭，其功能也已从信息共享演变为一种大众化的信息传播工具。因特网带来的规模效应降低了业务成本，它所带来的范围效应则丰富了企业业务活动的多样性。因特网也为小企业创造了机会，使它们能够与资源雄厚的跨国公司在平等的技术基础上竞争。

从1991年起，一直排斥在因特网之外的商业贸易活动正式进入这个王国，因此使电子商务成为因特网应用的最大热点。以直接面对消费者的网络直销模式而闻名的美国戴尔(Dell)公司，1998年5月的在线销售额高达500万美元，该公司2000年在线收入占总收入的一半以上。亚马逊网上书店的营业收入从1996年的1.58万美元猛增到2019年的1936亿美元。eBay公司是因特网上最大的个人对个人拍卖网站，这个跳蚤市场1998年第一季度的销售额就达1亿美元。像这样的营业性网站已从1995年的2 000个急升为1998年的42.4万个。

基于因特网的电子商务系统提供了更多元化的功能，如通过因特网浏览器、理财软件、电话、因特网电视、PDA等进行全面自动化下单，实现交易管道的多元化；金融商品的多元化体现在股票、基金、信用卡及IPO、期货、衍生性金融商品等。电子商店已是消费市场中非常普遍的经营形态，而结合电子商务系统的开发商，设计具有明确经营目标或有特色的电子商店，更是吸引因特网投资者的重要因素。WAP技术使得移动网上服务更趋成熟，基于WAP的手机购物、证券交易和查询日益流行，带动了新一轮电子商务——移动电子商务的快速发展。

(三) 全球电子商务的应用发展状况

从世界各国电子商务的发展来看，北美地区的电子商务起步较早，发展水平也最高，应用最为普及。美国早在1993年前后便有大量公司开始涉足电子商务。美国前总统克林顿在1997年7月提出《全球电子商务纲要》，明确了美国电子商务发展的方针与策略，并称1998年为电子商务年。仅在2005年圣诞节购物旺季期间，美国市场便为电子商务带来了近200亿美元的商机。进入21世纪，美国的电子商务发展更加迅猛，仅在2004年，美国1/3的家庭都在使用网络银行服务。欧洲的电子商务比美国起步晚了18个月，但发展也很快。欧盟于1997年4月提出了《欧盟电子商务行动方案》，并于1998年起草了各种与电子商务有关的法律，规范了电子商务的市场环境。亚太地区信息产业发达的日本、新加坡和韩国，电子商务的发展也很迅猛。日本、韩国、马来西亚、菲律宾等国都颁布了有关电子商务的基本法规。全球电子商务的发展具有下列几个基本特点。

1. 全球电子商务的规模急剧扩大

自1994年以来，全球Internet用户平均每月增加100万户，为电子商务的使用和普及奠定了良好的客户基础。近几年，无论是客户基础还是网上交易额都出现了惊人的变化，交易额直线攀升，呈指数规律增长。据联合国贸易和发展会议(UNCTAD)2020年4月发布的数据显示，2018年全球电子商务交易额达到25.6万亿美元，其中美国以8.64万亿美元居首，日本以3.28万亿美元排名第二，中国以2.30万亿美元位列第三，之后依次是德国、韩国。

2．B2B 成为全球电子商务发展的主流

在电子商务的几种交易方式中，B2C(商对客)和 B2B(企业对企业)两种所占分量最重，而 B2B 又是重中之重。从国际电子商务发展的实践和潮流看，B2B 业务在全球电子商务销售额中所占比例高达 80%～90%。从交易额上看，B2B 交易可以说是电子商务交易额的大宗。2017 年，美国的 B2B 电子商务交易规模达到 8.13 万亿美元，占电子商务市场比例为 91.5%；中国 B2C 销售额和网购消费者人数均排名全球第一，但仍有 49%的电子商务交易额为 B2B。

3．进入电子商务市场的主体日趋多元化

从国际电子商务的发展来看，进入电子商务市场的主体主要有下列几个类型。

(1) 传统的 IT 巨头。如微软、IBM、Cisco、Intel 等也纷纷加大投资，期望凭借其以往的技术和软件优势，在竞争日益激烈的市场中占得一席之地。

(2) 新兴互联网巨头。如 Amazon、eBay 和 aliexpress.com 等，与传统 IT 企业不同，这些新兴互联网巨头凝聚了网上大部分的人气，并且有足够的互联网经营经验。

(3) 传统行业内的跨国公司。在互联网新经济环境下，通用汽车、Sears Roebuck、杜邦公司等传统领域的巨头纷纷斥巨资进入这一领域，希望通过 B2B 平台优化、改造其原有的价值链，以创造 Internet 时代新的竞争优势。福特汽车、克莱斯勒、通用汽车开始联手构筑新的 B2B 汽车零部件供应链。

(4) 各类生产企业和商业企业。如中国的美的电器、格力电器、苏宁易购，其网上销售额也在总销售额中占相当大的比重。

(5) 金融、物流、旅游、医疗、娱乐等各种服务业。

(6) 各国政府及其所属机构与企业。

(四)电子商务发展面临的主要问题

电子商务的发展主要面临以下几个问题。

(1) 税收问题。电子网络是一种全球性媒体，没有明显的国家界限。交易在网上进行，海关难以监管。电子商务既包括有形的货物贸易，也包括无形的服务贸易，或两者兼有。如计算机硬件属货物需经海关，软件则可不经海关，在网上直接传送；数控机床的操作规程也可用网络传送，付款也能在网上进行。而且，现在产品的价格构成中，软件的比重日渐提高。这样，海关按传统的方式将难以根据交易的全部真实价格进行收税，关税税收会受到一定影响。

(2) 网上支付问题。网上支付是电子商务的关键环节。网上支付的安全、便捷、规范和高效是发展电子商务的必需条件。网上支付需要具备四个方面的条件，即商务系统、电子钱包、支付网关和安全认证，其中安全认证是目前必须解决的核心问题。

(3) 法律问题。经济的全球化已使国界的观念越来越模糊，电子商务的出现更加快了生产、销售全球化的进程。为了在世界范围内实行电子商务，必须制定一套完整的、普遍适用的电子商务准则。这涉及电子商务合同、单证、公证签名的认证以及争端解决规则等一系列制度的改革。各国的法律也必须随之修改。虽然联合国贸易法委员会已制定了一套有关电子商务的法律范本，为电子商务的发展奠定了法律基础，但各国有着不同的经济利益

要求，很难达成一致意见，这也是需要世界各国共同努力为电子商务发展清除的一个障碍。

(4) 安全与信用问题。安全问题对电子商务最为重要。只有在全球范围内建立一套人们能充分信任的安全保障制度，确保信息的真实性、可靠性和保密性，人们才能够放心地参与电子商务。目前，世界各国还无法做到这一点，其中既有技术上的原因，也有法律制度上的障碍。电子商务要发展，保证安全、信用、质量是一个重要方面。

(5) 基础设施问题。电子商务发展的首要条件是健全的、覆盖面广的电信基础设施，但目前许多国家的基础设施尚不完善。况且国有基础电信设施只有通过大大降低收费、自由租用线路、自由联网，采用先进的通信设备和通用技术标准，才可能有利于电子商务的发展，但许多国家很难做到，尤其是发展中国家。硬件环境的低下、人员水平的不足，以及信息管理与分析能力的缺乏，从很大程度上制约了电子商务的发展。

(6) 观念问题。由于电子商务的运行模式与人们固有的消费、购物习惯差异很大，电子商务要蓬勃发展并成功地融入一个国家乃至全球，人们的观念是个不能忽视的问题。

(7) 技术人才问题。由于电子商务是近十年来才得到真正发展的，因而现在许多公司和商家都缺乏足够的技术人才来处理电子商务所遇到的各种问题，尤其是电子商务具有"24×7"（每天 24 小时，每周 7 天都能工作）的要求，迫切需要有一大批专业技术人员进行管理。技术人才的短缺问题已经成为阻碍电子商务发展的一个重要因素。

(8) 物流体系的制约。电子商务交易的商品流通，绝大部分仍然需要有一个实物转移，即物流过程。因此，电子商务效率实际上很大部分是要通过物流过程的效率性来实现的。目前，为电子商务服务的物流企业许多仍是传统物流企业，数量规模供不应求，质量则亟待提高。没有高效率的物流体系做保障，电子商务快速交易的优势就难以体现。

(9) 企业的组织结构与运行方式问题。电子商务必将改变业务流程和市场环境，这就要求企业改变组织结构，以适应新的挑战。公司必须考虑如何才能最好地设计和实现新的组织结构，如何衡量这些新组织结构的业绩，如何将新的技术结合到业务流程的设计中。例如，施乐公司为维持企业的战略优势，调动了 300 名来自不同部门的员工维护施乐网页的质量。为管理好网站，企业需要确定新的组织结构，还要确定这样的管理是效率至上的经营问题还是创造性决定一切的软件开发问题。

知识拓展

我国电子商务的应用与发展见右侧二维码。

案例 1.1

白果的销售

广西桂林灵川县盛产的白果是一种具有良好补益效果的坚果，畅销国内外。可是 2010 年以后，由于周边地区大面积推广种植，白果产量猛增，价格从几十元一斤下降到几元一斤。不少的种植户有了库存积压，为白果的销售发愁。

但该县海洋村的白果却卖得很好，不但没有积压，而且价格也比其他地方高出一到两倍。究其原因，原来是该村请桂林市信息中心为它们在互联网上开设了自己的网站——"白果之乡"，在网上宣传和推销白果，还进行了品牌的打造。这样一来，不仅白果卖得红火，还提高了该村的知名度，带动了旅游产业，现在每年到"白果之乡"来旅游的人都络绎不绝。这个案例提示，电子商务的应用发展具有广阔的前景。

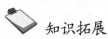知识拓展

推动电子商务发展的因素见右侧二维码。

案例1.2

受亚马逊影响，百年老店西尔斯正式申请破产

继梅西百货之后，因受亚马逊冲击，拥有125年历史的美国连锁百货公司西尔斯(SEARS)正式申请破产保护，以削减债务。美国零售业受到电商崛起冲击，纷纷倒下，包括梅西百货、美国连锁书店Border's Books、玩具反斗城、西尔斯百货等，零售业的寒冬仍然看不到尽头。

在一个多世纪之前，西尔斯是"卖所有东西给所有人"策略的先锋，发展出型录业务，贩售最新服饰、玩具、自建屋，甚至也有卖墓碑的。但后来西尔斯先是被沃尔玛(Walmart)、家得宝(HOME DEPOT)等大型商场超越，之后电商龙头亚马逊(Amazon)崛起，成为美国民众购买服饰、用具和家电的主要平台，使得西尔斯进一步被边缘化。

(资料来源：新浪科技，2018-10-15)

第二节 电子商务的内涵与特点

顾名思义，电子商务是一种商务活动，同时又必须是以电子工具(或者说技术、方式)为基础进行的商务活动。随着电子商务应用的不断发展和对它研究的不断深入，与它相关的诸多学科对其影响也日益复杂。与传统商务模式相比较，电子商务具有更为丰富的内涵和新颖的特点。

一、电子商务的内涵

电子商务的定义有多种说法，但都不全面。下面从几个方面来分析理解它的含义，并综合归纳其定义。

(一)电子商务的含义

对于电子商务的概念，目前并没有比较统一的定义，只是在实践应用的基础上加以总结形成的。经合组织(OECD)是较早对电子商务进行系统研究的机构，它将电子商务定义为是关于利用电子化手段从事的商业活动，是基于电子处理和信息技术，如文本、声音和图像等的数据传输。OECD的定义特别强调了互联网基础上的电子商务发展，但并不是全面完整的。下面通过电子商务的不同定义来理解它的含义。

(1) 国际标准化组织(ISO)的定义：电子商务是企业之间、企业与消费者之间信息内容与需求交换的一种通用术语。

(2) 全球信息基础设施委员会的定义：电子商务是运用电子通信作为手段的经济活动，通过这种方式，人们可以对带有经济价值的产品和服务进行宣传、购置和结算。这种交易方式不受地理位置、资金多少或零售渠道的所有权影响，公有或私有企业、公司、政府组织、各种社会团体、一般公民、企业家等，都能自由地参加广泛的经济活动，其中包括农业、林业、渔业、工业、私营和政府的服务业。电子商务能使产品在世界范围内交易并向消费者提供多种多样的选择。

　　(3) 联合国国际贸易法律委员会的定义：电子商务是采用电子数据交换(EDI)和其他通信方式增进国际贸易职能的一种商务模式。

　　(4) 欧洲委员会(1997)对电子商务的定义：电子商务就是以电子方式进行商务交易。它以数据(包括文本、声音和图像)的电子处理和传输为基础，包含了许多不同的活动(如商品服务的电子贸易、数字内容的在线传输、电子转账、商品拍卖、协作、在线资源利用、消费品营销和售后服务)。它涉及产品(消费品和工业品)和服务(信息服务、财务与法律服务)，传统活动(保健、教育)与新活动(虚拟商场)。

　　(5) 世界电子商务会议(1997)的定义：在业务上，电子商务是指实现整个贸易活动的电子化，交易各方以电子交易方式进行各种形式的商业交易；在技术上，电子商务采用电子数据交换(EDI)、电子邮件、共享数据库、电子公告牌及条形码等多种技术。

　　(6) IBM 提出的电子商务的定义：电子商务=Web+IT，它所强调的是在计算机网络环境下的商业化应用，是把买方、卖方、厂商及其合作伙伴通过因特网(Internet)、企业内部网(Intranet)和企业外部网(Extranet)结合起来的应用。

　　从上面几个权威组织的定义来看，关于电子商务的定义有广义和狭义之分。狭义的电子商务也称作电子交易，主要包括通过计算机网络进行的交易活动，如网上广告、网上洽谈、订货、收款、付款、客户服务、货物递交等活动。而广义的电子商务则是包括电子交易在内、利用网络进行的全部商业活动，因此，它还包括企业内部的商务活动，如市场调查与分析、生产、管理、营销、财务、客户联系以及企业间的商务活动等。

　　对企业而言，电子商务是基于计算机的软硬件、网络通信等的经济活动。它以因特网、企业内部网和企业外部网为载体，使企业有效地完成自身内部的各项经营管理活动(包括市场、生产、制造、产品服务等)，并解决企业之间的商业贸易和合作关系，发展和密切个体消费者与企业之间的联系，最终降低产、供、销的成本，增加企业利润，开辟新的市场。

　　对个人来说，电子商务正在逐渐渗透到每个人的生存空间，涉及人们的生活、工作、学习及消费等各个领域，如网上购物、远程医疗、远程教学、网上炒股等，这些新的商务和服务模式正逐步走向每个人的生活，电子商务已经无处不在。

(二)电子商务的定义

　　综合上述分析，对电子商务的定义应强调两点：一是活动要有商业背景；二是网络化和数字化。一般认为，电子商务是以信息技术为基础的商务活动，包括生产、流通、分配、交换和消费等环节中连接生产和消费的所有活动的电子信息化处理。具体来说，电子商务活动是指以下列方式所进行的交易或商务活动。

　　(1) 通过互联网进行的交易，如联机商店(Online Shop)和网上直销(Internet Direct Sale)。

　　(2) 通过互联网进行的商务活动，如联机服务(Online Service)和网上广告(Internet

Adv.)等。

(3) 通过增值网络 VAN 进行的电子交易和服务，如通过 EDI 进行采购和报关等。

(4) 通过连接企业或机构的计算机网络发生的交易和服务。

电子商务的主要成分是"商务"，是在"电子"基础上的商务。电子商务的定义主要从以下四个方面来理解。

(1) 电子商务的前提是商务信息化。以电子计算机为代表的电子信息技术的发明和创造，主要针对的是人的知识获取和智力开发等。电子计算机是对自然信息、人类信息进行采集、储存、加工处理、分发和传输等的工具。

(2) 电子商务的核心是人的社会化。因为电子商务是一个社会系统，它的中心必然是人。电子商务的出发点和归宿是商务，商务的中心是人或人的集合。电子工具的系统化应用也只能靠人，而从事电子商务的人就必然是既掌握现代信息技术又掌握现代商务技能的复合型人才。

(3) 电子商务的工具必然是现代化工具。所谓现代化工具，是指当代技术成熟、先进、高效、低成本、安全、可靠和方便操作的电子工具，如电报、电话、电传、电视、EDI、EOS、POS、电子货币、MIS、DSS 等系列工具。从系统化来讲，应将局域网(LAN)、城域网(MAN)和广域网(WAN)等纵横相连，构造支持微观、中观和宏观商务活动的安全、可靠、灵活、方便的系统。

(4) 电子商务活动的虚拟化。以往的商务活动主要是针对实物商品进行的活动，而电子商务则首先要将实的商品虚拟化，形成信息化(数字化、多媒体化)的虚拟商品，进而对虚拟商品进行整理、储存、加工和传输。

由此，可以这样来归纳"电子商务"的定义：电子商务是指通过现代通信技术，特别是因特网技术进行的商务活动。它既可以是基于浏览器/服务器应用的电子交易，也可以是构建在现代化信息技术和信息系统上的创新的商务模式，还可以统称为商务活动的电子化。简单地说，电子商务是指系统化地利用电子工具，高效率、低成本地从事以商品交换为中心的各种商务活动的全过程。

案例 1.3

无处不在的电子商务

实例一：小孙在公司里负责采购，一年四季到处跑，又苦又累不说，这差旅费报销就够烦心的。现在终于出现了转机，很多公司都有了网上交易形式，只要上网就能找到很多相关信息，筛选出合适的产品，还有网上谈判呢，还能直接在网上进行合同签字，支付方式可灵活选择。这可方便多了，终于可以和家人共度周末了。

实例二：张老师在某高校工作，学校每月将她的工资直接存入她在招商银行的一卡通账户。张老师只要登录招商银行网站(www.cmbchina.com)，在计算机上经过一番操作，便可得知本月的工资数额。张老师一直在使用招商银行的网上银行管理自己的一卡通账户，足不出户，在家里就可以实现账务查询、代缴费等业务。目前，国内各大银行都开通了网上银行，办理信息咨询、银证转账、个人理财等多种业务。特别是办理数额较大的资金存取与转账，既方便，又安全。

实例三：暑假将至，李老师一家三口准备外出旅游，他希望了解一些旅游线路和旅行社的情况。为此，他访问了国内著名的旅游网站——携程旅行网(www.ctrip.com)，全家人围坐在计算机旁，进行了认真的研究，最后选择了中国著名旅游景点——四川九寨沟，并且在网上向旅行社办理了预订手续。一家三口开始了快乐的旅行。

实例四：赵大伯一家是承包果园的专业户。往年每到水果成熟的季节，赵大伯是又高兴、又着急。高兴的是历经一年的辛苦，硕果累累；着急的是由于地处偏僻、交通不便、信息不灵，如果水果卖不出去，烂了，就会白忙一年。可今年赵大伯一点都不急，因为在城里念大学的女儿学了电子商务，帮他买了一台计算机，并且教会了他如何上网发布信息。于是赵大伯在水果成熟之前，就通过惠农网农产品在线交易网站(www.cnhnb.com)的果品市场发布了供货信息。各地的订货让赵大伯应接不暇。赵大伯早早地就与水果商在网上签订了合同。精明的赵大伯甚至还要求对方先付了预付款。现在赵大伯只需将满园硕果采摘下来，等待订货商前来运走就行了。赵大伯高兴极了，夸女儿学电子商务真有用。

二、电子商务与其他学科的关系

作为一个文理交叉的新兴学科，电子商务的理论和科学基础正在不断发展。毫无疑问，电子商务是建立在多学科的基础之上的，有着鲜明的跨学科特性。电子商务的涉及面很广，需要从多学科的角度来看待。

(一)市场营销学

在电子商务中有许多问题是与传统的市场营销密切相关的，如广告的成本效益和广告策略等。

(二)计算机科学

电子商务的诞生与发展离不开计算机科学的支持。电子商务的基础结构部分有许多问题，如语言、多媒体和网络都归属于计算机科学学科。另外，智能代理也在电子商务中扮演了重要的角色。

(三)消费者行为和心理学

消费者行为是电子商务交易成功的关键，对销售商来说也是如此。在电子化市场上，文化程度和消费者态度之间有着密切的关系。

(四)金融学

金融市场和银行是电子商务的主要参与者。

(五)经济学

电子商务的实现会受到经济实力的影响，同时还会对世界经济产生冲击。所以在经济学理论中应当充分考虑电子商务的存在，考虑由此带来的影响。

(六)信息学

在企业中通常是由信息系统部门来负责开展电子商务的，电子商务的实施同样要涉及从系统分析到系统集成等一系列问题，还要与企业原有的信息系统融合。

(七) 会计和审计学

电子化交易的后端运作在某些方面与传统的交易有所不同，电子化交易该如何审计，这对会计职业提出了挑战，同样对成本效益的评价方法也提出了挑战。

(八) 管理学

电子商务需要适当的管理，由于电子商务的跨学科特性，电子商务的管理更需要有新的方法和理论。

(九) 物流学

电子商务需要物流的支持，所以物流理论和操作实务都有助于电子商务的运用和发展。

(十) 商业法规和道德

法律和伦理问题在电子商务的应用过程中，尤其在全球市场上显得尤为突出，电子商务中的许多问题都与法律法规和道德有关，如隐私权和知识产权等。

以上各学科的研究人员分别从不同角度对电子商务的理论形成与实务运行做出了贡献。例如，计算机科学家对电子商务感兴趣，主要关心的是计算机软硬件、通信系统以及标准、加密技术、数据库的设计和运行技术等的发展。管理科学家主要关心的是如何建立业务流程的数学模型以及如何对这些流程进行优化，他们之所以对电子商务感兴趣，是因为他们把电子商务看作一个对企业如何利用因特网来实现更有效的商业运作进行研究的机会。信息系统研究人员主要是对电子商务在企业和行业价值链、行业结构以及企业战略上的影响感兴趣。

对营销专家来说，他们主要关注电子商务中消费者对于营销和广告宣传的反应，关注企业建立品牌、细分市场、确定目标客户和定位产品，从而获得平均利润之上的投资回报的能力。财会研究人员主要关注电子商务企业的价值和电子商务环境下的会计实践。而社会学家则主要研究一般大众使用因特网的情况，研究由于因特网效益的不均衡造成的社会不平等现象，以及Web作为个人和组织沟通工具的使用情况。物流学家侧重于电子商务模式中物品的流通方式与问题，以及对物流系统及其运作的影响。法律学者则对保护知识产权、保护隐私以及内容监控问题感兴趣。

三、电子商务与传统商务的比较

虽然电子商务与传统商务同是商务活动，都具有一些共同的基本流程，但同时它们之间也确实存在着较大的区别。

(一) 操作流程的比较

1. 传统商务的操作流程

传统商务交易过程中的实务操作由交易准备、交易谈判、合同执行、支付款项等环节组成。

(1) 交易准备。对商务交易过程来说，交易前的准备就是供需双方如何宣传或者获取有效的商品信息的过程。商品供应方的营销策略是通过报纸、电视、户外媒体等各种广告形式宣传自己的商品信息。对商品的需求者——企业和消费者来说,要尽可能得到自己所需要的商品信息,来充实自己的进货渠道。因此,交易前的准备实际上就是一个商品信息的发布、查询和匹配的过程。

(2) 交易谈判。在商品的供需双方都了解了有关商品的供需信息后,就开始进入具体的交易谈判过程。交易谈判实际上是贸易双方进行口头磋商或纸面贸易单证的传递过程。纸面贸易包括询价、价格磋商、签订合同、发货、运输、发票、收货等。各种纸面贸易单证反映了商品交易双方的价格意向、营销策略管理要求及详细的商品供需信息。在传统商务活动的交易谈判过程中使用的工具有电话、电报、传真或邮寄等,因为传真件不足以作为法庭仲裁依据,所以各种正式贸易单证主要通过邮寄方式传递。

(3) 合同执行。在传统商务活动中,交易谈判过程经常是通过口头协议来完成的,但在交易谈判过程完成后,交易双方必须以书面形式签订具有法律效力的商务合同来确定磋商的结果和监督执行,并在产生纠纷时根据合同由相应机构进行仲裁。

(4) 支付款项。传统商务活动中的支付一般有支票和现金两种方式。支票方式多用于企业间的商务过程,用支票方式支付涉及双方单位及其开户银行。现金方式常用于企业对个体消费者的商品销售过程。

2. 电子商务的操作流程

在电子商务环境下,商务实务的操作虽然也有交易准备、交易谈判、合同执行以及支付款项等环节,但交易具体的操作方法是有区别的。

(1) 交易准备。在电子商务模式中,交易的供需信息大都是通过交易双方的网址和网络主页完成的,双方信息的沟通具有快速和高效率的特点。

(2) 交易谈判。电子商务中的交易过程是将传统的纸面交易单证变成电子化的记录、文件或报文在网络上传递的过程,并且由专门的数据交换协议保证网络信息传递的正确性和安全性。

(3) 合同执行。电子商务环境下的网络协议和电子商务应用系统保证了交易双方所有的贸易文件的正确性和可靠性,并且在第三方授权的情况下,这些文件具有法律效力,可以作为在执行过程中产生纠纷的仲裁依据。

(4) 支付款项。电子商务中交易的资金支付采用信用卡、电子支票、电子现金和电子钱包等形式以在网上支付的方式进行。

(二)电子商务与传统商务的区别

1. 交易过程中所应用的手段与方式不同

在电子商务模式下,交易双方借助通信、网络技术可以更加紧密地联系在一起。交易双方可以通过计算机辅助完成部分交易活动的处理和贸易联系,使交易进程和传递速度明显加快,从而使商务活动节奏加快。

2. 交易活动场所(或市场)不同

在传统商务模式下,交易各方的活动范围通常受时间、地域等条件的限制,真正意义上的全球化市场并不存在。在电子商务模式下,交易双方通过网络联系在一起。在世界任何地点、任何时间都可以通过因特网进行实时交易,市场范围大大扩展,交易各方活动领域显著扩大。

3. 交易参与方不同

在传统商务模式下,分销商、代理商等中介是交易活动的重要参与方。在电子商务模式下,由于交易各方的联系能力加强,使从生产商到消费者的直接销售比例增加,分销、代理机构的职能与作用大大削弱,电子商务的运作与传统商务活动有了很大的区别。

4. 面临的法律与行政管理有所不同

在传统商务模式下,法律约束和行政管理的对象是具体的客观活动、行为和人;在电子商务模式下,法律约束和行政管理的对象还包括商务活动中虚拟的行为、信息和虚拟的人。因此,传统的法律法规和行政管理手段已经不能适应网络经济发展的需要,必须针对信息网络虚拟化的特点进行修订完善或重新构建。

小资料

网 络 经 济

网络经济的生产力与工业经济的生产力发展方向完全相反。因为工业经济生产力的总方向是"分化",而传统经济的波动,是生产与消费"分离"后的必然。网络经济的"两高一低"则是借助于网络使生产和消费"合"在一起的结果。技术融合导致社会功能融合,最后达到产业融合,这就是网络经济的精髓,也是电子商务的动力所在。

四、电子商务的特点

与传统的商务活动模式相比,电子商务在产生和发展过程中,形成了以下几个特点。

(一)不受空间、时间限制

互联网上的企业活动以信息为特征,它的活动空间随网络体系的延伸而延伸,没有任何地理障碍,可以使相隔万里的市场与消费者缩至咫尺之间。同时,互联网络可以一天 24 小时、一年 365 天营业,并能迅速采集顾客购买意向,借助数据库分析顾客的购买行为,向顾客提供咨询、采购等服务,而且还能快速地更新商品信息,调整商品对市场需求和流通趋势的适应性。网上的业务可以开展到传统营销人员销售和广告促销所达不到的市场范围,如我国湖南一养毒蛇农民,通过互联网将其产品卖到美国一个未曾谋面的公司。

(二)无歧视、更平等

在这个相对无歧视的互联网络世界市场中,供需双方都是平等的:任何一个使用互联网的公司或个人都可以不受国家、地理位置、经营规模、项目等因素的限制,可与网上任何一个其他的公司或个人打交道,只要上互联网,无论任何人都能得到同样质量、同样可信度的服务。企业之间平等竞争:网络为企业提供了一个真正平等、自由的市场体系,使实力薄弱的中小企业能与实力雄厚的大企业有同样的上网机会、同样的面对消费者的机会和获取世界各地信息的机会。海尔集团上网后数个月获得的国外咨询次数增加了一倍；小天鹅集团1996年上网后出口量迅速增长；1998年，浙江省海宁市皮革服装城加入了国际计算机互联网，仅半年时间，该服装城就吸引了美国、意大利、日本、丹麦等30余个国家和地区的5 600多个客户，仅仅雪豹集团一家就实现外贸供货额1亿多元。

(三)信息充分，内容丰富

以网络为媒体的信息内容十分丰富，网上的虚拟市场的信息往往是多媒体形式的，有图片、动画、文字和声音等，声形并茂，不仅有产品和价格信息，还有相关的知识文化信息。如在网上购买山地自行车，可以充分了解山地自行车的历史、山地车的品牌、山地车的供应商、各种配件功能、配件供应商、山地车的赛事等，这一点是其他营销方式所做不到的。经营者只需坐在办公室或家中就能向世界各地发布关于企业、产品及竞争情况的信息，只要是网上用户，无论身在哪个地区、哪个国家都可以从中了解到各种信息，并按照自己的要求，如价格、质量、性能和购物条件等做出选择。电子商务通过整合价值链上的企业关系使网络服务增值，把供应链管理、供应商管理、销售链管理、客户关系管理、电子商务交易市场的管理集成为一个相互融合、信息共享的企业信息服务平台。通过提供信息共享、交流、反馈和决策处理，改进企业信息处理能力和处理质量，以适应市场竞争环境。

(四)沟通更快捷、有效、个性化

互联网上可以展示商品的目录，连接资料库提供有关商品信息的查询，同时可以和顾客做互动，网络具有双向交互反馈的功能。消费者可以主动在网上随意选择感兴趣的信息、产品或服务。而企业也可以根据消费者反馈的需求信息，定制、改进或开发更贴心、更合消费者口味的个性化的产品与服务，这就使企业与消费者之间的沟通更直接、更方便，也更有效，具有极强的针对性。电子商务具有多媒体信息的双向互动与传播扩散功能，使企业在产品和服务的宣传上比以往更便捷。这对企业拓展全球业务市场空间、扩大知名度、提高竞争力具有重要意义。

(五)费用更节约

电子商务使得买卖双方的交易成本大大降低，具体表现在以下几个方面。

(1) 距离越远，网络上进行信息传递的成本相对于信件、电话、传真而言就越低。此外，缩短时间及减少重复的数据录入也降低了信息成本。

(2) 买卖双方通过网络进行商务活动，无须中介参与，减少了交易的有关环节。

(3) 卖方可通过互联网络进行产品介绍、宣传，节省了在传统方式下做广告、发印刷产品等大量费用。

(4) 电子商务实行"无纸贸易"，可减少90%的文件处理费用。

(5) 互联网可使买卖双方即时沟通供需信息，使无库存生产和无库存销售成为可能。

(6) 企业利用内部网可实现"无纸办公"(OA)，提高了内部信息传递的效率，节省了时间，并降低了管理成本。通过互联网络把企业总部、代理商以及分布在其他国家的子公司、分公司联系在一起，及时对各地市场情况做出反应，即时生产，即时销售，降低存货费用，采用快捷的配送公司提供交货服务，从而降低了产品成本。

(7) 传统的贸易平台是地面店铺，新的电子商务贸易平台则是为企业或个人提供网上交易的虚拟平台，不受空间限制。

(六) 市场全球化

电子商务是在虚拟市场上进行的。这个虚拟市场就是互联网。互联网是一个媒体，是一个连接世界各国的大网络。互联网虚拟市场的出现，将所有的企业，不论是大企业，还是小企业，都推向了一个世界统一的市场。传统的区域性市场的小圈子正在被一步步打破，全球性的竞争迫使每个企业都必须学会在全球统一的大市场上做生意。互联网在全球范围内的迅速崛起给企业带来了新的商机，使企业商业活动向着区域化、国际化、全球化发展，使企业拥有了一个更广阔、更具有选择性的全球市场。电子商务通过企业的门户网站使企业进入国际贸易的门槛降低，为企业建立领先于同行的竞争发展战略创造了优势条件，也让企业可以不受任何限制地展示自己的品牌和形象。

(七) 服务大众化

企业可以通过网络一天24小时永不停息地为顾客服务，对于任一个顾客，无论其规模大小，无论其位于世界的哪一个角落，只要联网，都可享受到全方位的服务。避免了企业因无法与每个顾客沟通而不能满足顾客需求的情况，降低了顾客的不满意程度。与此同时，服务大众化符合了大众营销、直接推销的趋势。电子商务的门户网站是企业的商品交易平台，也是客户关系管理的服务系统，能提供客户个性化消费需求的定制服务，以高效便捷的方式提供产品信息、服务信息、用户疑难解答等各种服务内容。

(八) 交易效率高

由于互联网络将贸易中的商业报文标准化，使商业报文能在世界各地瞬间完成传递与计算机自动处理，从而可以使原料采购、产品生产、产品销售、银行汇兑、保险、货物托运及申报等过程，在无须人员干预的情况下，在最短的时间内完成。在传统贸易方式中，用信件、电话和传真传递信息必须有人的参与，且每个环节都要花不少时间。有时由于人员合作和工作时间的问题，会延误传输时间，失去最佳商机。电子商务克服了传统贸易方式费用高、易出错、处理速度慢等缺点，极大地缩短了交易时间，使整个交易更加快捷、方便。

案例1.4

拼多多：以效率为基，打造线上 Costco+Disney

拼多多成立三年以来增速迅猛，从用户规模看已成为仅次于阿里巴巴的第二大电商巨头。社交电商由需求端发起的属性决定其三年便实现传统电商十年的 GMV 积累。拼多多的崛起具有不可复制性，天时、地利、人和均有重要的先天作用。一方面，拼多多抓住阿里巴巴品牌升级挤出商家、腾讯小程序爆发引流、低线城市收入体量处于网络零售爆发点的契机；另一方面，拼多多通过自身"电商+游戏"等精细化运营，不断改善需求端体验，刺激新触网用户购物，一跃而就跻身 topline 电商。

拼多多的拼团模式是从需求侧发起，通过大规模的订单实现对供给侧的改造，是主动型购物，效率得到根本的改善。实现消费者体验最大化而非门店利益最大化，打造线上 Costco，商业模式更优。拼多多与 Costco 类似通过低价爆款 SKU 实现规模化从而带动平台高效运转，但又与 Costco 不同，拼多多在算法推荐、商业模式（产业链利益分配，让利下游，向上游索取利润）、C2M 反向定制实现数字化方面更胜一筹。以效率为基，打造线上 Costco+Disney，万亿 GMV 指日可待。

(资料来源：网经社，2019-4-28)

第三节 电子商务的功能与效益

电子商务的产生与发展，给社会带来了巨大的经济效益与社会效益。它所具有的各项重要功能，不仅方便了个人，帮助了企业，更有益于社会。总之，在个人、企业、社会三个方面都起到了良好的作用。

一、电子商务的主要功能

电子商务具有广告宣传、咨询洽谈、网上订购、网上支付、电子账户、服务传递、意见征询、交易管理等功能，可广泛应用于旅游和服务行业、传统的出版社和电子书刊、音像出版社、网上商城、银行和金融机构、政府部门的电子政务、网上学校、信息公司、咨询服务公司、顾问公司、保险公司、计算机、网络、数据通信软件和硬件生产商、慈善机构、分布于全世界的各种应用项目和服务项目等。

(一)广告宣传

电子商务可凭借企业的 Web 服务器，在因特网上发布各类商业信息，利用网页和电子邮件做广告宣传，客户也可借助网上的检索工具迅速地找到所需的商品信息。与以往各类广告方式相比，网上广告成本最为低廉，给顾客的信息量却相当丰富。

(二)调查咨询

电子商务能十分方便地采用网站、电子邮件、博客、QQ 等工具来收集市场对企业和商品或服务的意见、看法，以了解市场和商品信息。

(三)商务洽谈

电子商务可借助非实时的电子邮件、QQ、新闻组和实时讨论组等进行交易事务洽谈。如有进一步的需求，还可用网上的白板会议来互动交流有关的图形信息。网上的咨询和洽谈能降低交易成本，而且往往能突破人们面对面洽谈所受到的一些限制，网络能提供多种方便的异地交谈形式，如三地、四地参加的多方洽谈。

(四)网上交易

电子商务可借助 Web 中的邮件或表单交互传送实现网上的交易。企业可以在产品介绍页面提供订购提示信息和订购交互格式框,当客户填完订购单后,通常系统会回复确认来保证订购信息收悉和处理。订购信息也可采用加密的方式使客户和商家信息不会泄露。

(五)物流传递

对于已交易的客户,可以用电子邮件和其他电子工具在网络中进行物流的调配,从而将订购的货物尽快传递到客户的手中。而适合在网上直接传递的信息产品,如软件、电子读物、信息服务等,则可以直接从电子仓库发到用户端。

(六)网上支付

网上支付是电子商务的重要环节。客户和商家之间采用网上支付方式,能保证交易的快速、可靠性,节省费用,加快资金周转。但网上支付需要可靠的信息传输安全性控制,以防止诈骗、窃听、冒用等非法行为。

(七)电子账户

网上的支付必须要有电子金融来支持,即银行或信用卡公司及保险公司等金融单位,要为金融服务提供网上操作的服务,而电子账户管理是其基本的组成部分。信用卡号或银行账号都是电子账户的一种标志,而其可信度需配以必要的技术措施来保证,如数字证书、数字签名、加密等手段的应用,提供了电子账户操作的安全性。

(八)服务征询

电子商务能十分方便地采用网页上的"选择""填空"等格式文件来收集用户对销售商品或服务的反馈意见,使企业的市场运营能形成一个快速有效的信息回路。客户的反馈意见不仅能提高售后服务的水平,更能使企业获得改进产品的宝贵信息,以及发现新的商业机会。

(九)交易管理

交易管理是涉及商务活动全过程的管理。电子商务交易的管理涉及人、财、物多个方面,政府与企业、企业和企业、企业和客户及企业内部等各方面的协调和管理。电子商务具有良好的交易管理的网络环境及多种多样的应用服务系统,以保障用户能够全程参与电子商务活动。

二、电子商务的经济效益

电子商务的不断发展,为企业同时也为整个社会带来了巨大的经济效益。

(一)合理配置社会资源

电子商务密切了企业和市场之间的联系,将使企业内部生产、管理等业务流程彻底发生改变,为此要求企业从组织结构、基础设施、计划、生产到最终用户服务,必须相应地提出一个完整策略,以使企业运作更加有效。电子商务使企业与伙伴开展生产协作和发展贸易关系变得较为容易,信息传递方便快捷,费用大为降低。此时企业选择合作伙伴将更重视技术的匹配、经济资源的互补,而不是距离远近。许多原来由于地理限制或市场信息限制而不能出现的合作,现在成为可能,可以更合理地利用全部社会资源。电子商务环境所提供的大量、及时、准确的市场信息有利于企业领导人做出正确的投资决策,降低企业开发新产品、更新老产品的盲目性。高效率的电子销售渠道可以缩短企业投资回收周期,推动技术进步和产品升级换代。电子商务的发展会使企业投资更为活跃、更为合理,优化经济资源配置,使整个国民经济效率更高。

(二)节约资源,提高效益

电子商务使企业以销定产更为简便易行,可以更密切地衔接商品生产和消费,减少盲目生产和库存积压,从而节约社会劳动和经济资源。电子商务重新定义了传统的流通模式,减少了中间环节,使得生产者和消费者的直接交易成为可能,从而在一定程度上改变了整个社会经济运行的方式。企业通过计算机网络展示自己产品的质量、性能、价格、售前售后服务及付款条件等,客户各取所需,发出订单,企业生产部门根据计算机网络传递的订购信息及时安排或调整生产规模和品种,从而实现小批量、多品种、零库存、即时制造和交货的理想模式,适应现代社会消费潮流。

(三)为企业创造"第四利润源"

企业 4 类利润源的形成是指:"第一利润源"——生产领域物质消耗的降低;"第二利润源"——提高效率、节约劳动消耗;"第三利润源"——提高物流水平、节约流通领域费用;"第四利润源"——降低信息获取成本和充分有效地利用信息增加利润。第四利润源与其他 3 种有所区别:传统的 3 种利润源都着眼于节约以增加利润,如降低能耗物耗、节省工时、降低物流费用和营销费用;而"第四利润源"既强调节约信息搜集和传输成本,又强调充分合理地使用信息,通过这两种途径增加企业盈利。电子商务主要通过 VAN(增值网)、EDI(电子数据交换)、EOS(电子订货系统)、POS(销售点系统)、Internet、Intranet、Extranet技术等实现交易的电子化、信息传递的无纸化,从而降低了企业的信息成本,提高了企业的盈利水平。

 小资料

经 济 信 息

信息是客观世界中各种事物的变化和特征的反映,是客观事物之间相互联系的表征,它包括各种消息、情报、信号、资料等,更包括各类科学技术知识。经济信息的流动是经济活动的重要组成部分,是对持续不断、周而复始的商品流通活动的客观描述,是资金流、物流运动状态特征的反映。信息流的形成主要是由于经济活动本身以及对经济活动进行计划、组织、指挥、协调、控制等过程的客观需要。经济信息是应用信息系统中最具经济潜力的信息资源之一。

思考："提高企业内部信息共享水平的设备和资金投入，不应视作成本开支，而应视为新的盈利点"如何理解？

(四)增强企业的竞争能力

电子商务增强企业的竞争能力主要体现在以下几个方面。

1．降低企业经营成本

降低成本是提高企业竞争力的重要策略，而电子商务是企业降低成本行之有效的途径之一。具体表现为：一是降低采购成本，企业采购过程中有许多信息需要获取和传递，采用电子商务可以降低这些工作的成本和费用；二是降低营销成本，企业在网上建立起自己的商业网站，通过网站可以发布企业的各种信息，广泛地与大众交流，获取他们对产品、服务、营销策略的意见，以及对新产品的建议和产品定价的看法等；三是降低库存成本，建立高效迅速的配送中心，可以减少库存成本，甚至实现无库存；四是降低管理费用，电子商务的运用使许多业务实现了自动化处理，这样就降低了人工费用。

2．创造新的市场机会

互联网可以每周7天、每天24小时运行，几乎没有时间限制，它的触角可以延伸到世界的每一个地方。因此，利用互联网从事市场营销活动可以远及过去靠人进行销售，或者依靠传统销售所不能达到的市场。

3．实施个性化管理

首先，通过互联网，企业克服了在为顾客提供服务时的时间和空间障碍。消费者可以根据自己的需要了解有关信息，这样就满足了消费者的不同要求，从而提升消费者满意度。其次，电子商务是一种以消费者为导向、强调个性化的营销方式。消费者将拥有比过去更大的选择自由，他们可根据自己的个性特点和需求在全球范围内寻找商品。

(五)形成投资的良性循环

良性循环就是指投入与收益成正比。从企业层面出发，电子商务是基于计算机的软硬件、网络通信等的经济活动。它以 Internet、Intranet 和 Extranet 作为载体，使企业有效地完成自身内部的各项经营管理活动(包括市场、生产、制造、产品服务等)，并解决企业之间的商业贸易和合作关系，发展和密切个体消费者与企业之间的联系，最终降低产、供、销的成本，增加企业利润，开辟新的市场。一方面是用户增加。随着互联网的快速发展，不断增长的互联网用户，提供了足够的经济动力去创造和提供更多的网上内容和服务；不断增加的内容和网上服务需要，刺激了基础设施投资建设，使带宽增加、速度更快，进而吸引更多的人上网。另一方面是利润增加。对边际成本几乎为零的网络经济来说，每个新用户和每笔交易都可以增加企业的收益。不断增长的上网人数为网络经济带来了更多的新用户和交易机会。

三、电子商务的社会效益

电子商务的产生与发展不仅具有巨大的经济效益，同时也带来了良好的社会效益。

(一)推动社会分工深化

在电子商务条件下,原来的业务模型发生了变化,许多不同类型的业务过程由原来的集中管理变为分散管理,社会分工逐步变细,因而产生了大量的新兴行业,以配合电子商务顺利运转。例如,商业企业的销售方式和最终消费者购买方式的转变,使得送货上门等业务成为一项极为重要的服务业务,也就产生了配送服务公司。因而,市场的存在必然导致新行业的出现,从而创造出更多的就业机会。同时,电子商务、互联网本身的发展也需要新型电子产品、新兴服务业与之匹配,这将促进社会分工深化,提高劳动生产率,推动社会经济的发展。

(二)促进科技迅速发展

电子商务为科技知识的传播提供了快捷、高效的手段,为教育的普及发展创造了良好的条件和新式途径,并直接带动信息产业的发展,而信息产业又是知识经济的核心和主要推动力。因此,电子商务的发展必将直接或间接地推动知识经济的更快发展。网上金融服务已经在世界范围内展开。网上金融服务包括网上银行、网上投资交易、网上保险等各项业务,数字化的支付与结算手段将是电子商务运作和发展中的关键节点。同时,网上业务作为金融业发展的主要方向,无疑将在很短时间内成为传递金融信息的极好渠道,并为拓宽金融业务范围提供有力支持。

(三)改变人们的生活方式

电子商务将首先是方便消费者,便利购买。网上购物的最大特征是消费者的主导性,购物意愿掌握在消费者手中;同时消费者还能以一种轻松自由的自我服务的方式来完成交易,消费者的主权可以在网络购物中充分体现出来。其次是节省时间。现代市场时间就是金钱,时间成为第一竞争要素。买卖双方利用电子商务设施可以大大提高交易速度,加快订单处理和货款结算支付,减少销售和结算过程中的错误。

电子商务正在逐渐渗透到每个人的生存空间,其范围波及人们的生活、工作、学习及消费等广泛的领域。网上购物、远程医疗、远程教学、网上炒股等,这些崭新的技术名词不仅越来越多地出现在新闻媒体上,同时也在逐步向每个人的生活走来。它改变了人们的生活、学习与工作方式,提高了人们的生活质量,并且增加了新的就业机会。

(四)带动传统行业革命

电子商务是在商务活动的全过程中,通过人与电子通信方式的结合,极大地提高了商务活动的效率,减少了不必要的中间环节,传统的制造业借此进入小批量、多品种的时代,使"零库存"成为可能;传统的零售业和批发业开创了"无店铺""网上营销"的新模式;人们可以进入网上商场浏览、采购各类产品,而且还能得到在线服务;商家们可以在网上与客户联系,利用网络进行货款结算服务;政府还可以方便地进行电子招标、政府采购等;各种线上服务为传统服务业提供了全新的服务方式。电子商务将带来一个全新的金融业,随着电子商务在电子交易环节上的突破,网上银行、银行卡支付网络、银行电子支付系统以及电子支票、电子现金等服务,将传统的金融业带入了一个全新的领域。

(五)转变政府行为和提高社会服务水平

政府承担着大量的社会、经济、文化管理和服务的功能,尤其作为"看得见的手",在调节市场经济运行,防止市场失灵带来的不足方面有着很大的作用。在电子商务时代,当企业应用电子商务进行生产经营,银行金融电子化,以及消费者实现网上消费时,政府的管理行为同样面临着新的挑战。电子政府或称网上政府,将随着电子商务的发展而成为一个重要的社会角色。

同时,电子商务的兴起逐步改变了传统的教学、医疗、就业等服务方式,远程学校、远程诊所和咨询将为教育、医疗及培训带来更大的生机和活力。教育模式从学员原有的被动学习转向主动接受教育,先进的科学知识将根据需要传授给被教育者。医院会诊将在广泛地域上集众多专家的经验于一身,医疗诊断方式则更加灵活和多样化,不再受时间和空间的限制。求职人员也可突破从传统的人才招聘市场、报纸、杂志等获取就业信息的局限性,而在网络空间中挑选适合自己的职业。毋庸讳言,电子商务的发展潜力和市场是巨大的,它是信息时代的必然趋势,它对商业企业的运作和个人工作、生活以及社会发展产生了深远的影响。

信 息 消 费

信息消费是一种直接或间接的以信息产品和信息服务为消费对象的消费活动。进入21世纪,信息社会的轮廓逐渐清晰起来。随着生活的改善和收入的提高,在满足温饱型的衣食消费后,信息消费成为人们追求生活质量、提高工作效率的一种必然。据中国互联网协会发布的《中国互联网产业发展报告(2018)》显示,2018年,我国信息消费市场规模继续扩大,信息消费的规模约5万亿元,同比增长11%,占GDP比例提升至6%。信息服务消费规模首次超过信息产品消费,信息消费市场出现结构性改变。随着新兴消费群体规模不断壮大、消费能力持续增强、消费习惯逐渐改变、消费需求转型升级,我国信息消费市场各个细分领域与新技术持续深度融合,新模式、新业态、新产业不断涌现,信息消费成为推动我国经济增长的重要力量。

小餐馆的成功之道

某大学有教职工1万多人,学生3万多人。距离校门口500米外有一条商业街,开设了众多以学生为消费主体的商店。其中一家餐馆位于商业街的尽头,由于位置不好,生意一直很冷清,餐馆老板想了很多办法,但经营效果始终不好。

一次偶然的机会,餐馆老板认识了两位电子商务专业的学生,并委托他们帮助解决自己的难题。经过调查,他们发现,很多学生下午5点吃了晚饭,经过运动和晚自修以后早就消化得差不多了,而学校食堂在晚上7点以后就不再供应任何食物。另外,学校规定学生10点半以后必须回到宿舍楼,不能外出就餐。因此,学生不得已只能吃饼干或饿肚子。

根据调查结果,两位学生为餐馆设计了一个简单的网上订餐系统,支持用户注册登录、选餐和下单等操作。餐馆负责提供饭菜并配送至学生宿舍门口，再由学生到宿舍门口领取饭菜。用户可选择货到付款方式或消费预存方式，但至少需提前 2 小时确定配送的具体时间和地点。该系统还为每个用户建立了信用档案，降低了经营风险。

经过短短 3 个月的时间，该系统用户数量就突破了 5000 人，网络月销售额突破 8 万元。用户数量以每天至少 50 人的速度在增加，餐馆老板估计在未来 3 个月内可达到月销售额 15 万元。

思考：
1. 案例中阐述的商务模式属于哪一种电子商务模式？
2. 简述该小餐馆取得成功的理由。

(资料来源：http://www.exam8.com/xueli/zikao/zhenti/201209/2423834_2.html)

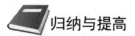 归纳与提高

电子商务的产生，是 20 世纪世界经济与社会发展发生重大变化的结果。这一时代的重大经济背景，就是经济全球化与社会信息化两大基本趋势。电子商务产生和发展的重要条件主要有因特网的成熟、计算机的广泛应用、信用卡的普及、《电子安全交易协议》的制定以及各国政府的支持。

电子商务的发展基本经历了两个阶段：基于 EDI 的电子商务(20 世纪 60—90 年代)和基于因特网的电子商务(20 世纪 90 年代以来)。推动电子商务发展的因素主要有经济因素、客户因素、营销因素、技术因素。电子商务发展的基本特点是：全球电子商务规模急剧扩大；B2B 成为全球电子商务发展的主流；进入电子商务市场的主体日趋多元化。电子商务发展面临的主要问题有税收问题、网上支付问题、法律问题、安全与信用问题、基础设施问题、观念问题、技术人才问题、物流体系的制约、企业的组织结构与运行方式问题等。

电子商务有广义和狭义之分。狭义的电子商务也称作电子交易，主要包括通过计算机网络进行的交易活动，如网上广告、网上洽谈、订货、收款、付款、客户服务、货物递交等活动。而广义的电子商务则是包括电子交易在内、利用网络进行的全部商业活动，因此，它还包括企业内部的商务活动。简单地说，电子商务是指系统化地利用电子工具，高效率、低成本地从事以商品交换为中心的各种商务活动的全过程。

电子商务与传统商务的区别主要表现在：交易过程中所应用的手段与方式不同，交易活动场所(或市场)不同，交易参与方不同，面临的法律与行政管理有所不同。

电子商务具有如下的功能：广告宣传、调查咨询、商务洽谈、网上交易、物流传递、网上支付、电子账户、服务征询、交易管理。与传统的商务活动方式相比，电子商务具有以下几个特点：不受空间、时间限制；无歧视、更平等；信息充分，内容丰富；沟通更快捷、有效、个性化；费用更节约；市场全球化；服务大众化；交易效率高。

电子商务为社会和经济的发展带来了巨大的效益。它的经济效益体现在：合理配置社会资源；节约资源，提高效益；为企业创造"第四利润源"；增强企业的竞争能力；形成投资的良性循环。它的社会效益体现在：推动社会分工深化；促进科技迅速发展；改变人们的生活方式；带动传统行业革命；转变政府行为和提高社会服务水平。

习题

一、选择题

1. 如果要用两个词来描述电子商务,你会选择(　　)。
   A. 科技、网络　　　　　　　　B. 网站、网上交易
   C. 网络中心,企业信息系统　　D. 网络,企业业务流程重组

2. 关于电子商务的盈利前景,你认为(　　)。
   A. 不能盈利
   B. 能盈利,但短期内不能
   C. 能盈利,但现阶段多数企业开展电子商务会亏损
   D. 只要找准定位,现阶段企业开展电子商务大多数能盈利

3. 关于电子商务的安全问题,你认为(　　)。
   A. 风险很大,不能开展
   B. 风险很大,不值得开展
   C. 虽很难控制风险,但利益更大
   D. 风险大,但可以减少到可接受范围,而且风险上升,利益也上升

4. 下列属于电子商务行为的是(　　)。
   A. 电话订购盒饭　　B. 校园卡消费　　C. 淘宝网上购买物品

二、复习思考题

1. 电子商务能完全代替传统商务吗?谈谈你的看法。
2. 你认为在中国电子商务发展更紧迫的问题是什么?
3. 试述狭义电子商务与广义电子商务的区别。
4. 电子商务有何特点?
5. 电子商务有哪些基本作用?
6. 电子商务可实现哪些功能?
7. 什么是E-business?

三、技能实训题

目前,网上诈骗可以说是商家信誉度的杀手。明明是没有商品,却引诱网民去购买、付款,使付款者两手空空。商家的信誉度问题需要有一个规则来解决。业内专家认为,首先应该是行业自律;其次是各个商家联合起来组成行业协会,这样对网络购物的发展具有积极的促进作用。随着网络购物在国内的发展,这些问题正在逐步解决。初次进行网络购物的顾客的客单价一般都相对较低,随着购买者购物次数的增加,购买者对网络购物的信任度逐步增加,同时客单价也会增加。这是解决购买者对商家信誉度的一种方式——通过尝试来增进对网络购物的信任度。而对于商家,购买者的忠诚度同样也被看重。如何确定购买者在网上下单后会如期付款、接受商品,这是值得研究的问题。目前商家的解决方法一

般会通过先付款，或是预付订金的方式尽量避免由于坏订单带来的损失。但是这种方式一般是以降低交易成功率为代价的。

1. 作为消费者参加一次网络购物活动，并且在购物活动中看看推销者是怎么具体操作的。
2. 调研 Nike 网站，了解这个国际知名企业的业务流程以及经营模式。

第二章 电子商务的机理与模式

> **学习要点及目标**

熟悉电子商务系统的一般框架；了解电子商务系统的概念、参与主体及组成要素；理解电子商务的概念模型及"四流"之间的关系；掌握电子商务的盈利模式和常见的交易模式。

> **引例**

联想的电子商务系统构建

作为电子商务的前期工作，首先是软件基础建设方面，联想开始建设企业核心的业务管理应用系统和电子商务网站；为了整顿内部管理，提高工作效率，联想开始考虑实施 ERP。通过 R/3 系统(ERP 软件系统)的实施，联想在企业信息功能和结构方面制定了统一的业务标准，建立了统一的信息平台，并利用这个平台，对整个公司的信息流进行统一的规划和建设。公司的财务管理、销售管理、库存管理等多个环节被集成在一个信息系统里，减少了数据冗余，并且信息流动更加有序和安全。由于系统高度集成，用户订单、库存、采购等业务流程中的数据能够实时更新，并能在用户之间集成和共享，同时又降低了运作成本，提高了盈利水平和工作效率。例如，财务结账日由原来的 20 天降低到 1 天，仅财务结算项目成本就减少了 9 成。此外，联想开始了电子商务系统的 3 个核心部分的设计，即客户关系管理(CRM)、供应链管理(SCM)以及产品研发管理(PDM)这 3 个直接增值环节。

客户关系管理就是通过构筑客户信息数据库，建立企业与每一个用户之间一致的界面，用户的每一次访问(不论是浏览器、电话还是现场)都被记录下来，用于分析他的使用需求和访问习惯，以便于个性化地定制产品和网页；企业不同部门的人对用户的拜访也被记录下来，用于了解用户全面的需求和心理；客户的咨询服务只要拨同一个电话就会自动转接到相关人员那里，而且此人能够立即获取已购设备的用户以前的服务和维修的记录，便于向客户解答；也可以设计主动去了解用户对企业的需求和对产品的满意度，并有针对性地提供他所愿意要的相关产品，从而大大提升企业的效率和客户满意度。

供应链管理是在 ERP 基础上通过构筑和前端客户，以及后端供应商的互动系统，来实现产品供应的通畅、合理、高效，既满足供应，又不保留大量库存进而积压，保持供应的高弹性。通过 SCM 系统，代理商可以了解当前各产品的供货周期、订单的执行情况、资金状况，而联想则可以即时了解各代理商每个产品的库存情况、销售情况，通过统计分析做出新的市场决策，大大提高了决策的准确性和时效性。同时，在此模块实施过程中，联想还将其中的应用成熟的模块，诸如网上订单处理、网上信用管理、网上支付提炼成 i-Order、i-Credit、i-Payment 这样的产品用于支撑自身的系统集成业务，给其他企业提供服务。

产品研发管理就是通过构筑产品信息数据库，建立一个统一的产品研发系统平台。在这个平台上，所有参与设计的人员通过浏览器就可以共享所有的设计文档与信息，通过浏览器就可以共同完成某种产品的开发设计工作。这样，联想的用户和合作伙伴，都可以跨越时空的限制，参与到联想产品研发设计的各个环节中，使产品从一开始设计就充分体现用户的需求,这样生产出来的产品才能够真正让用户满意。同时,产品的设计信息将直接进入生产制造系统,与供应链上的采购、生产、销售、商务等各个环节自动连接起来,从而简化工作流程,大大缩短了新产品从创意到上市的时间周期。

联想的电子商务通过先建立企业内部网,然后开发内部网的使用,建立办公自动化系统,再到借助 ERP 的实施,加强内部的管理,同时建立企业的电子商务网站,树立企业形象,宣传企业的电子商务,最后实施电子商务的核心模块 CRM、SCM 和 PDM,已经具备了电子商务系统的主要框架,正是这些系统的实施,帮助企业实现高效率、低成本,高度满足客户个性化的需求和满意度。联想通过 E 化的方式,使产品的设计和市场的需要趋于一致,并缩短了企业和客户之间的距离,真正实现了电子商务更丰富的内涵。

(资料来源:中国网络营销传播网,http://www.1mkt.net)

必备知识点

电子商务的基本框架　电子商务系统的参与主体　电子商务的商业模式　电子商务的交易模式

拓展知识点

电子商务不同商业模式的比较　B2C 与 C2C 电子商务的比较

第一节 电子商务的基本框架

开展电子商务需要一个电子商务基本架构来指导,而电子商务价值的体现也需要通过电子商务应用系统来实现。电子商务系统不是一个孤立的系统,也不是各组成要素的简单叠加,它是各种要素的有机结合,并且需要和外界进行信息交流。电子商务系统的一般框架结构是指实现电子商务从技术到一般服务层所应具备的完整的运作基础,其一般包括 3 个层次:基础网络层、安全交易层和商务应用层,另外还包括技术、法律法规等外部环境,如图 2.1 所示。

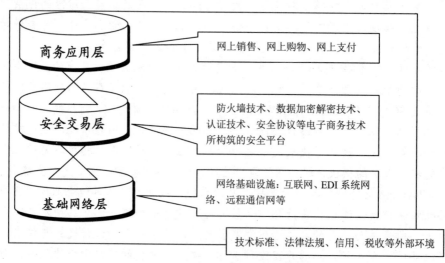

图 2.1　电子商务一般框架模型

一、基础网络层

电子商务系统的基础网络层主要是指各种硬软件构成的网络基础设施，即所谓的"信息高速公路"。基础网络层是构建电子商务交易平台的最底层网络结构和硬件基础设施，使得各交易主体直接通信与沟通成为可能。包括因特网、EDI 增值网、远程通信网、有线电视网、无线通信网等，这些网络都在不同程度上提供了电子商务所需的传输线路。目前这些网络基本上是独立的，就现在来看，大部分电子商务的运作还是基于因特网。

(一)电子商务系统的网络层次

一个商务流程，通常需要供应商、生产商及消费者 3 个角色共同完成。按照网络的覆盖范围，电子商务系统网络层次可以分为 3 个部分：企业内部网(Intranet)、企业外部网(Extranet)、互联网(Internet)。在电子商务系统中，供应商和销售商都有自己内部的 Intranet，它们之间通过 Extranet 进行信息的交互和交易合作，最后商品从生产商到消费者之间则是通过 Internet 进行信息传递和交易活动。所以说一个电子商务系统是由供应商 Intranet、生产商 Intranet、Extranet、消费者以及 Internet 几个部分共同构成的。(详细内容见第三章)

(二)电子商务网络层的构成

电子商务网络层是由网络硬件和网络软件组成的。在网络系统中，硬件的选择对网络起着决定性作用，而网络软件则是挖掘网络潜力的工具。

(1) 网络硬件。网络硬件是计算机网络系统的物质基础。要构成一个计算机网络系统，首先要将计算机及其附属硬件设备与网络中的其他计算机系统连接起来，实现物理连接。不同的计算机网络系统，在硬件方面是有差别的。随着计算机技术和网络技术的发展，网络硬件日趋多样化，且功能更强、更复杂。常见的网络硬件有服务器、工作站、网络接口卡、集中器、调制解调器、终端及传输介质等。

(2) 网络软件。网络软件是实现网络功能所不可缺少的软环境。在网络系统中，网络中的每个用户都可享用系统中的各种资源，所以系统必须对用户进行控制，否则就会造成系统混乱，造成信息数据的破坏和丢失。为了协调系统资源，系统需要通过软件工具对网络资源进行全面管理，进行合理的调度和分配，并采取一系列保密安全措施。通常网络软件包括网络协议软件、网络通信软件和网络操作系统。

二、安全交易层

电子商务发展的核心和关键问题是交易的安全性，这是网上交易的基础，也是电子商务技术的难点所在。目前，因特网上影响交易最大的阻力就是交易安全问题。作为一个安全的电子商务系统，要满足信息的保密性、完整性、不可否认性以及交易者身份的真实性和系统的可靠性等安全要求。

为此，电子商务系统的安全交易层是在基础网络平台的基础上借助防火墙技术、数据加密解密技术、认证技术、安全协议等电子商务技术所构筑的安全平台。(详细内容见第八章)

三、商务应用层

电子商务系统的商务应用层位于整个电子商务系统的顶层,面向电子商务系统的最终用户。它主要是指在安全可靠的网络平台上进行的各种商务应用活动,是电子商务系统的核心组成部分。电子商务的具体应用范围十分广泛,包括网上购物、网上销售、网络营销、网上支付、供应链管理及其他企业内部应用系统。

(一)网上购物

网上购物是指通过互联网检索商品信息,并通过电子订购单发出购物请求,然后通过电子支付,厂商通过邮购的方式发货,或是通过快递公司送货上门的购物形式。

(二)网上销售

顾名思义,网上销售主要是指通过互联网销售产品。比如,目前我们所熟悉的各个网上购物平台如淘宝网、京东、唯品会等,卖家通过网络交易平台进行销售产品以便买家选购,这是一种宅经济消费趋势。

(三)网络营销

网络营销主要是以国际互联网络为基础,利用数字化的信息和网络媒体的交互性来辅助营销目标实现的一种新型的市场营销方式。简单来说,网络营销就是以互联网为主要手段进行的、为达到一定营销目的的营销活动,包括网上调研、信息发布、网络推广、网络客服服务等。

(四)网上支付

网上支付主要是指客户、商家、网络银行(或第三方支付)之间使用安全电子手段,利用电子现金、银行卡、电子支票等支付工具通过互联网传送到银行或相应的处理机构,从而完成支付的整个过程。

(五)供应链管理

所谓供应链,是指生产及流通过程中,涉及将产品或服务提供给最终用户活动的上游与下游企业所形成的网状结构。供应链管理就是指在满足一定的客户服务水平的条件下,为了使整个供应链系统成本达到最小而把供应商、制造商、仓库、配送中心和渠道商等有效地组织在一起来进行产品制造、转运、分销及销售的管理活动和方法。而在电子商务环境下,利用计算机网络技术全面规划供应链中的商流、物流、信息流、资金流等,并进行计划、组织、协调与控制,是电子商务应用的一个重要方面。

(六)其他企业内部应用系统

1. 企业资源计划

企业资源计划(ERP)系统是指建立在信息技术基础上,以系统化的管理思想,为企业决策层及员工提供决策运行手段的管理平台。它是从 MRP(物料需求计划)发展而来的新一代集成化管理信息系统，它扩展了 MRP 的功能，其核心思想是供应链管理。它跳出了传统企业边界，从整个供应链的范畴去优化企业的资源。ERP 系统集信息技术与先进管理思想于一身，成为现代企业的运行模式，反映时代对企业合理调配资源、最大化地创造社会财富的要求，成为企业在信息时代生存、发展的基石。它对于改善企业业务流程、提高企业核心竞争力具有显著作用。

2．办公自动化系统

办公自动化(OA)系统可以将当代先进的电子化工具应用于各种办公活动中，实现办公活动的自动化，从而能最大限度地提高工作质量和工作效率以及改善工作环境。办公自动化系统是一个由人控制、操作和使用的人机信息系统，其主要功能包括文字处理、数据处理、语音处理、图形和图像处理、文件处理、工作日程管理。

3．数据库管理系统

数据库管理系统(DBMS)是一种操纵和管理数据库的大型软件，用于建立、使用和维护数据库。它对数据库进行统一的管理和控制，以保证数据库的安全性和完整性。用户通过数据库管理系统访问数据库中的数据；数据库管理员则通过数据库管理系统进行数据库的维护工作。它提供多种功能，可使多个应用程序和用户用不同的方法在同一时刻或不同时刻去建立、修改和询问数据库。它使用户能方便地定义和操纵数据，维护数据的安全性和完整性，以及进行多用户下的并发控制和恢复数据库。

4．客户关系管理系统

客户关系管理(CRM)系统是指利用软件、硬件和网络技术，为企业建立一个客户信息收集、管理、分析和利用的信息系统。它贯穿于电子商务售前、售中和售后的全过程，可对客户进行快速响应，提升客户满意度并降低服务成本。其主要功能包括客户订单追踪、客户档案和服务合同管理、绩效分析、售后服务(包括安装、诊断、维护)、服务跟踪、来电管理、退货管理。CRM 系统的宗旨是满足每个客户的特殊需求，同每个客户建立联系，通过同客户的联系来了解客户的不同需求，并在此基础上进行"一对一"的个性化服务。通常 CRM 系统包括销售管理、市场营销管理、客户服务系统以及呼叫中心等部分。

5．电子邮件系统

电子邮件系统是 Internet 上使用最广泛的一种服务，为用户提供任意用户间的邮件收发服务。邮件内容除包含文本外，还可包含声音、图像、应用程序等各类计算机文件。

四、外部环境

电子商务系统的外部环境主要包括技术标准、法律法规、社会人文等。技术标准是电子商务正常开展和安全性的技术保障，电子商务活动也都是在现有技术条件限制下发展和进行的。同时，所有商务活动也要在现有的法律法规和政策制度允许的范围内开展。此外，电子商务的发展还受诸多其他外部环境(如物流环境、信用环境)的支撑和制约。

(一)技术标准环境

技术标准是信息发布、传递的基础,是网络上信息一致性的保证。为了保证商务活动数据或单证能被不同国家、不同行业贸易伙伴的计算机系统识别处理,就需要有统一的数据格式和交易标准。电子商务标准体系包括公共标准、网络标准、应用平台标准和应用技术标准。电子商务有许多重要的技术应用标准,如 EDI 标准、识别卡标准、商品编码标准、通信网络标准和其他相关标准。

我国电子商务技术标准起步较晚,如国际上 20 世纪 60 年代起就开始研究 EDI 标准,而我国 EDI 等领域内的技术标准工作是在 90 年代才开始的,并且我国许多标准未成体系,EDI 标准 UN/EDIFACT 有 170 项,ANSI X.12 有 110 项,我国仅有 13 项,其中租赁计划询价单、税务情况报告等还是空白。这些都制约着我国电子商务的发展。

(二)法律与政策环境

法律、法规维系着商务活动的正常运作,网络活动必须受到法律制约。进行商务活动,必须遵守国家的法律、法规和相应的政策,法律制定的成功与否直接关系到电子商务活动能否顺利开展。电子商务的法律规范涵盖了知识产权保护、电子合同、数字签名、网络犯罪等诸多方面。电子商务方面的公共政策是指政府制定的促进电子商务发展的宏观政策,包括互联网络的市场准入管理、内容管理、电信及互联网络收费标准的制定、电子商务的税收政策等。

电子商务是数字经济中最具创新和活力的领域之一,需要依法促进其健康有序发展。2019 年 1 月,《中华人民共和国电子商务法》正式施行,成为我国电子商务领域第一部综合性法律,为规范行业发展提供了依据。2018 年以来,《中华人民共和国反不正当竞争法》正式施行,规定网络经营者不得利用技术手段,破坏其他经营者合法提供的网络产品或服务正常运行,进一步营造了线上线下公平竞争的市场秩序。此外,国家发展改革委、中央网信办等八部门联合发布《关于加强对电子商务领域失信问题专项治理工作的通知》,要求加大对电子商务失信主体的惩戒力度,制定地方电子商务失信主体认定标准,将认定后的电子商务领域黑名单纳入联合惩戒,进一步保护消费者的合法权益。

随着电子商务的发展,由此引发的问题和纠纷不断增加,制定新的法律、法规并形成一个成熟、统一的法律体系,成为世界各国发展电子商务的必然趋势。

(三)物流环境

随着电子商务时代的到来,企业销售范围不断扩大,企业和商业销售方式及最终消费者购买方式发生转变。对少数无形商品和服务来说,可以直接通过网络传输的方式进行配送,如各种电子出版物、信息咨询服务、有价信息软件等;而对大多数有形商品来说,物流仍要经由物理方式传输,使得送货上门等业务成为一项极为重要的服务业务,这极大地促进了物流行业的兴起。而在这一发展过程中,物流不仅已成为有形商品网上交易的一个障碍,而且也已成为有形商品网上商务活动能否顺利进行和发展的一个关键因素。因为电子商务优势的发挥需要有一个与电子商务相适应的、高效、合理、畅通的物流系统,否则电子商务就难以得到有效的发展。

第二章　电子商务的机理与模式

(四)信用环境

在电子商务条件下，商务活动是通过网络进行的，买卖双方在网上沟通、签订电子合同、使用数字签名和电子支付等，这完全改变了传统商务模式下面对面的交易方式，因此商业信用体系的建立对电子商务来说就显得更加重要。它不是仅靠交易双方单方面的努力就能解决的，电子商务信用环境的建立是一个综合性的任务，这当中既有公民道德素质的提高和意识觉醒问题，也有技术问题和法律问题，同时信用环境的建立还需要时间让电子商务系统各个角色逐渐习惯和适应。

电子商务系统的外部支撑环境除了以上提到的之外，还和许多因素有关，如计算机的普及程度和上网率、企业领导对电子商务运作的重视程度及职工素质等。

第二节　电子商务系统及其组成

一、电子商务系统的定义

电子商务系统与电子商务一样，发展时间不长，不同的国家、地区和组织在对这一系统的体系结构及设计开发方面也有不同的看法。有的认为电子商务系统就是网络商务系统，有的将其看作电子商务应用系统，甚至有些观念将其视为网站建设的一部分。

所谓电子商务系统是指帮助企业完成电子商务活动的信息系统，是保证以电子商务为基础的网上交易得以实现的体系。从狭义上看，电子商务系统是指在互联网和其他网络的基础上，以实现企业电子商务活动为目标，满足企业生产、销售、服务等生产和管理的需要，支持企业的对外业务协作，从运作、管理和决策等层次全面提高企业信息化水平，为企业提供商业智能的计算机系统。从广义上讲，电子商务系统是通过现代信息技术进行商务活动的计算机、通信网络、有关人员与组织以及有关法律、制度、标准、规范的统一体。

二、电子商务系统的参与主体

电子商务系统的交易主体主要是指能够从事电子商务活动的客观对象。电子商务系统是保证网上交易实现的体系。而网上交易依然遵循传统市场交易的原则。网上交易的信息沟通是通过数字化的信息渠道实现的。网上进行交易的首要条件是交易双方必须拥有相应的信息技术工具。另外，网上交易的交易双方在空间上是分离的，为保证交易双方进行等价交换，必须提供相应的货物配送和支付结算手段。此外，为保证企业、组织和消费者能够利用数字化沟通渠道，保证交易能顺利进行配送和支付，需要有专门提供服务的中间商参与，即需要电子商务服务商的参与。由此看出，在广义电子商务系统中涉及的人员和组织众多，包括企业、银行、商店、政府机构、科研教育机构和个人等。具体来说，电子商务系统的参与主体主要由以下几个部分组成，如图2.2所示。

(一)购买方

购买方主要是指电子商务系统的客户，可能是企业、组织与个人消费者。他们可能是单独购买商品的顾客，购买商品用作个人消费，即个人行为(B2C)；也可能是另一家厂商的购买行为(B2B)，购买商品用作企业生产或转售。客户通过自己的终端来浏览某一商家提供的商品,并决定是否购买。在电子商务环境下,购买方的分布更为广泛;其需求更趋于多样性;客户与企业的联系更为密切。

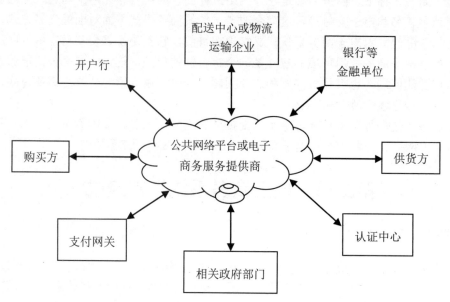

图 2.2 电子商务系统的主要参与主体

(二)供货方

供货方即卖方,主要是指上网的企业、商家或电子商城,他们通过网络或网站展开商务活动,展示商品并完成交易过程。供货方在电子商务中为客户提供相应的货物或服务。供货方在电子商务中处于中心位置,其既是产品和服务的提供者,又是信息的提供者,还是电子商务发展的根本推动力量。供货方如何在信息技术迅速进步的社会环境中利用现有的条件更为有效地发展自己的业务,是电子商务所要研究的中心问题。

(三)银行等金融单位

电子商务活动过程的基本环节还是买和卖,买和卖就必然涉及支付的问题。相对完整的电子商务过程应该有银行系统的介入,银行最直接的参与电子商务的方式便是建立网上银行,通过网络来提供便利的在线支付和结算。因此,电子商务系统中的银行包括卖方的开户行和买方的发卡行,在网上实现买卖双方的电子支付和结算,为商务交易中的买卖双方提供 24 小时全天候的实时服务。

(四)认证中心

认证中心又称为 CA 中心。在电子商务活动过程中,网上交易没有人与人面对面的交往,消费者、商家和银行也互不相识,如何确认彼此的身份是完成网上交易的关键。因此,在这种情况下就需要第三方认证授权,以验证交易各方的身份,确保交易安全顺利地进行。认证中心一般是由买方、卖方及银行都信任的第四方担任,负责为各实体颁发数字证书,并负责在交易中检验证书。数字证书是一个包含证书持有人个人信息、公开密钥、证书序列号、有效期、发证机关的数字签名等内容的数字文件。它是认证中心给个人、企事业单位和政府机构签发的"网上身份证"。这种数字证书可以鉴别交易伙伴，确认电子商务活动中各自的身份，确定合同、契约、单据的可靠性并预防抵赖行为的产生，并用来通过加解密方法实现网上安全的信息交换与安全交易。

(五)公共网络平台或电子商务服务提供商

公共网络平台或电子商务服务提供商主要是指为电子商务参与各方提供信息传递与交换服务的公共通信网络平台，或提供电子商务服务的机构。电子商务服务提供商主要有以下4种。

(1) 接入服务提供商(Internet Access Provider，IAP)，它主要提供Internet通信和线路租借服务。

(2) 服务提供商(Internet Service Provider，ISP)，它主要为企业建立电子商务系统提供全面支持。一般企业、组织与消费者上网时只通过ISP接入Internet，由ISP向IAP租借线路。

(3) 内容服务提供商(Internet Content Provider，ICP)，它主要为企业提供信息内容服务，如财经信息、搜索引擎。

(4) 应用服务系统提供商(Application Service Provider，ASP)，它主要是为企业、组织建设电子商务系统时提供解决方案。电子服务商的努力直接关系到电子商务活动过程中信息传递与交换的快捷、稳定和准确。

(六)支付网关

支付网关(Payment Gateway)是银行金融网络系统和Internet网络之间的接口，是由银行操作的将Internet上传输的数据转换为金融机构内部数据的一组服务器设备，或由指派的第三方处理商家支付信息和顾客的支付指令。支付网关是信息网与金融网连接的中介，它承担双方的支付信息转换的工作，所解决的关键问题是让传统的封闭的金融网络能够通过网关面向Internet广大用户，提供安全方便的网上支付业务，确保交易在Internet用户和交易处理商之间安全、无缝地传递。

(七)配送中心或物流运输企业

在电子商务环境下，消费者通过上网点击购物，即可完成商品所有权的交割过程。但电子商务活动的过程并未结束，只有商品和服务真正转移到消费者手中，商务活动才告以终结。物流配送正是完成"一手交钱、一手交货"的交货服务，将商品送到购买者手中，同时还能根据要求，提供商品流向的跟踪查询服务。因此，物流配送中心是提供交易商品运送服务的专业化部门，是电子商务系统中重要的参与主体之一，也是制约电子商务发展的瓶颈。这里需要特别说明的是，物流配送虽重要，但在部分电子商务系统中是没有的，如航空公司的电子售票系统，音乐、电影、软件等数字产品的下载交易等。

(八)相关政府部门

政府是电子商务活动的管理机构，相关政府部门主要是指工商、税务、海关等国家机关，它们作为现代经济生活的调控者，对电子商务交易进行宏观管理与监控。

第三节　电子商务的一般流程

一、电子商务的基本流程

一般来说，"交易"是指买卖双方之间买卖商品的行为。广义的"交易"是一个复杂的过程。在传统的交易方式中，买卖双方一般是面对面进行交易磋商，达成口头合同或签订书面合同，卖方交付货物而买方支付货款。买卖双方之间"一手交钱、一手交货"是交易发生的标志。交易之所以能够达成和执行还因为具备一定的信用安全环境。狭义的"交易"是指买卖双方之间的交易磋商、达成交易意向的行为。而电子商务交易，就是指买卖双方之间如何在网络上进行交易磋商和达成交易意向。就电子商务流程而言，大致可以将其分为两种基本的流程：网络商品直销的业务流程和网络商品中介的业务流程。

(一) 网络商品直销的业务流程

网络商品直销，是指消费者和生产者或者购买方和供应方，直接利用网络形式所开展的买卖活动。这种交易的最大特点是供需直接见面，环节少，速度快，费用低。其总体运转过程如图 2.3 所示。

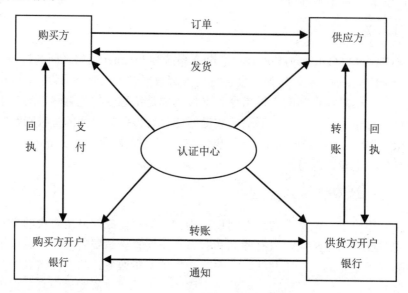

图 2.3　网络商品直销的运转过程

网络商品直销最典型的案例是戴尔公司的网络直销。戴尔的直销主要靠电话和网络与客户进行沟通，客户可以在戴尔公司网站进行计算机个性定制，戴尔公司经过订单处理、预生产、组装、配送能快速地将客户自行定制的个性化计算机送达客户手中。凭借这种网络直销模式，戴尔很快从一家小公司变为全球最大的计算机销售公司。利用网络，戴尔与顾客保持互动，通过戴尔网站实行直销，不仅可以更深入地了解顾客需求，更能获取传统模式中留给中间商的利润空间，降低了销售成本。

(二)网络商品中介的业务流程

网络商品中介交易是通过网络商品交易中心,即通过虚拟网络市场进行的商品交易。这是 B2B 电子商务的另一种形式。在这种交易过程中,网络商品交易中心以因特网为基础,利用先进的通信技术和计算机软件技术,将商品供应商、采购商和银行紧密地联系起来,为客户提供市场信息、商品交易、仓储配送、货款结算等全方位的服务。其运转过程如图 2.4 所示。

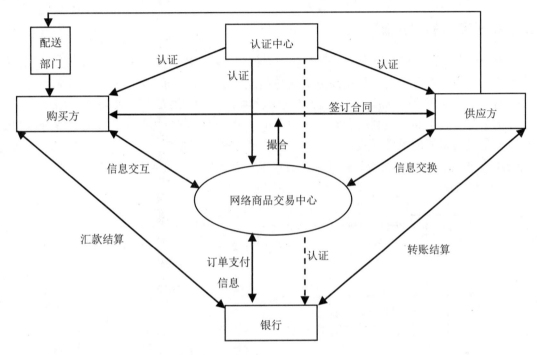

图 2.4　网络商品中介的运转过程

网络商品中介交易的业务流程可分为以下几个步骤。

(1) 买卖双方将各自供需信息通过网络告知网络商品交易中心,交易中心通过信息发布服务提供大量的交易数据和市场信息。

(2) 买卖双方根据商品交易中心提供的信息,选择自己的贸易伙伴,交易中心从中撮合,协助买卖双方签订合同并办理其他相关手续。

(3) 买方在网络商品交易中心指定的银行办理转账付款手续,银行通知网络商品交易中心买方货款到账。

(4) 网络商品交易中心通知卖方将货物送到设在各地的配送部门,由交易中心将货物送达买方的手中。

(5) 买方验证货物后提货。

(6) 网络商品交易中心将买方货款转给卖方。

通过网络商品中介进行交易具有许多突出的优点。

第一,网络商品中介为买卖双方展现了一个巨大的世界市场。对卖方而言,网络商品中介提供了庞大的市场,同时节省了大量的市场开拓费用。对买方而言,网络商品中介平台上同一种商品有更多的供应方,可以更好地"货比三家",拥有更多的选择。

第二,在结算方式上,网络商品交易中心一般采用统一集中的结算模式,如阿里巴巴网和淘宝网的"支付宝"、拍拍网的"财付通"等,网络商品交易中心可以有效地解决传统交易中买方担心"拿钱不给货"和卖方担心"拿货不给钱"的问题。

第三,网络商品中介一般会对在其平台上开展业务的供应商进行一定的资格审查,同时合同签订后,网络商品交易中心会对合同进行监控,关注合同的履行情况,能在一定程度上促使交易的顺利完成。

二、电子商务的"四流"

电子商务中的任何一笔交易,都包含着4种基本的"流",即信息流、商流、资金流、物流。由于电子商务改变了传统商务的交易模式而使不同时间不同空间的交易成为可能,传统商务中并不明显的物流、资金流与信息流开始变得明显并受到越来越多的关注。

电子商务为更高效地利用和整合资源提供了可能性,其中的商流、物流、资金流和信息流又是极其重要的组成要素,是企业与供应商之间、企业相互之间及企业与客户之间高效沟通的 4 条主线。"四流"协调地、有机地和高效地运作是企业及产业电子商务成功的标准(见图2.5)。

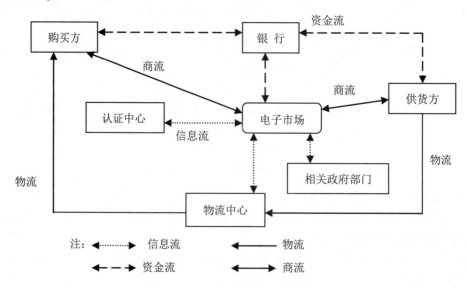

图 2.5 电子商务的"四流"

1. 商流

所谓商流,是一种买卖或者说是一种交易活动过程,通过商流活动发生商品所有权的转移。商流是物流、资金流和信息流的起点,也可以说是后"三流"的前提,一般情况下,没有商流就不太可能发生物流、资金流和信息流。反过来,没有物流、资金流和信息流的匹配和支撑,商流也不可能达到目的。"四流"之间有时互为因果关系。

2. 物流

物流是指商品在空间和时间上的位移,包括这个过程中的采购配送、物流性加工、仓储和包装等环节中的流通情况。其宗旨在于满足企业与顾客的物流需求，尽量消除物流过程中各种形式的浪费，追求物流过程的持续改进和创新，从而降低物流成本，提高物流效率。一个成功的物流系统至少应该做到 5R，即在正确的时间(Right Time)、正确的地点(Right Location)和正确的条件(Right Condition)下，将正确的商品(Right Goods)送到正确的顾客(Right Customer)手中。

物流只是交易的一个组成部分，但却是商品和服务价值的最终体现，"以顾客为中心"的价值实现最终体现在物流上。

3．资金流

资金流作为电子商务的三个构成要素之一，是实现电子商务交易活动不可或缺的手段。作为电子商务中连接生产企业、商业企业和消费者的纽带，银行是否能有效地实现电子支付已成为电子商务成败的关键。

一个完整的电子商务运作环境涉及的资金流需要开放性的 Internet、专业的电子银行网络和其他业务网络。如果没有银行提供网络支付服务，就无法进行电子贸易。因此，银行可以说是任何电子商务资金流的核心机构。

4．信息流

信息流是指电子商务交易活动中买家和卖家为促成利于己方的交易而进行的所有信息获取、辨别、处理与应用活动。它是一切电子商务活动的核心。现代电子商务环境下的企业管理的本质和核心就是对企业信息流实施有效控制，从而提高企业效益。

(1) 企业内部信息流。

企业内部分别存在着横向和纵向的信息流动。横向信息流动是在企业各平级部门之间传递的信息流，而纵向信息流动包括非平级部门之间自上而下和自下而上的信息流。自上而下的信息流主要是指导性和决策性的信息，包括企业战略、经营计划等；自下而上的信息流则是企业一些日常运营的反馈信息由基层向高层的汇总。企业建立 Intranet 以后，原来中规中矩的纵横格局被取代。共享数据库成为不同部门和不同级别之间信息交流的中心，成为整个企业内部信息流的枢纽和反应炉。信息传递的效率更高，量更大，科学性也更强，更易应用于决策当中。

(2) 企业与企业之间的信息流。

企业与企业间的信息流主要包括企业与供应商之间、生产企业与商业企业之间的信息流。在电子商务环境下，企业与企业之间借助于 EDI 可以实现更为快速准确的信息交流。EDI 软件将用户数据库系统中的信息，译成 EDI 的标准格式，以供传输交换。

(3) 企业与客户之间的信息流。

客户资源已经成为所有现代企业最重要的资源。如何与客户进行有效的交流、获得客户需求的第一手信息已成为几乎所有企业的第一要务。借助 CRM 系统，企业可以方便地建立客户档案并与其有效沟通，形成和分析各种客户数据并做出市场导向的决策。

在电子工具和网络通信技术的支持下，信息流、商流、资金流通过点击鼠标瞬间就可完成，而对于物流，只有少数商品和服务可以直接通过网络传输的方式进行配送，如电子出版物、软件等，大多数商品和服务的物流过程必须通过物理活动才能完成。对于某些可以通过网络传输的商品和服务,则可以做到"四流"同步处理,如网上下载音乐、购买软件等。

电子商务是通过因特网进行商务活动的新模式,它集"四流"于一身。由于需要或产生购买欲望,才决定购买,购买的原因和理由就是商流的动机和目的;因为想购买或决定购买某种商品,才考虑购买资金的来源或筹措资金问题。如不付款,就无法得到商品的所有权,这就是条件;又因为决定购买,也有了资金,然后才付诸行动,这就是买主要向卖主传递一个信息,或去商店向售货员传递购买信息,或电话购物、网上购物,这些都是信息传递的过程,但这种过程只是一种手段;然而,商流、资金流和信息流产生后,必须有一个物流的过程,否则商流、资金流和信息流都没有意义。信息流处于一个极其重要的位置,贯穿于交易过程的始终,在一个很高的位置对商品流通过程进行控制,记录整个商务活动的流程,是分析物流、导向资金流,进行决策的重要依据。

所以,在电子商务交易活动中,商流是动机和目的,资金流是条件,信息流是手段,物流是过程。这一切都是为了企业和企业链满足最终客户的需要而形成的。

案例 2.1

"四流"合一,香溢全球

杭州中香化学有限公司(以下简称中香公司)是一家采用纯电子模式经营香料、中药提取物、食品添加剂的电子商务公司。中香公司成立于 2003 年 5 月,从 50 万元注册资金起步,充分运用电子商务,通过自我盈利方式实行滚动发展达到世界先进水平,业务范围覆盖全球,实行全球采购与全球销售,在短短 3 年内注册资金就扩大到 1 000 万元。它通过互联网实现行业信息资源整合,中外银行企业间、企业与个人电子支付的资源整合,中、外物流的整合,继承了一种创品牌与直销的信息流、资金流、物流、商流"四流合一"的模式。

在信息流方面,中香公司与百度、美国在线、雅虎、谷歌等的合作解决了信息流的问题,使得中香公司拦截了全球几乎所有的行业产品信息及供需方信息。配合中香公司简单实用的网站,以及中香公司数十条联系电话和专业的人员服务,信息流非常畅通。

在资金流方面,中香公司支持几十种国内外银行卡的网上支付并申请了中国银行、中国工商银行、中国建设银行、交通银行、浦东发展银行等 18 家银行已开通的 B2B 网上支付系统。这充分发挥了整合的最大优势,是单一的企业支付系统所无法比拟的。

在物流方面,中香公司已经与 UPS、联邦快递、DHL、佳吉、中铁等国内外物流公司的管理系统资源进行链接、共享。通过先进的信息技术,中香公司与物流公司协同以保证商品信息的通畅,并利用自己的资源主动对接供应商与客户的系统,消除了起点与终点的滞留环节,使得商品信息迅速进入物流系统,保证了物流的顺利实现。

在信息流、资金流、物流的共同配合下,中香的品牌随着中香公司的合作伙伴一道进入全球行业客户心中,推动了商流的持续而畅通。

(资料来源:李琪. 电子商务导论. 北京:电子工业出版社,2010)

第四节　电子商务的盈利模式

一、盈利模式及其要素

盈利模式就其最基本的含义而言，是指做生意的方法，是一个公司赖以生存的模式——一种能够为企业带来收益的模式，它是对于企业现在如何赚钱、将来如何规划的描述。电子商务盈利模式是指电子商务企业能为客户提供价值，同时企业和其他参与者又能分享利益的有机体系，它包括产品及服务、信息流和资金流的结构，以及不同参与者及其角色的描述，还包括不同参与者收益及其分配的划分等。一个好的盈利模式能够清楚地描述企业的利润来源和价值创造过程，可以为企业带来持续的利润和竞争力。

盈利模式一般由一个核心和五个基本点组成。一个核心就是价值创造结构；五个基本点指的是利润点、利润对象、利润源、利润杠杆和利润屏障。其中，利润点是指企业可以获取利润的产品或服务，好的利润点一要针对目标客户的清晰的需求偏好；二要为构成利润源的客户创造价值；三要为企业创造价值，它解决的是向用户提供什么样的价值的问题。利润对象是指企业提供的商品或服务的购买者和使用者群体，他们是企业利润的唯一源泉。它明确了向哪些用户提供价值。利润源指的是企业的收入来源，即从哪些渠道获取利润，明确了收入来源有哪些。利润杠杆是企业生产产品或服务以及吸引客户购买和使用企业产品或服务的一系列相关活动，必须与企业的价值结构相关，它明确了企业能够提供的关键活动有哪些。利润屏障是指企业为防止竞争者掠夺本企业的利润而采取的防范措施，它与利润杠杆同样表现为企业投入，但利润杠杆是撬动"奶酪"为我所有，利润屏障是保护"奶酪"不为他人所动。它提供的是如何保持持久盈利的方法。

二、常见的电子商务盈利模式

通过对中外电子商务网站的研究，目前电子商务的盈利模式主要有以下几种。

(一)在线销售商品模式

在线销售商品是通过网络平台销售自己生产的产品或加盟厂商的产品，这是目前比较常见的盈利模式。这里在线销售的商品除了有形的商品，还包括在线销售数字内容的商品。通过在线销售商品模式，企业能够有效地减少交易环节，大幅度地降低交易成本。企业如果以市场平均价格水平销售商品，获利水平将大大超越同行水平，从而颇具实力来运用更有效的促销手段；如果以明显低于市场平均价格水平的价格销售商品，必然能争取到更多的顾客，薄利多销的同时会给同行以巨大的压力。此外，企业还可以通过有效的在线销售拥有雄厚的财力支撑，不断加速产品的更新换代，在不断给消费者带来满意的同时走在行业的前沿。

(二)在线提供服务模式

在线能提供的服务是多样的，如网络游戏、搜索引擎、广告收费、社区在线交流、在线音乐、在线电影、电子邮箱、虚拟空间等。有的盈利模式是明晰的，如网络游戏盛大网络、第九城市等。广告模式也是盈利的，中国的几大综合网站，如网易、搜狐、新浪，还有搜索网站，如百度、雅虎、谷歌等，很大一部分收入都来自广告业务。但广告支持模式只适合有很大用户群的网站，对一般网站并没有多大的盈利支持。目前，很多网站的收费邮箱也能带来一些收入，但免费邮箱的并存使得收费邮箱业务增长缓慢。

在线提供服务模式的网站应该坚持一个原则，坚持做"离不开"的网站。如果提供的服务能给用户带来效用且离不开，那就是成功的服务网站模式。

(三)交易费用模式

交易费用模式是指网站为交易的双方提供一个交易平台，从中收取佣金。这类网站在网上大量存在，如很多的行业网站、招商网站、旅游代理网站等。但做得最好的往往都有自己的核心竞争能力，如先入优势、行业优势或者其他方面的优势。

这一模式比较典型的代表有阿里巴巴、淘宝、易趣、拍拍等购物平台。它们的成功在于吸引了足够多的买家和卖家来形成有足够多物品的交易市场。

网站盈利模式是多样的，新的盈利模式也在不断出现。企业对网站盈利模式的选择是专业化还是多元化，都要根据企业自身的特点来决定。专业性网站要做专做深，毋庸置疑。门户网站求大求全，但盈利的也只是其中的几个模式，故网站盈利模式的选择都可以归结到一点，即要培养自己的核心竞争能力，才能实现网站的可持续发展。

案例 2.2

中经网的盈利模式

中国经济信息网，是国家信息中心组建的、以提供经济信息为主要业务的专业性信息服务网络，于 1996 年 12 月 3 日正式开通，由中经网数据有限公司负责运营。作为国家的一个信息中心，网站定位为政府、为企业提供高质量的经济信息服务。为把内容做专做深，中经网网罗大量专家，把国内在经济领域顶尖的人全圈过来做信息分析，然后利用网络技术把这些高价值信息内容系统化地进行组织整理，即集中力量解决数据库和网上 Web 的联系和应变。中经网提供的是对整体经济环境可靠、准确、系统、连续的描述，既有利于政府的宏观决策，也有利于企业经营者降低经营风险，提高经济活动的有效性。中经网提供的信息对政府现在免费，对企业是收费的，也许随着政府职能的转变和进一步深化改革，将来也可对政府收费。目前，中经网的主要收入来源是企业信息收费。

(资料来源：百度文库，有删节)

第五节 电子商务的交易模式

电子商务的参与者众多，他们的性质也各不相同，主要的参与主体有企业、消费者、政府机构等，即 B(Business)、C(Consumer)、G(Government)。由此形成了 B2B、B2C、C2C、B2G、C2G 等电子商务交易模式。

一、B2B 模式

B2B(Business to Business)电子商务是企业与企业之间的电子商务,即企业与企业之间通过互联网进行产品、服务及信息的交换,其表现为一条产业链中上下游企业之间供应、采购活动的网络化。这种模式多为传统生产型企业所采用,其网站的核心竞争能力表现在如何利用网络为企业更多地降低库存、采购成本和管理成本,从而获取更大的盈利空间。目前,世界上 80%的电子商务交易额是在企业之间,而不是企业和消费者之间完成的,因此 B2B 是电子商务发展的推动力和主流。

B2B 包括特定企业间的电子商务和非特定企业间的电子商务。特定企业间的电子商务是在过去一直有交易关系或者今后一定要继续进行交易的企业间,为了相同的经济利益,共同进行的设计、开发或全面进行市场及库存管理而进行的商务交易。企业可以使用网络向供应商订货、接收发票和付款。非特定企业间的电子商务是在开放的网络中对每笔交易寻找最佳伙伴,与伙伴进行从订购到结算的全部交易行为,它不以持续交易为前提,不同于特定企业间的电子商务。

B2B 电子商务模式包括以下两种基本模式。

一是面向制造业或商业的垂直 B2B。垂直网站是将特定产业的上下游厂商聚集在一起,让各阶层的厂商都能很容易地找到物料供应商或买主。美国由三大汽车制造商所形成的汽车零件交易网便是一种垂直网站。之所以称之为"垂直"网站,是因为这些网站的专业性很强,它们将自己定位在一个特定的专业领域并沟通上下游生产企业。

二是面向中间交易市场的 B2B。这种交易模式是水平 B2B,它是将各个行业中相近的交易过程集中到一个场所,为企业的采购方和供应方提供了一个交易的机会。B2B 只是企业实现电子商务的一个开始,它的应用将会得到不断发展和完善,并适应所有行业企业的需要。

(一)B2B 在线交易流程

B2B 的交易模式包括以下几个步骤。

(1) 购买方向供应方发出交易意向,提出商品报价请求并询问待购商品的详细信息。

(2) 供应方向购买方反馈该商品的报价及其他相关信息。

(3) 购买方向供应方提交商品订购单,并向供应方提出商品运输要求,明确使用的运输工具和交货地点等信息。

(4) 供应方向购买方发出发货通知,说明所用运输公司的名称、交货的时间和地点、所用的运输设备和包装等信息。

(5) 交易双方收发汇款通知。购买方发出汇款通知,供应方告知收款信息。

(6) 供应方备货并开出电子发票,购买方收到货物,供应方收到货款,整个 B2B 交易流程结束。

如果是外贸企业,中间还将涉及海关、国际运输、外汇结算等业务。

(二)B2B 交易模式的优缺点

一般来说,B2B 交易模式的交易次数少,交易金额大,适合企业与供应商、客户之间大宗货物的交易与买卖活动。另外，B2B 模式的交易对象广泛，它的交易对象可以是任何一种产品，即中间产品或最终产品。总体来说，B2B 电子商务将会为企业带来更低的价格、更高的生产率、更低的劳动成本和更多的商业机会。具体来说，B2B 电子商务将给企业带来以下明显的好处。

(1) 改善供应链管理。供应链是企业赖以生存的商业循环系统，是企业电子商务管理最重要的课题。统计数据表明，企业供应链可以耗费整个公司高达 25%的运营成本。由此可见，降低供应链耗费，对企业提高利润率有重要影响。依靠电子商务技术，可以保证通过 Internet，动态维系企业的供货、制造、分销、运输和其他贸易合作伙伴之间的关系，真正建立高效的全球供应链系统。

(2) 增加商业机会和开拓新的市场。Internet 的无国界和无时限的特点为企业之间的交易提供了理想和低成本的信息发布渠道，商业机会因此大大增加。

(3) 改善过程质量。更好的记录跟踪、更少的错误发生，减少的处理时间，降低对人力资源的占用，以及减少非生产用的时间。

(4) 缩短订货周期。更快、更准确的订单处理，降低安全库存量，提高库存补充自动化程度和增加客户满意度。

(5) 降低交易的成本。减少通信、邮政和纸质文档的制作与维护工作量，减少业务代表成本，减少传统广告投入。与传统的书面、电话、传真和 EDI 方式相比，互联网上 B2B 电子商务使各类企业平均降低 12%~15%的成本。如果考虑到资金周转加快和市场机会增加等因素，那么企业从电子商务中所获得的利润是相当可观的。

(6) 改善信息管理和决策水平。准确的信息和交易审计跟踪可以营造更好的决策支持环境，协助发现潜在的大市场，发现不断改进和降低成本的规律。

与此同时，B2B 交易模式也有其不足之处。

(1) 系统整合不易。在一些 B2B 交易中，由于每个企业所采用的采购管理系统或企业资源整合系统不一致，相对整合成本也就非常高。许多企业不会对外整合一个自己尚未信任公司的相关系统，而且系统间整合费时又费力，倒不如以传统的方式与信赖已久的供应商进行采购作业。

(2) 耗费过多的成本。系统间整合的方案将是未来 B2B 电子采购链成功与否的关键。各个公司系统若要加入采购链系统，所面临的最大问题是必须重新规划产品型号格式与公司内部资源整合系统，以符合平台所需。此外，新增加的软硬件及员工的培训费用也都是一笔负担。

B2B 网站实例见右侧二维码。

二、B2C 模式

B2C(Business to Consumer)电子商务是指企业与消费者之间的电子商务。这种形式的电子商务一般以网络零售业为主，主要借助于互联网开展在线销售活动，以网络手段实现公众消费和提供服务。B2C 是随着 WWW 的出现而迅速发展起来的，虽然起步晚于 B2B，成交额也远远不如 B2B 模式，但目前也取得了很好的发展。目前在 Internet 上遍布各种类型的网上商店和虚拟商业中心，提供从鲜花、书籍、饮料、食品、玩具到计算机、汽车等各种消费品和服务。B2C 的发展，使得广大消费者足不出户就可以逛商店，货比多家，轻松购买到称心如意的商品。

(一)B2C 在线交易流程

以消费者进行网上购物为例，B2C 交易的流程如下。

(1) 消费者登录网络，通过互联网搜索想要购买的商品。

(2) 消费者将所需选购的商品放入购物车内，填写系统自动生成的订货单，包括商品名称、数量、单价、总价等，并注明收货地址及备注等详细信息。

(3) 商家反馈上述购货信息给消费者确认。

(4) 消费者确认并提交后，订单成立。其后，消费者通过网上银行或其他网上支付进行货款支付。

(5) 商家收到付款通知后，备货发货。

(6) 消费者收到货物后确认收货。

这种购物过程彻底改变了传统的面对面交易和一手交钱一手交货及面谈等购物方式，是一种新颖有效、保密性好、安全保险、可靠的电子购物过程，利用各种电子商务保密服务系统，就可以在 Internet 上放心地购买自己所需要的物品。

(二)B2C 交易模式的优缺点

B2C 电子商务模式最大的特点是商品的交易完全通过网络的方式进行，从消费者到网上挑选和比较商品开始，到网上购物支付和物流配送以及售后服务，是以网络为媒介来完成的，企业和消费者之间不进行面对面的交易。因此，B2C 交易模式有以下优点。

(1) 提供全天候服务，在任何时间任何空间场所都能自由下单订购，实时交易，速度快。

(2) 商品的搜索成本低，消费者无须为找不到商品信息而烦恼，动用商品搜索服务，就能很快地找到和比较商品。

(3) 相对于 C2C 而言，作为卖方的企业比作为卖方的个人更容易赢得消费者的信任。所以在现实生活中，经常有消费者宁愿接受更高的价格到 B2C 购物平台，而放弃 C2C 更低的报价。

(4) 企业可以依据实际需求有效地控制存货供给，避免不必要的开支。此外，实施 B2C 交易模式，无须承担店面费用，可以减少成本。

与此同时，B2C 交易模式也有其不足之处，主要表现在以下几个方面。

(1) 企业开展在线销售受物流的制约。物流配送能力的滞后，也是制约消费者选择 B2C 平台进行网上购物的一个关键因素。

(2) 买卖双方的互动性低。相对于 C2C 而言，消费者难以与卖家进行及时沟通，双方互动性低，服务不够个性化，商品议价空间小。

知识拓展

B2C 网站实例见右侧二维码。

三、C2C 模式

C2C(Consumer to Consumer)电子商务是消费者对消费者的交易，简单来说就是消费者本身提供服务或产品给消费者。C2C 商务平台就是通过为买卖双方提供一个在线交易平台，使个人也可以主动提供商品上网，而买方可以自行选择商品。

随着互联网的发展、网民规模的不断扩大，网络购物使用率继续上升，加上金融危机蔓延，企业或个人进驻 C2C 的数量迅速增加，增加了网络购物市场的商品供应量。

(一)C2C 在线交易流程

以交易者网上竞拍为例，C2C 交易流程如下。

(1) 交易者登录 C2C 类型网站，注册相关信息。

(2) 卖方发布拍卖商品的信息，确定起拍价格和竞价幅度、截止日期等信息。

(3) 买方查询商品信息，参与网上竞价过程。

(4) 双方成交，买方付款，卖方交货，完成交易。

(二)C2C 交易商品的优缺点

C2C 交易平台上的交易产品丰富、范围广并且以个人消费品为主，它有以下优点。

(1) 商品更加多元化。不是面对单一的商家，所以商品更丰富，给予消费者更多的选择。

(2) 提供同一种商品的商家较多，使得消费者能更好地货比三家，做出最好的购买决策。

(3) 对于卖方而言，开店成本低，技术要求不高。

C2C 交易也有缺点，主要表现在以下两个方面。

(1) 对买方而言，安全性不如 B2C，更容易产生交易欺骗行为。在各大 C2C 交易平台上，消费者被骗事件时有发生。

(2) 对卖方而言，卖同一商品的店家太多，竞争过于激烈。

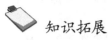 知识拓展

C2C 网站实例见右侧二维码。

四、O2O 交易模式

O2O(Online to Offline)电子商务是指线上线下消费结合的电子商务，主要是线上营销和线上购买带动线下经营和线下消费。O2O 通过打折、提供信息、服务预订等方式，把线下商店的消息推送给互联网用户，从而将他们转换为自己的线下客户，这就特别适合必须到店消费的商品和服务，如餐饮、健身、看电影和演出、美容美发等。

随着互联网的快速发展，电子商务模式除了原有的 B2B、B2C、C2C 商业模式之外，近来一种新型的消费模式 O2O 已快速在市场上发展起来。为什么这种模式能够悄然产生？对于 B2B、B2C 商业模式，买家在线拍下商品，卖家打包商品，找物流企业把订单发出，由物流快递人员把商品派送到买家手上，从而完成整个交易过程。这种消费模式已经发展得很成熟，也被人们普遍接受，但是在美国这种电子商务非常发达的国家，在线消费交易

比例只占 8%，线下消费比例达到 92%。正是由于消费者大部分的消费仍然是在实体店中实现，把线上的消费者吸引到线下实体店进行消费，有很大的发展空间，所以有些商家开始了 O2O 这种消费模式。

商家通过免费开网店将商家信息、商品信息等展现给消费者，消费者通过线上筛选服务，线下比较、体验后有选择地消费。这样既能极大地满足消费者个性化的需求，也节省了消费者因在线支付而没有去消费的费用。商家通过网店信息传播得更快、更远、更广，可以瞬间聚集强大的消费能力。该模式的主要特点是商家和消费者都通过 O2O 电子商务满足了双方的需要。

(一) O2O 模式的交易流程

在 O2O 模式中，交易流程可以分解为五个阶段。

(1) 引流。O2O 平台是吸引线下消费者的入口，聚集了大量有消费需求的消费者，或者引发消费者的线下消费需求。常见的 O2O 平台引流入口包括：社交类网站、消费点评类网站、电子地图(如百度地图)等。

(2) 转化。消费者在线上 O2O 电子商务网站获得商铺及其服务的详细信息，然后会进行搜索、对比产品和服务的优劣及其信用度，并最终选择满意的线下商户，完成消费决策。

(3) 消费。消费者利用 O2O 网站获得的信息到线下店商中接受服务，完成消费。

(4) 评价分享。消费者在线下接受服务、完成消费之后，对自己的消费体验进行评价，并公布到线上 O2O 平台，为其他消费者进行选择提供依据。线上平台通过梳理和分析消费者的反馈，形成更加完整的本地商铺信息库，可以吸引更多的消费者使用在线平台。

(5) 存留。线上 O2O 网站为消费者和本地商户建立沟通渠道，可以帮助本地商户维护消费者关系，使消费者重复消费，成为商家的回头客。

(二) O2O 交易模式的优缺点

O2O 电子商务模式的优势主要体现在以下几个方面。

(1) 对于实体供应商而言：以互联网为媒介，利用其传输速度快、用户众多的特性，通过在线营销，增加了实体商家宣传的形式与机会，为线下实体店面降低了营销成本，大大提高了营销的效率，而且减少了它对店面地理位置的依赖性；同时，实体店面增加了争取客源的渠道，有利于实体店面经营优化，提高自身的竞争力。在线预付的方式，方便实体商家直接统计在线推广效果及销售额，有利于实体商家合理规划经营。

(2) 对于用户而言：不用出门，可以在线便捷地了解商家的信息及其所提供服务的全面介绍，还有已消费用户的评价可以借鉴；能够通过网络直接在线咨询交流，减少用户的销售成本；还有在线购买服务，客户能获得比线下消费更便宜的价格。

(3) 对于 O2O 电子商务网站经营者而言：一方面利用网络快速、便捷的特性，能为用户带来日常生活实际所需的优惠信息，因此可以快速聚集大量的线上用户；另一方面能为商家提供有效的宣传效应，以及可以定量统计的营销效果，因而可以吸引大量线下实体商家，巨大的广告收入及规模经济为网站运营商带来更多的盈利模式。

O2O 交易也有缺点，主要表现在以下方面。

(1) 诚信问题的暴露。据了解之前还有很多平台出现了付款后卷款走人，网上商品描述与实际不符，线上诱人线下限制、额外消费多、高标低价、虚假折扣信息、服务缩水、退换货困难等问题。这些问题在不同的 O2O 模式中都可能存在。

(2) 商家资质有待真实考察。线下商家资源非常丰富，谁拥有得多，谁就更有优势。但如果是为了获得更多的商家资源，而对商家的资质审核度降低，那肯定会损害消费者的利益，最终的不良后果将会变成恶性循环。

(3) 创新能力不足。O2O 平台盈利模式相对清晰，但也容易造成发展模式千篇一律，团购网站就是典型的案例。国内团购的发展是一哄而上，小本经营，用相同的模式圈钱，最后造成所谓的"千团大战"，同质化竞争太过严重，以至于团购行业的冬天提前到来。

 知识拓展

O2O 网站实例见右侧二维码。

 知识拓展

电子商务的其他交易模式见右侧二维码。

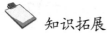 案例分析

海尔电子商务模式

海尔集团电子商务应用背景：海尔集团诞生于 1984 年，拥有包括白色家电、黑色家电、米色家电在内的 69 大门类 10 800 多个规格品种的产品群，在海外建立了 38 000 多个营销网点，产品已销往世界上 160 多个国家和地区。作为中国家电企业的一面旗帜，海尔是国内大型企业中第一家涉足电子商务业务的公司，海尔累计投资 1 亿多元建立了 IT 支持平台，为电子商务服务。2000 年 3 月 10 日，海尔成立电子商务有限公司，面向供应商与个人消费者分别搭建了 B2B 与 B2C 两种平台，通过电子商务手段更进一步增强了海尔在家电领域的竞争优势，成为家电企业的领导者。

1. 海尔电子商务模式分析

海尔集团的电子商务模式主要有两种：一是 B2B 模式；二是 B2C 模式。B2C 主要面向国内的个体消费者，也包括大宗购件的客户。顾客通过海尔网上商城系统，在海尔的网站上浏览、选购、订购商品，然后完成支付，海尔通过现有的销售、配送与服务体系送货上门(针对不同类商品采用不同的配送物流送货上门)，消费者可以在家里静候海尔的快捷配送及安装服务。B2B 应用的对象有两个，一是海尔的供应商，二是购买海尔产品的直销商。面对供应商的 B2B 平台是一个采购平台，用于降低采购成本、优化分供方；面对企业直销对象的 B2B 不仅给对方提供商品，还提供服务，服务包括直销服务和产品解决方案服务，海尔把服务融入到产品的网络销售中，为 B2B 增添了多彩的亮色。

2. 海尔电子商务的成功对家电企业的启示

(1) 家电企业开发电子商务平台要基于一定的基础。

电子商务技术是提高企业竞争力的有力工具，进军电子商务、实施"网上直销"战略

是家电企业面对激烈的市场竞争有效拓展利润空间的方式，然而并不是每个家电企业都有能力和财力开发电子商务平台。海尔能成功开发电子商务平台正是基于很多基础优势，如完善的覆盖全国乃至国外的物流系统和营销网络、强大的品牌认知度和顾客忠诚度、快捷多样的支付手段及个性化的服务等。成功是不能复制的，家电企业自己建立电子商务平台一定要分析自己的优劣势，不能盲目跟风地跨进电子商务的大营，否则极有可能赔了夫人又折兵——不但分散了原来的业务能力，新业务又在短时间内不能取得收益。另外，家电企业想要开展电子商务，自己开发平台并不是唯一的选择，还可以通过家电商城的电子商务平台，如国美或者专业家电中介网络电子商务平台等。

(2) 电子商务有多种模式，关键要找到适合自己的模式。

可以采用 B2B 或 B2C，或两种的结合和混合。海尔基于自己的优势基础，同时采用了 B2B 和 B2C，并且在个性化定制里，海尔结合商家推出了 B2B2C 的模式，让商家根据顾客的需求来定制产品，符合实际情况，因此家电企业要分析哪种模式最适合自己。

(3) 家电企业电子商务制胜关键——个性化。

电子商务时代如何在强手如云的竞争对手中胜出，关键一点就是如何能快速满足用户的个性化需求，能够提供比别人更好的满足用户需求的产品；另外，个性化反射回来的话，就是整个企业的生产能力、布局、组织结构全都要适应它，生产必须是柔性的，整个生产的技术、布局、工艺设计以及组织结构都要能够围绕个性化转，有了这一条，再有了电子商务基本要素——配送网络和品牌，加起来才可能将电子商务做好。满足个性化需求的"高段位"服务是海尔的特殊优势，海尔产品个性化定制、支付方式、服务等方面可体现海尔的个性化，并且海尔从 1999 年 4 月就开始变革组织和产业，即从直线职能性组织结构向业务流程再造的市场链转移，从制造业向服务业转移，这些都为海尔开展个性化电子商务所需的柔性奠定了必要的基础，再加上完善的配送网络和品牌，才使得电子商务做得好。

(资料来源：陆静. 海尔电子商务应用研究与启示，2010)

思考：
1. 阐述 B2B 与 B2C 电子商务模式的联系与区别。
2. 结合案例与章节内容，我们应该如何开发与选择电子商务？

归纳与提高

电子商务系统是通过现代信息技术进行商务活动的计算机、通信网络、有关人员与组织以及有关法律、制度、标准、规范的统一体，由基础网络层、安全交易层、商务应用层以及外部环境所组成。电子商务系统的交易主体主要是指能够从事电子商务活动的客观对象，包括购买方、供货方、银行等金融单位、认证中心、公共网络平台或电子商务服务商、支付网关、配送中心或物流运输企业、相关政府部门。

电子商务交易，就是指买卖双方之间如何在网络上进行交易磋商和达成交易意向。而一般来说，电子商务大致可以分为两种基本的流程：网络商品直销的业务流程和网络商品中介的业务流程。电子商务中的任何一笔交易，都包含着 4 种基本的"流"，即信息流、商流、资金流、物流。完整的电子商务系统是这 4 种要素的有机整合。"四流"互为依存，密不可分，相互作用。

电子商务盈利模式是指电子商务企业能为客户提供价值，同时企业和其他参与者又能分享利益的有机体系，它包括产品及服务、信息流和资金流的结构，以及不同参与者及其角色的描述和不同参与者收益及其分配的划分等。盈利模式由一个核心和五个基本点组成。一个核心就是价值创造结构。五个基本点指的是五个基本构成要素，它们是利润点、利润对象、利润源、利润杠杆和利润屏障。目前，电子商务网站的盈利模式主要有在线销售商品模式、在线提供服务模式、交易费用模式和移动商务模式。

电子商务从不同的角度出发，有不同的分类方法，并且由于电子商务的参与者众多，其性质也各不相同，主要的参与主体有企业、消费者、政府机构等。按交易主体，便形成了 B2B、B2C、C2C、O2O、B2G、C2G、G2G、G2E 等电子商务交易模式。

习题

一、选择题

1. （　　）等网站属于 B2C 电子商务购物网站。
   A. 当当网　　　B. 阿里巴巴　　　C. 麦网　　　D. 天猫
2. （　　）等网站属于 C2C 电子商务购物网站。
   A. 淘宝　　　　B. 亚马逊　　　　C. 拍拍　　　D. 易趣
3. 按电子商务交易主体分类，C2G 代表的含义是（　　）。
   A. 企业对政府　B. 消费者对政府　C. 企业对消费者　D. 消费者对企业

二、复习思考题

1. 电子商务交易前，买卖双方各应注意哪些问题？
2. 网络商品直销和网络商品中介销售有哪些区别？
3. B2B 和 B2C 两种交易模式有哪些区别？举例说明。
4. 在 C2C 业务流程中，关键环节在哪里？
5. 试想你在网上购物过程中，有哪些问题是你所担心的？

三、技能实训题

登录京东商城(www.jd.com)、阿里巴巴(www.1688.com)、淘宝(www.taobao.com)、广东省政府(www.gd.gov.cn)以及中国工商银行(www.icbc.com.cn)等网站，了解各个网站的特点以及这些网站的主要模块，分析这些网站经营模式的异同点和每个网站的营销特色。

第三章　电子商务技术基础

学习要点及目标

了解计算机网络的概念、功能、分类与组成；理解 IP 和域名地址的格式与工作原理，了解 Internet 的接入方法，能够使用 Internet 的常用服务；了解移动互联网、物联网、云计算、大数据等电子商务新兴技术。

引例

百度的 20 年产品史

百度从 2000 年成立后的 20 多年时间里，先后有搜索、贴吧、知道、百科等明星产品的出现，引领了百度最辉煌的一段时光，而有啊、糯米、百度外卖等产品的折戟沉沙和起伏不定，则让百度开始迷茫和止步不前。

一、百度的异军突起(2000—2005 年)

百度成立于 2000 年 1 月 1 日。在搜索引擎出现前，互联网世界先后存在过两类入口：一是浏览器；二是门户。Google 的诞生，让在美国已经从事 8 年搜索技术工作的李彦宏意识到搜索引擎一定会是未来互联网发展的重要方向。于是，1999 年下半年，李彦宏决定回国创办中文搜索引擎公司。

在成立之初，百度的主要产品是为各大网站提供一套搜索技术和工具，而非个人用户。在 2000—2001 年期间，互联网迎来第一次"泡沫"和"崩盘"，无数网站倒闭，让李彦宏开始意识到转型已经迫在眉睫，于是，李彦宏决定将百度的业务模型从面向企业提供搜索技术转变为自行经营搜索引擎。2001 年，百度正式推出独立搜索引擎 baidu.com，业务重心正式开始从"面向企业"转向"面向用户"，并在国内首次提出搜索引擎"竞价排名"模式。这两个决策成为百度此后 20 多年里得以持续发展的基础——搜索引擎所获取到的巨大流量以及搜索广告收入的持续增长。

2002 年，百度在"搜索之争"中打败谷歌赢得中国市场，成为中国网民首选搜索引擎。从 2002 年发布 Mp3 搜索，到 2003 年推出图片搜索、新闻搜索、Flash 搜索以及建立中文社区"百度贴吧"，再到 2004 年收购国内最大个人上网导航网站 hao123、推出文档搜索及"百度知道"，百度在"知识搜索"领域成长迅速，几乎每一年都能获得用户数量和流量上的巨大增长。2005 年 8 月 5 日，百度在美国纳斯达克成功上市。

二、百度的多元化之路(2005—2009 年)

上市之后，面临 Google 持续带来的压力，百度内部开始实行"多元化战略"模式。2005—2009 年期间，百度先后出现了 21 个产品线，除了围绕着搜索陆续推出百度百科、百度空间等搜索社区产品，还在非搜索领域推出了 C2C 电子商务系统"百度有啊"、即时通信工具"百度 HI"、个人消费工具百度币以及进军网络游戏行业。然而，众多布局下，能够开花结果的却并不多。不论是百付宝、有啊，还是"百度 HI"，乃至当时几乎人人赚钱的网游，百度几乎都是折戟沉沙。

三、动荡中前行的百度帝国(2010—2015年)

2010年1月，Google宣布退出中国，百度所处的商业环境愈加有惊无险，由此，百度似乎也失去了创新和进展的动力。从2010年到2015年间，百度似乎没有任何一款能够与早期的贴吧、知道等相提并论的产品面世。2010年，百度推出了移动开放平台以及移动框计算。2011年，百度又推出了全新的首页、移动终端平台等产品。自2012年开始，互联网的"移动时代"加速到来，百度从投资布局到自身业务发展都开始了面向移动端的战略重心转移。在这一期间，百度陆续收购或投资了91无线、PPS视频、糯米、Uber等业务，也拥有了一系列基于移动端的拳头产品，包括手机百度、百度地图、百度糯米等。到了2014年，百度甚至还上线了自己的O2O外卖产品——百度外卖。但从2015年下半年开始，百度在移动端开始有了点儿节节败退的意思——从糯米到外卖都逐渐式微。

四、高举"人工智能"大旗的百度(2016年至今)

到了2016年，百度开始把视角转回到了自己赖以起家的"技术"上面。这一年开始，百度开始更多谈论起了"人工智能"。百度的"人工智能"布局可以追溯到2012年。早在那个时候，拥有海量数据，天然在"人工智能"研究方面拥有优势的百度就启动了深度机器学习的研究工作。2014年，百度的人工智能研究进一步衍生出"百度大脑"这样充满野心的项目。2015年，百度推出的百度虚拟助手"度秘"可以调用百度O2O服务，如叫车、地图、团购等帮用户下单。自2016年起，百度大脑AI平台、Apollo自动驾驶平台、ABC智能云等平台陆续推出，标志着百度向人工智能公司的转型。

思考：百度20年产品史中涉及哪些与电子商务相关的技术？

(资料来源：虎嗅网，2017-2-8，有删改)

> **必备知识点**
>
> 计算机网络的概念与功能　IP地址与域名系统　Internet常用服务
>
> **拓展知识点**
>
> 计算机网络的分类与组成　Internet的接入方法　Intranet和Extranet电子商务新兴技术

第一节　计算机网络技术

电子商务是利用现代信息技术从事的商务活动，它是计算机技术、通信技术、网络技术、有关人员与组织及其相关法律、制度、标准、规范的统一体。电子商务存在的前提是几项关键技术，其中最重要的是计算机网络技术、Internet技术、EDI技术。计算机网络是计算机技术与通信技术有机结合的产物，它是Internet和电子商务新兴技术赖以发展的前提和条件。

一、计算机网络的概念与功能

(一)计算机网络的概念

计算机网络是指利用通信设备和线路将分布在不同地理位置的具有独立功能的计算机、终端及其附属设备互联起来,遵照网络协议,以功能完善的网络软件实现资源共享的计算机系统。要理解这一概念,应认识以下几点。

(1) 计算机网络最主要目的和功能是资源共享,要实现资源共享的双方必须先实现互联,然后再进行数据的通信和传递。

(2) 计算机之间的互联需要利用一定的通信设备和线路,包括网卡、线缆、集线器、路由器等。

(3) 不同的计算机之间通信需要遵循统一的网络通信协议,即预先约定的共同语言和相同的规则,如网络通信中最常用的 TCP/IP 协议。

(4) 计算机网络中的各个计算机是完整、相互独立的,拥有各自的软、硬件,能够自行进行业务处理,相互之间不存在制约与被制约的关系。

(二)计算机网络的功能

计算机网络在各行各业都有着广泛应用,一般来说,计算机网络具有如下功能。

1. 资源共享

资源共享是计算机网络产生的原动力,通过共享资源,可使网络中的各方分工合作,提高资源的利用率。计算机网络共享的资源主要包括硬件资源、软件资源和数据资源三类资源。其中,硬件资源包括主机、磁盘、打印机、通信设备和线路等;软件资源有网络操作系统、数据库管理系统、应用软件、开发工具等;而数据资源主要指存储在数据库、磁盘、光盘中的各种数据文件,如文字、图表、图像、视频等,数据资源也是网络中最重要的资源。

2. 数据通信

资源共享的实现往往伴随着计算机之间的数据通信,因而数据通信可以说是计算机网络最基本的功能。它能快速实现计算机与计算机、计算机与终端之间的各种数据、文本、图形、动画、声音和视频等信息的传递。利用数据通信还可以将分散在不同地区的单位或部门联系起来,进行统一的调配、控制和管理。

3. 分布处理

计算机网络用户可以根据自身需求,选择网络上最合适的资源来迅速而经济地解决问题。对综合性的大型作业或任务,可将其分解并交给网络中多台计算机进行分布处理,这样既均衡了各计算机负载,又提高了问题处理速度和设备利用率。

4. 集中管理

通过网络能够将各地生产单位或业务部门计算机中的数据资料进行集中、综合的处理,提高工作效率。

5．提高可靠性与可用性

多台计算机通过互联形成网络后，一旦某台计算机出现故障，其任务可由其他计算机代为处理；一旦某台计算机负担过重，可将其作业分一部分给网络中另一台空闲计算机处理，从而减少作业时间。

除以上功能之外，计算机网络还有易于扩充、提高性价比、节省软硬件设备开销等功能，其中资源共享和数据通信是计算机网络最主要的两项功能。随着计算机网络技术的不断发展，它的功能和提供的服务将不断增加。

二、计算机网络的分类

按照不同的方法，可以对计算机网络进行不同的分类，具体介绍如下。

(一)按照覆盖范围来划分

按照覆盖范围，计算机网络可分为局域网(Local Area Network，LAN)、广域网(Wide Area Network，WAN)和城域网(Metropolitan Area Network，MAN)。局域网的覆盖范围在几千米以内，这种网络大都安装在某个机构所属的一个建筑群内，如大学校园。广域网的覆盖范围很大，在几十千米以上，遍布一个地区、国家、洲际乃至整个世界，规模庞大而复杂，一般由政府或国家组织控制。城域网的覆盖范围介于局域网和广域网之间，一般在10～100千米，主要用于同一城市内不同地理小区范围内的计算机互联。

(二)按照拓扑结构来划分

按照拓扑结构，计算机网络可分为总线型网络、星型网络、环型网络、树型网络和网状型网络(见图3.1)。总线型网络是把每个节点连接到一条横贯始末的公共线路上(总线)，采用单根传输线作为传输介质，任何节点的信息都可沿总线传输，而且能被其他所有节点接收。星型网络中有一个唯一位于中央位置的节点(主机或服务器)，每台计算机通过单独的通信线路连接到中央节点。环型网络由沿固定方向连接成封闭回路的网络节点组成，每一节点与它左右相邻的节点相连，是一个点对点的封闭结构。由这三种最基本的结构拓展，又可形成树型网络、网状型网络以及混合型网络。

(三)按照传输技术来划分

按照传输技术，计算机网络可分为广播式网络(Broadcast Networks)和点到点(Point to Point)网络。广播式网络中所有计算机共享一个通信信道，任意一台计算机发送的数据包，其他计算机均可收到。点到点网络是由两两相连的计算机组成的，发送的数据包一般从发送机到目标机须经一台以上的中转机。一般来说，小的、处于本地的网络(如局域网)采用广播方式，大的网络(如广域网)采用点到点方式。

(四)按照网络的工作模式来划分

按照网络的工作模式，计算机网络可分为对等(Peer to Peer，P2P)网络和客户机/服务器

(Client/Service，C/S)网络。对等网络中各计算机具有相同功能，既是服务器又是客户机，每台计算机的地位都是平等的，其典型应用有 BT、迅雷、酷狗、QQ、比特币等。客户机/服务器网络则用一台或多台单独的、高性能、大容量计算机作为网络中心服务器，用多台微型机作为客户机去访问服务器上的共享资源，其典型应用是企业网站和管理信息系统等。随着云计算的兴起，客户机/服务器模式逐渐被浏览器/服务器(Browser/Service，BPS)所取代。

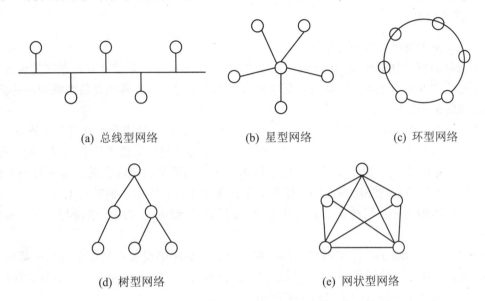

图 3.1 不同拓扑结构的计算机网络

计算机网络还可以按照通信介质分为有线网络和无线网络；按照网络使用范围来划分可分为公用网和专用网等。

 小资料

对等网络

对等网络，又称点对点技术，是无中心服务器、依靠用户群交换信息的互联网体系，它的作用在于减低以往网路传输中的节点，以降低资料遗失的风险。与有中心服务器的中央网络系统不同，对等网络的每个用户端既是一个节点，也有服务器的功能，任何一个节点无法直接找到其他节点，必须依靠其用户群进行信息交流。P2P 节点能遍布整个互联网，也给包括开发者在内的任何人、组织或政府带来监控难题。P2P 在网络隐私要求高和文件共享领域中，得到了广泛的应用。另外，P2P 技术也被使用在类似 VoIP 等实时媒体业务的数据通信中。

三、计算机网络的组成

一般来说，计算机网络由通信子网和资源子网两个部分组成。其中，通信子网是网络的内层，专门负责网络通信，包括通信设备、通信线路和通信控制处理机，承担全网的数据传输、转发和通信控制等工作；资源子网是网络的外层，负责网络的数据处理和计算工

作,包括服务器、工作站、终端附属设备、各种网络协议、网络软件和数据库等,向用户提供各种网络资源和网络服务。

(一) 通信子网

下面具体介绍通信子网的各个组成部分。

1. 通信设备

通信设备主要包括以下几个部分。

(1) 网络适配器(Network Interface Card,NIC)。又称网卡,是使计算机联网的设备,它插在计算机主板插槽中,负责将用户要传递的数据转换为网络上其他设备能够识别的格式,再通过网络介质传输。

(2) 中继器(Repeater)。中继器的主要功能是通过对数据信号的重新发送或者转发,来扩大网络传输的距离,是局域网环境下用来延长网络距离的最简单最廉价的网络互联设备。

(3) 集线器(Hub)。集线器是多口的中继器,主要功能是对接收到的信号进行再生整形放大,以扩大网络的传输距离,同时把所有节点集中在以它为中心的节点上。

(4) 网桥(Bridge)。网桥是一种连接多个网段的网络设备,常用于连接两个或更多个局域网。

(5) 路由器(Router)。路由器是连接各局域网、广域网的设备,它会根据信道情况自动选择和设定路由,以最佳路径,按前后顺序发送信号。网关(Gateway)是一种特殊的路由器,用于连接不同类型而协议差别又较大的网络。

2. 通信线路

通信线路是保证网络信息传递的通路,可分为有线和无线两种。有线通信线路主要有双绞线、同轴电缆和光(纤)缆等;无线通信线路则包括无线电、微波和通信卫星等。

3. 通信控制处理机

通信控制处理机负责网络上各主机间的通信控制和通信处理,能够对各网络通信节点间的数据传输和交换进行控制。在网络中使用通信控制处理机的主要目的是将通信功能从主机中分离出来,以减轻主机的负荷。

(二) 资源子网

下面具体介绍资源子网的各个组成部分。

1. 服务器

服务器是存储网络资源的高性能计算机,它侦听网络上其他计算机(客户机)提交的服务请求,并提供相应服务。常见的服务器类型有 Web 服务器、文件服务器、数据库服务器、电子邮件服务器、域名服务器、代理服务器等。服务器上必须安装网络操作系统,并配备相应的服务器软件。例如,作为网站核心部分的 Web 服务器软件有 Apache、Tomcat、Lighttpd、Nginx、Microsoft IIS、IBM WebSphere、Oracle Weblogic 等。

2. 客户机

客户机，又称用户工作站，是指连接服务器的计算机，一般由普通微机担任。客户端负责数据的输入、运算和输出，一般都配有显示器、鼠标、键盘和打印机等附属设备。客户机上安装有专用的客户端软件，并通过它来访问服务器上的数据、文件、程序和其他资源。最常用的客户端软件是浏览器，除此之外，电子邮件、即时通信一般也需要通过客户端软件访问。

3. 网络协议

网络协议是计算机网络不可缺少的组成部分，它是为网络中数据交换而指定的规则、约定和标准的集合。网络协议由以下三个元素构成。

(1) 语法，规定了数据与控制信息的结构或格式。

(2) 语义，即构成协议元素的含义，包括需要何时发出何种控制信息、完成何种动作以及做出何种应答。

(3) 时序，指事件执行的顺序及其详细说明。通信时，语义规定了通信双方准备"讲什么"，语法规定了双方"如何讲"，时序说明了"谁先讲，谁后讲"。

TCP/IP 是目前最重要的网络协议，也是 Internet 采用的标准协议，主要包括传输控制协议(TCP)、网际协议(IP)、控制报文协议(ICMP)、地址转换协议(ARP)、用户数据报协议(UDP)及 HTTP、FTP、Telnet、DNS、SMTP、NFS 等常用协议。

4. 网络软件

网络软件是指控制和管理网络工作的计算机软件，包括网络系统软件和网络应用软件。其中，网络系统软件是控制和管理网络运行及网络资源使用的软件，为用户提供访问和操作网络的人机接口；网络应用软件是指为某一应用目的而开发的网络软件。在网络软件中最重要的是网络操作系统，它决定了网络的性能、功能、类型等。目前使用最广泛的网络操作系统有 Windows server 系列、UNIX、Linux 和 Netware 等。

5. 网络数据库

网络数据库，也称 Web 数据库，顾名思义就是运行在网站服务器上并可以在客户端通过网页访问和管理的数据库，存储着电子商务业务所需的大量信息，是资源子网最为关键的一种资源。目前主流的网络数据库有 Oracle、DB2、Informix、Sybase、MySQL、Microsoft SQL Server 和 Access 等。

第二节　Internet 技术

Internet(因特网、互联网)是计算机网络在全球范围内应用的成果，它通过 TCP/IP 协议将世界各地的计算机局域网、广域网等连接起来，从而构成国际互联网。Internet 具有开放性、共享性、平等性、低廉性、交互性、合作性、虚拟性、个性化和全球性等特点，它的产生与发展为电子商务创造了条件，使其迅速深入全球经济生活之中。因此，在电子商务关键技术中，Internet 是最重要的一种技术。

一、IP 地址与域名系统

对用户而言，Internet 是一个信息的海洋，如何让如此庞大的系统正常运作而又不相互影响是一个复杂的问题。日常生活中，我们通信和相互访问时少不了地址，同样，Internet 也使用地址来确定 Internet 上每台计算机的位置。Internet 地址有两种形式：IP 地址和域名。

(一)IP 地址

在 Internet 中 IP 地址是一个极为重要的概念。为确保 Internet 上每台主机在通信时都能互相识别，每台主机都必须有一个唯一的地址来标识，即用 IP 地址来表示该主机在网络上的位置，这好比电话系统中每台接入电话网络中具有标识效用的电话号码。

1．IP 地址的格式与结构

下面分别介绍 IP 地址的格式与结构。

(1) IP 地址的格式。IP 地址一般由 4 个 8 位二进制数字域组成，总长度为 32 位二进制数。在实际使用中，为方便输入和用户理解，通常采用"点分十进制"表示，即用小数点将 IP 地址分为 4 组二进制数，然后将每组数转化为 0～255 的十进制数。例如，清华大学网站主机的 IP 地址为 10100110.01101111.00000100.01100100。这一长串二进制数字不仅难记，而且很容易输入错误，所以实际使用的是 4 组点分十进制格式：166.111.4.100。

(2) IP 地址的结构。IP 地址由网络地址和主机地址两部分组成，前者用于区分互联网上互联的各个网络；后者用来表示同一网络上的不同计算机。网络地址在 Internet 范围内统一分配，主机地址则由该网络本地分配，即当一个网络获得一个网络地址后，可自行对本网络中的每台主机分配主机地址，主机地址只需在本网络中唯一即可。例如，在清华大学 IP 地址 166.111.4.100 中，前面三组"116.111.4"为网络地址，后面一组"100"为主机地址。

2．IP 地址的分类

为满足不同用户对 IP 地址的需求，IP 地址的设计者将其分为 A、B、C、D、E 5 类，并对 5 类 IP 地址的使用规定如下。

(1) A 类地址分配给规模特别大的网络使用。它用第 1 个字节(前面 8 位二进制数)表示网络地址，后 3 个字节表示主机地址，其地址范围为 1.0.0.0 到 126.255.255.255，共有 126 个网络，每个网络可容纳 16 777 214 台主机。

(2) B 类地址分配给各大、中型网络使用。它用前 2 个字节(前面 16 位)表示网络地址，后 2 个字节表示主机地址，其地址范围为 128.0.0.0 到 191.255.255.255，共有 16 384 个网络，每个网络可容纳 65 534 台主机。

(3) C 类地址分配给小型网络使用。它用前 3 个字节(前面 24 位)表示网络地址，最后 1 个字节表示网络上的主机地址，其地址范围为 192.0.0.0 到 223.255.255.255，共有 2 097 152 个网络，每个网络可容纳 254 台主机。

(4) D 类地址为组播地址，支持多点发送地址，仅供特殊协议向选定的节点发送信息用，其地址范围为 224.0.0.0 到 239.255.255.255。

(5) E 类地址保留，以备将来扩充使用，其地址范围为 240.0.0.1 到 255.255.255.254。

最后还有两个特殊地址：127.0.0.0 是网络中本机的 IP 地址，255.255.255.255 是受限广播地址。

我国 IP 地址以 C 类地址为主，2013 年 6 月达到 3.31 亿个，随着我国互联网的迅速发展，IP 地址资源也将日益紧缺。

3. IPv6

随着 Internet 用户爆炸式膨胀，可用 IP 地址的数量越来越少，2012 年 IPv4 地址已经分配完毕。为此，互联网工程任务组正在开发设计下一代 IP 协议来替代现行版本，即 IPv6。IPv6 的开发目标主要包括以下几个方面。

(1) 增加 IP 地址长度。IPv6 的首要目的是增加 IP 地址长度，以满足用户数量急剧增加的需求。现行 IPv4 地址理论上能够达到 1600 多万个网络和 43 亿多台主机，但由于采用了 A、B、C 类网络编址以及保留地址，实际上只可达到 211 万个网络和 37.25 亿台主机。而 IPv6 采用 128 位二进制 IP 地址，理论上可达到 340 万亿个 IP 地址。

(2) 扩充相应功能，以满足巨大的多媒体信息量的传输需求。目前 Internet 已经能很好地支持多媒体通信，但随着上网用户的急剧上升，通信量也不断增大，为增加传输速率和通信带宽，保证视频信息连续不断，都要求在原来 IPv4 协议的基础上增加相应功能。

(3) 增强网络安全性能。网络的安全性涉及技术和法律两个方面的问题，IPv6 协议主要解决技术方面的问题，包括增加报文鉴别投标和安全密封报文投标等。

(4) 保持与 IPv4 协议的兼容。IPv4 向 IPv6 的转换过程也许需要十多年才能完成。为保护现有 Internet 上已有亿万用户的利益，IPv6 协议应与 IPv4 协议相互兼容。

(二)域名系统

经过点分十进制后的 IP 地址，虽然输入比较方便，但仍然缺乏含义、难以记忆，为此 Internet 研究人员研制出一种字符型的计算机标识方法，用有意义的名字来代替 IP 地址，这套为网络中主机命名的机制称为域名系统(Domain Name System，DNS)。DNS 是 Internet 的一项核心服务，它将域名和 IP 地址相互映射，并存储在数据库中。当人们输入网站域名时，DNS 通过域名解析找到网站 IP 地址，从而达到访问网站主机的目的。

案例 3.1

百度被黑事件

2010 年 1 月 12 日上午 6 点左右，全球最大中文搜索引擎百度突然出现大规模无法访问的现象，主要表现为访问百度首页时跳转到雅虎出错页面、伊朗网军图片，出现"天外符号"等，范围涉及四川、福建、江苏、吉林、浙江、北京、广东等国内绝大部分省市。

这次攻击百度的黑客疑似来自境外，利用了 DNS 记录篡改的方式。这是自百度建立以来，所遭遇的持续时间最长、影响最严重的黑客攻击，网民访问百度时，会被定向到一个位于荷兰的 IP 地址，百度旗下所有子域名均无法正常访问。这次百度大面积故障长达 5 个小时，也是百度 2006 年 9 月以来最大的一次严重断网事故，在国内外互联网界造成了重大影响，对百度"全球最大中文搜索网站"技术形象有损，百度作为中国具有代表性的互联网企业，却遭受多次被黑事件，且这次故障恢复时间长达 5 小时，折射出百度对安全技术投入和应急准备明显不足。后百度公告称域名在美注册商处遭非法篡改。

百度域名遭篡改本质原因在于域名注册商系统存在漏洞，域名注册商是美国的 REGISTER.COM。律师于国富认为，百度应该起诉位于美国的国际域名管理机构。此前，另一家互联网巨头腾讯公司已经将域名从国外转移到国内。这次被攻击事故发生后，百度方面是否会立即采取转移行动也成为业界关注的焦点。

(资料来源：百度百科"百度被黑事件"词条，有删节)

1. 域名的格式

按域名系统定义的、作为服务器的计算机的名字称为域名，域名在 Internet 上是唯一的。域名系统是一种分布型层次式的命名机制，域名由若干子域构成，子域间以圆点相隔，最右边子域称为顶级域名，从右向左逐级降低，最左边子域是主机名。域名的一般形式为

主机名．组织机构名．网络名．顶级域名

例如，在雅虎邮箱网站域名 mail.yahoo.com.cn 中，最右边是顶级域名 cn，表示这台主机在中国；com 表示该网络类型为工商企业网站，yahoo 为雅虎公司名称，最左边的 mail 表示该主机是雅虎邮箱服务器。域名不区分大小写，既可以是字母，也可以是数字，还可以包含一些符号。

2. 顶级域名

在域名系统中，最核心的顶级域名有严格规范，顶级域名不同，域名格式也有所不同。顶级域名可分为两大类，一是国际顶级域名(gTLD)，表示网站的机构类型，二是国家顶级域名(ccTLD)，表示网站的地理位置。

(1) 国际顶级域名。这类域名原来有 7 类，分别是 ac、com、edu、mil、gov、net、org，为缓解域名资源的紧张，后来又陆续批准新增了 biz、info、name、pro、museum、coop、areo、firm、shop、web、nom 等新域名。表 3.1 给出了常见的国际顶级域名。

表 3.1 常见的国际顶级域名

序 号	域 名	含 义	序 号	域 名	含 义
1	com	工商企业	6	edu	教育机构
2	net	网络提供商	7	gov	政府部门
3	org	非营利组织	8	biz	商业组织
4	cc	商业公司	9	info	信息服务
5	shop/store	电商购物	10	mobi	移动网络

(2) 国家顶级域名。以国家代码作为顶级域名，如中国是 cn，美国是 us 等。在我国，又根据 34 个行政区域设立了一套次级的区域域名，如北京是 bj.cn，广西是 gx.cn。表 3.2 给出了常见的国家和地区顶级域名。

截至 2019 年 12 月，我国的域名总量达到 5094 万个，其中 ".cn" 域名总数为 2243 万个，占中国域名总数的 44%。

表 3.2　常见的国家和地区顶级域名

序 号	域 名	含 义	序 号	域 名	含 义
1	cn	中国	5	uk	英国
2	us	美国	6	ru	俄罗斯
3	jp	日本	7	fr	法国
4	kr	韩国	8	de	德国

3. 域名的注册与管理

由于域名具有标识性、通用性、唯一性等特点，且遵循"先申请先得"的注册原则，因而域名具有与企业商标类似的含义，被称为"网络商标"。域名在商业竞争中不只是一个网络地址，还可能牵涉新的商业机会，也是公司网络形象的一部分。世界上几乎所有的著名企业都在网上以公司或商标名称注册了域名。因此，网络上存在重金购买域名和域名抢注的情况。

 小资料

域名投资与域名抢注

域名投资是指注册和购买有价值的域名，然后转让获利的行为，投资者一般被称为"玉米虫"或"米农"。域名投资是一种信息化发展趋势下的电子商务终端投资行为。域名投资人则是具备丰富综合知识能力的投资群体。域名投资的关键在于对域名价值的评估，评估的要素包括域名结构、单词影响力和市场性。选择有价值且容易转让的域名是成功的第一步，接下来要做的就是域名抢注。

域名抢注就是一个域名在被别人注册之前，抢先将此域名以注册人的名义注册下来的行为。域名抢注分两种情形：一是从未被注册过的域名的抢注；二是曾经被注册过的域名的抢注，即由于域名有效期结束前未能够及时续费而被删除后的抢注。值得注意的是，域名抢注容易发生"恶意抢注"的侵权行为，即以获利等为目的、用不正当手段抢先注册他人在该领域或相关领域中已经使用并有一定影响力的商标、域名或商号等权利的行为。

企业可以通过域名注册、域名转让、使用权转让、争议仲裁等方式获得域名，其中域名注册是最常见的方式。中国企业可通过中国互联网信息中心(CNNIC)或其代理商注册国内或国际域名，如中国万网、新网、西部数码等网站都提供域名注册服务。域名注册和使用的主要步骤如下：

(1) 准备域名申请资料，如身份证、企业营业执照等。

(2) 选择域名注册网站。

(3) 查询域名。

(4) 提交申请，并缴纳费用。

(5) 通过审核，申请成功。

(6) 设置域名解析地址，宣传和使用域名。

在域名注册后,企业还应针对域名做保护性注册、续费、监测、统一管理等工作,以防止域名被恶意抢注、侵犯及域名过期等影响域名正常使用的现象发生。

 知识拓展

Internet 接入技术见右侧二维码。

二、Internet 常用服务

Internet 上有大量丰富的信息资源,这些资源通过 Internet 服务提供给用户,包括 WWW 服务、电子邮件、搜索引擎、即时通信、BBS/论坛、博客、微博、社交网络等。Internet 提供的这些服务是电子商务的主要手段和重要平台。

(一)WWW 服务

WWW 是 World Wide Web 的缩写,也可以简称为 Web,中文译名为"万维网""环球网",由互联网之父蒂姆·伯纳斯·李于 1989 年 3 月提出。WWW 还常被当成互联网同义词,这是一种误解,WWW 是依靠互联网运行的一项服务。WWW 是一种以图形界面和超文本链接方式来组织信息的技术,基于超文本传输协议 HTTP,采用超文本和超媒体及连接技术。通过 WWW,人们可以简单直观、方便快速地取得丰富的信息资料。在电子商务中,通过建立 WWW 网站,可有效组织商品、促销、价格等信息,并全方位地向用户展示这些信息。

1. WWW 的特征

作为互联网最重要的服务,WWW 具有如下特征。
(1) 提供文本、声音、图形、图像等信息,图形界面友好,操作简单。
(2) 可交互式查询和访问网上资源。
(3) 支持可产生具体网页的超文本标识语言——HTML。
(4) 基于域名地址的统一资源定位器 URL。

2. 统一资源定位器 URL

在 WWW 上所有信息资源都有统一的地址,由统一资源定位器(Uniform Resource Locator,URL)来标识,确定资源在网络上的位置及所需要检索的文档,URL 地址是唯一的。URL 由三个部分组成:资源类型(通信协议)、主机域名或 IP 地址、路径和文件名。例如,在 http://sports.sohu.com/20100209/n270147278.shtml 这一 URL 中:http://指明了要访问的资源类型是超文本,使用 HTTP 协议;sports.sohu.com 为要连接资源所在主机的域名;/20100209/ 为文档所在的目录路径,n270147278.shtml 为所要访问的文件名。

3. WWW 浏览器

浏览器是 WWW 的客户端软件,是用于帮助人们浏览万维网上信息的应用程序,通过这些程序,用户可以简单方便地访问 Internet 上的任何站点,并观看其上的超文本信息。浏览器一般具有辅助浏览、查询检索、历史记录、网址收藏(书签)、文件保存、自动完成、拦截弹出窗口等功能。常用的浏览器软件有 Microsoft IE、Mozilla Firefox、Opera、苹果 Safari、Google Chrome 以及傲游 Maxthon、360 安全浏览器、搜狗浏览器、腾讯 TT、世界之窗等。

(二)电子邮件

电子邮件(E-mail)是 Internet 最基本的服务之一。它是一种通过 Internet 与其他用户进行联系的现代化通信手段。电子邮件具有通信不受时空限制、信息传递快、通信资费便宜、故障率低等优点。在电子商务中，电子邮件是企业与客户交流、沟通的主要手段，也是企业开展客户关系管理和营销的重要渠道。

电子邮件的地址格式一般为

用户名@邮件服务器主机域名

例如 xiaoming@163.com。一封完整的电子邮件应包括收信人电子邮箱地址、发信人电子邮箱地址、邮件主题和邮件正文等几个部分。电子邮件接收与发送过程中最常用的协议是邮局协议 POP3 和简单邮件传输协议 SMTP。常见的电子邮件客户端软件 Outlook Express 和 Foxmail 都用 POP3 和 SMTP 收发邮件。

用户在使用电子邮件前，首先要拥有自己的电子邮箱。很多门户网站都提供电子邮箱服务，其中比较著名的有 163 邮箱、Gmail、QQ 邮箱、Yahoo 邮箱、新浪邮箱、搜狐邮箱等。电子邮箱可同时向多个收信人发送同一邮件，传递的附件可以是文本、图片、电子文档、音视频等多媒体文件，可在线即时收信，还有转发、自动回复、签名等辅助功能。

(三)搜索引擎

搜索引擎是在 Internet 上信息不断快速增长，为帮助信息需求者快速、方便而准确地获取所需信息提供的一种服务。其基本原理是：利用网页搜索程序在 Internet 上主动搜索 Web 信息，做好索引并存储在大型数据库中；当用户在搜索引擎网站主页输入关键字进行信息查询时，搜索引擎检索数据库中存储的信息，把包含关键字的网址链接提供给用户。搜索引擎是当前网民使用最多的 Internet 服务之一，具有筛选、匹配和推荐信息的功能。

在电子商务中，搜索引擎主要用于网络营销领域，如市场调研、网站推广、关键字广告、竞价排名以及搜索引擎优化等。另外，专业的购物搜索引擎如一淘网也是电子商务与搜索引擎成功结合的典范。

(四)即时通信

即时通信(Instant Message，IM)是指能够即时发送和接收互联网消息的服务。即时通信软件自 1998 年问世以来，其功能日益丰富，并逐渐集成了电子邮件、博客、音乐、电视、游戏和搜索等多种功能。即时通信不再是单纯的聊天工具，它已经发展成集交流、资讯、娱乐、搜索、电子商务等于一体的综合化信息平台。在电子商务中，企业主要利用即时通信来开展办公协作和客户服务。

国内即时通信工具按照使用对象可分为三类：一是个人即时通信，主要以个人用户使用为主，方便聊天、交友、娱乐，如 QQ、YY、米聊、易信等；二是商务即时通信，主要用于寻找客户资源或便于商务联系，以低成本实现商务交流或工作交流，如阿里旺旺、SKYPE 等；三是企业即时通信，以企业内部办公为主并整合相关应用，如飞书、企达、360

织语、大蚂蚁等。随着用户需求的变化，即时通信有由 PC 向移动客户端转移的趋势，典型代表是微信。

 小资料

微信与电子商务

微信是腾讯公司推出的提供即时通信服务的免费聊天软件。用户可以通过手机、平板、网页快速发送语音、视频、图片和文字。微信提供公众平台、朋友圈、消息推送等功能，用户可以通过摇一摇、搜索号码、附近的人、扫二维码等方式添加好友和关注公众平台，同时可以将内容分享给好友以及将用户看到的精彩内容分享到微信朋友圈。

拥有用户规模、碎片化、个性数据、LBS 等功能特性的微信，应该如何与电子商务融合呢？CNNIC 分析师陈晶晶认为，微信可以从 O2O、外景基地、移动应用这三个层面切入电子商务流。第一，从圈子出发，微信与电子商务企业进行用户资源分享，让用户通过 O2O 模式体验电商相关服务，完成信息流的过程。第二，微信通过引导用户使用软件功能和服务塑造用户的电子商务习惯，形成商流。第三，微信通过精准营销促成用户购买产品和服务，完成资金的流转。第四，微信通过客户关系维护，提供全方位的售后服务体验，完成物流等过程。第五，用户将自己的购物体验与圈内朋友分享，通过"关系链"等链流形式推荐和分享购买体验，完成级联式扩散传播。

(五)博客与微博

1. 博客

博客(Blog)，也称网络日志，是继 E-mail、BBS 和即时通信软件之后出现的第四种网络交流方式。博客通常是一种由个人管理、不定期张贴新文章的网站，博客文章一般融合了文字、图像、视频、链接等多种媒体，能够让读者以互动的方式留下意见，并按张贴时间由新到旧排列。许多博客专注在特定课题上提供评论或新闻，通过原创专业化内容进行知识分享或争夺话语权，建立起信任权威形成个人品牌进而影响读者，如财经博客、体育博客、摄影博客等。总的来讲，博客具有操作简单、持续更新、开放互动和展示个性等特点，适合企业或个人的自我营销。

企业的博客营销一般通过建立企业博客、产品博客等开展。企业博客是以企业名义开设的对外宣传的博客，如惠普、IBM、思科、迪士尼、星巴克等知名企业的官方博客，主要作为企业公关的窗口。产品博客则是企业为了某个品牌产品进行公关宣传或以为客户服务为目的专门推出的，如马自达公司为其在日本的 Atenza 品牌专门推出了博客。除此之外，CEO 博客、企业高管博客、意见领袖博客也是企业博客营销的一部分。

2. 微博

微博(MicroBlog)是微型博客的简称，是一种通过关注机制分享简短实时信息的广播式社交网络平台，用户可以通过 Web、WAP 等各种客户端访问微博，以 140 字左右的文字更新信息，并实现即时分享。最早也是最著名的微博是美国的 Twitter，国内提供微博服务的主要是新浪微博。近年来，微博用户增长迅速，无论是个人、企业、事业单位，还是政府机关几乎都在各平台上开通了微博。

与博客相比，微博具有更强的大众性、便捷性、原创性和互动性，并且其信息传播速度更快、范围更广，因而其营销价值也更大。近年来，微博逐渐取代博客成为企业对外发布信息的主要平台。与博客一样，企业微博营销的主要形式也包括企业官方微博、产品微博、高管微博、员工微博等。

(六)社交网络

社交网络(Social Networking Service，SNS)是指旨在帮助人们建立社会性网络的互联网应用服务。社交网络主要基于六度空间理论和 Web 2.0 技术，它与 WWW 服务的最大不同在于：WWW 的主体是内容信息，依靠内容信息组织在一起，呈现给用户；而社交网络的主体是人，依靠人与人之间的朋友关系组织在一起。国内外主要的社交网站有：Facebook、Linkedin(领英)、人人网、开心网、豆瓣网、世纪佳缘等。

社交网络的真实性、高人气、高用户忠诚度和传播性，使其能够成为电子商务的有效平台，利于开展精准营销、口碑营销。社交化电子商务即社交网络与电子商务的结合，是关注、分享、沟通、讨论、互动等社交化元素应用于电子商务交易过程的现象。国内社交化电子商务的典型网站有：美丽说、蘑菇街、京喜、贝店、小红书、花生日记等。

案例 3.2

社交购物网站：美丽说

"美丽说"始创于 2009 年 11 月，是一个专业从事女性时尚的电子商务网站。它可以帮助中产阶级的女性找到理想的服装和护肤品。用户可以搜索专家、商店、团购，同样还可以在社交网络上分享自己喜欢的产品信息。产品主要来自第三方电子商务网站——中国最大的电子商务网站——淘宝网。

"美丽说"创新地将时尚媒体和社会电商紧密地联系在一起，将用户体验做到了极致，它的巨大成功，被业内人士称为"美丽说模式"。这一模式的成功关键在于：创造分享交流的购物乐趣、网友互动中发掘潮流和口碑效应的便捷式购物。

在盈利模式上，"美丽说"目前的主要收入来源是商品的淘宝客佣金。其商务模式是社交共享电子商务，有相同兴趣和爱好的人可以一起对产品进行评论、建议或者将这些评论和建议分享到社交网络上。这些产品都来自第三方网站，如果用户访问"美丽说"，然后在第三方网站如淘宝上购买产品后，"美丽说"将会获得佣金。简单地说，"美丽说"是一个购物指南入口，让用户了解最新的流行趋势是什么，在哪里买，如何混搭和匹配这些服饰等。借助良好的设计和布局，有助于刺激用户的购买兴趣，然后带领用户去第三方网站消费。"美丽说"的方向是社交电子商务，主要利润来自广告，此外团购也可以带来显著的利润。

"美丽说"在推广方面也使用了大量的推广方式，其中包括巨额的广告投资、社交媒体平台(主要是微博)、QQ 互联等。同时"美丽说"还推出了移动 APP 来抢攻移动市场。现在用户可以通过 iPad、iPhone 或者安卓设备进入网站。

(资料来源：http://www.bnet.com.cn/2012/1204/2134239.shtml，有删节)

(七)其他 Internet 服务

1. 远程登录

远程登录(Telnet 协议)是 Internet 上一台计算机连接到另一台远程计算机并运行其系统的程序,利用该功能用户可以使用远程计算机上共享的资源,包括硬件资源、软件资源和数据库资源等,如使用远程主机的软件为自己服务、查询数据库、检索资料等。有了 Telnet,用户可以通过网络随时使用任何地方任何联网的计算机。不过随着浏览器的出现,许多远程登录功能可以借助浏览器来完成,因此目前远程登录一般是一些专业人士使用。例如,使用 Telnct 访问清华大学 BBS,只需选择 Windows XP "开始"菜单中的"运行"命令,并在文本框中输入"telnet bbs.newsmth.net"即可。

2. 文件传输

文件传输是指用户从一个地点向另一个地点传送文件,用户可以把自己的文件上传到远程计算机上,也可以从远程计算机下载自己所需要的文件。文件传输使用的协议是 FTP 协议,因而该服务也被称为 FTP 服务。FTP 与 Telnet 一样,在使用前一般需要输入用户名和密码登录到远程主机,然后才能进行文件查找、下载(Download)、上传(Upload)等操作。FTP 有两种登录方式,一是客户端软件登录,如 8UFTP,二是浏览器登录,如在浏览器地址栏输入 ftp://ftp.tsinghua.edu.cn 即可登录到清华大学的 FTP 站点。由于现在很多文件都可以通过网页方式下载,所以 FTP 的使用范围日趋缩小,但 FTP 有一个很重要的功能是上传网页,这点在网站建设中非常重要。

除上述服务之外,Internet 还有很多其他服务,如论坛/bbs 新闻组、百科全书、网络问答、网络视频、网络游戏等,在此不一一详述。

 知识拓展

Intranet 与 Extranet 见右侧二维码。

第三节　电子商务的新兴技术

自 2010 年以来,随着互联网的快速发展,移动互联网、物联网、云计算、大数据等一系列电子商务新兴技术不断涌现,并给电子商务的业态和模式创新带来革命性的影响。从信息论的角度来看,电子商务新兴技术本质上是对传统互联网信息存储、处理和传递功能的提升、扩充与延伸,与传统互联网存在密不可分的联系(见图 3.2)。

一、移动互联网技术

(一)移动互联网概述

移动互联网(Mobile Internet,MI)是一种通过智能移动终端,采用移动无线通信方式获取业务和服务的新兴技术,包含终端、软件和应用三个层面。终端层包括智能手机、平板电脑、电子书、移动网络设备等;软件层包括操作系统、中间件、数据库和安全软件等;

应用层包括休闲娱乐类、工具媒体类、商务财经类等不同应用与服务。移动互联网是将移动通信和互联网二者结合，用户借助移动终端通过网络访问互联网。

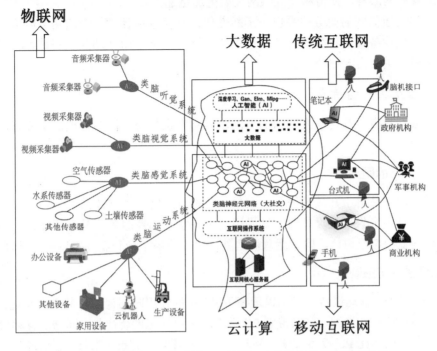

图 3.2　移动互联网、物联网、云计算、大数据与传统互联网的关系

移动互联网的出现与无线通信技术"移动宽带化，宽带移动化"的发展趋势密不可分。2004 年年初提出的 802.16/WiMAX 加速了蜂窝移动通信技术演进步伐，第三代合作伙伴计划(3rd Generation Partnership Project，3GPP)和第三代合作伙伴计划 2 (3rd Generation Partnership Project 2，3GPP2)随即开始 3G 演进技术，增强型 3G 移动系统(Enhanced 3G Mobile System，E3G)的标准化工作，使得无线移动通信领域呈现出明显的宽带化和移动化发展趋势。4G 时代的开启以及移动终端设备的快速发展为移动互联网的发展注入巨大能量，同时也给移动互联网产业带来前所未有的飞跃。5G 是最新一代蜂窝移动通信技术，和 4G 相比，5G 峰值速率提高 30 倍，用户体验速率提高 10 倍，能支持移动互联网和产业互联网的各方面应用。根据 2020 年 3 月 CNNIC 发布的《第 45 次中国互联网络发展状况统计报告》，中国网民数量达到 9.04 亿，其中手机网民达到 8.97 亿，较 2017 年年底增加了约 7992 万人，网民中用手机接入互联网的用户占比高达 99.3%。远远超越台式电脑、笔记本电脑上网的比例，这意味着移动互联网已成为互联网最重要的组成部分。

从通用分组无线服务技术(General Packet Radio Service，GPRS)接入方式而言，移动互联网分为以下两类。

(1) 传统无线应用协议(Wireless Application Protocol，WAP)业务：手机通过 WAP 网关接入运营商内部的 WAP 网络以及公共 WAP 网络来使用特定的移动互联网业务，用户只能访问 WAP 网络内部的服务器，不能访问没有接入 WAP 网络的服务器。

(2) 互联网业务：手机或上网本通过 GGSN(Gateway GPRS Support Node，网关 GPRS 支持节点)直接接入互联网，用户可以访问互联网上的任何服务器，访问范围跟宽带上网一样。随着技术的不断进步和用户对信息服务需求的不断提高，移动互联网将成为继宽带技术后互联网发展的又一推动力，同时，随着5G技术的普及，越来越多的传统互联网用户开始使用移动互联网服务，使得移动互联网发展更加迅速。

此外，移动通信网的业务体系也在不断变化，不仅包括各种传统的基本电信业务、补充业务、智能网业务，还包含各种新兴移动数据增值业务，而移动互联网是各种移动数据增值业务中最具生命力的部分。

(二)移动互联网的特点

移动互联网具有一些传统互联网的基因，同时它也具有自己的特点，主要有以下几个方面。

1. 相对封闭的网络体系

移动互联网不是自由开放的平台，它是一个相对封闭的网络体系。一个简单的例子，在互联网上一旦用户收到垃圾邮件，如果用户不满意，邮件服务商是有管控的。但是，对于移动互联网上的垃圾短信，除了运营商之外，电子商务平台和企业难以施加管理。

2. 高便携性与强制性

除了睡眠时间，移动设备一般都以远高于PC端的使用时间伴随在其主人身边。这个特点决定了使用移动设备上网，可以带来PC端上网无可比拟的优越性，即通过移动设备进行沟通与资讯的获取远比PC设备方便。今天的手机不只是一个通信工具，它已经从通信工具转变为我们社会关系的重要组成部分。我们每时每刻必须携带的手机，同时也对它越来越敏感，越来越挑剔。互联网时代我们能容忍计算机屏幕上的广告，计算机屏幕大，广告对于我们的干扰度低，不打开计算机，广告并不会影响我们的正常生活。智能手机时代，我们被强制携带了手机，只要铃声一响，我们必须看手机，其提醒度很高，强制力也很强。如果大量的广告通过智能手机传输，用户会不堪其扰。

3. 永远在线及占用用户碎片时间

智能手机已经做到了可以24小时在线。永远不关手机，这已经成为一种可能。互联网上再好的即时工具也不能做到即时通信，但移动互联网，正在悄悄改变这一格局。

传统的信息传播是一点对多点的传播。电视时代，信息传播的时间非常集中，分为黄金时间、普通时间和垃圾时间，用户的时间成为电视争夺的最核心资源。移动互联网时代的用户随时随地携带着智能手机，也可以随时随地使用。以前，早晨第一件事情是打开电视机，如今早晨第一件事就是看手机，甚至吃饭时间也有很多人在使用智能手机。坐公交、地铁随处可以看到人们用智能手机在发微博、用微信、玩游戏、看短视频。移动互联网的使用时间呈现出碎片化的倾向。几乎在任何时间都可以看到用户在使用移动互联网，移动互联网把用户的闲暇时间都占满了。

4. 病毒性信息传播

曾经信息的传播是一点到多点，二次传播是一件非常难的事，所以很容易进行舆论控制。互联网时代信息已经是病毒性的传播，即从一点传播，很快进行多点发散。移动互联网时代，手机是被强制携带的，信息是被强制提醒的，网络是泛在的网络，手机是永远在线的。信息更容易像病毒一样高速度、广泛地、大范围传播。大多数用户依据社会关系进行信息传播，如通常在自己的同事、同学、朋友、电话号码簿中的成员间进行，因此很大程度上受众更相信信息的可靠性。

5．安全性更加复杂

在互联网时代，计算机还只是一个科研和办公的工具，它和个人生活紧密相连的程度远没有智能手机高。如今，智能手机已经成为人们生活的一个组成部分，它随时随地被携带着，永远在线，很容易暴露人们的隐私，因此成为一个安全隐患。智能手机可以轻易地泄露用户和朋友的电话号码、短信信息以及存在手机中的图片和视频。更为复杂的是，智能手机的 GPS 定位功能，可以方便地对用户进行实时跟踪，这其中的信息全面而复杂。而智能手机中的电子支付功能，容易使远程支付的密码泄露。智能手机不但是一个方便的工具，它也正在成为"手雷"，给社会生活的安全带来巨大的问题。

移动设备用户的隐私性远高于 PC 端用户的要求。不需要考虑通信运营商与设备商在技术上如何实现它，高隐私性决定了移动互联网终端应用的特点——数据共享时既要保障认证客户的有效性，也要保证信息的安全性。这就不同于互联网公开透明开放的特点，互联网上，PC 端系统的用户信息是可以被搜集的；而移动通信用户上网显然并不需要自己设备上的信息让他人知道甚至与他人共享。

6．身份识别系统

和计算机相比，手机更具有私密性，也和个人的身份密切相关。智能手机中电话号码就是一种身份识别，若广泛采用实名制，它也可能成为一个信用体系的一部分，在很多银行和支付系统中，手机识别已经成为一种重要的识别方式。这意味着智能手机时代的信息传播可以更精准，更有指向性，同时也具有更高的骚扰性，更容易引起用户的反感。

7．定位系统

随时移动的智能手机，GPS/北斗等的卫星定位，以及通过基站进行定位，让手机具有了随时随地定位功能，这些功能使信息可以携带位置信息。无论是微博、微信这样的应用，还是手机拍摄的照片，都携带了位置信息。这些位置信息使传播的信息更加精准，同时也产生了众多基于位置信息的服务。

二、物联网技术

物联网(The Internet of Things，IOT)，顾名思义，就是"物物相连的互联网"。这有两层意思：第一，物联网的核心和基础仍然是互联网，是在互联网基础上延伸和扩展的网络；第二，物联网的用户端延伸和扩展到了任何物品，可实现物品与物品之间的信息交换和通信。

(一)物联网概述

2005 年 11 月 27 日，在突尼斯举行的信息社会峰会上，国际电信联盟(ITU)发布了《ITU 互联网报告 2005：物联网》，正式提出了物联网的概念。报告对物联网做了如下定义：通过二维码识读设备、射频识别(Radio Frequency Identification，RFID)装置、红外感应器、全球定位系统和激光扫描器等信息传感设备，按约定的协议，把任何物品与互联网相连接，进行信息交换和通信，以实现智能化识别、定位、跟踪、监控和管理的一种网络。

根据国际电信联盟(ITU)的定义，物联网主要解决物品与物品、人与物品、人与人之间的互联。但是与传统互联网不同的是，人与物品是指人利用通用装置与物品之间的连接，从而使得物品连接更加简化，而人与人是指人之间不依赖于 PC 而进行的互联。因为互联网并没有考虑到对于任何物品连接的问题，故我们使用物联网来解决这个传统意义上的问题。许多学者讨论物联网时经常会引入人机概念，可以将其解释为人到人、人到机器或机器到机器。就本质上而言，人与机器、机器与机器的交互，大部分是为了实现人与人之间的信息交互。

物联网概念的问世，打破了传统思维。过去的思路一直是将物理基础设施和 IT 基础设施分开，一方面是机场、公路、建筑物，另一方面是数据中心、个人计算机、宽带等。而在物联网时代，钢筋混凝土、电缆将与芯片、宽带整合为统一的基础设施。在此意义上，基础设施更像是一块新的地球。因此，也有业内人士认为物联网与智能电网均是智慧地球的有机构成部分。

在物联网应用中有以下三项关键技术。

(1) 传感器技术：这也是计算机应用中的关键技术。众所周知，目前绝大部分计算机处理的都是数字信号。自从有计算机以来就需要传感器把模拟信号转换成数字信号才能被计算机处理。

(2) RFID 技术：这也是一种传感器技术，RFID 技术是将无线射频技术和嵌入式技术融合为一体的综合技术，RFID 在自动识别、物品物流管理中有着广阔的应用前景。

(3) 嵌入式系统技术：是将计算机软硬件、传感器技术、集成电路技术、电子应用技术综合为一体的复杂技术。经过几十年的演变，以嵌入式系统为特征的智能终端产品随处可见，如小到人们身边的 MP3，大到航天航空的卫星系统等。嵌入式系统正在改变着人们的生活，推动着工业生产以及国防工业的发展。如果把物联网用人体做一个简单比喻，传感器相当于人的眼睛、鼻子、皮肤等感官；网络就是神经系统，用来传递信息；嵌入式系统则是人的大脑，在接收到信息后进行分类处理。这个比喻很形象地描述了传感器、嵌入式系统在物联网中的位置与作用。

(二)物联网的特征与常见应用

和传统的互联网相比，物联网有其鲜明的特征。

首先，它是各种感知技术的广泛应用。物联网上部署了海量的多种类型传感器，每个传感器都是一个信息源，不同类别的传感器所捕获的信息内容和信息格式不同。传感器获得的数据具有实时性，按一定的频率周期性采集环境信息，不断更新数据。

其次，它是一种建立在互联网上的泛在网络。物联网技术的重要基础和核心仍旧是互联网，通过各种有线和无线网络与互联网融合，将物体的信息实时准确地传递出去。在物联网上，传感器定时采集的信息需要通过网络传输，由于其数量极其庞大，形成了海量信息。在传输过程中，为了保障数据传输的正确性和及时性，物联网必须适应各种异构网络和协议。

最后，物联网不仅仅提供了传感器的连接，其本身也具有智能处理的能力，能够对物体实施智能控制。物联网将传感器和智能处理相结合，利用云计算、模式识别等各种智能技术，扩充其应用领域。物联网从传感器获得的海量信息中分析、加工和处理出有意义的数据，以适应不同用户的不同需求，发现新的应用领域和应用模式。

此外，物联网的精神实质是提供不拘泥于任何场合、任何时间的应用场景与用户自由互动，它依托云服务平台和互通互联的嵌入式处理软件，弱化技术色彩，强化与用户之间的良性互动，提供更佳的用户体验、更及时的数据采集和分析、更自如的工作和生活。

三、云计算技术

云计算是一种将各种资源通过因特网分散到地理上分布的计算机上的计算模式，对于用户来说，通过登录云服务可以轻易地执行所有的基本操作；对企业来说，通过虚拟化技术能够将计算资源在运行时动态地分配到需要的应用上，从而根据需求访问计算机和存储系统。

(一)云计算概述

云计算(Cloud Computing)是基于互联网的相关服务的增加、使用和交付模式。对云计算的定义有多种，目前广为接受的是美国国家标准与技术研究院(NIST)的定义：云计算是一种按使用量付费的模式，这种模式提供可用的、便捷的、按需的网络访问，进入可配置的计算资源共享池(资源包括网络、服务器、存储、应用软件、服务)，这些资源能够被快速提供，只需投入很少的管理工作，或与服务供应商进行很少的交互。举个形象的例子：我们每天都要用电，但不是每家自备发电机，它由发电厂集中提供；我们每天都要用自来水，但不是每家都有井，它由自来水厂集中提供。这种模式极大地节约了资源，方便了我们的生活。

云计算的最终目标是将计算、服务和应用作为一种公共设施提供给公众，使人们能够像使用水、电、煤气和电话那样使用计算资源。在云计算环境下，用户的使用观念也会发生彻底的变化：从"购买产品"向"购买服务"转变，因为他们直接面对的将不再是复杂的硬件和软件，而是最终的服务。

(二)云计算的服务形式

云计算的主要服务形式有：软件即服务(Software as a Service，SaaS)，平台即服务(Platform as a Service，PaaS)，基础设施即服务(Infrastructure as a Service，IaaS)。

1. 软件即服务(SaaS)

SaaS 服务提供商将应用软件统一部署在自己的服务器上，用户根据需求通过互联网向厂商订购应用软件服务，服务提供商根据客户所定软件的数量、时间的长短等因素收费，并且通过浏览器向客户提供软件。这种服务模式的优势是，由服务提供商维护和管理软件，提供软件运行的硬件设施，用户只需拥有能够接入互联网的终端，即可随时随地使用软件。这种模式下，客户不再像传统模式那样花费大量资金在硬件、软件和维护人员上，只需要支出一定的租赁服务费用，通过互联网就可以享受到相应的硬件、软件和维护服务，这是网络应用最具效益的营运模式。

2. 平台即服务(PaaS)

PaaS 把开发环境作为一种服务来提供。这是一种分布式平台服务,厂商提供开发环境、服务器平台、硬件资源等服务给客户,客户在其平台基础上定制开发自己的应用程序并通过其服务器和互联网传递给其他客户。PaaS 能够给企业和个人提供研发的中间件平台,提供应用程序开发、数据库、应用服务器、试管及应用服务。以 GoogleApp Engine 为例,它是一个由 python 应用服务器群、BigTable 数据库及 GFS 组成的平台,为开发者提供一体化主机服务器及可自动升级的在线应用服务。用户编写应用程序并在 Google 的基础架构上运行就可以为互联网用户提供服务,Google 提供应用运行及维护所需要的平台资源。

3. 基础设施即服务(IaaS)

IaaS 即把厂商的由多台服务器组成的"云端"基础设施,作为计量服务提供给客户。它将内存、I/O 设备、存储和计算能力整合成一个虚拟的资源池为整个业界提供所需要的存储资源和虚拟化服务器等服务。这是一种托管型硬件方式,用户付费使用厂商的硬件设施。例如,Amazon Web 服务(AWS)、IBM 的 BlueCloud 等均是将基础设施作为服务出租。

案例 3.3

亚马逊的云计算服务

亚马逊是全球最大的在线图书零售商,在发展主营业务即在线图书零售的过程中,亚马逊为支撑业务的发展,在全美部署 IT 基础设施,其中包括存储服务器、带宽、CPU 资源。为充分支持业务的发展,IT 基础设施需要有一定富余。2002 年,亚马逊意识到闲置资源的浪费,开始把这部分富余的存储服务器、带宽、CPU 资源租给第三方用户。亚马逊将该云服务命名为亚马逊网络服务(Amazon Web Services,AWS)。2006 年年初,亚马逊成立了网络服务部门,专为各类企业提供云计算基础架构网络服务平台,用户(包括软件开发者与企业)可以通过亚马逊网络服务获得存储、带宽、CPU 资源,同时还能获得其他 IT 服务,如亚马逊私有云(VPC)等。

至 2017 年,亚马逊在全球范围内拥有接近 300 万台服务器和 45 个超大规模数据中心,遍及全球 19 个地理区域的 55 个运营可用区,占地面积已达 10221 平方英尺。2017 年,AWS 为亚马逊带来了 174 亿美元的营收,占亚马逊营收总额的 9.8%,同时云计算还是亚马逊增长最迅速的业务。AWS 业务是亚马逊利润的核心增长来源。2017 年,占总营收比率尚不足 10%的 AWS 业务,对经营利润的贡献率则超过 100%。高毛利的云服务作为亚马逊利润的最核心增长来源,有效支撑了市场对亚马逊的高估值,并成为支撑亚马逊进一步扩张的重要"现金牛"。

AWS 目前主要由 4 块核心服务组成:弹性云计算服务(Elastic Compute Cloud,EC2)、简易存储服务(Simple Storage Services,S3)、弹性块存储服务(Elastic Block Store,EBS)以及弹性大数据分析服务(Elastic Map Reduce,EMR)。AWS 提供的服务非常简单易用,主要应用可以概括为提供虚拟机、在线存储和数据库、类似大型机时代的远程计算处理以及一些辅助工具,其在国外市场环境比较成熟。

四、大数据技术

大数据分析是商业智能的演进。当今，传感器、GPS 系统、社交网络等正在创建新的数据。人们的决策将日益基于大数据，而并非基于经验和直觉，因此决策的科学性、准确性得以大幅提升。在消费行业、金融、食品安全、医疗卫生、电子商务、军事、交通、环保、气象等众多领域，大数据分析技术都具有广阔的应用前景。

(一)大数据概述

对于大数据(Big Data)，研究机构 Gartner 给出了这样的定义：大数据是需要新处理模式才能具有更强的决策力、洞察发现力和流程优化能力的海量、高增长率和多样化的信息资产。20 世纪 90 年代至本世纪初，是大数据发展的萌芽期，处于数据挖掘技术阶段。随着数据挖掘理论和数据库技术的逐步成熟，一批商业智能工具和知识管理技术开始被应用，如数据仓库、专家系统、知识管理系统等。大数据发展的突破期是 2003—2006 年，处于围绕非结构化数据自由探索阶段。非结构化数据的爆发带动大数据技术的快速突破，以 2004 年 Facebook 创立为标志，社交网络的流行直接导致大量非结构化数据涌现，传统处理方法难以应对。2006—2009 年，大数据技术形成并行运算与分布式系统，为大数据发展的成熟期。Jeff Dean 在 BigTable 基础上开发了 Spanner 数据库(2009 年)。2010 年以来，随着智能手机的应用日益广泛，数据的碎片化、分布式、流媒体特征更加明显，移动数据急剧增长。

大数据分析常和云计算联系到一起，大数据必然无法用单台的计算机进行处理，必须采用分布式架构。实时的大型数据集分析需要向数十、数百甚至数千的计算机分配工作。从技术上看，大数据与云计算的关系就像一枚硬币的正反面一样密不可分。具体来说，大数据具有"4V"的特征。

(1) 数据体量巨大(Volume)。例如，百度首页导航每天需要提供的数据超过 1.5 PB(1PB=1024TB)，这些数据如果打印出来将超过 5000 亿张 A4 纸。

(2) 数据类型多样(Variety)。现在的数据类型不仅是文本形式，更多的是图片、视频、音频、地理位置信息等多类型的数据，个性化数据占绝大多数。

(3) 处理速度快(Velocity)。大数据处理遵循"1 秒定律"，可从各种类型数据中快速获得高价值信息。

(4) 价值密度低(Value)。以视频为例，一小时的视频，在不间断的监控过程中，可能有用的数据仅仅只有一两秒。

(二)大数据分析技术常见应用

1. 流感蔓延趋势预测

与斯科尔全球性威胁基金合作，美国公共健康协会推出了 FluNearYou，这是一款应用程序，用于收集流感症状的发展信息。只要年满 13 周岁，都可以在网站上进行注册，该网站用于监测流感的蔓延程度。每周一次的调查报告可以帮助防灾组织、研究人员以及公共卫生官员为流感疫情的扩散做好准备。更重要的是，该应用程序对预测未来任何有可能发生的流感疫情暴发，都会带来极大的帮助。

2. 智能公交

随着城市的迅速发展，交通拥堵、交通污染日益严重，交通事故频繁发生，这些都是各大城市亟待解决的问题。智能交通成为改善城市交通的关键所在。为此，及时、准确地获取交通数据并构建交通数据处理模型是建设智能交通的前提，而这一难题可以通过大数据技术得到解决。

例如，交通部门根据GPS定位、4G通信、GIS地理信息系统等技术的结合对车辆实施监控，实施公交车智能调度策略，提高了公交车的利用率，同时也在不断减轻城市道路的拥堵负担。

3. 电子商务

电子商务公司阿里巴巴已经在利用大数据技术提供服务，如淘宝生意参谋。每天有数以万计的交易在淘宝进行，与此同时相应的交易时间、商品价格、购买数量会被记录，更重要的是，这些信息可以与买方和卖方的年龄、性别、地址甚至兴趣爱好等个人特征信息相匹配。淘宝生意参谋就是淘宝平台上的大数据应用方案，如图3.3所示。通过这一服务，商家可以了解淘宝平台上的行业宏观情况、自己品牌的市场状况、消费者行为情况等，并可以据此进行生产、库存决策，而与此同时，更多的消费者也能以更优惠的价格买到更心仪的宝贝。

图3.3　淘宝生意参谋

除以上应用之外，大数据还在"吞噬"和重构很多其他传统行业，并成功应用于智能电网、电信运营、零售服务、医疗服务等行业。

 案例分析

苏宁缘何成为"智慧零售"的先行者和布道者

2018年，苏宁易购营业收入达到了2400亿元，同比增长30.35%，位居中国商业零售第一和中国民营企业500强前二。从传统线下家电3C零售企业的起点出发，苏宁抵御住了电商的冲击，成功向线上延伸，而后又一头扎进智慧零售的大潮，成为了将线上线下融合做得最好的企业之一。在 2019 年 4 月 16—17 日举办的以"智慧凝聚"为主题的 IPF2019 浪潮云数据中心合作伙伴大会上，苏宁受邀分享了通过"智慧零售"战略驱动公司成长的故事。

"智慧零售"驱动迅猛增长

苏宁快速增长的业绩与苏宁"智慧零售"的发展战略密不可分。苏宁率先提出"智慧零售"概念，实现线上和线下门店的深度融合，使之成为苏宁智慧生态圈迭代升级的重要驱动力之一。2018 年，苏宁首创的智慧零售逆势上扬，成为引领行业发展的风向标，门店总数目前已经突破 11000 家，步入"万店时代"，高速增长成为发展新常态。

现在的苏宁不只是一家零售企业，更是一家科技公司。短短几年时间里，苏宁技术团队从上百人快速增长到了 10000 人，在南京、北京、上海、武汉以及美国硅谷都设有研发团队。2018 年，苏宁还成立了科技集团，囊括三大块主要业务：第一大块是云软件业务，聚焦智慧零售，提供强大的技术支撑能力；第二大块是云服务能力，通过供应云、零售云、管理云、企业云的开发与迭代，提供智慧产品与服务，打造智慧零售生态体系；第三大块则是依托苏宁智慧零售生态体系，为家庭及个人消费者提供产品、内容、服务和解决方案。苏宁利用人工智能、云计算、大数据等前沿技术，在 O2O 零售、供应链、金融支付、物流等方面，服务全球用户，重点展开"云软件、云服务、智能终端"三大业务，为用户提供实实在在的智慧服务。

人工智能技术功不可没

人工智能技术成为苏宁增长的最重要动力之一。浪潮作为苏宁的 IT 合作伙伴，为苏宁智慧零售解决方案提供最急需、最高效、最敏捷、最可靠的算力支撑，协助打造一系列亮眼产品。传统的零售门店在经过苏宁零售云赋能后，平均销售额、库存周转率、复购率、利润额都较大幅度领先市场同类业态。例如，苏宁智慧零售小店，在浪潮人工智能服务器搭建云平台或边缘计算服务器的支持下，进行客流量计算及客户喜好判定，帮助零售小店进行商品选型及货物上架布置，比人工选品精度提升了 15%～20%，更加贴近客户实际需求，从而帮助小店进行精准营销。

做人工智能技术、开放理念的布道者

今天的零售商们或许拥有很多选择，很多云厂商都推出了针对零售行业的解决方案，也能够满足零售企业的数字化要求。但苏宁在痛苦转型中积累出来的迁移和治理的经验，却是这些企业所不具备的。例如，零售企业做数字化的时候，研发产品能否快速迭代、快速投产是很关键的。将人工智能技术与业务体系结合到一起可以让研发效率大幅提升。为此，苏宁研发了一款产品——7×24 小时无人值守发布，大幅提升了效率。苏宁还开发了一个机器学习平台(M-LaaS)。该平台是基于苏宁数据云分布式计算引擎打造的一款一站式挖掘建模技术平台，里面预置了数百种算法，可以通过图形化拖曳观察算法模型的效果，大幅降低了解决特定问题的难度。苏宁建立以智慧零售大脑为核心的产业链生态系统，打通从消费者、零售商、品牌商到制造商的全链路环节。

企业搭好平台后，接下来就是构建生态。企业构建生态有两点至关重要：一是把框架搭好；二是划定好边界，有所为有所不为。以苏宁云平台为例，苏宁虽然搭建了从 IaaS 层到 SaaS 层的完整云架构，但在每个层次都有明确的边界。苏宁云实际上构建了一套标准体

系，在体系下将部分工作交由合作伙伴来完成。比如，IaaS 层，苏宁没有生产 IT 基础设施，主要由浪潮这样的 IT 产业单位提供高效敏捷的计算力。历经互联网经济冲击后的苏宁更加强大，俨然成了一个人工智能技术、开放理念的赋能和布道者。目前，苏宁业态遍地开花，门店数量已超 10000 家。苏宁可售商品超过千万 SKU，基于每一家店，用人工智能来实现对门店的选品，并以周为单位实现了线下的千店千面。

思考：苏宁易购智慧零售成功的关键是什么？

(资料来源：商业伙伴，http://www.cnbp.net，有删改)

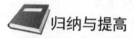 归纳与提高

计算机网络是指利用通信设备和线路将分布在不同地理位置的具有独立功能的计算机、终端及其附属设备互联起来，遵照网络协议，以功能完善的网络软件实现资源共享的计算机系统。计算机网络具有资源共享、数据通信、分布处理、集中管理、提高可靠性与可用性等功能。计算机网络可按覆盖范围、拓扑结构、传输技术、工作模式等标准进行分类。

Internet 地址有两种形式：IP 地址和域名。IP 地址分为 A、B、C、D 和 E 5 类，顶级域名有两种，分别是国际顶级域名和国家顶级域名，域名具有网络商标的含义，企业应重视域名的注册和保护。Internet 常用服务提供用户访问资源和信息交流的方式，主要包括 WWW 服务、电子邮件、搜索引擎、即时通信、博客、微博、社交网络等。Internet 提供的这些服务是电子商务的主要手段和重要平台。

移动互联网、物联网、大数据、云计算等一系列电子商务新兴技术不断涌现，给电子商务的业态和模式创新带来革命性的影响。从信息论的角度来看，电子商务新兴技术本质上是对传统互联网信息存储、处理和传递功能的提升、扩充与延伸，与传统互联网存在密不可分的联系。

 习题

一、选择题

1. 计算机网络最主要的功能是( )。
   A. 数据通信   B. 资源共享
   C. 分布处理   D. 集中管理
2. 计算机网络按覆盖范围可分为( )。
   A. LAN   B. MAN   C. VAN   D. WAN
3. Internet 采用的网络协议是( )协议。
   A. HTTP   B. FTP   C. TCP/IP   D. DNS
4. 下列 IP 地址中属于 A 类地址的有( )。
   A. 126.2.10.1   B. 129.15.121.12
   C. 15.127.1.101   D. 191.202.9.100
5. 下列关于域名的说法正确的有( )。
   A. 域名是用有意义的字母或数字组合来表示的

B. 域名系统采用分布型层次式结构，各个层次由小圆点隔开

C. 域名和IP地址的作用是一样的，都是用来标识Internet上的主机资源

D. 域名方便人们访问Internet资源，但计算机相互通信时只能辨认IP地址

6. (　　)是一种有效的企业内部商务工具。

　　A. Internet　　　B. Intranet　　　C. Extranet　　　D. EDI

7. (　　)服务可以帮助用户在Internet的海洋中找到他们所需要的信息。

　　A. WWW　　　B. 搜索引擎　　　C. BBS　　　D. 博客

8. 为实现物联网，需要在互联网的基础上扩充哪些技术(　　)。

　　A. 传感器技术　　B. 云计算技术　　C. RFID技术　　D. 移动通信技术

9. 下面不属于大数据特点的是(　　)。

　　A. 数据类型多样　　　　　　B. 数据体量巨大

　　C. 处理速度慢　　　　　　　D. 价值密度高

二、复习思考题

1. Internet作为电子商务的基础平台还存在哪些缺陷？

2. 举例说明一个完整的电子商务活动需要用到哪些Internet服务。

3. 企业在注册域名时可采取哪些保护性策略？如何应对域名侵权问题？

三、技能实训题

1. 上网下载CNNIC最新发布的中国互联网络发展状况统计报告，了解中国网民数量、网站数量、域名数量、IP数量等数据。

2. 有一个小企业要接入Internet，上网查询提供该服务的公司，并为该企业选择一套适合的方案。

3. 上网使用电子邮箱、搜索引擎、微博等Internet服务。

4. 上网搜索1~2篇与企业云计算、大数据应用有关的最新文献。

第二篇

运作篇

第三篇

第四章　电子商务网站建设

学习要点及目标

　　了解电子商务网站的概念、分类、特点；掌握电子商务网站建设的规划思路，重点掌握电子商务网站的设计内容；了解电子商务网站管理的方法；掌握电子商务网站运营维护的主要内容。

引例

电子商务网站如何建设？

　　小王是一名刚刚毕业的大学生，在一家小型企业做策划工作。一天，经理找到她并向她谈起公司网站改版的事情。公司原有网站是经理自己架构的，运行几年后，在品牌宣传和业务推广上面确实起到了很大的作用。但随着市场和技术的变化，网站在架构上以及对业务的支撑方面已经存在着明显不足。例如，原有的网站在设计风格、功能、电子支付等方面都有很大的改进空间。经理想叫小王根据自己的思路整理一份本企业电子商务网站改版建设规划书，帮自己理清楚网站的定位、功能、效果以及后期的管理、运营维护等内容。小王接到这个任务之后，深感压力很大。这个工作完成得好不好，关系到小王今后在公司的发展空间。小王接到任务后应该怎么做？

必备知识点

　　电子商务网站的概念　电子商务网站的分类　电子商务网站的规划　电子商务网站的管理　电子商务网站运营维护的内容

拓展知识点

　　电子商务网站的特点　电子商务网站的设计思路　电子商务网站开发的技术手段

第一节　电子商务网站概述

　　随着计算机网络技术和软件开发水平的提高，电子商务活动已经渗透到企业商务活动的方方面面。电子商务已经成为现代企业经营和管理的重要组成部分。不论企业电子商务的成熟度是高还是低，企业开展电子商务活动都需要一个信息平台，在这个平台就离不开电子商务网站。

一、电子商务网站的概念

　　网站(Website)是在互联网上拥有域名或地址并提供一定网络服务的主机，其形式上通常包括主页和其他具有超链接文件的页面。网站主要以服务器为载体，以服务器硬盘为存储空间，人们通过浏览器访问来实现信息交换功能，最终获取想要的资讯或享受网络服务。

人们通常从网站的空间大小、访问速度、内容、功能、服务等方面来衡量网站的价值。

电子商务网站和一般网站的主要区别在于功能方面，它侧重解决商务活动的电子化。电子商务网站是企业发布商务活动、对企业品牌进行宣传推广、实现商务管理和在线交易的重要"窗口"，也是电子商务系统运转的承担者和表现者(见图4.1)。

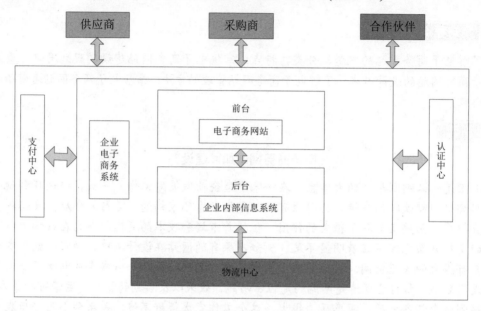

图 4.1　电子商务网站在企业电子商务系统中的地位

由电子商务网站的定义可知，它由域名、网站软件系统和硬件系统三个部分构成。

(一)网络域名

互联网上服务器都有一个数字的地址，即 IP 地址。域名就是与网络上的 IP 地址相对应的字符型地址，如"京东"网站的域名形式：www.jd.com。

(二)网站软件系统

软件系统一般包括网站服务器操作系统、数据库系统以及放在网站空间里面的程序文件系统。网站程序文件，一般包括网站前台和后台两个部分内容。

(三)网站硬件系统

网站硬件系统是指支撑网站正常运行的整个硬件平台。它一般包括存放网站的服务器主机、数据库主机、邮件系统主机、DNS 服务器、路由器、交换机、防火墙、自动备份系统、后备电源设备等一系列硬件。

二、电子商务网站的分类

电子商务网站作为一种信息资源交换的平台，在现代商务活动中发挥着越来越重要的作用。然而对电子商务网站进行分类，却是一件不容易的事情。因为从不同的角度出发，按不同的分类标准可以产生多种分类方法。比较常见的分类标准有行业、技术、参与主体、应用平台、商业模式以及电子商务发展阶段等。

(一)按行业划分

按电子商务网站所处的行业来划分是一种比较简单的方法,如服务业、制造业、金融证券业、农业等。

(二)按技术划分

按技术来划分,也有不同的标准,如按开发电子商务网站所采用的技术可以划分为 ASP 网站、JSP 网站、PHP 网站、Asp.net 网站。按网站内容是否可以更新、管理,又可以划分为静态网站和动态网站。静态网站是设计者把内容设计成静态模式,访问者只能被动地浏览网站建设者所提供的网页内容,如企业简介、产品信息等。而动态网站采用数据库技术,实现网站与用户之间的交互操作,如在网上实现消费者问卷调查,需要用户填写表单并提交给服务器进行统计。

(三)按参与主体划分

按电子商务网站运行过程中参与的主体来划分,网站可以划分为 B2C、B2B、C2C、B2G 等类别。

1. B2C 网站

B2C 网站一般是以网络零售业为主,借助互联网开展销售活动,如在线经营鲜花、书籍、家电、计算机、手机等产品。比较典型的网站为京东、当当网、天猫商城等。这也是目前最为盈利的电子商务网站形式之一。

2. B2B 网站

B2B 网站一般以信息发布和交易撮合为主,目的是为企业之间供需关系建立信息桥梁。国内著名的 B2B 电子商务网站有阿里巴巴、慧聪网、铭万网等。

3. C2C 网站

C2C 网站主要为买卖双方提供一个在线交易的平台,它不仅仅交换产品供需信息,还可以通过拍卖竞价等形式收取中介费用。国内著名的 C2C 电子商务网站有淘宝网、拍拍网和易趣网等。

4. B2G 网站

B2G 网站是企业机构和政府机关进行商务交易的电子商务网站。其中典型的例子就是政府在网上进行产品和服务的招标和采购。而在这种模式下,供货方也可以在更大的市场上参与投标活动。国内有名的 B2G 电子商务网站有招标采购在线等。

(四)按应用平台划分

按应用平台,电子商务网站目前主要可以划分为互联网电子商务网站、移动网电子商务网站。互联网电子商务网站主要工作在 Internet 环境下,它的主要终端是计算机用户;而移动网电子商务网站的主要终端是手机、PDA 等。由于终端不同,采用的开发方法和技术也是完全不一样的。目前知名的电子商务网站都会开发出手机应用程序安装在智能手机上或者开发 WAP 版本的电子商务网站,以支持越来越多的移动终端用户的需求。

(五)按商业模式划分

按电子商务网站运作的商业模式来划分,主要是根据网站运作、经营、技术、组织等状况综合评定,可以把电子商务网站分为门户类、网上商家类、内容提供商类、交易中介类、市场创造商类、服务提供商类、社区提供商类等。

(1) 门户类电子商务网站。主要指将各种应用系统、数据资源和互联网资源集成到一个信息平台之上的网站,如新浪、百度、谷歌、雅虎等都属于这个行列。

(2) 网上商家类网站。主要指借助电子商务网站提供网上购物功能的站点,如当当网、亚马逊、京东、天猫商城、苏宁易购、海尔商城、联想商城等。

(3) 内容提供商类网站。主要指通过互联网进行文字、音频、视频等内容销售和服务的站点。它们提供的产品和服务有小说、软件、音乐、游戏、电子书籍、期刊、电影等,这一类网站有起点中文网、优酷土豆网等。

(4) 交易中介类网站。主要是为买卖双方的交易提供中介服务的站点,如携程网、去哪儿网等。

(5) 市场创造商类网站。主要指网站运营者通过开发独立市场,让商家和买家入驻进行交易。这类网站主要有阿里巴巴、慧聪网、淘宝网、拍拍网、易趣网等。

(6) 服务提供商类网站。主要指能针对性地为用户提供网络交易及电子商务活动的相关支撑性服务,如支付服务、物流服务及为企业建立电子商务系统提供全面支持等服务的站点。这类网站有支付宝、云网支付、中国万网等。

(7) 社区提供商类网站。主要是指为广大的网民提供社区服务,同一主题的网络社区中集中了具有共同兴趣的访问者,能够满足用户在情感、兴趣、工作、娱乐及某些其他方面的爱好及诉求。目前最典型的网站如天涯、百度贴吧、豆瓣网等。

(六)按电子商务发展阶段划分

按电子商务发展阶段可以将电子商务网站分为两种类型:信息发布型和在线销售型。

(1) 信息发布型网站。属于电子商务网站的初级形式,不需要太复杂的技术,将网站作为企业基本信息的载体,主要功能定位于企业信息的发布,包括公司新闻、产品信息、采购信息、招聘信息等,多用于产品和品牌的推广以及与用户的沟通,网站本身并无完善的网上订单跟踪处理能力。

(2) 在线销售型网站。指具有销售功能的企业网站,由于此类网站涉及电子支付、订单管理、用户管理、商品配送等环节,一般来说,比信息发布型网站更加复杂,并且网站经营重点也有一定的差别。其除了品牌推广的价值之外,还是直接利润之源。随着第三方电子商务平台的日益完善,广大中小企业可以不必花费大量精力去开发自己的电子商城,而是在淘宝网上开设网上商店,企业官方网站的"网上商城"直接链接到其淘宝商城。

三、电子商务网站的特点

一般来说,电子商务网站具有如下几个特点。

(一)虚拟性

客户对电子商务网站上的商品只能通过商品的图片、文字、视频的描述来了解其形状、特性、价格和使用方法。因此,对商品的感觉不如在传统的商店里购物那么具体,除非这个商品以前使用过。

(二)商务性

电子商务网站可为买卖双方提供一个交易平台,买卖双方可以不用见面,可以互不认识,也可以相隔万里。网站的拥有者可以通过客户留下的信息进行记录并分类整理,了解客户的需求,也可以通过电子支付的方式,进行账务的划转,还可以通过物流信息来跟踪货物的流动。

(三)便捷性

电子商务网站便捷的操作是电子商务有别于传统商务的主要特征之一。它充分利用了互联网的处理优势,克服了传统商务中烦琐的操作这一弊端,使得网络交易更为迅速、便捷。客户可以随时随地通过接入电子商务网站进行信息交互。

(四)整体性

电子商务网站要实现盈利,就客观上要求电子商务网站的各个环节运转良好,如用户界面的设计、用户体验、商品订单管理、货款支付、物流配送和资金周转、诚信问题、纠纷协调问题,它们是一个有机的整体。

(五)扩展性

为了使电子商务网站正常运转,必须考虑访问流量的规模,所以系统要考虑到可扩展性,防止系统阻塞。另外,随着技术和规模的变化以及市场需求的变动,电子商务网站还要面临改版升级的变化,这也在客观上对可扩展性提出了要求。

(六)安全性

由于电子商务网站涉及资金的流转,所以安全性是一个至关重要的方面。客户在网上购物也会把安全考虑放在首要地位。因此,电子商务网站在管理上都有非常严格的制度,在技术上能提供一种端到端的安全解决方案。

(七)可控性

电子商务网站的内容具有可控性,网站内容的编辑要遵循一定的运营管理规范,而不能随意发挥。网站的运营方要实时保证对电子商务网站的控制力,因此也要加强对管理人员操作权限的控制。

第二节 电子商务网站的规划与设计

随着电子商务在各个行业的渗透,电子商务网站建设已经成为现代企业经营管理的一个重要组成部分。由于行业不同,企业的规模和技术实力也千变万化,不同企业对电子商务网站的建设侧重点也不尽相同。

一、电子商务网站的建设规划

网站建设规划方案是网站建设的指导纲要，当网站规划方案完成之后，接下来还有一系列的网站建设实施工作。根据中国互联网协会发布的《企业网站建设指导规范纲要》，企业网站建设应包括以下几个环节(见图4.2)。

(1) 制定网站规划方案。包括网站预期目标、行业竞争状况分析、网站栏目结构、用户行为分析及内容规划、网页模板设计、网站服务器技术选型以及网站运营维护规范等基本内容。

(2) 网站程序开发和网页设计。

(3) 网站测试。包括功能测试、安全测试、压力测试、用户体验测试、备份及恢复测试等。

(4) 网站内容发布及网站运营维护。

按照互联网协会的指导规范，可进一步把网站建设的流程进行细化，并对每个阶段涉及的重要问题进行归纳，把网站建设的流程归纳为四个阶段：准备阶段、开发设计阶段、测试阶段和运营维护阶段。

(一)准备阶段

由于现代电子商务网站建设往往是一个比较大的软件工程，在网站建设准备阶段要完成大量的分析规划工作，如可行性分析、资金、环境、人员的准备、域名的注册和备案，网站功能需求分析，电子商务网站规划书的撰写等工作。

1. 网站建设可行性分析

电子商务网站建设需要投入大量人力、财力，所以有必要进行可行性分析，主要包括宏观环境分析、市场分析、技术分析、经济分析和人员分析等。

2. 网站开发计划

网站的开发计划一般都是按照信息系统项目开发管理的要求来制订和执行的。目的是保证网站建设顺利进行，避免项目工期拖延、预算超支甚至整个网站开发的失败。

在电子商务网站开发中，一般使用微软公司的 Microsoft Project 来对项目开发计划与工程进度进行管理。

网站开发计划一般包括以下内容。

(1) 确定网站建设的总体目标、制定网站建设的策略。

(2) 各阶段的开发工具和开发方法的选择。

(3) 网站建设的费用预算控制计划，包括设计、编程、测试、维护成本的估算。

(4) 网站项目任务的分解及计划安排，包括各子项目的具体内容、人员配备、各项目的开发顺序以及项目团队成员间的交流、讨论和协调等。

(5) 制订详细的开发时间表，包括各项规划任务的开始日期、完成时间、负责人等。

(6) 项目质量管理控制计划，包括项目各阶段的成果检查、验收计划和风险控制等。

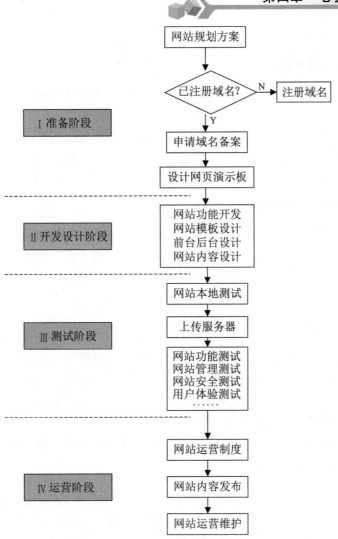

图 4.2　电子商务网站建设规划流程

3. 资金、环境和人员的准备

网站开发计划制订以后，就开始着手进行网络建设前的准备工作，一般包括网站建设资金准备、网站开发环境准备和人员配置准备。值得注意的是人员的准备，要充分考虑到信息系统项目管理师、系统分析师、内容设计师、美工设计师、软件工程师等人员的配备。

4. 域名的注册和备案

实际上这两项工作不受网站建设时间的限制，应该尽早办理以备使用，所以一般在准备阶段来完成。网站的域名是网站的重要组成部分，企业网站域名建议选取主流域名后缀，如.com、.cn、.com.cn 等，英文站点建议为.com 后缀，中文站点一般为.cn。多语言的电子商务网站，可选择.com 或者目标客户国家的域名后缀，如.jp(日本)、.ca(加拿大)、.uk(英国)等。企业的电子商务网站可以同时注册多个域名。

域名的备案是根据工信部的规定，对非经营性互联网信息服务实行备案制度。因此企业电子商务网站应该备案登记，获得 ICP 备案登记证号后才能开通网站。首次域名备案的时间通常要 1 个月以上。

5. 网站功能需求分析

网站项目的功能需求往往来自客户的实际需求或企业自身发展的需要。要想准确了解客户对网站的功能需求，首先就需要对客户进行需求调研，以便客户提供完整的需求说明。在进行需求调研分析时，因为很多客户对自己的需求并不是很清楚，就需要系统分析员不断引导、耐心说明，仔细地帮助分析，挖掘出客户潜在的、真正的需求。最终配合客户写出一份详细的、完整的《网站功能描述书》，并让客户满意，签字认可。

6. 电子商务网站规划书的撰写

可以说电子商务网站规划书的撰写是准备阶段的重要成果。规划书一般包括以下内容：建设网站前的市场分析、网站建设的目的与功能定位、技术解决方案、网站内容及实现方式、网页设计、费用预算、网站测试、网站运营维护、网站的推广等。不同行业、不同规模的企业可以视具体情况来调整。

(二) 开发设计阶段

电子商务网站开发设计阶段的主要内容是根据网站规划书的要求和网站功能描述书的内容对网站的前台界面、后台数据库及功能性内容的程序实现。一般是根据企业电子商务网站的作用、功能和内容来确定是采用现在的电子商务方案还是自行研发。目前主流的电子商务网站开发的技术有 CGI、ASP、JSP、PHP 和 ASP.net 等；客户端交互技术有 ActiveX、Java Applet、AJAX、ActionScript 等；客户端的脚本语言有 JavaScript、Jscript、VBScript 等。

(三) 测试阶段

经过开发设计阶段，当网站的基本功能都已经完成就可以进入本地测试阶段。测试阶段应该按照网络策划书的要求进行测试，其主要内容有：用户前台访问流程测试、浏览器兼容性测试、用户体验测试、网站管理员后台功能测试、手机浏览效果测试和其他专业的技术测试。

 知识拓展

电子商务网站测试阶段的主要内容见右侧二维码。

(四) 运营维护阶段

电子商务网站成功实现并推出后，就开始了长期的管理和运营维护工作，主要内容包括：网站内容的及时更新和调整、服务器及相关软硬件的维护、网站宣传推广等，这部分内容我们将会在后续的章节中详细讨论。

二、电子商务网站的总体设计

电子商务网站的建设规划书应该包含网站的总设计思路，不同行业、不同规模的企业网站的总体设计一定是不同的。下面就电子商务网站总体设计的一般原则、网站功能性设

计、网站形象设计、网站结构设计等几个方面来讨论。

(一)电子商务网站总体设计的一般原则

电子商务网站设计应该遵循以下一般原则。

1．系统性原则

设计电子商务网站建设方案时应充分了解企业的营销目标、行业竞争状况、产品特征、用户需求行为以及网站推广运营等基本问题，并将这些因素融入到网站建设方案中。

2．完整性原则

电子商务网站是企业在互联网上的经营场所，应为用户提供完整的信息和服务。网站的基本要素应合理、完整；网站的内容应全面、有效；网站的服务和功能应适用、方便；网站建设与网站运营维护衔接应简便顺畅，并有相应的支持。

3．友好性原则

网站的友好性包括三个方面：对用户友好——满足用户需求、获得用户信任；对网络环境友好——适合搜索引擎检索、便于积累网络营销资源；对经营者友好——网站便于管理维护、提高工作效率。

4．简单性原则

在保证网站基本要素合理完整的前提下，尽可能减少不相关的内容、图片和多媒体文件等，使得用户以尽可能少的点击次数和尽可能短的时间获得需要的信息和服务。

5．适应性原则

电子商务网站的结构、功能、内容、服务和表现形式等需要适应不断变化的网络营销环境，网站应具有连续性和可扩展性。

6．安全性原则

企业网站应保证网站数据、用户注册信息、用户浏览等方面的安全。

7．兼容性

电子商务网站要兼顾不同的浏览器和分辨率；兼容不同的搜索引擎；兼容不同国家的访问者。

(二)电子商务网站功能性设计

通过对电子商务网站的大量分析，网站在功能上有很多相似之处，通常包含企业信息展示、网络营销、网上支付、客户关系管理和物流信息管理等内容(见表4.1)。

1．企业信息展示

主要是为了让访问者对企业状况有初步的了解，企业是否可以获得用户信任，很大程度上取决于这些基本信息，如企业概况、发展历程、产品与服务介绍、产品技术说明资料、企业经营业绩与报表、媒体报道等。如有条件，可以借助虚拟现实技术对商品和服务进行演示，可以提高客户的兴趣。

表 4.1　电子商务网站的主要功能

功能	企业信息展示	网络营销	网上支付	客户关系管理	物流信息管理
内容	企业概况、发展历程、企业动态、产品信息、媒体报道、主要业绩、组织机构、联系方式	网上广告、商品展示与报价、商品预订、销售统计分析、有奖竞赛、下载优惠凭证	开立账户、转账、付款、支付方式选择、订单管理、购物历史查询、积分管理	客户注册、客户信息反馈、市场调查、网上论坛、社区、售后服务、在线交流	送货方式选择、线路选择、车辆调度、物流信息跟踪、仓库信息管理

2．网络营销

电子商务网站在很大程度上可以说是开展网络营销的一个重要平台和工具。利用网站可以进行网上广告、商品展示、商品订购、销售统计分析以及有奖促销等活动。要重视电子商务网站在网络营销的作用，不仅有利于品牌和形象的推广，还可以为企业带来实际的利润。

3．网上支付

对于开展在线交易的网站，一般要提供安全可靠的电子支付方式。主要实现网上交易各方开立账户、转账以及付款等功能。支付方式应该尽可能丰富，如网上银行、支付宝、财富通、邮局汇款等。

4．客户关系管理

借助电子商务网站平台，客户可以实现注册、登录反馈信息，实现双向沟通，进行市场调研等。这对提升客户忠诚度、提高品牌知名度和营销决策有很大的帮助。

5．物流信息管理

电子商务网站还应该重视物流信息的管理功能，特别是送货方式选择、线路选择、车辆调度、物流信息跟踪、仓库信息管理等，以满足不同层次客户及管理人员的需求。

电子商务网站作为一个综合型的企业"窗口"，还应具备系统用户管理、权限管理、部门管理、栏目管理、流量管理等一些具体的管理功能。此外，客户还可能提出其他具体功能需求，这些在网站规划、设计过程中都应该引起重视。

(三)电子商务网站形象设计

电子商务网站和实体公司一样，也需要有整体的包装和公司形象(Corporate Identity，CI)设计，诸如百度、谷歌、天猫、京东等网站都有全球统一的标识、色彩和产品包装，给用户留下了深刻的印象。这也是企业标识自己，区别外界的内在特点和个性。网站的形象可以从徽标设计、色彩设计、字体设计、标语设计等方面下功夫。

1．网站徽标设计

网站的徽标又叫作 Logo，是站点特征和内涵的集中体现，可以是中文、英文字母；可以是符号、图案；也可以是动物或者人物等。一般公司的标识或注册商标可以直接拿来作为网站的 Logo，如果没有现成的标识使用，就需要进行设计制作。

Logo 的设计和创意来自网站的名称和内容。比如，百度网站是用汉语拼音字母及"百度"作为徽标，新浪网站把 Sina 四个字母设计得很有特色，有的还用有趣可爱的动物或卡通形象作为徽标，如图 4.3 所示。

图 4.3　部分知名网站的徽标

2．网站的色彩设计

网站给人的第一印象就是来自视觉上的冲击，确定网站的色彩是很重要的一步。美术设计叫作定色调。不同的色彩及搭配会产生不同的效果，它不仅关系到网站内容的传达，并可能影响到浏览者的情绪。网站设计中色彩的搭配，要以和谐、均衡、重点突出为原则，一般同一页面的色调不超过三种。

暖色调主要是红色、橙色、黄色等；冷色调主要是蓝色、绿色、紫色等；当然，色调的对比也可以表达出不一样的感受，如蓝与白、红与绿、黑与灰等，这些可以根据设计师自己的感受、经验和想象力来完成。

3．字体和标语设计

除了色彩的设计，还要考虑标语字体、字号的风格。网页的标题、菜单、内容的样式，都要体现出企业的形象和网站的特点。最后，企业和网站的宣传标语也要重视，就是用一句话或者一个词来高度概括企业和网站的精神和目标，如网易著名的广告语"网易，网聚人的力量"，淘宝网的则是"淘！我喜欢"(见图 4.4)。

图 4.4　淘宝网的宣传标语

(四)电子商务网站结构设计

网站的结构设计包括网站的体系结构设计、目录结构设计、栏目结构设计和链接结构设计等。

1. 网站的体系结构设计

主要讨论网站物理上的体系结构。目前主流的电子商务网站的体系结构有两种：基于 C/S 的体系架构和基于 B/S 的体系架构。C/S 架构是"客户端程序+服务器端程序"，主要是由客户机向服务器发起数据查询请求，由服务器自动完成查询任务，并把结果返回到客户机的过程。目前这种架构主要用于手机或其他移动终端与网站服务器的交互。由于网站的手机应用程序界面华美，可操控性强，加上功能强大，随着移动商务的崛起，这种 C/S 架构也将变得更加常见。B/S 架构是传统的"浏览器+服务器"，主要是通过网页浏览器访问网站服务器并返回查询结果的模式。当前也有些网站是混合式架构，既支持 C/S，也支持 B/S。

2. 目录结构设计

电子商务网站的目录结构设计主要是指网站中各种目录和文件的组织与存储结构。由于电子商务网站的开发是比较复杂的软件项目，包括的目录和文件很多，不合理的结构往往会使得网站在维护、移植和扩充方面变得异常困难。目录结构设计可以按照内容模块存储、功能模块存储、文件类型存储等不同方式进行。

(1) 按内容模块存储。电子商务网站往往有很多内容板块，在存储这些内容的时候，可以考虑按内容将相关的文件存储在相同的文件夹下。

(2) 按功能模块存储。对于已经按内容存储的文件，很多时候可能还很混乱，因为不同功能的文件放在一起，需要进行查找、修改时非常麻烦，这时就需要按功能模块来存储。

(3) 按文件类型存储。一般将相同类型的文件放在同一个文件夹之下，如动画文件、视频文件、图片文件、配置文件等都分别放在不同的文件夹之中。

3. 栏目结构设计

网站的栏目结构设计也是网站设计的重要工作。栏目就好比网站的内容索引，好比一本书的目录。在设计电子商务网站栏目结构时要注意以下几个方面：栏目的选取和划分要体现网站的核心价值内容；栏目的划分要细致，按不同的层次或主题来划分，不能有交叉和重叠；栏目的布局要协调；栏目的层次不要过多、过深，一般以三层为宜。

4. 链接结构设计

网站的链接结构是指各个页面之间链接的拓扑结构。它建立在栏目结构基础之上，但是可以跨越栏目。链接结构设计的核心在于令浏览者以最少的时间找到最想看的信息。通常，网站的链接结构设计有三种方法：树型链接结构、星型链接结构和混合型链接结构。

(1) 树型链接结构。

网站的树型链接结构是一级页面指向二级页面，二级页面指向三级页面，依次类推(见图 4.5)。优点是条理清晰，缺点是浏览效率低，任何页面的访问都要返回首页，层层递进，才能找到信息。如果网站的栏目层次结构很深，浏览的效率会很低。

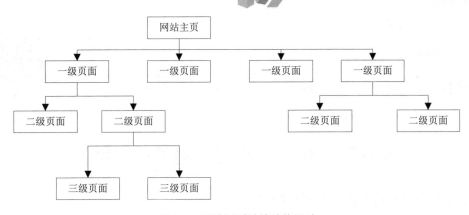

图 4.5　网站树型链接结构设计

(2) 星型链接结构。

网站的星型链接结构是每一个页面相互之间都可以有链接，这样从单一页面的角度看，它就是一颗星，链接到其他所有页面(见图 4.6)。其优点在于浏览方便，随时可以到达自己想看的页面。缺点也很明显，就是层次比较混乱，不清楚自己在什么位置，浏览了多少页面。

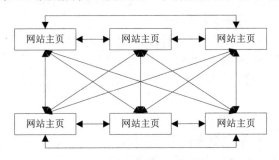

图 4.6　网站星型链接结构设计

(3) 混合型链接结构。

混合型链接结构在实际的网站设计中使用得最多，是将树型和星型链接方式结合在一起来使用(见图 4.7)。具体的使用方法是首页和导航栏目(一级页面)使用星型链接结构，导航栏目和以下各级页面使用树型链接结构。可以使浏览者方便快速地找到自己需要的页面，且可以清晰地知道自己所在的位置。

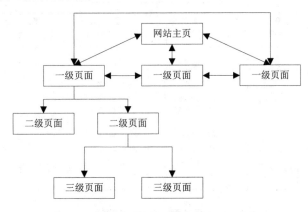

图 4.7　网站混合型链接结构设计

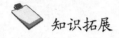

知识拓展

案例 4.1 某金属产品电子商务网站总体设计见右侧二维码。

第三节　电子商务网站的管理与维护

一、电子商务网站管理与维护的内容

电子商务网站发布之后，最重要的工作就是网站管理与运营维护。成功的网站都是运营出来的，不论电子商务网站还是提供其他互联网服务的网站都是同样的道理。按照中国互联网协会发布的《企业网站建设指导规范纲要》，网站的运营管理及维护相关的内容包括以下 7 个方面。

(1) 建立网站内容发布审核机制，始终保持网站内容的合法性。

(2) 保持合理的网站内容更新频率。

(3) 保持网站服务器正常工作，对网站访问速度等进行日常跟踪管理。

(4) 网站内容制作符合网站优化要求。

(5) 网站安全管理，包括网站管理密码、BBS、留言板等，重要信息(如数据库、访问日志等)要定期备份。

(6) 保持网站重要网页的持续可访问性，不受网站改版等原因的影响。

(7) 对网站访问统计信息定期进行跟踪分析。

根据上述指导原则，结合企业电子商务网站运营的实际情况，我们认为网站管理与维护涉及的内容很多。笼统地说，在网站正式发布之后与网站相关的所有工作都可以认为是网站运营管理与维护范畴。为了有一个清楚的框架，我们将电子商务网站的管理与维护工作归纳为 6 个方面：内容管理、营销管理、服务管理、技术管理、运营管理和安全管理，如图 4.8 所示。

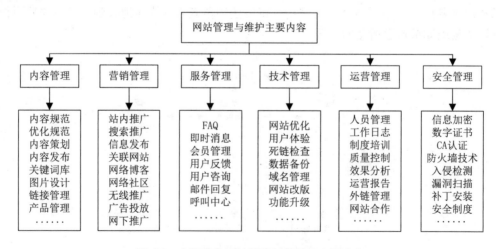

图 4.8　电子商务网站管理与维护的主要内容

电子商务网站的管理与维护是一项长期的、持续的工作，需要具有规范的制度和强有力的执行。由于电子商务网站的管理与维护内容繁杂，其中部分内容还会在后面的章节有所涉及，如营销管理会在第五章详细讲解，安全管理会在第八章有所涉及，在此就不再详述。本节主要就网站运营管理规范、网站内容维护规范这两个方面来谈。

二、电子商务网站运营管理规范

对于电子商务网站的管理，不同规模、不同类型的网站会有一定的差异。对小型网站来说，通常只有几个管理员，管理规范就比较简单。

1．密码设置

网站域名管理密码、网站服务器管理密码、服务器 FTP 密码、网站后台管理员密码、公司邮箱密码等设置应遵循一定的原则，便于记忆但不能过于简单，应同时包含大写字母、小写字母、数字及特殊字符。密码应该按制度规定，在一定周期内(如三个月)强制性更改。

2．操作员管理

每个操作员要妥善保管好自己的账户与密码，不得将密码告诉任何第三方，如因密码丢失或过于简单造成损失应当承担相应的责任。

3．密码的传递与修改

密码应记录在不易被他人发现的地方，不能通过 QQ、MSN、公共邮箱等通信渠道发送包含完整信息的管理密码，前任管理员离职后应及时修改密码。

4．数据库的备份

数据库信息作为电子商务网站最宝贵的资源，要尽量建立实时多硬盘同步备份，还可以建立异地备份机制，以防止火灾、地震及其他灾害发生引起的数据丢失。

5．网站访问状况

每天定时检查网站访问是否正常，发现问题立刻解决，如因客观原因无法在短时间内恢复正常，应启用应急机制，将网站域名解析到可以正常访问的主机空间并发布故障修复通知。

6．有害信息

发现有害信息要保留证据后立即删除，暂时冻结信息发布者的账户，并启动相应的侦查机制。

三、电子商务网站内容维护规范

电子商务网站的内容维护规范是为了保持网站运营的连续性和协调性，使整个网站的定位和表现风格能够始终遵循一定的规划，不至于因运营人员的变动及个人的习惯等因素而影响整个网站的内容和谐。

1. 网站内容维护规范

常用的网站内容维护规范如下。
(1) 网页文件命名规范。
(2) 网页标题设计规范。
(3) META 描述设计规范。
(4) META 关键词规范。
(5) TAG 设计规范。
(6) 网页内容编辑规范。
(7) 网页内容发布规范。
(8) 网站内容更新周期规范。

2. 网页文件命名规范

网页文件命名规范介绍如下。
(1) 文件夹名和文件名一旦生成在后期运营中不能修改。
(2) 文件名全部为小写字母或者为小写字母与数字的组合，不得使用汉字。
(3) 在中文网站，如果某个名词的英文名称是大家熟知的，可以用英文来表示，如 index、internet、book、class 等。
(4) 文件夹名字数不宜过长，最好不超过 10 个字符。
(5) 尽量不要用汉字拼音首字母缩写作为网页文件名。
(6) 文章内容页面，如果不是热门词汇，不用手工填写文件名，可自动生成编号，以数字作为内容页面的文件字。

3. 网页标题设计规范

网页标题设计规范介绍如下。
(1) 网页标题字数 8~20 个字比较理想，最多不宜超过 25 个。
(2) 标题含有至少 1 个重要关键字。
(3) 标题中尽量不用标点符号，如果确实需要，可用英文标点。
(4) 网页标题要完整地出现在正文中。
(5) 尽量不要用网上出现多次的网页标题，除非是概念定义等无法改变属性的标题。

在现实的电子商务网站管理工作中，相关的管理规范还有很多，如对于人员权限的管理控制、对于网络系统环境的管理、对于设备的管理、对于环境(供电、静电等)的管理等。这些管理规范，并没有固定的框架，都是在长期的工作中总结和归纳出来的，是实践经验的积累。

 案例分析

某奢侈品电子商务网站建设规划

如今网上购物的种类逐渐从低端走向了高端，无论是服饰、家居还是名表、珠宝都是如此。某集团根据自身企业战略发展的需求，拟建设奢侈品电子商务网站。其网站建设规划书的主要内容如下。

(一)市场分析

1. 奢侈品网购行业的市场现状、特点。
2. 奢侈品网购市场主要竞争者分析。
3. 公司自身条件分析,包括公司概况、市场优势、建设网站的能力(费用、技术、人力等)。

(二)网站目的及功能定位

1. 集团公司战略的需要。
2. 网站的功能:电子商务型加客户服务型。

(三)网站技术解决方案

根据网站的功能确定网站技术解决方案。

1. 采用自建服务器。
2. 使用UNIX、Linux操作系统。
3. 网站实现外包给第三方网络技术公司开发,集团派技术人员全程参与。
4. 网站安全性措施,防黑、防病毒方案。

(四)网站内容规划

1. 购物流程、交易流程、付款流程、优惠及积分系统。
2. 会员注册、详细的商品服务信息、信息搜索查询、订单确认、个人信息保密措施、相关帮助等。

(五)网页设计

1. 奢侈品类网站色调基本就是黑、银、金黄、灰等几个屈指可数的色彩搭配,网页色彩设计要与企业整体形象一致,注意网页色彩、图片的应用及版面规划布局,保持网页的整体一致性。
2. 在新技术的采用上要考虑主要目标访问群体的分布地域、年龄阶层、网络速度、阅读习惯等。
3. 制订网页改版计划,如半年到一年时间进行较大规模改版等。

(六)网站维护

1. 服务器及相关软硬件的维护,对可能出现的问题进行评估,制定响应时间。
2. 数据库维护,由公司IT部门专业人员负责。
3. 内容的更新、调整等。
4. 制定相关网站维护的规定,将网站维护制度化、规范化。

(七)网站测试

网站发布前要进行细致周密的测试,以保证正常浏览和使用。主要测试内容如下。

1. 服务器稳定性、安全性。
2. 程序及数据库测试。
3. 网页兼容性测试,如浏览器、显示器、移动终端。

(八)网站发布与推广

1. 网站测试后进行发布的公关、广告活动。

2. 搜索引擎登记等。

(九)网站建设日程表

各项规划任务的开始完成时间、负责人等。

(十)费用明细

各项事宜所需费用清单。

该集团公司根据网站规划书将网站开发任务外包给当地一家知名网络技术有限公司 A 公司。A 公司的网站建设流程如图 4.9 所示。

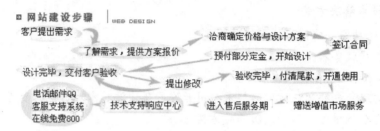

图 4.9 A 公司的网站建设流程

在双方反复沟通协商的基础上,经过半年时间的努力,A 公司顺利完成了该奢侈品电子商务网站开发的全部工作,并交付客户验收。随后 A 公司对客户在验收阶段提出的意见进行了修改。经过三个多月试运行,该奢侈品电子商务网站功能正常,运行良好。该奢侈品电子商务网站部分界面如图 4.10 所示。

图 4.10 某奢侈品网站界面

思考：
1. 简述案例中的某奢侈品电子商务网站建设规划的内容。
2. 探讨案例中的某奢侈品电子商务网站管理与维护的主要内容。

归纳与提高

本章首先介绍了电子商务网站的概念、组成、分类和特点。电子商务网站依据行业、技术、参与主体、应用平台、商业模式以及电子商务的发展阶段等不同标准有多种分类方法。电子商务网站具有虚拟性、商务性、便捷性、整体性、扩展性、安全性和可控性等特点。

电子商务网站的规划主要从电子商务网站建设整体规划的角度进行探讨。电子商务网站的建设规划一般分为准备阶段、开发设计阶段、测试阶段和运营维护阶段，各个阶段都有各自的主要工作。

电子商务网站的设计则从网站总体的设计原则、功能性设计、形象设计和结构设计四个方面展开讨论。电子商务网站的设计一般要遵循七大原则：系统性、完整性、友好性、简单性、适应性、安全性和兼容性。电子商务网站的功能设计一般要考虑企业信息展示、网络营销、网上支付、客户关系管理和物流信息管理等功能模块。电子商务网站的形象设计则主要讨论了网站徽标设计、色彩设计、字体和标语设计。电子商务网站的结构设计包括网站的体系结构、目录结构、栏目结构和链接结构。常见的链接结构有树型结构、星型结构和混合型结构。

电子商务网站的管理与维护主要讲述了网站管理内容、网站运营管理规范和网站内容管理规范三个方面内容。网站管理内容包括内容管理、营销管理、服务管理、技术管理、运营管理和安全管理六个方面。

总之，电子商务网站建设是一个复杂的信息系统项目，建议根据个人的兴趣，可再深入补充一些电子商务网站规划设计、网站推广、网站安全建设等方面的知识。

习题

一、选择题

1. 电子商务网站设计中，应该把(　　)放在第一位。
   A. 声音　　　　B. 图片　　　　C. 内容　　　　D. 动画
2. 网站设计时，一般要将色彩控制在(　　)种以内。
   A. 3　　　　　B. 8　　　　　C. 10　　　　　D. 16
3. 从网页的后缀上看，属于动态网页技术的有(　　)。
   A. .asp　　　　B. .htm　　　　C. .jsp　　　　D. .php
4. 色彩搭配的第一步是(　　)。
   A. 确定网站标志的色彩　　　　B. 确定网站主色调
   C. 确定导航条的色彩　　　　　D. 确定主页的背景色
5. (　　)等网站属于B2C类电子商务网站。

A. 当当网　　　B. 阿里巴巴　　　C. 淘宝网　　　D. 天猫

6. 电子商务网站最核心的资源是(　　)。

　　A. 管理人员　　B. 系统　　　C. 数据　　　D. 设备

7. 下列属于网站开发技术的是(　　)。

　　A. ASP　　　B. JSP　　　C. PHP　　　D. ASP.NET

8. 电子商务网站管理与维护的主要内容有(　　)。

　　A. 服务管理　　B. 内容管理　　C. 营销管理　　D. 技术管理

二、复习思考题

1. 电子商务网站有哪些主要的类别？
2. 电子商务网站相对于其他类别的网站，有哪些特点？
3. 电子商务网站管理和维护的主要内容是什么？

三、技能实训题

1. 网上调查淘宝网、京东网、当当网三个站点，比较分析其首页设计、页面可视化设计、网站的风格与创意、网站的栏目设计、网站的目录结构和链接结构设计的特点，你认为这三个站点，哪一个做得更好一些？为什么？

2. 学校目前有一批旧物资，如书籍、文具、实验模型等要进行处理，现委托你来建设一个专门的二手交易网站来销售，请你规划一下，从功能设计、栏目设计、形象设计这三个方面来谈一下如何架构。

3. 访问淘宝网站，了解其技术解决方案的提供过程。请分析它是如何利用技术手段来解决C2C电子商务网站交易中的诚信问题的。

第五章 电子商务网络营销

学习要点及目标

理解网络营销、网络营销调研、网络广告、网络促销等概念；能够利用网络进行市场调研、撰写调研报告；熟悉搜索引擎及常见的网络广告形式；掌握网络促销的方法，能够在网上为某类产品服务做促销。

引例

小企业的网络营销

"小企业、大市场"是两个相对的概念。小企业的市场承载能力有限，而商机稍纵即逝。网络包容万千，讲究的是先声夺人。有些小企业尝试接触网络，利用网络开展营销，很快收到了效果。但由于意识和规模的限制，网络营销手段演化成了调剂生意的工具——生意淡时，通过网络获得一些网上订单；生意旺时，会更趋向于做好老客户的生意。如此一来，网络营销的作用得到了淋漓尽致的发挥。

杭州康福塑料制品厂负责人对此深有体会。该厂是一家专业从事线性聚乙烯(LLDPE)拉伸缠绕包装膜的生产与经营的私营企业。自申请成为包装网成员后，收效显著。据负责人介绍，他们通过包装网做成了很多网上生意，而且由于网上业务需求量大，选择的余地较大，所以他们很多网上生意都是有选择性的。例如，更愿意偏重周边地市的业务，更保守地服务于老客户，按照实际情况量力而行地接收订单。该负责人说，目前公司的经营状况供不应求，包装网的网络营销服务和效果功不可没。

(资料来源：张劲珊，邓文安. 网络营销操作实务. 北京：电子工业出版社，2010)

必备知识点

网络营销的含义　网络营销策略　网络广告的主要形式　网络商务信息收集与整理　影响网络定价的主要因素

拓展知识点

不同门户网站网络广告的报价比较　网络营销调研的常见方法　搜索引擎搜索信息的操作方法

第一节　网络营销概述

一、网络营销的含义

网络营销是以现代营销理论为基础，通过网络替代了传统的报刊、邮件、电话、电视等中介媒体，利用网络对产品的售前、售中、售后各环节进行跟踪服务，自始至终贯穿于企业经营全过程，寻找新客户、服务老客户，最大限度地满足客户需求，以达到开拓市场、增加盈利的目标的经营过程。网络营销利用电子手段，营造网上经营环境，在生产商、分销商和客户之间建立一种互动关系，是一种依托网络的新的营销方式和营销手段，与传统营销一样，也是企业整体营销战略的一个组成部分。

二、网络营销的基本理论

网络营销的理论基础主要有网络直复营销理论、网络关系营销理论、网络软营销理论和网络整合营销理论。

(一)网络直复营销理论

网络营销作为一种有效的直复营销策略，具有可测试性、可度量性、可评价性和可控制性。因此，利用网络营销这一特性，可以大大改进营销决策的效率和营销执行的效用。

直复营销理论是 20 世纪 80 年代引人注目的一个概念。美国直复营销协会对其所下的定义是："一种为了在任何地方产生可度量的反应和(或)达成交易而使用一种或多种广告媒体的相互作用的市场营销体系。"直复营销理论的关键在于它说明了网络营销是可测试的、可度量的、可评价的，这就从根本上克服了传统营销效果评价的困难性，为更科学的营销决策提供了可能。

(二)网络关系营销理论

关系营销理论的核心是保持顾客，为顾客提供高度满意的产品和服务价值，通过加强与顾客的联系，提供有效的顾客服务，保持与顾客的长期关系，并在与顾客保持长期的关系的基础上开展营销活动，实现企业的营销目标。互联网作为一种有效的双向沟通渠道，可以实现企业与顾客之间低费用成本的沟通和交流，为企业与顾客建立长期关系提供有效的保障。首先，利用互联网，企业可以直接接收顾客订单，顾客可以直接提出自己的个性化需求。企业也可以从顾客的需求中了解市场、细分市场和锁定市场，最大限度地降低营销费用，提高对市场的反应速度。其次，利用互联网企业可以更好地为顾客提供服务和与顾客保持联系。互联网不受时间和空间限制的特性能最大限度地方便顾客与企业进行沟通，顾客可以借助互联网在最短时间内以简便方式获得企业的服务。

此外，通过互联网企业还可以实现与企业相关的企业和组织建立关系，实现双赢发展。互联网能以低廉成本帮助企业与企业的供应商、分销商等建立协作伙伴关系。例如，前面案例中的联想计算机公司，通过建立电子商务系统和管理信息系统实现与分销商的信息共享，降低库存成本和交易费用，同时密切双方的合作关系。有关网络关系理论的应用将在后面网络营销服务策略中详细介绍。

(三)网络软营销理论

软营销理论是针对工业经济时代的以大规模生产为主要特征的"强势营销"提出的新理论，该理论认为顾客在购买产品时，不仅要满足基本的生理需要，还需要满足高层次的精神和心理需求。因此，软营销的一个主要特征是强调企业在进行市场营销活动的同时必须尊重消费者的感受和体验，让消费者能舒服地主动接受企业的营销活动。

第五章 电子商务网络营销

在互联网上,信息交流是自由、平等、开放和交互的,强调的是相互尊重和沟通,网络使用者比较注重个人体验和隐私保护。因此,企业采用传统的强势营销手段在互联网上展开营销活动势必适得其反,如美国 AOL 公司曾经对其用户强行发送 E-mail 广告,结果招致用户的一致反对,许多用户约定同时给 AOL 公司服务器发送 E-mail 进行报复,结果使得 AOL 的 E-mail 邮件服务器处于瘫痪状态,最后不得不道歉以平息众怒。

网络软营销恰好是从消费者的体验和需求出发,采取拉式策略吸引消费者关注企业来达到营销效果。在互联网上开展网络营销活动,特别是促销活动一定要遵循一定的网络虚拟社区形成规则,有的也称为"网络礼仪"。网络软营销就是在遵循网络礼仪规则的基础上通过满足消费者的心理和精神需求来达到一种微妙的营销效果。有关网络软营销理论的应用将在网络营销促销策略中进行具体详细的介绍。

(四)网络整合营销理论

在当前后工业化社会中,第三产业中服务业的发展是经济主要的增长点,传统的以制造业为主的经济正向服务型发展,新型的服务业如金融、通信、交通等产业如日中天。后工业社会要求企业的发展必须以服务为主,以顾客为中心,为顾客提供适时、适地、适情的服务,最大限度地满足顾客需求。互联网络作为跨时空传输的"超导体"媒体,可以为不同地区的顾客提供及时的服务,同时互联网络的交互性可以了解顾客需求并提供有针对性的响应,因此互联网络可以说是消费者时代中最具魅力的营销工具。

三、网络营销的主要内容

网络营销的内容涉及网络经营的全过程,包括企业网站构建阶段、企业网站推广阶段和企业网站经营管理阶段。网络营销的主要内容包括如下几个方面。

(一)树立网络品牌

在目前开放的市场竞争态势下,企业除了制造和销售产品外,更应强化品牌和形象,而利用网络的功能,可使企业的形象推广得更加生动。比如,网址推广即是网络营销最基本的职能之一,是网络营销的核心工作。

(二)发布产品信息

推销产品是网络营销的核心。运用网络发布信息,使产品的推销过程更加生动、更加快捷,这是网络营销的基本职能,也有助于吸引现有客户或潜在客户。

(三)促进企业销售

通过多媒体信息形式将产品的外观、功能、使用方法等呈现给客户,在很多情况下,对于线下销售也有很大的帮助。

(四)拓展销售渠道

网上销售是企业销售渠道在网上的延伸,网上销售渠道的建设也不仅限于网站本身,还包括建立在综合电子商务平台的网上商店,以及与其他网站不同形式的合作等。

(五)开展网上调研

用户通过在线调查表或电子邮件等方式,可以完成网上市场调研,收集各方面的信息,如时事、经济、技术、用户需求等,并反馈给企业,由此开拓新思路、采用新技术、开发新产品,再通过网络进行宣传,与需求者进行沟通。

(六)改善客户服务

网络服务就像一个虚拟的销售人员,通过友好的网页界面和丰富的数据库,同时提供多人、多层次的数据咨询、意见交流、业务技术培训以及售后服务等,使客户可以获得自己所需要的内容,享受多元化的服务。良好的客户关系是网络营销取得成效的必要条件。通过网站的交互性、客户参与等方式在开展客户服务的同时,也增进了客户关系。

四、网络营销的特点

在市场营销中,最重要、最本质的是在组织和个人之间进行的信息广泛传播和有效交换,如果没有信息的交换,任何交易都会变成无本之木、无源之水。而因特网具有营销所要求的某些特性,使得网络营销呈现出以下几个特点。

(一)跨时空

通过因特网,能够超越时间约束和空间限制进行信息交换,企业能有更多的时间和在更大的空间中进行营销,每周 7 天、每天 24 小时随时随地向客户提供全球性的营销服务,以达到尽可能多地占有市场份额的目的。

(二)多样性

因特网可以传输文字、声音、图像等多种媒体的信息,从而使为达成交易进行的信息交换可以采用多种形式进行,能够充分发挥营销人员的创造性和能动性。

(三)交互式

网络营销的技术基础使整个营销过程具备了及时交换信息的能力。企业可以通过因特网向客户展示商品目录、提供有关商品信息的查询,可以和客户进行双向互动式的沟通,可以收集市场情报,可以进行产品测试与消费者满意度的调查等,因此因特网是企业进行产品设计、商品信息提供和提供服务的最佳工具。企业可以通过信息提供与交互式沟通,与消费者建立起一种长期的、相互信任的良好合作关系。

(四)人性化

在因特网上进行的促销活动具有一对一、理性、消费者主导、非强迫性和循序渐进式的特点,这是一种低成本、人性化的促销方式,可以避免传统的推销活动所表现的强势推销的干扰。网络营销为消费者提供了更多的选择,消费者可以根据自己的需要自主地选择所需的商品,甚至可以定制自己的网页内容。

(五)成长性

遍及全球的网民数量飞速增长,而且网民中大部分是年轻的、具有较高收入的和较高教育水平的群体，这部分群体的购买力强，而且具有很强的市场影响力，因此网络营销是一个极具开发潜力的市场渠道。

(六)整合性

在因特网上开展的营销活动，可以完成从商品信息的发布，到交易的收款和售后服务的全过程，这是一种全程的营销渠道。另外，企业可以借助因特网将不同的传播营销活动进行统一的设计规划和协调实施，通过统一的传播资讯向消费者传达信息，从而避免不同传播渠道中的不一致性所产生的消极影响。

(七)高效性

网络营销应用计算机储存了大量的信息，可以帮助消费者进行查询，所传送的信息数量与精确度远远超过传统媒体。同时其能够使企业适应市场的需求，及时更新产品阵列或调整商品的价格，及时有效地了解和满足客户的需求。

(八)经济性

网络营销使交易的双方通过因特网进行信息交换，代替了传统的面对面的交易方式，可以减少印刷与邮递成本，进行无店面销售而免交租金，节约水电与人工等销售成本，同时也减少了由于多次交换所带来的损耗，提高了交易的效率。

第二节 网络营销市场分析

一、网络营销环境概述

网络营销环境是指影响企业网络营销活动而企业又无法控制的各种因素的总称。网络营销环境分析是企业制定网络营销战略和策略的前提。网络营销环境可以分为网络营销宏观环境与网络营销微观环境两部分。

(一)网络营销的宏观环境

网络营销的宏观环境是指对企业网络营销活动影响较为间接的各种因素的总称，主要包括政治法律环境、经济环境、社会人口、人文与社会环境、科技与教育水平、自然环境等因素。

1. 政治法律环境

政治法律环境包括国家政治体制、政治的稳定性、国际关系、法制体系等。在国家和国际政治法律体系中，相当一部分内容直接或间接地影响着经济和市场。因此，我们要进行认真的分析和研究。

2. 经济环境

经济环境是内部分类最多、具体因素最多，并对市场具有广泛和直接影响的环境内容。经济环境不仅包括经济体制、经济增长、经济周期与发展阶段以及经济政策体系等大的方面的内容,同时也包括收入水平、市场价格、利率、汇率、税收等经济参数和政府调节取向等内容。

3. 社会人口

人是企业营销活动的直接和最终对象,市场是由消费者构成的。在其他条件固定或相同的情况下,人口的规模决定着市场容量和潜力;人口结构影响着消费结构和产品构成;人口组成的家庭、家庭类型及其变化,对消费品市场有明显的影响。

4. 人文与社会环境

企业存在于一定的社会环境中,同时企业又是社会成员所组成的一个小的社会团体,不可避免地受到社会环境的影响和制约。人文与社会环境的内容很丰富,在不同的国家、地区、民族之间差别非常明显。在营销竞争手段向非价值、使用价值型转变的今天,企业营销必须重视人文与社会环境的研究。

5. 科技与教育水平

科学技术对经济社会发展的作用日益显著,科技的基础是教育,因此,科技与教育是客观环境的基本组成部分。在当今世界,企业环境的变化与科学技术的发展有非常大的关系,特别是在网络营销时期,两者之间的联系更为密切。在信息等高新技术产业中,教育水平的差异是影响需求和用户规模的重要因素,已被提到企业营销分析的议事日程上来。

6. 自然环境

自然环境是指一个国家或地区的客观环境因素,主要包括自然资源、气候、地形地质、地理位置等。虽然随着科技进步和社会生产力的提高,自然状况对经济和市场的影响整体上是趋于下降的态势,但自然环境制约经济和市场的内容、形式则在不断变化。

(二)网络营销的微观环境

网络营销的微观环境是指与企业网络活动联系较为密切并且作用比较直接的各种因素的总称,主要包括企业内部环境、供应商、营销中介、顾客或用户、竞争者、合作者及营销公众等。

1. 企业内部环境

企业内部环境包括企业内部各部门的关系及协调合作。企业内部环境包括市场营销部门之外的某些部门,如企业最高管理层、财务、研究与开发、采购、生产、销售等部门。这些部门与市场营销部门密切配合、协调,构成了企业市场营销的完整过程。市场营销部门根据企业的最高决策层规定的企业的任务、目标、战略和政策,做出各项营销决策,并在得到上级领导的批准后执行。研究与开发、采购、生产、销售、财务等部门相互联系,为生产提供充足的原材料和能源供应,并对企业建立考核和激励机制,协调营销部门与其他各部门的关系,以保证企业营销活动的顺利开展。

2. 供应商

在网络经济条件下,为了适应网络营销的要求,企业与供应商的关系主要表现出下述变化：①企业对供应商的依赖性增强；②企业与供应商的合作性增强。

供应商是指向企业及其竞争者提供生产经营所需原料、部件、能源、资金等生产资源的公司或个人。企业与供应商之间既有合作又有竞争，这种关系既受宏观环境影响，又制约着企业的营销活动，企业一定要注意与供应商搞好关系。供应商对企业的营销业务有实质性的影响。

3．营销中介

营销中介是协调企业促销和分销其产品给最终购买者的公司。主要包括商人中间商，即销售商品的企业如批发商和零售商；代理中间商(经纪人)；服务商，如运输公司、仓库、金融机构等；市场营销机构，如产品代理商、市场营销咨询企业等。

网络技术的运用，给传统的经济体系带来巨大的冲击，流通领域的经济行为产生了分化和重构。消费者可以通过网上购物和在线销售自由地选购自己需要的商品，生产者、批发商、零售商和网上销售商都可以建立自己的网站并营销商品，所以一部分商品不再按原来的产业和行业分工进行，也不再遵循传统的商品购进、储存、运销业务的流程运转。网上销售，一方面使企业间、行业间的分工模糊化，形成"产销合一""批零合一"的销售模式；另一方面，随着"凭订单采购""零库存运营""直接委托送货"等新业务方式的出现，服务与网络销售的各种中介机构也应运而生。一般情况下，除了拥有完整分销体系的少数大公司外，营销企业与营销中介组织还是有密切合作与联系的。因为若中介服务能力强，业务分布广泛合理，营销企业对微观环境的适用性和利用能力就强。

4．顾客或用户

顾客或用户是企业产品销售的市场，是企业直接或最终的营销对象。网络技术的发展极大地消除了企业与顾客之间地理位置的限制，创造了一个让双方更容易接近和交流信息的机制。互联网络真正实现了经济全球化、市场一体化。它不仅给企业提供了广阔的市场营销空间，同时也增强了消费者选择商品的广泛性和可比性。顾客可以通过网络，得到更多的需求信息，使他的购买行为更加理性化。虽然在营销活动中，企业不能控制顾客与用户的购买行为，但它可以通过有效的营销活动，给顾客留下良好的印象，处理好与顾客和用户的关系，促进产品的销售。

5．竞争者

竞争是商品经济活动的必然规律。在开展网络营销的过程中，不可避免地要遇到业务与自己相同或相近的竞争对手；研究对手，取长补短，是克敌制胜的好方法。

(1) 竞争者的类型。

愿望竞争者：指满足消费者各种愿望的竞争者。

一般竞争者：指以不同的方法满足消费者同一需要的竞争者。

产品形式竞争者：指满足消费者某种愿望的同类商品在质量、价格上的竞争者。

品牌竞争者：指能满足消费者某种需要的同种产品的不同品牌的竞争者。

(2) 应如何研究竞争对手。

在虚拟空间中研究竞争对手，既可借鉴传统市场中的一些做法，但更应有自己的独特之处。一般来说，应重点考察以下八个方面。

① 站在顾客的角度浏览竞争对手网站的所有信息，研究其能否抓住顾客的心理，给浏览者留下好感。

② 研究其网站的设计方式，体会它如何运用屏幕的有限空间展示企业的形象和业务信息。

③ 注意网站设计等方面细节。

④ 弄清其开展业务的地理区域，以便能从客户清单中判断其实力和业务的好坏。

⑤ 记录其传输速度特别是图形下载的时间，因为速度是网站能否留住客户的关键因素。

⑥ 察看其站点上是否有别人的图形广告，以此来判断该企业在行业中与其他企业的合作关系。

⑦ 对竞争对手的整体实力进行考察，全面考察对手在导航网站、新闻组中宣传网址的力度，研究其选择的类别、使用的介绍文字，特别是图标广告的投放量等。

⑧ 考察竞争对手是开展网上营销需要做的工作，而定期监测对手的动态变化则是一个长期性的任务，要时时把握竞争对手的新动向，在竞争中保持主动地位。

二、顾客网络购买行为分析

(一)我国网络购物现状

近年来，网络购物市场保持较快发展，下沉市场(指国内三线及以下中小城市，以及乡镇农村地区)、跨境电商、模式创新为网络购物市场提供了新的增长动能。

在地域方面，以中小城市及农村地区为代表的下沉市场拓展了网络消费增长空间，电商平台加速渠道下沉。一是下沉市场网络消费交易额增速正逐步赶超一二线大城市，如在"618"活动期间，主要电商平台美妆、数码等产品在下沉市场的成交额增速高于一二线城市；二是下沉市场用户规模增长仍有很大空间，截至2019年3月底，淘宝天猫1.04亿移动月活跃新增用户的77%来自三线城市及以下地区。

在业态方面，跨境电商零售进口额持续增长，利好政策进一步推动行业发展。2019年上半年，我国跨境电商零售进口商品货值456.5亿元，同比增长24.3%。同时，跨境电商利好政策持续释放，有力推动行业持续健康发展。7月，国务院宣布将在现有35个跨境电商综合试验区基础上，再增加一批试点城市，同时提出落实"无票免税"政策，出台更加便利企业的所得税核定征收办法。

在模式方面，直播带货、工厂电商、社区零售等新模式蓬勃发展，成为网络消费增长新亮点。一是营销创新持续加速。电商与直播、短视频开展深度融合，如淘宝上线独立直播平台、拼多多联合快手进行直播推广、京东购物车接入抖音、网易考拉上线短视频购物推荐频道。二是产业链整合不断深化。主要电商平台着力推动工厂电商模式，如网易考拉开设线下全球工厂店，拼多多推出"新品牌计划"、苏宁拼购签约数百家工厂。三是产业生态日益完善。阿里巴巴、京东、苏宁易购等电商平台通过自营、投资等方式，加快进入社区零售领域，推动社区拼团、社区买菜等新模式快速发展。

(二)网络消费者分析

1. 网络消费者的类型

网络消费者不外乎以下几类：简单型、冲浪型、接入型、议价型、定期型和运动型。

(1) 简单型的顾客需要的是方便直接的网上购物。他们每月只花 7 小时上网，但他们进行的网上交易却占了一半。零售商们必须为这一类型的人提供真正的便利，让他们觉得在你的网站上购买商品将会节约更多的时间。要满足这类人的需求，首先要保证订货、付款系统的安全、方便，最好设有购买建议的界面。另外提供一个易于搜索的产品数据库是保持顾客忠诚度的一个重要手段。

(2) 冲浪型的顾客占网民的 8%，而他们在网上花费的时间却占了 32%，并且他们访问的网页是其他网民的 4 倍。冲浪型网民对常更新、具有创新设计特征的网站很感兴趣。

(3) 接入型的网民是刚触网的新手，占 36%的比例，他们很少购物，而喜欢网上聊天和发送免费问候卡。那些有着著名传统品牌的公司应对这群人保持足够的重视，因为网络新手们更愿意相信生活中他们所熟悉的品牌。另外，这些消费者的上网经验不是很丰富，一般对于网页中的简介、常见问题的解答、名词解释、站点结构之类的链接会更加感兴趣。

(4) 另外 8%是议价型，他们有一种趋向购买便宜商品的本能，C2C 网站一半以上的顾客属于这一类型，他们喜欢讨价还价，并有强烈的愿望在交易中获胜。在自己的网站上打出"大减价""清仓处理""限时抢购"之类的字眼能够很容易地吸引到这类消费者。

(5) 定期型和运动型的网络使用者通常都是被网站的内容吸引。定期型网民常常访问新闻和商务网站，而运动型的网民喜欢运动和娱乐网站。目前，网络商面临的挑战是如何吸引更多的网民，并努力将网站访问者变为消费者。对于此类型的消费者，网站必须保证自己的站点包含他们所需要的和感兴趣的信息，否则他们会很快跳过这个网站进而转入下一个网站中。

2．网络消费者的需求特点

(1) 消费者的消费个性化回归。

在过去很长一段时间里，许多企业和公司大多把消费的个性化需求放在首位，在那一时期，个性化消费已经成为时代的主流。但是随着经济的发展，越来越多的企业更加注重成本而忽视对消费者个性的满足。而在网络全球化蔓延的今天，随着互联网的飞速进步，消费市场呈现多元化趋势，消费者能够根据不同需求做更多个性化的选择，每一个消费者都是单独的个体，都需要表现自己的个性，所以消费者的消费行为必将回归个性化。

(2) 消费者的消费行为受价格影响。

伴随着消费市场多元化发展，产品的质量与服务得到提高，相同质量产品消费者会选择价格低廉的。网上的商品减少了经销商、代理商、实体店铺等运营成本，所以网络购物产品的价格会低一些，促使网络经济迅速发展起来。

(3) 消费者对于消费的主动性变强。

现代社会具有不确定性，在社会分工专业化的今天为了降低购买的风险，消费者会主动通过各种途径了解商品各方面信息进行分析比较来确定是否购买。消费者通过这些可能不够准确充分的分析比较，从心理上获得安慰，在一定程度上降低其购买风险感，增强消费者对产品购买的主动性。

(4) 消费者对购物便捷化要求更高。

随着人们生活节奏的不断加快、现代物流技术的快速发展，许多商家在网络上通过微信、微博、淘宝、抖音等新媒体技术平台销售产品，使消费者可以更加全面地了解网络市场上产品的信息,明确自身的消费目标并选择出最为合适、便捷的消费方式。因此消费者在进行消费购买商品时,除了要求质量和价格外,对方便快捷和节省时间等方面也有了更高的要求。

(5) 网络购物成为消费者的常态化购买方式。

移动网络和新媒体技术的快速发展,使手机一族迅速崛起,成为许多人了解各种信息的手段,消费者通过移动网络查找商品信息进行购买商品,所以网络购物已经成为越来越多消费者主要的购物方式。

(三)影响网络消费者购买行为的主要因素

影响网络消费者购买行为的主要因素有以下方面。

1. 产品特性

首先,由于网络市场不同于传统市场,网络消费者有着区别于传统市场的消费需求特征,因此并不是所有的产品都适合在网上销售和开展网上营销活动。根据网络消费者的特征,网络销售的产品一般要考虑产品的新颖性,即产品是新产品或者是时尚类产品,比较能吸引人的注意。追求商品的时尚和新颖是许多消费者,特别是青年消费者重要的购买动机。其次,考虑产品的购买参与程度,一些要求消费者参与程度比较高的产品不太适合网络销售。对于消费者需要购买体验的产品,可以采用网络营销推广功能,辅助传统营销活动进行。例如,通过网上来宣传和展示产品,消费者在充分了解产品的性能后,到相关商场再进行选购。

2. 产品价格

从消费者的角度说,价格不是决定消费者购买的唯一因素,但却是消费者购买商品时肯定要考虑的因素,而且是一个非常重要的因素。网上购物之所以具有生命力,重要的原因之一是网上销售的商品价格普遍低廉。此外,消费者对于互联网有一个免费的价格心理预期,那就是即使网上商品是要花钱的,那价格也应该比传统渠道的价格要低。一方面,是因为互联网的起步和发展都依托了免费策略,因此互联网的免费策略深入人心,而且免费策略也得到了成功的商业运作;另一方面,互联网作为新兴市场它可以减少传统营销中的中间费用和一些额外的信息费用,可以大大削减产品的成本和销售费用,这也是互联网商业应用的巨大增长潜力所在。

3. 购物便捷性

购物便捷性是消费者选择购物的首要考虑因素之一。一般而言,消费者选择网上购物时考虑的便捷性,一是时间上的便捷性,可以不受时间的限制并节省时间,二是可以足不出户,在很大范围内选择商品。

4. 安全可靠性

网络消费另外一个必须考虑的问题是网上购买的安全性和可靠性。在网络消费,消费者一般需要先付款后发货,这时过去购物的一手交钱一手交货的现场购买方式发生了变化,网上购物中的时空发生了分离,消费者有失去控制的离心感。因此,为减低网络购物的这种失落感，对网络购物的各个环节必须加强安全防控措施，保护消费者购物过程的信息传输安全和个人隐私，以及树立消费者对网络消费的信心。

(四)网络消费者的购买及决策过程

1．诱发需求

诱发需求的因素有多方面：来自人体内部所形成的生理刺激，如冷暖饥渴；来自外部环境所形成的心理刺激等。

2．收集信息

消费者对信息的收集主要来自个人渠道、商业渠道和公共渠道。由于消费层次的不同，网络消费者大都具有敏锐的购买意识，始终领导着消费潮流。网上购物不能亲眼看到、触摸到更不可能试用产品，因此在网上购物带有一定的风险性。在网上销售的产品的技术比较成熟，有国家标准技术指标的限制，这类产品就比较容易获得消费者的认同，实现购买；而对那些自己没有把握判定质量优劣的产品，很多消费者就会到传统的渠道去采集同款产品的信息，然后在网上购买，因为网上的售价通常要比传统渠道价格低。

3．信息筛选

信息筛选是购买过程中必不可少的环节。消费者的综合评价主要考虑商品的功能、质量、可靠性、样式、价格和售后服务等。一般消费品和低值易耗品较易选择，而对耐用消费品的选择比较慎重。

4．购买决策

首先，网上购买者理智动机所占比重较大，而感情动机的比重较小，这是因为消费者在网上寻找商品的过程本身就是一个思考的过程。他有足够的时间仔细对比商品的性能、质量、价格和外观，从而做出自己的选择。其次，网上购买受外界影响小。购买者常常是独自上网浏览、选择，与外界接触较少，决策范围有一定的局限性，大部分购买决策是自己做出或与家人商量后做出的。因此，网上购物的决策行为较之传统的购买决策要快得多。

5．购后评价

商品的价格、质量和服务等与消费者的预料相匹配，消费者会感到心理上的满足，否则就会产生厌烦心理，购后评价为消费者评价产品提供了一个非常好的渠道。为提高企业竞争力，最大限度占领市场，企业必须倾听顾客反馈的意见和建议。利用方便快捷的网络收集信息，为网络营销者收集消费者购后评价提供了得天独厚的优势。厂商在网络上收集到这些评价之后，通过数据分析、归纳，可以迅速找出工作中的缺陷和不足，及时了解消费者的意见和建议，制定相应对策，改进自己产品的性能和售后服务。

三、网络营销调研

(一)网络营销调研的概念和特点

网络营销调研主要是指企业通过互联网系统地进行市场营销相关信息的收集、整理、分析和研究的过程。企业通过网络营销调研，可以将有限的企业资源集中于最有利的目标市场，以获取最大的效益。因此，开展网络营销调研成为网络营销的基本内容。与传统市场调研方法相比，利用互联网进行网络营销调研有以下优点。

1．网络调研信息的及时性和共享性

由于网络的传输速度非常快，网络信息能够快速地传送到连接上网的任何网络用户，而且网上投票信息经过统计分析软件初步处理后，可以看到阶段性结果，而传统的市场调研得出结论需经过很长一段时间。同时，网络调研是开放的，任何网民都可以参加投票和查看结果，这又保证了网络调研的共享性。

2．网络调研方式的便捷性和经济性

在网络上进行营销调研，无论是调查者或是被调查者，只需拥有一台能上网的计算机或移动设备就可以进行网络沟通交流。调研者在企业站点上发出电子调查问卷，提供相关的信息，或者及时修改、充实相关信息，被调研者只需按照自己的意愿填写问卷，之后调研者对被调研者反馈回来的信息进行整理和分析即可，这种调研方式是十分便捷的。

同时，网络调研非常经济，它可以节约传统调研中大量的人力、物力、财力和时间上的耗费。省却了印刷调研问卷、派访问员进行访问、电话访问、留置问卷等工作；调研也不会受到天气、交通、工作时间等的影响；调研过程中最繁重、最关键的信息收集和录入工作也将分布到众多网上用户的终端上完成；信息检验和信息处理工作均由计算机自动完成。所以网络调研能够以最经济、便捷的手段完成。

3．网络调研过程的交互性和充分性

网络的最大优势之一是交互性，这种交互性也充分体现在网络营销调研中。网络营销调研某种程度上具有人员面访的优点，在网络调研中消费者则有机会对从产品设计到定价和服务等一系列问题发表意见。这种双向互动的信息沟通方式提高了消费者的参与性和积极性，更重要的是能使企业的营销决策有的放矢，从根本上提升消费者满意度。同时，网络调研又具有留置问卷或邮寄问卷的优点，被调研者有充分的时间进行思考，可以自由地在网上发表自己的看法，这些形成了网络调研的交互性和充分性的特点。

4．网络调研结果的可靠性和客观性

相比传统的市场调研，网络调研的结果比较可靠和客观，主要基于以下原因：首先，企业站点的访问者一般都对企业产品有一定的兴趣，被调研者是在完全自愿的原则下参与调研，调研的针对性强。而传统的市场调研中的拦截询问法，实质上是带有一定的"强制性"的。其次，被调研者主动填写调研问卷，证明填写者一般对调研内容有一定的兴趣，回答问题就会相对认真，所以问卷填写可靠性高。最后，网络市场调研可以避免传统市场调研中人为因素干扰所导致的调研结论的偏差，因为被调研者是在完全独立思考的环境中接受调研的，能最大限度地保证调研结果的客观性。

5．网络调研无时空和地域的限制性

传统的市场调研往往会受到区域与时间的限制，而网络市场调研可以 24 小时全天候进

行，同时也不会受到区域的限制。

6．调研信息的可检验性和可控制性

网络调研可以有效地对所采集信息的质量实施系统的检验和控制。首先，网络市场调研问卷可以附加全面规范的指标解释，有利于消除被调研者因对指标理解不清或调研员解释口径不一而造成的调研偏差。其次，问卷的复核检验由计算机依据设定的检验条件和控制措施自动实施，可以有效地保证对调研问卷100%的复核检验，保证检验与控制的客观公正性。最后，通过对被调研者的身份验证技术可以有效地防止信息采集过程中的舞弊行为。

(二) 网络营销调研的步骤

网络市场调研应遵循一定的程序，一般而言，应经过以下几个步骤。

1．确定目标

调研问题的界定和调研目标的确定对网络调研至关重要。只有清楚地定义了网络营销调研的问题，确立了调研目标，方能正确地设计和实施调研。在确定了调研目标的同时还要确定调研对象，网络调研对象主要包括：企业产品的消费者、企业的竞争者、上网公众、企业所在行业的管理者和行业研究机构等。

2．设计调研方案

调研方案是一个主要的行动计划，用于确定收集和分析所需信息的方法和程序，具体内容包括确定资料来源、调研方法、调研手段和接触方式。

3．信息收集

在确定调研方案后，市场调研人员即可通过直接或间接收集的方式进行信息收集，与传统的调研方法相比，网络调研收集和录入信息更方便、快捷。

4．信息整理和分析

收集得来的信息本身并没有太大意义，只有进行整理和分析后的信息才会有用。信息的整理和分析非常关键，需要运用各种定性和定量的方法进行分析研究。目前国际上较为通用的分析软件有 SPSS、SAS、BMDP、MINITAB 等。

5．撰写调研报告

这是整个调研活动的最后一个重要阶段。报告不能是数据和资料的简单堆积，调研人员不能把大量的数字和复杂的统计技术扔到管理人员面前。正确的做法是要解释调研结果、描述所隐含的信息，并把与市场营销决策有关的主要调查结果报告出来。

 知识拓展

网络营销调研的常用方法见右侧二维码。

第三节　网络营销策略

一、网络营销的产品策略

(一)网络营销产品概述

下面介绍网络营销产品的概念、特点及分类。

1. 网络营销产品的概念

在网络营销中，产品的整体概念可分为 5 个层次。

(1) 核心利益层次，是指产品能够提供给消费者的基本效用或益处。例如，消费者购买计算机是为了学习、利用计算机作为上网工具；购买软件是为了压缩磁盘空间、播放 MP3 格式的音乐或上网冲浪等。由于网络营销是一种以顾客为中心的营销策略，企业在设计和开发产品核心利益时要从顾客的角度出发，要根据上次营销效果来制定本次的产品设计开发。要注意的是网络营销的全球性，企业在提供核心利益和服务时要针对全球性市场，如医疗服务可以借助网络实现远程医疗。

(2) 有形产品层次，是指产品在市场上出现时的具体物质形态。对物质产品来说：第一，产品的品质必须保障；第二，必须注重产品的品牌；第三，注意产品的包装；第四，在式样和特征方面要根据不同地区的亚文化来进行有针对性的加工。

(3) 期望产品层次，在网络营销中，顾客处于主导地位，消费呈现出个性化的特征，不同的消费者可能对产品的要求不一样。这种顾客在购买产品前对所购产品的质量、使用方便程度、特点等方面的期望值，就是期望产品。为满足这种需求，对于物质类产品，要求企业的设计、生产和供应等环节必须实行柔性化。对于无形产品如服务、软件等，要求企业能根据顾客的需要来提供服务。

(4) 延伸产品层次，是指由产品的生产者或经营者提供的购买者有需求但又超出其期望以外的益处，主要是帮助用户更好地使用核心利益的服务。在网络营销中，对物质产品来说，延伸产品层次要注意提供消费者满意的售后服务、送货、质量保证等。

(5) 潜在产品层次，是指由企业提供能满足顾客潜在需求的产品层次。它主要是产品的一种增值服务，它与延伸产品的主要区别是顾客没有潜在产品层次仍然可以很好地使用顾客需要的产品的核心利益和服务。在高新技术发展日益迅猛的时代，有许多潜在需求和利益还没有被顾客认识到，这需要企业通过引导和支持更好地满足顾客的潜在需求。

2. 网络营销产品的特点

一般而言，目前适合在互联网上销售的产品通常具有以下几个特点。

(1) 产品性质。由于网上用户在初期对技术有一定要求，用户上网大多与网络等技术相关，因此网上销售的产品最好是与高技术或与计算机、网络有关。一些信息类产品如图书、音乐等也比较适合网上销售。还有一些无形产品如服务也可以借助网络的作用实现远程销售，如远程医疗。

(2) 产品质量。网络的虚拟性使得顾客可以突破时间和空间的限制，实现远程购物和在网上直接订购，但网络购买者在购买前无法尝试或只能通过网络来尝试产品，因此，顾客尤为重视产品质量，更愿意购买标准化产品。

(3) 产品式样。通过互联网对世界各国和地区进行营销的产品要符合该国家或地区的风俗习惯、宗教信仰和教育水平。同时，由于网上消费者的个性化需求，网络营销产品的式样还必须满足购买者的个性化需求。

(4) 产品品牌。在网络营销中，生产商与经营商的品牌同样重要，一方面，要在网络浩如烟海的信息中获得浏览者的关注，必须拥有明确、醒目的品牌；另一方面，由于网上购买者可以面对很多选择，同时网上的销售无法进行产品体验，因此，购买者对品牌比较关注。

(5) 产品包装。作为通过互联网经营的针对全球市场的产品，其包装必须符合网络营销的要求。

(6) 目标市场。网上市场是以网络用户为主要目标的市场，在网上销售的产品要适合覆盖广大的地理范围。如果产品的目标市场比较狭窄，可以采用传统的营销策略。

(7) 产品价格。互联网作为信息传递工具，在发展初期是采用共享和免费策略发展而来的，网上用户比较认同网上产品价格低廉的特性；另外，由于通过互联网络进行销售的成本低于其他渠道的产品，在网上销售产品一般采用低价位定价。

上述网络营销产品的特点其实是由于网络的限制，只有部分产品适合在网上销售。但随着网络技术的发展和其他科学技术的进步，将会有越来越多的产品在网上销售。

3．网络营销产品的分类

在网络上销售的产品，按照形态和性质的不同，可将其分为两大类：实体产品和虚体产品。

(1) 实体产品。实体产品是指有具体物理形状的物质产品。在网络上销售实体产品的过程与传统的购物方式有所不同。在这里已没有传统的面对面的买卖方式，网络上的交互式交流成为买卖双方交流的主要形式。消费者或客户通过卖方的主页考察其产品，通过填写表格表达自己对品种、质量、价格、数量的选择；而卖方则将面对面的交货改为邮寄产品或送货上门，这一点与邮购产品颇为相似。因此，网络销售也是直销方式的一种。

(2) 虚体产品。虚体产品与实体产品的本质区别是虚体产品一般是无形的。在网络上销售的虚体产品可以分为两大类：软件和服务。软件包括计算机系统软件和应用软件。网上软件销售商常常可以提供一段时间的试用期，允许用户尝试使用并提出意见。好的软件能够很快吸引顾客，使他们爱不释手并为此慷慨解囊。服务可以分为普通服务和信息咨询服务两大类，普通服务包括远程医疗、法律救助、航空火车订票、入场券预订、饭店旅游服务预约、医院预约挂号、网络交友、网络游戏等，而信息咨询服务包括法律咨询、医药咨询、金融咨询、股市行情分析在内的咨询服务和包括资料库检索、电子新闻、电子报刊在内的信息服务。

(二)网络营销品牌策略

可以从网上市场品牌内涵和企业域名品牌内涵两个方面来理解网络营销品牌策略。

1．网上市场品牌内涵

在传统中国的商业世界，品牌的概念就类似于"金字招牌"。但在现代西方的营销领域,品牌是一种企业资产,涵盖的内容比表象的招牌或是注册商标更广。品牌是一种信誉,由产品品质、商标、企业标志、广告口号、公共关系等混合交织形成。

网上品牌与传统品牌有着很大不同,传统优势品牌不一定是网上优势品牌,网上优势品牌的创立需要重新进行规划和投资。美国著名咨询公司 Forrester Research 在 1999 年 11 月发表的题为 Branding For A Net Generation 的调查报告中指出:"知名品牌与网站访问量之间没有必然的联系。"在调查报告中研究人员发现了一个似是而非的现象。尽管可口可乐、耐克等品牌仍然受到广大青少年的青睐,但是这些公司网站的访问量却并不高。既然知名品牌与网站访问量之间没有必然的联系,那么公司到底要不要建设网站就是一个值得考虑的问题了。从另一角度看,这个结果也意味着公司要在网上取得成功,绝不能依赖传统的品牌优势。

2. 企业域名品牌内涵

(1) 互联网域名的商业价值。

由于域名是企业站点联系地址,是企业被识别和选择的对象,因此提高域名知名度,也就是提高企业网络知名度。域名是企业互联网形象的化身,是虚拟网络市场环境中商业活动的标识。所以,必须将域名作为一种商业资源来管理和使用。也正因为域名具有商标特性,与商标一样具有"域名效应",使得某些域名已具有潜在价值,如以 IBM 作为域名,使用者很自然联想到 IBM 公司,联想到该站点提供的服务或产品同样具有 IBM 公司一贯承诺的品质和价值。如果被人抢先注册,注册者可以很自然地利用该域名所附带的一些属性和价值,对于被伤害企业不但会丧失商业利润,还会承担品牌形象受到损害的风险。

20 世纪 90 年代互联网上的明星企业雅虎公司(Yahoo),由于其提供的门户网站和检索工具享有极高的市场占有率和市场影响力,公司成为网上用户访问最多的站点之一,使其域名成为网上最著名域名之一。由于域名和公司名称的一致性,公司的形象在用户中的定位和知名度水到渠成。因此,域名的知名度和访问率就是公司形象在互联网商业环境中的具体体现。域名作为计算机网上通信的识别,与企业商标一样,它的商业价值是不言而喻的。

例如,1995 年微软公司为宣传其品牌 Windows 95 曾投入资金达 50 亿美元之多,使其成为世界上家喻户晓的品牌;而同时期刚刚起步的网景公司借助互联网以放弃收费为代价使其 Netscape 浏览器不费吹灰之力就占领市场达 70%,由于公司品牌的知名度和潜在价值,公司股票上市当天就从 28 美元狂升到 75 美元,四个月后达到 171 美元。可见由于互联网市场容量非常规增长,消费者群的聚集,域名商标的潜在价值是很难以往常的模式进行预测的。传统营销联系是基于一对多的模式,企业只是借助媒体提供信息、传播信息,消费者只能凭借片面宣传和消费尝试建立对企业形象的认知;而互联网的交互性和超文本链接、多媒体以及操作的简易性,使在网络上进行宣传更具操作性和可信度。

(2) 域名命名与企业名称和商标的相关性。

目前许多商业机构纷纷上网,虽然大多数企业还未能从中获取商业利润,但作为未来的重要商业模式非常具有战略意义。这些企业审时度势毅然投资上网,并对上网注册尤其重视,考虑企业现在的发展和未来的机遇,有的企业为获取一个好的名字不惜代价。大多数商业机构注册域名与企业商标或名称有关,如微软公司、IBM 公司、可口可乐等,根据对互联网域名数据库网上信息中心的 288 873 个商业域名进行分析,有直接对应关系的占

58%，有间接关系的也占很大比例。可见在实践中，许多企业已经意识到域名的商标特性，为适应企业的现代化发展，才采取这种命名策略。

二、网络营销的价格策略

下面从定价的影响因素、定价的程序、定价的策略三个方面来介绍网络营销的价格策略。

(一)网络营销定价的影响因素

1．产品成本

成本是企业定价的基础，是价格的下限，产品定价只有高于成本，才能补偿产品生产过程中的消耗，从而获得相应的利润。一般而言，产品的成本越高，其价格也越高；反之，当企业成本降低时，价格也可以降低。成本历来是企业竞争的关键，原因也在于此。企业生产产品的成本降低，企业就可以承受更低的价格，这样企业就可以以低价优势销售出更多的商品。

2．产品需求

产品需求对价格的影响主要体现在两个方面：首先体现在产品的需求总量上，需求量越大，产品的价格就越高。其次体现在需求弹性上，需求弹性越大，价格的变动对需求量的影响越大，可以用降低价格的方法，促进销售的增加；反之，需求弹性越小，产品的需求量对价格的变动越不敏感，企业可以定较高的价格，而对需求量的影响不会太大。这种较低的需求弹性可以用产品的差别性来获取，越是个性化的定制产品其需求弹性越小，企业就更可能定高价来获取更多的利润。

3．竞争对手

竞争对手对产品定价的影响表现在两个方面：第一，竞争对手的价格可以作为定价的参考和依据。一般而言，在和竞争对手相当的情况下，企业的产品定价也应大致一样；第二，企业在定价时必须要考虑竞争对手的反应。比如，当企业降低价格时，竞争对手是否会以更低的价格来报复，会不会引来恶劣的价格战，导致企业效益的损失。

(二)网络营销定价的程序

在网络营销中，确定在线产品价格的程序一般包括以下几个步骤。

1．确定定价目标

定价目标是指企业通过制定产品价格所要达到的目的。它是企业选择定价方法和制定价格的依据。在网络营销中，企业定价目标主要有：以维持网络公司生存为定价目标；以获得当前利润最大化为定价目标；以追求市场占有率最大化为定价目标；以树立和改善企业形象为定价目标；以应付和防止竞争为定价目标。

2．分析与测定市场需求

分析与测定市场需求是企业确定营销价格的一项重要工作。其主要包括：市场需求总量、需求结构的测定；预计网络消费者可接受的价格；不同价格水平下人们可能购买的数量与需求价格弹性等。

3．计算或估计产品成本

在线产品的原始成本将直接影响产品的价格，是制定价格的最低经济界限。按在市场价格形成中的作用不同，产品成本可分为社会成本和企业成本。社会成本是指所有生产或经营该商品的同类企业成本的平均值，或有代表性的典型企业、地区的成本。社会成本是网络营销定价的直接依据，在激烈竞争的市场环境中，社会成本对市场价格的形成在客观上起着决定性的作用，因此，应作为定价的重要参考依据。企业成本是指企业在生产、经营过程中实际发生的成本。企业成本应尽量接近社会成本或低于社会成本。

4．分析竞争对手的价格策略

分析和了解竞争对手是企业制定战略和策略的基础。为此，企业营销人员必须了解和分析以下几个问题：自己的竞争对手是谁，它们的营销目标是什么，有何优势和劣势，采取何种价格策略，实施效果如何，对本企业的影响程度等。

5．选择定价方法

定价方法主要有成本导向定价法、需求导向定价法和竞争导向定价法等。不同的定价方法各有其优势和适用条件。

6．确定最终价格

在产品正式进入市场之前，企业可能进行"试销售"，以测试市场反应和根据消费者需要对产品进行最后的改进，并征询消费者对价格的意见和建议。当一切都准备就绪后，产品的最后售价就确定了。

7．价格信息反馈

产品的售价应根据市场的状态、竞争者价格、替代品的状况进行适当的调整。因此，企业要经常收集价格的反馈信息，使产品的定价与消费者的价格期望相一致。

(三)网络营销定价策略

网络营销通常可以采取以下几种定价策略。

1．免费策略

免费策略是网络营销中常见的营销策略，主要用于产品投入初期的推广。互联网经济在发展之初很多产品和服务都是采取免费策略，比如免费电子邮件、免费的新闻资讯、免费的音乐和视频等。互联网时代，是眼球经济的时代，互联网上的海量信息，使得企业的产品服务信息如同大海之一粟，很容易被埋没。企业可以通过免费策略，来获取消费者的注意力，占领市场。

企业采用免费策略有如下原因：一是企业通过免费，促使客户对企业产品产生青睐，待其习惯使用后，再对其进行收费。比如，卡巴斯基杀毒软件，给消费者提供免费试用，待试用期结束后，便开始收费。开始时没有收益，甚至会造成亏损，但在一定程度上可以锁定用户，日后会给企业带来更大的收益；二是从战略发展的角度制定免费策略，可以通过免费，发掘企业后续的商业价值。通过免费策略可以帮助企业占领市场，待其占领市场

第五章 电子商务网络营销

以后，便可以在市场上获取更大的收益。

2．低价定价策略

通过网络营销，可以减少企业销售的中间环节，节约产品成本，从而企业可以制定比传统渠道更低的价格。另外，互联网是世界上最大的信息资源库，信息公开且透明，消费者很容易搜索到价格信息，可以对多家企业产品进行比较，从中选择物美价廉的产品进行购买。因此，客观上企业不可能对产品制定过高的价格，这样会影响到产品的销售。因此，在网络经济下，企业不但有制定低价的可能，也必须制定低价才能生存。

低价策略的实施有两种方式：一是直接低价策略，即直接在定价时就采取成本加较低的利润，有时甚至是零利润、负利润，这种策略一般多用于网上直销产品的定价；二是促销定价策略，即在原价基础上采用打折的方式，让顾客知道产品原价及降价幅度，从而促使顾客购买。这种策略一般较多用于网上商店，当网上商店想通过促销拓展市场时，就可以采用促销的方式，用折扣价格来赢得市场。

3．使用定价策略

传统环境下，顾客购买产品即购买了产品的完整产权，而在网络环境下，数字产品的使用可以重复，因此可以采取与之相对应的定价方式——使用定价。所谓使用定价，指的是某些产品可以不需要完全购买，只是对产品的使用次数进行付费。这样做可以降低产品的价格，顾客不需要支付过多的费用来购买整个产品产权，便能吸引更多的顾客来购买。例如，软件、音乐、影视等产品的销售都可以采用这种策略。

4．定制定价策略

定制已经成为网络时代满足顾客个性化需求的重要手段，定制定价策略和企业定制生产是紧密相关的。所谓定制定价策略指的是企业在具备定制生产能力的基础上，通过网络让消费者根据自身的实际情况选择合适的产品功能，同时确定消费者愿意承担的价格成本的定价策略。比如，戴尔公司采用的就是定制定价策略销售自己的计算机，顾客可以在戴尔的销售网页上了解产品的配置和功能，根据自身的需求和对价格的承受能力，配置满意的产品，产品的价格在顾客选定配置时也就随之确定。

5．拍卖竞价策略

网络环境聚集了大量的买家，买家的聚集使顾客的主导力量进一步加强。顾客不但可以定制产品，而且可以主导产品的价格。顾客主导产品价格的最佳途径就是拍卖。拍卖给了用户参与价格制定的最大权利。网上拍卖与传统拍卖相比有天然的优势，网络使得买卖双方的聚集和通信成本降低，沟通更加快速有效，企业能方便地查看竞价者的出价，获取竞价者的反馈。竞价者也能方便地知道竞争对手的出价情况，竞价过程变得更加透明。

 案例 5.1

美国民航动态的票价

在美国，民航票价随着顾客旅行时间的不同，票价是动态变化的。工作日航班的票价高于周末的价格，晚上和凌晨航班的票价比白天的低，而在飞机登机前的"最后 1 分钟"往往可以买到惊人的折扣机票。在美国的航班上发现邻座的机票只花了 250 美元而你花了 1500 美元的事常有发生。在美国，要乘飞机的顾客只有在买票时才能知道确切的票价是多少。

三、网络营销的渠道策略

(一) 网络营销渠道概述

网络营销渠道与传统营销渠道一样，以互联网作为支撑的网络营销渠道也应具备传统营销渠道的功能。营销渠道是指与提供产品或服务以供使用或消费这一过程有关的一整套相互依存的机构，它涉及信息沟通、资金转移和事物转移等。一个完善的网络营销渠道应有三大功能：订货功能、结算功能和配送功能。

(1) 订货功能。它为消费者提供产品信息，同时方便厂家获取消费者的需求信息，以求达到供需平衡。一个完善的订货系统，可以最大限度地降低库存，减少销售费用。

(2) 结算功能。消费者在购买产品后，需要有多种方式方便地进行付款，因此厂家应有多种结算方式，如信用卡、电子货币、网上划款、邮局汇款、货到付款等。

(3) 配送功能。一般来说，产品分为有形产品和无形产品。对于无形产品如服务、软件、音乐等产品可以直接网上进行配送；对于有形产品的配送，要涉及运输和仓储问题。例如，著名的美国联邦快递公司，它的业务覆盖全球，实现全球快速的专递服务，以至于从事网上直销的戴尔公司将美国货物的配送业务都交给它来完成。

(二) 网络营销渠道的基本策略

1. 网络直销

网络直销，即网上直接销售模式。电子商务的出现，为每一种商品的销售带来了最直接的销售模式。它把生产者、中间商和消费者连接起来，打破时空界限，使买卖双方实现充分的互动交流，缩短了二者之间的距离，为企业的销售体系提供了全新的产品和服务再分配系统，使生产商得以直接向终端经销商和最终消费者销售商品，市场交易变得更为直接、便捷和快速，减少了许多交易支出，成为企业的一种基本营销模式。

网上直销通过互联网可以实现从生产者到消费者的直接营销，它包括企业对消费者(B2C)的销售方式和企业与企业(B2B)的网上直接交易方式。网上直销渠道的建立与传统分销渠道相比有诸多竞争优势。

首先，网络的实时性和交互性，可使单向信息沟通变成双向直接信息沟通，增强了生产者与消费者的直接联系。一方面，企业可以在互联网上直接发布有关产品的价格、性能、使用方法等信息；另一方面，消费者可以通过互联网直接访问了解产品信息，并作出合理的购买决策，企业也可以由此直接了解消费者对产品购买和使用的各种信息。

其次，网络直销可以为买卖双方提供更加便捷的销售服务。一是生产者可以通过互联网提供支付服务，顾客可以直接在网上订货和付款，享受送货上门的便利，大大方便了顾客。二是生产者可以通过网上营销渠道为客户提供售后服务和技术支持，特别是对一些技术性比较强的行业如 IT 业，为它们提供网上远程技术支持和培训服务，同时也为生产者节约了大量成本费用。

最后，网上营销渠道的高效性，可以大大减少传统分销渠道中的流通环节，有效降低成本。生产者可以根据顾客的订单按需生产，实现零库存管理；网上直接销售还可以减少过去依靠推销员上门推销的销售费用，最大限度地控制营销成本。

但是，网络直销也有其自身的不足。面对大量分散的网站，网络访问者很难有耐心一个个去访问，特别是对于一些不知名的中小企业，大部分网络漫游者可能仅仅是走马观花。为解决这一问题，必须从两个方面入手：一方面需要尽快组建具有高水平的专门服务于商务活动的网络信息服务点；另一方面需要从间接分销渠道中寻找解决方法。

2．网络间接销售

尽管电子商务在迅猛发展，但相对于传统营销渠道而言其所占市场份额仍然是很小的。为了克服网络直销的缺点，网络商品交易中介机构应运而生，成为连接买卖双方的枢纽，使网络间接销售成为可能，如中国商品交易中心、商务商品交易中心、亚马逊网上书店等都属于此类中介机构。网络商品交易中介机构具有简化市场交易过程、有利于平均订货量的规模化、使交易活动常规化、便利买卖双方信息收集等优点，在未来网络市场中的作用是其他机构所不能替代的。

3．网络营销渠道需考虑的问题

在具体建设网络营销渠道时，需要考虑以下几个方面的问题。

首先，从消费者角度设计渠道。只有采用消费者比较放心、容易接受的方式才有可能吸引消费者进行网上购物，以克服网上购物的虚拟感觉，如货到付款方式。

其次，合理设计订货系统。企业在设计网上订货系统时要尽可能地减少顾客的劳动，使顾客感到方便、易操作，不要让顾客填写太多信息，最好采用现在流行的购物车方式模拟超市，让消费者一边看商品，一边比较选择，在购物结束后，一次性进行结算。另外，订货系统还应该提供商品搜索和分类查找功能，以便消费者在最短时间内找到需要的商品，同时还应该为消费者提供其想了解的各种商品信息，如性能、外形、品牌等。

最后，关键是要建立完善的配送系统。消费者只有看到购买的商品到家后，才会真正感到踏实。在现阶段我国配送体系还处于尚未完全成熟的时期，企业在进行网上销售时要考虑到目前的配送体系是否能够满足企业销售活动的需要。

四、网络营销的促销策略

促销是指卖方向消费者或用户传递产品及服务信息的一系列宣传说服活动。企业通过这一系列活动，帮助目标顾客认识、了解产品及服务的特点和功能，引起顾客的注意和兴趣，激发顾客的购买欲望和购买行为，从而实现促销和扩大销售的目标。促销的实质是一种信息的沟通活动，以影响接收者的态度和行为。传统市场的促销组合是指企业将四种主要的促销工具——广告、人员推销、销售促进和公共关系有效地整合，形成一种整体的促销策略的过程。促销组合最优化是企业促销决策的追求目标。

网络技术出现后，就成为一种新的信息沟通渠道。企业应用这一新技术开展促销活动，就成为一个理想的选择。所谓电子商务促销是指企业利用现代网络技术向网上虚拟市场的目标客户(消费者)传递有关产品和信息，以激发客户需求，促使客户产生购买欲望并产生购买行为的各种活动。所谓电子商务促销组合是指将网络促销的推广手段，如搜索引擎、E-mail、博客、社区、网络广告、站点促销等有效地整合，以实现整体促销效果的营销活动过程。企业开展电子商务营销促销时可以应用的推广手段有以下几种。

(一)搜索引擎营销

搜索引擎已经成为大多数网民获得信息和服务的主要途径，同时也是网民发现新网站的第一工具。搜索引擎在网络营销中的作用，由此可见一斑。搜索引擎营销(SEM)是很重要的一种网络营销方法，也是企业网站推广的首要方法。它是根据网络用户使用搜索引擎的方式，利用用户检索信息的机会将营销信息传递给目标用户，从而达到营销的目的。搜索引擎营销的常见方式有以下几种。

1. 免费登录分类目录

这是最传统的网站推广手段。目前多数重要的搜索引擎都已开始收费，只有少数搜索引擎可以免费登录。但网站访问量主要来源于少数几个重要的搜索引擎。搜索引擎的发展趋势表明，免费搜索引擎登录的方式已经逐步退出网络营销舞台。但现阶段，免费分类目录在网络营销中的作用还是不容忽视的。例如，网易的免费搜索引擎登录。

2. 付费登录分类目录

不同于免费登录，付费登录在缴纳费用之后才可以获得登录的资格。一些搜索引擎提供的固定排名服务，一般也是在付费登录的基础上开展的。此类搜索引擎营销与网站设计本身没有太大关系，主要取决于费用，只要缴费一般情况下就可以登录，但这种付费登录搜索引擎的效果也存在日益降低的问题。

3. 搜索引擎优化(SEO)

搜索引擎优化，即通过对网站栏目结构和网站内容等基本要素的优化设计，提高网站对搜索引擎的友好性，使得网站中尽可能多的网页被搜索引擎收录，并且在搜索结果中获得好的排名效果，从而通过搜索引擎的自然检索获得尽可能多的潜在用户。企业网站利用Google、百度等搜索引擎进行推广，通常不需要自己登录搜索引擎，而是通过搜索引擎的网页抓取程序自动发现自己的网站，当然这些搜索引擎也提供用户自动提交网址的入口，虽然这种主动提交可能比通过搜索引擎自动收录的速度要慢，但也不失为被搜索引擎收录的一种手段。例如，百度的网址收录提交入口为http://www.baidu.com/search/url_submit.html。

4. 付费关键词广告

关键词广告是付费搜索引擎营销的主要模式之一，也是目前搜索引擎营销方法中发展最快的模式。不同的搜索引擎有不同的关键词广告显示，有的将付费关键词检索结果显示在搜索结果列表最前面，也有的显示在搜索结果页面的专用位置。例如，百度的"火爆地带"就是付费关键词广告。

5. 关键词竞价排名

竞价排名也是搜索引擎关键词广告的一种形式，即按照付费最高者排名靠前的原则，对购买同一关键词的网站进行排名的一种方式。竞价排名一般采取按点击收费的方式。与关键词广告类似，竞价排名方式也可以方便地对用户的点击情况进行统计分析，可以随时更换关键词以增强营销效果。例如，百度的"百度推广"就是关键词竞价排名，根据客户付费多少，决定不同关键词广告的搜索反馈排序。

(二)E-mail营销

所谓E-mail营销，就是利用E-mail向目标用户传递有价值的企业营销信息的一种网络营销方法。E-mail营销可以分为许可E-mail营销和未经许可的E-mail营销。一般未经许可发送的E-mail多数会被消费者认为是垃圾邮件，容易引起消费者的愤怒。而基于用户许可的E-mail营销与滥发邮件不同，可以减少广告对用户的滋扰、增加潜在客户定位的准确度、增强与客户的关系、提升品牌忠诚度等。所谓的许可E-mail营销是在用户事先许可的前提下，通过电子邮件的方式向目标用户传递有价值信息的一种网络营销手段。许可E-mail营销是网络营销方法体系中相对独立的一种，既可以与其他网络营销方法相结合，也可以独立应用。许可E-mail营销过程中的关键环节如下。

1. 获取E-mail地址资源

开展许可E-mail营销的基础是获得潜在用户的许可E-mail地址资源，这些资源可以是企业内部所有的，也可以是合作伙伴或者专业服务商所拥有的。一般来说，获取潜在顾客的邮件地址有两种方法：一是用软件搜索或向专门收集邮件地址的个人或公司购买，这样的邮件地址从数量上来说是很多的，但取得的效果并不好；二是利用邮件列表获取邮件地址，这种地址比较真实，因为只有对网站感兴趣的客户才会加入邮件列表中，这样的客户才是网站真正的潜在客户。

2. 设计E-mail邮件内容时应注意的问题

设计E-mail邮件内容时应注意以下几个问题。
(1) 明确电子邮件内容的主题。
(2) 要有新颖、富有创意的销售推广文案。
(3) 电子邮件要符合人们的规范和习惯。

3. E-mail邮件的发送

发送之前，需要选择电子邮件的寄发方式，电子邮件的发送一般有两种方法：第一种是利用软件进行邮件群发，此方法对发送者来说省力、省成本，但对客户来说，他们会感到这样是对他们的不尊重，这样的促销很可能是失败的；第二种是对个人单独寄发邮件，尤其对邮件列表用户，效果比第一种会好很多。

此外，还要选择邮件发送网站。对一般的企业来说，都可以利用自己的网站邮箱发送电子邮件。这样做可以使邮件接收者直接获得企业网站的地址。此外，也可以利用一些公共网站发送邮件。例如，163免费邮箱不仅拥有超大存储空间，还支持超大附件，一次可发送或接收多个附件、文档和图片。

(三)网络广告

通俗地讲，网络广告是指广告主利用一些受众密集或有特征的网站来摆放商业信息，并设置链接到某目的网页的过程。网络广告活动是企业以促进产品销售为目的,支付一定费用,利用因特网技术向虚拟市场传播产品或服务信息的活动。

1. 网络广告的形式

网络广告通常有以下几种形式。

(1) 旗帜广告。网络媒体在自己网站的页面中,分割出一定大小的一个画面发布广告,因其像一面旗帜,所以称为旗帜广告。旗帜广告允许用极简练的语言、图片介绍企业的产品或宣传企业形象。旗帜广告还可分为非链接型广告和链接型广告两种。旗帜广告是现在大多数网络广告的主要形式。

(2) 漂移广告。此类广告不停地在网页上漂移,以引起网页浏览者的注意。

(3) 画中画广告。此类广告又叫跳出广告。它出现在原有的网页上,形成画中画。

(4) 文字链广告。网页上带有链接的文字,浏览者也可以单击,进而看到广告主想要传递的更详细的信息。

(5) 全屏广告。全屏广告主要在首页加载时覆盖全屏一段时间,具有强烈的感召力,如搜狐的首页全屏广告的覆盖时间是 8 秒。

(6) 按钮广告。按钮广告类似于旗帜广告和标志广告,但经常表现为不同的图形。

(7) 富媒体广告(Rich Media)。它是指综合了动画、声音、视频以及交互性的广告信息传播方法,包含下列常见的形式之一或者几种的组合:流媒体、声音、Flash 以及 Java、JavaScript、DHTML 等。

(8) 互动游戏式广告。在一段页面游戏开始、中间、结束的时候,广告都可随时出现,并且可以根据广告主的产品要求为之量身定做一个属于自己产品的互动游戏广告。互动游戏广告形式多样,如圣诞节的互动游戏贺卡,在欣赏完整个贺卡之后,广告会作为整个游戏贺卡的结束页面。

2. 网络广告应注意的问题

网络广告所采用的媒体就是网络,主要面临的问题是选择合适的网站、页面。具体而言,主要考虑如下几个方面。

(1) 内容的相关性。按传播内容,可以将网站分为综合性网站和专业性网站。专业性网站可以进一步分成新闻、娱乐、体育、健康等若干类目,每一类又都可以细分成更小的细目。广告主可选择与自己的产品关联性最大的网站发布广告。

(2) 网站流量。发布广告的站点必须人气旺,有比较高的流量。如果流量小,广告效应就难以铺开,更谈不上效果的累积。

(3) 访问者的构成。指访问者的性别、年龄、收入、受教育程度等人口变量数值分布状况。精确针对目标消费者进行广告宣传,在目前的网络技术条件下,已经具有实现的可能性。

(4) 网站的技术、设施水平。应该选择线路和服务器可靠、系统稳定的站点,以避免因为网站故障而影响企业媒体发布计划的情况发生。

(5) 网站的知名度和信誉度。为了保证广告发布效果,要注意选择知名度和信誉度高的网站,应优先考虑能够提供详细统计数据的站点,特别应优先考虑那些有独立公正的第三方检测机构统计其流量的网站,防止有些网站在广告活动中时有不良行为发生。

第五章 电子商务网络营销

(6) 网站的服务水平。这包括发布广告的速度、广告创意、制作的水平,广告需要修改时进行修改的速度,能否提供关于广告效果的详细报告,提供相关数据是否齐全、及时、准确等方面的情况。

(7) 过滤竞争对手的合作网站。如果在企业网站中出现与竞争对手合作的网站信息或链接,会导致提高竞争对手的知名度、为别人做嫁衣的结果,因此应避免出现这种情况。

(8) 网络广告的幅面大小与位置。网络广告的幅面大小和在网页中的位置直接影响广告的效果。

(四)交换链接

交换链接是一种简单可行的网站推广方式。交换链接又称友情链接、互惠链接、互换链接,是具有一定互补性的网站之间的简单合作形式,即分别在自己的网站上放置对方网站的名称或 Logo,并设置对方网站的超级链接,使用户可以从合作网站中发现自己的网站,从而达到相互推广的目的。许多网站上都含有其他网站的链接,这对于大多数中小网站而言是一种简单、有效的网站推广方法。

1. 交换链接的作用

交换链接的主要作用是:通过链接相互推广获得更多的访问量、加深用户浏览时的印象、增强网站在搜索引擎排名中的优势、通过合作网站的推荐提升访问者的可信度、获得合作伙伴的认可、为用户提供更多服务内容等。一般而言,交换链接的网站在规模上比较接近,内容上有一定的相关性和互补性。

2. 建立交换链接的一般方法

建立交换链接的过程,就是向同行和相关网站推广自己网站的过程。建立交换链接的首要任务是寻找那些比较"理想"的对象以进行合作。

(1) 分析潜在的合作对象。合作网站的用户应该对你的网站内容有兴趣或需求以及自己网站的用户是否对合作网站感兴趣。特别注意不要链接无关的网站。这对网络营销没什么效果甚至会有负面影响。

(2) 向目标网站发出合作邀请。注意信件的主题,信件的内容要礼貌,先简单介绍一下自己的网站。交换链接有图片和文字链接两种主要方式。在做网站链接时,尽量不要在网站首页放置过多的图片链接。

(3) 交换链接的实施。得到合作网站的确认后,应尽快为对方做好链接。链接做好后,应回访友情链接伙伴的网站,常对友情链接网站的有效性进行检查,并评价网站链接效果,及时删除无效链接。

(五)微博营销

微博营销是指通过微博平台为商家、个人等创造价值而执行的一种营销方式,也是指商家或个人通过微博平台发现并满足用户的各类需求的商业行为方式。微博营销以微博作为营销平台,每一个粉丝都是潜在的营销对象,企业通过更新自己的微博向网友传播企业信息、产品信息,树立良好的企业形象和产品形象。微博营销注重价值的传递、内容的互动、系统的布局、准确的定位,微博的火热发展也使得其营销效果尤为显著。微博营销涉及的范围包括认证、有效粉丝、朋友、话题、名博、开放平台、整体运营等。

1. 微博营销的优势

(1) 发布门槛低，成本远小于广告。

微博只需要编写好文案即可发布，从而节约了大量的时间和成本，对于同样效果的广告则更加经济。与传统的大众媒体(报纸、流媒体、电视等)相比受众同样广泛，前期一次性投入，后期维护成本低廉。微博营销是投资少见效快的一种新型的网络营销模式，其营销方式和模式可以在短期内获得最大的收益。

(2) 传播效果好，速度快，覆盖广。

微博信息支持各种平台，包括手机、计算机与其他传统媒体。同时传播的方式有多样性，转发非常方便。利用名人效应能够使事件的传播量呈几何级放大。微博最显著特征之一就是其传播迅速。一条微博在触发微博引爆点后短时间内互动性转发就可以抵达微博世界的每一个角落，达到短时间内最多的目击人数。

(3) 手段多样化，人性化，易浏览。

从技术上，微博营销可以同时方便地利用文字、图片、视频等多种展现形式。从人性化角度上，企业品牌的微博本身就可以将自己拟人化，更具亲和力。微博营销可以借助许多先进多媒体技术手段，多维度展现产品描述，从而使潜在消费者更形象直观地接收信息。

(4) 开放性，与受众拉近距离。

微博几乎是什么话题都可以进行探讨，而且没有什么拘束，微博就是要最大化地开放给客户。在微博上面，明星可以和粉丝们互动，微博其实就是在拉近距离。

(5) 操作简单，互动性强。

信息发布便捷。一条微博，只需要简单的构思，就可以完成一条信息的发布。这点要比博客方便得多，毕竟构思一篇好博文，需要花费很多的时间与精力。同时还能与粉丝即时沟通，及时获得用户反馈。

2. 微博营销的基本策略

(1) 确定微博的框架。

想要获得更多的粉丝关注，需要明确微博的定位，搭建好微博的框架，这就要从微博账号名称、头像、个性签名、微博背景图等进行设计，只有做好了这些，才能进行下一步操作。

(2) 做好关键词的布局。

关键词的合理布局，能够让目标客户更容易找到企业的产品。好的关键词要符合SEO(搜索引擎优化)的原则和特点，当潜在客户搜索某个关键词的时候，能第一时间搜索到相应微博。例如，微博内部的关键词布局地方有：名字、标签、个人简介、#话题#、内容等，在设置之前大家一定要找到自己领域里的关键词，可以利用百度指数等工具查看关键词、长尾词、热门词的热度和搜索指数，然后用文档列出来。把这些关键词合理地分布在微博的各个地方。

(3) 微博内容注重价值的传递。

企业博客经营者首先要改变观念——企业微博的"索取"与"给予"之分，企业微博是一个给予平台，只有那些能对浏览者创造价值的微博自身才有价值，此时企业微博才可能达到期望的商业目的。企业只有认清了这个因果关系，才可能从企业微博中受益。

(4) 注重发布的连续性。

微博就像一本随时更新的电子杂志，不能长期不更新，也不能短时间连续发布很多条内容，要注重定时、定量、定向发布内容，让受众养成观看习惯。当其登录微博后，能够想着看看企业微博有什么新动态，这无疑是成功的最高境界。

(5) 加强与受众的互动。

微博的魅力在于互动，拥有一群不说话的粉丝是很危险的，因为他们慢慢会变成不看内容的粉丝，最后更可能是离开。因此，互动性是使微博持续发展的关键。第一个应该注意的问题就是，企业宣传信息不能超过微博信息的10%，最佳比例是3%~5%。更多的信息应该融入粉丝感兴趣的内容之中。目前，"活动内容+奖品+关注(转发/评论)"的活动形式一直是微博互动的主要方式，但实质上奖品比企业所想宣传的内容更吸引粉丝的眼球，相比赠送奖品，微博只有认真回复留言，用心感受粉丝的思想，才能换取情感上的认同。

案例 5.2

凡客诚品的微博营销

凡客在长期的微博营销中，一直处于优势，其利用其产品特性，从用户体验、在线促销、名人效应等方面着手，一跃成名。凡客的微博营销主要有以下特点。

1. 凡客微博营销原则：长期互动

凡客非常重视客户体验，由于是网购企业，无法在实体店与客户面对面互动，也不能直接通过百度搜到客户的想法和意见，为弥补这一不足，凡客于2009年率先开通企业微博。凡客认为，微博营销最关键之处就是坚持，营销效果是在坚持中慢慢体现出来的，企业一定要明白做这件事的意义——微博平台不是直接做生意，而是为了和消费者建立情感互动。

2. 凡客微博营销结构：多层次结构

凡客微博从一开始就采取全员参与策略，企业在开通官方微博"@VANCL粉丝团"的同时，还动员员工在一个下午注册了100多个人微博账户，并且鼓励员工按照自己的理念经营自己的微博，其内容可以超出公司范围。众多"或明或暗"的凡客员工微博七嘴八舌聊凡客，既有服装设计师讲述设计背后的故事，也有刚入职三个月的小员工畅谈职场感受，从整体上让凡客的企业形象生动鲜活起来。

3. 凡客微博推广：活动和话题

(1) 名人效应活动：凡客诚品利用韩寒主编的杂志《独唱团》第一期上市之机，在新浪微博上独家发起"秒杀韩寒《独唱团》"活动，凡客微博粉丝均可参赛，"秒杀"成功者可免费获得《独唱团》。活动开展以来，信息转发量近4000次，新增粉丝超2000人，一举跃入微博热门评论榜。借助于韩寒的名气，凡客微博的人气也大幅度上升。

(2) 业务相关活动：比如1元秒杀原价888元的服装、抢楼送周年庆T恤、在"铅笔换校舍"公益活动中提供产品拍卖，在推出品牌代言人韩寒和王珞丹户外广告后开展"集齐站牌送现金"活动。这些吸引广大粉丝兴趣的活动受到了粉丝大量的转发和评论，进一步扩大了凡客的品牌效应。

4. 凡客的微博营销文化：凡客体

为彰显凡客的个性品牌形象，凡客为两位代言人定制了凡客体广告词。比如，"我和别人不一样，我和你一样，我是凡客。不是米莱，不是钱小样，不是大明星，我是王珞丹……"——这种能表达自我且极富个性化的广告语言，真实、自然、不说教，采用"80后"的口吻调侃社会，契合自由民主和娱乐至上的网络文化。

凡客体用平实直白的生活化描述，让网友们产生很强的共鸣，竞相上传和转发以"爱……不爱……是……不是……我是……"为基本叙述方式的凡客PS作品。对于凡客体，凡客并未试图控制事件走向，而是对网民PS作品的创造力和真实的自我表达保持尊重并满怀敬意。

(资料来源：https://wenku.baidu.com/view/77afe72ea26925c52cc5bf66.html)

(六) 微信营销

微信，不仅改变了我们的生活方式，更是改变了企业的营销模式，微信营销是伴随着微信的火热而兴起的一种网络营销方式。据腾讯发布的2019年第一季度报告显示，微信及WeChat的合并月活账号数达11.12亿。微信不存在距离限制，用户注册微信后，即可与周围同样注册的"朋友"形成一种联系，用户订阅自己所需的信息，商家通过提供用户需要的信息推广自己的产品，从而实现点对点的营销。

微信营销主要体现在以安卓系统、苹果系统的手机或者平板电脑中的移动客户端进行的区域定位营销，商家通过微信公众平台，结合转介率微信会员管理系统展示商家微官网、微会员、微推送、微支付、微活动，已经形成了一种主流的线上线下微信互动营销方式。

1. 微信营销的特点

(1) 点对点精准营销。

微信拥有庞大的用户群，借助移动终端、天然的社交和位置定位等优势，每个信息都是可以推送的，能够让每个个体都有机会接收到这个信息，继而帮助商家实现点对点精准化营销。

(2) 形式灵活多样。

① 二维码：用户可以通过扫描识别二维码身份来添加朋友、关注企业账号；企业则可以设定自己品牌的二维码，用折扣和优惠来吸引用户关注，开拓O2O的营销模式。

② 朋友圈：用户可以通过朋友圈发表文字、图片和视频，同时也可以通过其他软件将信息分享到朋友圈，好友可以进行评论和点赞。朋友圈是一个做关系的好平台，是微信运营者传播、展示、成交的主要平台，也是微商的主战场。

③ 公众平台：在微信公众平台上，每个人都可以打造自己的微信公众账号，并在微信平台上实现和特定群体的文字、图片、语音的全方位沟通和互动。

④ 开放平台：通过微信开放平台，应用开发者可以接入第三方应用，还可以将应用的Logo放入微信附件栏，使用户可以方便地在会话中调用第三方应用进行内容选择与分享。

⑤ 个性签名：商家可以利用个性签名这个免费的广告位为自己做宣传，附近的微信用户就能看到商家的信息。

(3) 强关系的机遇。

微信的点对点产品形态注定了其能够通过互动的形式将普通关系发展成强关系，从而产生更大的价值。通过互动的形式与用户建立联系，互动就是聊天，用一切形式让企业与消费者形成朋友的关系。

2．微信营销的运作模式

(1) 草根广告式——附近的人。

微信中基于 LBS 的功能插件"附近的人"便可以使更多陌生人看到这种强制性广告。用户点击"附近的人"后，可以根据自己的地理位置查找到周边的微信用户。在这些附近的微信用户中，除了显示用户姓名等基本信息外，还会显示用户签名档的内容。所以用户可以利用这个免费的广告位为自己的产品打广告。营销人员在人流最旺盛的地方 24 小时运行微信，如果"附近的人"功能使用者足够多，这个广告效果也会随着微信用户数量而上升，这个简单的签名栏也许会变成移动的"黄金广告位"。

(2) O2O 折扣式——扫一扫。

二维码发展至今其商业用途越来越多，所以微信也就顺应潮流结合 O2O 展开商业活动，将二维码图案置于取景框内，然后你将可以获得成员折扣、商家优惠抑或是一些新闻资讯。移动应用中加入二维码扫描这种 O2O 方式早已普及开来，坐拥上亿用户且活跃度足够高的微信，其价值不言而喻。

(3) 互动营销式——微信公众平台。

对于大众化媒体、明星以及企业而言，如果微信开放平台+朋友圈的社交分享功能的开放，已经使得微信作为一种移动互联网上不可忽视的营销渠道，那么微信公众平台的上线，则使这种营销渠道更加细化和直接。

(4) 微信开店——微信商城。

这里的微信开店(微信商城)并非微信"精选商品"频道升级后的腾讯自营平台，而是由商户申请获得微信支付权限并开设微信店铺的平台，申请微信支付权限需要具备两个条件：第一必须是服务号；第二还需要申请微信认证，以获得微信高级接口权限。商户申请了微信支付后，才能进一步利用微信的开放资源搭建微信店铺。

案例 5.3

1号店的微信营销

通过一些微信活动来吸引用户关注一直是企业惯常的营销手法，1 号店也曾借助用户"爱玩"的特性打造了一款"你画我猜"的互动游戏，吸引了大量粉丝参与转载。参与活动的方式十分简单，用户只需关注 1 号店的微信账号，就可以每天收到 1 号店推送的一张比较抽象的图片，然后用户把答案通过回复的方式发送给 1 号店的公众号，如果猜中图片答案用户即可获得由 1 号店发出的精美礼品。借此，1 号店的粉丝数量实现了迅速的增长。如今，将游戏与微信公众平台结合到一起已经成为了很多企业微信营销的重要方式，它通过一些游戏活动吸引了大量目标用户的关注，不仅加强了品牌与用户之间的互动，而且还激发了用户在公众平台的活跃程度，最终达到营销的目的。

(资料来源：http://www.sohu.com/a/233723539_100138710)

(七)互动式营销

互动式营销是指利用网站的互动性,与用户进行互动交流,了解客户的需求,及时得到客户的反馈,从而为客户提供优质的服务,并且使用户参与产品的设计、开发、生产、销售的整个流程,提高用户的品牌忠诚度,为企业带来经济利益。亚马逊书店的互动式营销就是其中的经典范例。

互动式营销除了利用微博、微信进行互动外,还可以通过以下方式进行。

(1) 利用企业网站论坛和社区问答进行营销。企业在进行互动式营销时,首先要利用网站论坛与客户进行交流,在论坛开辟用户专区,用户可以在论坛提出自己的问题,发表自己的意见和建议,这样企业可以及时得到用户的反馈,供企业决策使用。但需要注意的是,企业应该安排专职的论坛维护人员,能够及时地对用户的问题做出回应。

同时,企业在遵守问答社区的问答规则的情况下,可以巧妙地运用软文,让自己的产品、服务植入到问答里面,从而产生第三方口碑效应。通过问答平台进行营销活动,企业既能与消费者互动,又可以使企业品牌的网络推广力度和口碑营销宣传力度得以加强。

(2) 利用电话服务热线。热线电话永远是企业不可或缺的营销工具,企业应开通专门的服务热线,安排专职的电话接线员24小时为用户服务。

 知识拓展

其他网络促销策略见右侧二维码。

第四节 网络营销的实施与评价

一、网络营销的实施流程

网络营销的实施流程包括以下几个环节。

(一)明确企业网络营销的目的

在任何网络营销策划方案中,我们都必须首先有明确的目的,这样我们才能围绕这个中心目标开展网络营销工作,同时与企业的其他市场营销手段进行有机结合,这个总体的目标将对我们的工作起到关键的指导作用。

(二)进行充分的市场调查工作

没有调查就没有发言权,企业在进行任何营销决策之前都应该进行充分的调查。但是在进行网络营销之前我们应该具体调查哪些内容?下面就为大家列举两个方面的主要内容。

1. 调查企业的客户行为习惯

通常企业在进行网络营销时都会注重营销型网站的建设及具体的网络营销和网络推广途径,却忽视了我们进行网络营销所有工作的最终目的是向客户展示我们的优质产品和服务。所以对于客户群的调查就显得十分重要,通过了解自己的客户,可以知道客户在想什么,需要什么,可以借此了解市场的潜在走向,从而及时调整策略。

2. 调查同行业竞争对手的网络营销现状

通过对同行业竞争对手的调查，我们可以从竞争对手的身上取其精华，去其糟粕，这样就能够少走弯路，可以让我们做到"知己知彼，百战不殆"。

(三)网络市场细分，确定目标顾客

网络市场细分是指企业在调查研究的基础上，依据网络消费者的购买欲望、购买动机与习惯爱好的差异性，把网络营销市场划分成不同类型的群体，每个消费群体构成企业的一个细分市场。网络营销市场可以分成若干个细分市场，每个细分市场都由需求和愿望大体相同的消费者构成。在同一细分市场内部，消费者需求大致相同，不同的细分市场之间，则存在明显的差异性。

网络营销市场细分是企业进行网络营销的一个非常重要的战略步骤，是企业认识网络营销市场、研究网络营销市场，进而选择网络目标市场的基础和前提。具体来说，网络营销市场细分有以下几个方面的作用。

1. 有利于企业发掘和开拓新的市场

网络消费者尚未加以满足的需求，对企业而言往往是潜在的，一般不易发现。在调查基础上的市场细分，可以使企业深入了解网络市场顾客的不同需求，并根据对各子市场潜在购买数量、竞争状况及本企业的实力的综合分析，发掘新的市场机会，开拓新市场。

2. 有利于制定和调整市场营销组合策略

网络市场细分是网络营销策略运用的前提。企业在对网络营销市场进行细分后，细分市场的规模、特点显而易见，消费者的需求清晰了，企业可以针对各细分市场制定和实施网络营销组合策略，做到有的放矢。

3. 有利于集中使用企业资源，取得最佳营销效果

不管企业在网络营销中试图开展什么工作或者最后总的目的是什么，都将面对网络营销中的主要和次要的目标市场。在网络营销中，企业不仅要确定自己的目标市场在哪里，还要确定哪些是主要的，哪些是次要的，从而选择对自己最有利的目标市场，合理使用企业有限的资源，以取得最理想的经济效益。

(四)选择目标市场，提出营销策略

一个企业要根据市场细分结果来决定营销策略。这要区分两种情况：如果分析细分市场后，发现市场情况不理想，企业可能放弃这一市场；如果市场营销机会多，需求和潜在利润满意，企业可根据细分结果提出不同的目标市场营销策略。

二、网络营销效果评价与控制

网络营销是一个长期的过程，其中既有连续的、长期的推广活动，如网站上的信息发布、在线服务、搜索引擎、邮件列表等；也有临时的、短期的手段，如网络广告、网上调查、在线优惠券等。每一种网络营销方法都有具体的评价方法，如网络广告的效果评价方法、E-mail 营销的效果评价方法等。网络营销整体效果是通过各种方法综合作用所产生的。

整体效果如何,是否实现了网络营销计划的目标,需要通过对网络营销效果进行整体评价来检验。

一般而言,网络营销效果评价可分为事后整体效果评价和网络营销活动过程中的评价,事后评价反映了网络营销活动的综合效果,过程控制则是网络营销目标得以实现的保证。因此,网络营销的评价应该将事后评价与过程评价相结合。

(一)整体效果评估内容

关于网络营销的整体效果有以下几个方面的评估内容。
(1) 公司网站建设是否成功?有哪些不足?
(2) 网站推广是否有效?
(3) 网上客户参与度如何?分析原因。
(4) 潜在客户及现有客户对网上营销的接受程度如何?
(5) 公司对网上反馈信息的处理是否积极有效?
(6) 公司各部门对网络营销的配合是否高效?

(二)网络营销过程评价

网络营销过程评价是对各种网络营销活动进行及时的跟踪控制,以保证各种网络营销方法可以达到预期的效果,同时也是对网络营销方案的正确性和网络营销人员的工作成效的一种检验。因此,对网络营销过程进行评价也是非常重要的,这也是不少企业往往容易忽视的地方。一个完整的网络营销方案包括网站规划和建设以及各种网络营销方法的实施,因此,对网络营销过程进行评价包括网站设计、网站推广、网站流量等方面。

(1) 关于网站设计的评价。

网站是网络营销的基本工具和根据地,所以,营销功能是企业网站的第一要素。一个企业网站的功能和基本内容是否完善,是评价网站设计最重要的指标。除了功能、风格和视觉设计等取决于网站本身的特定要求之外,在网站的设计方面,还有一些通用的指标,主要有:主页下载时间(在不同接入情形下),有无死链接、拼写错误,不同浏览器的适应性,对搜索引擎的友好程度(META 标签合理与否)等。

(2) 关于网站推广的评价。

网站推广的力度在一定程度上说明了网络营销人员为之付出劳动的多少,而且可以进行量化,这些指标主要有以下几个。

① 登记搜索引擎的数量和排名。一般来说,登记的搜索引擎越多,对增加访问量越有效果;同时,搜索引擎的排名也很重要。一些网站虽然在搜索引擎注册了,但因排名靠后,起不到多大作用。

② 被其他网站链接的数量。在其他网站链接的数量越多,对搜索结果排名越有利,而且访问者还可以直接从链接的网页进入你的网站。实践证明,在其他网站作链接对网站推广起着重要作用。

③ 用户数量。用户数量是一个网站价值的重要体现,在一定程度上反映了网站的内容为用户提供的价值,而且用户也就是潜在的顾客。因此,用户数量直接反映了一个网站的潜在价值。

(3) 网站流量评价指标。

网站流量评价指标有以下几个。

① 独立访问者数量。指在一定时期内访问网站的人数，每一个固定的访问者只代表一个唯一的用户。访问者越多，说明网站推广越有成效，也意味着网络营销的效果卓有成效，虽然访问量与最终收益之间并没有固定的比例关系。

② 页面浏览数。即在一定时期内所有访问者浏览的页面数量，页面浏览数量说明了网站受到关注的程度，是评价一个网站受欢迎程度的主要指标之一。

③ 每个访问者的页面浏览数。即在一定时间内全部页面浏览数与所有访问者相除的平均数。这一指标表明了访问者对网站内容或者产品信息感兴趣的程度，如果大多数访问者的页面浏览数仅为一个网页，表明用户对网站内容或者产品显然没有多大兴趣。

④ 用户在每个页面的平均时间。即访问者在网站停留总时间与网站页面总数之比，这个指标的水平说明了网站内容对访问者的有效性。尽管可以监测到网站的流量、反应率等指标，但这些本身并不直接代表网站有多成功或者失败，也不能表明与收益之间有什么直接关系，只能作为相对指标，比如与同一行业的平均指标，或者全部上网者的指标相比较，而且指标本身也很难做到精确。尽管网络营销效果难以准确评价，但这些评价指标可以从一定程度上说明一个企业为之投入的努力以及网络营销的成效。

网络营销效果综合评价是对一个时期网络营销活动的总结，通过对网络营销效果的评价，可以对营销战略和策略的执行进行不断修正，控制整个营销过程不偏离既定的营销目标。

韩都衣舍品牌的网络推广

在天猫历年的"双十一"促销中，韩都衣舍销量都跻身前列，而且也是各电商平台销量第一的女装品牌。继渠道的多元化铺设之后，韩都衣舍正在展开多品牌、覆盖全年龄段的网络布局。

1. 韩都衣舍品牌简介

韩都衣舍品牌创立于 2008 年，是国内知名的互联网快时尚品牌。2010 年，韩都衣舍这家网店一跃成为淘宝网服饰类综合人气排名第一、会员多达 200 万、长江以北最大的淘宝卖家、山东电子商务的领头羊。2014 年销售额超过 15 亿元。韩都衣舍产品的风格是韩国风格，产品的价格主要在 100~200 元，经营女装、男装、童装、女鞋、女包以及配饰等商品，其中女装为主打产品。目标客户是 18~35 岁的都市时尚人群。

2. 韩都衣舍品牌网络推广情况分析

(1) 推广思路：线上推广，多渠道宣传。做互联网营销要勇于尝鲜，敢做第一人。行业的竞争是源源不断的，不管是传统营销还是网络营销，企业要做到行业的领头羊，要懂得抓住先机，在同行业中做到创新营销第一人，取得先机的品牌建设才可以进入用户的潜意识中。同时，对一个已有品牌的公司来说，启动电子商务相对来说容易，对一个初始没有品牌没有市场的公司来说，起步要困难许多。

大范围扩大品牌影响力。韩都衣舍的成功之处在于品牌的影响力。韩都衣舍如今在年轻人中的影响力非常大，这和品牌创立之初的定位是远远分不开的。作为典型的淘品牌，韩都衣舍有其鲜明的特色：定位于中国"互联网韩风快时尚"，目标对象为 18~35 岁的都市时尚人群，拥有百余位专业选款师和设计师，在韩国拥有分公司，同 800 余家韩国时尚品牌有合作关系。品牌影响力是韩都衣舍强大销售数据的有力支撑。

新媒体营销不可缺少。目前上网时间的碎片化、移动电商的普及，是电商碎片化越来越明显的表现。但对卖家而言，流量碎片化、消费者需求的碎片化，为站长导购网站及社会化分享网站等不同渠道提供了良好的发展机遇。做网络营销的企业可抓住新媒体进行营销，新媒体的普及带来了消费者行为模式和购买决策的改变，如时下的微信营销、微博营销等，都成为各大电商网站的主要流量来源。

韩都衣舍的高性价比首先在于商品本身定价的实惠，同时，韩都衣舍还用常规的折扣促销手段提升用户重复消费的黏性，拓展用户价值的广度和深度。韩都衣舍目前的常规折扣主要以两种方式进行：会员制度和舍友独享优惠，尤其是后者造就了韩都衣舍的高性价比，套牢了顾客的心，在提高销量的同时有效降低了营销策划成本，为韩都衣舍带来了重复消费的黏性。

(2) 推广工具：淘宝上的一些付费推广方式，如淘宝直通车、CPS 广告，这些都是按照成交来计费的推广模式，由淘宝客(个人或网站)帮助淘宝卖家推广商品，买家通过推广的链接进入完成交易后，淘宝卖家支付一定比例的佣金给帮助推广的淘宝客。韩都衣舍的店铺流量来自搜索的免费流量占比为 30%，通过淘宝客、直通车等付费推广方式获得的流量占比为 30%，来自老客户的流量占比为 30%，其他等碎片化的流量占比为 10%。同时韩都衣舍也在试图和国内的广告联盟进行更广泛的合作。另外，韩都衣舍还推出专门的"韩都衣舍"App，更方便消费者随时随地进行购物体验。

(3) 广告宣传："没空去韩国？就来韩都衣舍！"广告词朗朗上口、定位准确，告诉消费者"在韩都衣舍就可以买到你需要的所有韩国的潮流服饰，你没有必要特意跑到韩国去"。韩都衣舍的视频广告都是以一种亲民、时尚、活泼的感觉呈现，没有大品牌给人的一种高高在上的疏离感。韩都衣舍在各大浏览器首页都有链接广告，并且在淘宝和天猫首页都会定期投放链接广告。

(资料来源：https://wenku.baidu.com/view/0c8595f6eef9aef8941ea76e58fafab068dc44f3.html?re=view)

思考：
1. 韩都衣舍的网络目标市场和网络目标消费者是什么？它是如何进行定位的？
2. 在移动互联网时代，韩都衣舍的网络推广方式有何需要改进之处？

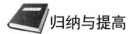

归纳与提高

网络营销是以现代营销理论为基础，通过网络替代传统的报刊、邮件、电话、电视等中介媒体，利用网络对产品的售前、售中、售后各环节进行跟踪服务，自始至终贯穿于企业经营全过程，寻找新客户、服务老客户，最大限度地满足客户需求，以达到开拓市场、增加盈利的目标的经营过程。

网络营销涉及网络经营的全过程，贯穿企业网站构建、企业网站推广和企业网站经营管理等阶段，它包括树立网络品牌、实现信息发布、积极促进销售、拓展销售渠道、开展网上调研、改善客户服务等内容。

网络营销环境分析是企业制定网络营销战略和策略的前提。网络营销环境可以分为网络营销宏观环境与网络营销微观环境两部分。宏观环境主要包括政治法律环境、经济环境、社会人口、人文与社会环境、科技与教育水平、自然环境等因素；微观环境主要包括企业内部环境、供应商、营销中介、顾客或用户、竞争者、合作者及营销公众。网络营销调研是网络营销中的一个重要环节,如果没有营销调研,就不可能把握市场。

企业网络营销需要通过各种相应的网络营销方法来实现,因此探讨网络营销的方法是网络营销的主要组成部分。网络营销常用手段和方法包括:搜索引擎营销、许可 E-mail 营销、网络广告、交换链接、微博营销、微信营销、互动式营销以及网络促销等其他营销手段。

习题

一、选择题

1. 人们在 Internet 上收集资料,目前遇到的最大困难是(　　)。
   A. 信道拥挤
   B. 信息量过少
   C. 如何快速、准确地从信息资料中找到自己需要的信息
   D. 语言障碍
2. 关于网络营销和传统营销的说法准确的是(　　)。
   A. 网络营销暂时还是一种不可实现的营销方式
   B. 网络营销不可能冲击传统营销方式
   C. 网络营销最终将和传统营销相结合
   D. 网络营销将完全取代传统营销的一切方式
3. 以下商品中最适合网上销售的是(　　)。
   A. 珠宝　　　　B. 手机　　　　C. 图书　　　　D. 黄金
4. 在下列网络营销工具中,最基本、最重要的是(　　)。
   A. 搜索引擎　　B. 企业网站　　C. 电子邮件　　D. 网络广告
5. 以下关于垃圾邮件给 E-mail 营销带来的影响叙述有误的是(　　)。
   A. 降低了用户对 E-mail 营销的信任
   B. 有价值的信息淹没在大量的垃圾邮件中
   C. 邮件服务商屏蔽
   D. 垃圾邮件含有大量有价值信息,是许可邮件营销的有益补充
6. Banner 一般指的是(　　)广告。
   A. 旗帜　　　　B. 按钮　　　　C. 墙纸　　　　D. 插页式

二、复习思考题

1. 简述网络营销价格的定义及给人们的启示。
2. 网络营销定价时应考虑哪些因素?
3. 网络营销中常用的推广手段有哪些?

三、技能实训题

1. 进入不同的购物网站,比较同一时间、同一商品不同网站的价格。
2. 进入新浪等门户网站,查看网站首页、新闻频道首页、汽车频道首页、财经等不同频道不同位置的广告报价。

第六章　电子商务支付

> **学习要点及目标**

了解传统支付方式的类型，理解电子支付的概念与特点；掌握电子货币的概念、形式，理解电子支付系统的组成、一般流程；理解网络银行的概念、优势、类型、功能和风险；掌握第三方支付的概念及其运作流程，了解第三方支付平台主流产品并能熟练加以运用；了解移动支付的概念、分类和流程。

> **引例**

合作 20 年后，银行和支付宝都变得更强了

100 万个信用卡开卡用户、节约大约 1 亿元的获客成本……这些诱人的数据不是银行 1 年的 KPI，而是某家全国性银行入驻支付宝后短短几天内实现的。

"阿里分行"现象

2017 年开始，支付宝的小程序和生活号开始吸引银行入驻。平安、交通、浦发、招行……全国大行闻风而动。入驻后，银行可以向支付宝用户提供银行卡办理、理财产品购买、证明开具等专业服务。这种合作，被银行业人士比喻成银行在支付宝开了一个"阿里分行"。为什么银行会到支付宝里开"分行"？因为银行可以借阿里移动支付和电商的场景和技术，让自己的金融服务无所不在，服务到村里甚至山里的用户。当前，获客难、"活"客难、成本高，是困扰商业银行网点转型的难题，银行通过传统方式获得一个信用卡用户的成本大概是 100 元。而支付宝作为一个移动支付工具，用户天然带有金融属性。银行在支付宝上开"分行"，获客、开卡的转化率自然就比其他平台高很多。

银行"分行"：从实体走向在线

曾几何时，线下网点是银行业务扩张的根本。银行要获取更多用户必须开设更多网点。然而，这一趋势一去不复返。统计显示，2016 年至今，四大国有银行的营业网点均呈现不同程度的减少。线下用户不断往线上迁移、网点运营成本越来越高，都使得银行实体网点减少成为必然趋势。2009 年开始，银行也大力往手机银行 APP 等线上渠道转型，并加大与金融科技平台的合作。其中最有代表性的是招商银行，2018 年年末招行已经完成对全国网点的"全面无卡化改造"，推动银行业从"卡时代"向"APP 时代"迈进。对于银行来说，通过小程序开"阿里分行"，可以直接服务阿里生态体的数千万小微企业、十多亿的用户。某城商行与支付宝进行数字化合作后，2018 年获客增长 187%，零售业务增长 208%。另一家城商行借助支付宝技术，APP 启动速度提升 18 倍。

银行+支付宝的 20 年

实际上，支付宝和银行合作历史已经有 20 年了，全国和支付宝合作的银行已有 200 多家。很多银行还和网商银行一起，为 1600 多万小微企业提供了贷款服务。"阿里分行"的

出现，意味着银行和支付宝的合作在经过绑卡、流量、资金合作等阶段后，还有更深度的方式。阿里是个经济体，上面十几亿用户和几千万商家，对银行来说是资源富矿，有很多新机会可以挖掘。在金融行业快速变化的时候，仅靠金融能力或互联网能力，很难有真正的金融创新。未来，银行和支付宝之间最有想象力的合作，不是流量，而是在产品层面，一起创造出下一个余额宝或相互宝。20年后，银行和支付宝确实都改变了，都变得更强了。

(资料来源：网贷之家，https://www.wdzj.com/news/hydongtai/4524010.html，有删改)

必备知识点

电子支付的概念与特点 电子支付系统的组成 网络银行的概念 第三方支付的运作流程

拓展知识点

电子货币的概念、形式 第三方支付平台主流产品 移动支付的概念、分类和流程

第一节 电子支付概述

随着网络经济时代的来临，传统支付方式已经无法适应新的商务模式。在电子商务中，整个交易过程都是在虚拟的网络环境中实现的，这就要求支付手段能够适应网络空间流通的特性，即支付过程和支付手段必须完全电子化，各种电子支付方式应运而生。当然，电子商务并不完全排斥传统支付方式，至今仍有很多网上商店支持传统支付方式。

一、传统支付方式

传统支付方式主要包括以下四种类型。

(一)现金支付

传统商务中使用最普遍的支付方式就是现金支付。在现金支付中，买卖双方处于同一位置，不需要了解对方身份，交易一般以匿名方式进行。现金支付是真正的"一手交钱，一手交货"，具有使用方便、灵活、可靠的特点，非常适合于小额交易。但现金支付也存在不足，如受时间和地点限制，必须在同时、同地完成，给不在同一时间、同一地点的交易带来不便；受不同发行主体限制，给跨国交易带来不便；对于大宗交易，需携带大量现金，存在不安全因素。

(二)票据支付

票据是出票人依照票据法发行的无条件支付一定金额或委托他人及专门机构无条件支付一定金额给收款人或持票人的一种文书凭证，包括本票、汇票和支票。票据支付使交易可以异时、异地进行，其具有的汇兑功能也使大宗交易成为可能，因而在商务活动中应用较为广泛。当然，由于我国当前票据支付系统不够完善，存在票据行为不规范、票据伪造、票据处理速度慢等问题，这些都给票据支付的推广应用带来极大不便。

(三)邮政汇款

邮政汇款是买方按卖方要求将货款通过邮局汇到指定地址的指定人，卖方在收到货款后给买方发货，这种支付方式对卖方有利，避免了收不到货款的风险。但是对买方而言，则存在不少缺陷：汇款需亲自到邮局办理，费事、费时、费力；从汇款到卖方收到货款有一定时间间隔，延迟了发货时间，抵消了电子商务的快捷优势；买方需要承担卖方不发货或者货物质量问题等风险。

(四)银行转账

银行转账是买家开户行与卖家开户行之间的电子汇兑。这种方式安全快速，并且可以减少现金流通量，简化收款手续，提高结算效率，安全且灵活方便。但银行转账也存在一些缺点，如买方仍需到银行办理手续，受时间、地点限制；汇款速度与网上选择商品速度相比还是慢很多；买方依然需承担转账后收不到商品的风险。

总的来说，传统支付方式在运作管理方面已有一套较为成熟的模式，但也存在结算效率低、资金回笼慢、运作成本高、受时空限制等不足，不能很好地满足电子商务的支付需求。

二、电子支付方式

下面对电子支付方式进行具体介绍。

(一)电子支付的概念

电子支付最早产生于 20 世纪 70 年代，在现代电子商务产生以前就已得到广泛应用。电子支付是以金融网络化为基础，以商用电子化工具为媒介，借助计算机网络系统，交易各方使用电子方式将货币以电子数据形式进行传递以实现流通和支付，并安全地完成全部交易过程的支付方式。它彻底改变了传统支付方式，使消费者可以在任何时间、任何地点通过网络获得银行支付服务，而无须亲自到邮局或银行营业柜台办理支付手续。

电子支付是电子商务活动的关键环节，是电子商务能够顺利进行的基础条件。电子商务的高效率、低成本优势，必须依赖于安全、高效、快捷的电子支付环境。电子支付的目的在于减少交易各方的支付成本，加快交易完成速度，方便交易双方。

(二)电子支付的特点

与传统支付方式相比，电子支付具有以下特点。

1. 信息流代替现金流

电子支付是以计算机技术为支撑，通过电子数据的传输进行储存、支付和流通；而传统支付方式则是通过现金流转、票据转让以及银行转账等物理实体流转来实现支付。

2. 功能多样

电子支付可广泛应用于生产、交换、分配和消费等各个领域，集储蓄、信贷和非现金结算等多种功能于一体；而传统支付方式是在较为封闭的环境中进行的，功能相对单一。

3. 高技术支持

电子支付使用现代的通信手段，通常要经过银行专用网络，对软硬件设置要求很高，一般要求有联网微机、相关软件及其他一些配套硬件，对安全方面性能也要求极高；而传统支付方式对软硬件要求相对较低。

4. 方便、快捷、高效、经济

电子支付突破了时间和空间的限制，用户只需一台联网的计算机，便可足不出户在很短的时间内完成整个支付过程，且支付费用相比传统支付方式要低很多。相对于传统支付方式，电子支付具有方便、快捷、高效、经济的优势。

(三) 电子支付的发展阶段

电子支付的出现要早于 Internet，银行进行电子支付的 5 种形式分别代表了电子支付发展的 5 个不同阶段。

第一阶段是银行间利用计算机及其网络系统处理银行之间资金划转业务、办理结算等。

第二阶段是利用银行计算机与其他机构计算机之间进行资金的结算，如代发工资及代缴水电费、煤气费和电话费等业务。

第三阶段是利用网络终端向用户提供各项银行服务，如用户在自动柜员机(ATM)上进行存取款操作。ATM 是由计算机控制的持卡人自我服务的金融专用设备，它可以向持卡人提供取款、存款、余额查询、更改密码等服务。

第四阶段是利用银行销售点终端(POS)向用户提供自动扣款服务。金融 POS 系统是由银行计算机与商业网点、收费网点、金融网点之间通过公用网络进行联机业务处理的银行网络系统。

第五阶段是最新发展阶段，电子支付可随时随地通过 Internet、移动互联网进行直接转账结算，称为网上支付、移动支付。

(四) 电子支付的主要问题

电子支付方式的出现和不断发展，大大提升了支付结算效率，促进了电子商务的发展。然而，电子支付仍然存在一些缺陷，具体介绍如下。

1. 安全问题

安全问题仍然是电子支付中最关键、最重要的问题，这个问题直接关系到参与电子交易各方的利益。造成电子支付安全问题的原因有很多，如 Internet 的开放性、电子支付技术本身的漏洞、社会信用体系不健全等。

2. 支付方式统一问题

在电子支付发展过程中，出现了若干种不同的支付方式，每一种方式都有其自身特点和实现系统。这样，当采用不同支付方式来完成一次交易时，可能由于支付方式的不兼容而导致不能实现交易。从电子商务发展的角度来看，有必要将各种支付方式统一起来。但由于各国银行系统，甚至一个国家不同银行之间存在不统一性，使实现起来很困难。

3. 跨国交易的货币兑换问题

每个国家都有自己的货币体系，而且不同货币之间汇率也在不断变化。在跨国电子交易中常存在一个问题，即一个国家的网络消费者如何了解另一个国家销售者的产品报价折合成本国货币是多少。这在平时很容易做到，但在要求快速进行的网络上，如果没有专门软件系统的支持，是很难做到的。

4. 法律问题

随着电子商务的发展，网络上处理的电子货币规模越来越大，这就需要有一定的法律措施来规范电子资金划拨，明确电子支付各方的权责，保护银行及客户的合法权益。由于电子支付的特殊性，传统银行法已不能满足这一要求。而不同的银行其数据格式、处理方法又不尽相同，如何从法律角度来统一技术差异是一个难以解决的问题。跨国电子支付所涉及的法律问题更多，需要依托相关国际组织来协调和制定统一的规范。

 案例 6.1

尼泊尔禁止使用微信支付和支付宝等电子钱包

尼泊尔中央银行(Nepal Rastra Bank，NRB)于2019年5月20日宣布，禁止在尼泊尔使用微信支付和支付宝等电子钱包。据NRB规定，在尼泊尔境内使用支付宝、微信支付等的行为是非法的，有关人员将会根据有关法令受到惩处。该报道还称，因中国游客非法使用这些支付应用，该国正在流失海外收入。据了解，尼泊尔方面之所以宣布这项禁令，是由于当地部分商家或导游使用中国国内的个人或商户二维码进行收款，此举将导致资金绕过尼泊尔当地的金融体系，直接进入其在中国的账户。

也就是说，如果一个尼泊尔商店贴出的收款二维码是中国境内码，中国顾客使用内地版本的支付宝、微信扫码支付时，就算交易地点在尼泊尔，实际交易的资金也将经过中国的清算机构，而非尼泊尔央行的清算机构。由于当地金融监管部门无法监测到资金流向，也无法对商户进行监管，便很可能滋生或纵容洗钱、走私、偷税漏税等违法行为。实际上，支付宝和微信支付在近些年的跨境展业中，已屡次因为二维码违规收款的问题被各个国家和地区监管方面提示或禁止，仅2018年内就有越南和俄罗斯两个国家出手。

对此，蚂蚁金服表示，对于部分用户将境内二维码在境外使用的现象，支付宝已采取措施加强防范。蚂蚁金服也呼吁广大用户根据《支付宝收钱码协议》的约定规范使用条码支付服务，对于违规使用服务者保留追究的权利。而微信支付则强调，境外商户应通过微信支付的合作伙伴合规接入微信支付收款服务。

(资料来源：金融界，http://finance.jrj.com.cn/tech/2019/05/22143227607240.shtml，有删节)

三、电子货币

随着电子支付方式的产生和广泛应用，以电子货币为内涵的各种电子支付工具开始兴起。电子货币与传统货币在本质、形式、发行、传递上都存在不同，其表现形式主要有电子现金、电子支票、电子信用卡、电子钱包等。

(一)电子货币的基本概念

电子货币是以电子数据形式存储,并通过计算机网络以电子信息传递形式实现流通和支付功能的货币。与传统货币相比,电子货币的使用和流通更方便,成本更低,尤其是大笔资金的流动。目前,存款、贷款、汇款、代发工资、代收费、银行卡等多种银行业务大都借助于计算机系统实现电子货币的应用。电子货币的出现彻底改变了银行传统手工记账、手工算账、邮寄凭证等操作方式。同时,电子货币的广泛使用也给消费者、企业之间在购物、旅游、娱乐和结算、转账等方面的支付带来了更多便利。

电子货币的运作和使用流程可分为 3 个步骤,即发行、流通和回收(见图 6.1),具体介绍如下。

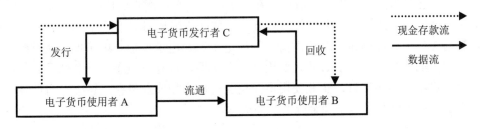

图 6.1 电子货币的基本运作流程

(1) 发行。电子货币使用者 A 向电子货币发行者 C(银行、信用卡公司等)支付一定数额的现金或存款并申请发行电子货币,C 收到 A 的有关信息后,将相等金额的电子货币数据授信给 A,A 即可利用这些电子货币进行电子支付。

(2) 流通。A 收到来自 C 的电子货币,为清偿对另一电子货币使用者 B 的债务,将电子货币数据部分或全部授信给 B,即电子货币以数据形式在 A 和 B 之间流通。

(3) 回收。如果 B 不想持有来自 A 的电子货币,那么 B 可以把电子货币数据传给 C 并要求其兑换支付。C 再根据 B 的请求,将电子货币兑换成现金或存款支付给 B。

 小资料

比特币

2013 年 11 月,一种被称为比特币的电子货币开始被各大媒体竞相报道。这种在 2010 年时用 1 万枚才能买一个比萨的货币,此时已经疯涨到了每枚 1124 美元,到 2017 年 12 月更是超过 19000 美元。那么,这种"野蛮生长"的比特币究竟是什么呢?

从本质上讲,比特币是一种 P2P 形式的数字货币,是一种去中心化的支付系统。它的概念最早是由一名叫中本聪的神秘人物在 2009 年提出的。与大多数货币不同,比特币不依靠特定货币机构发行,它依据特定算法,通过大量的计算产生。比特币经济使用整个 P2P 网络中众多节点构成的分布式数据库来确认并记录所有的交易行为,并使用密码学的设计来确保货币流通各个环节的安全性。P2P 的去中心化特性与算法本身可以确保无法通过大量制造比特币来人为操控币值。基于密码学的设计可以使比特币只能被真实的拥有者转移或支付。这同样确保了货币所有权与流通交易的匿名性。比特币与其他虚拟货币最大的不同是,其总数量非常有限,具有极强的稀缺性。该货币系统曾在 4 年内只有不超过 1050 万个,

之后的总数量将被永久限制在 2100 万个。

目前，比特币可以被用于交易，同时，它还实现了和很多国货币的相互兑换。不过，我国目前仍不承认比特币的货币地位。

(资料来源：张维迎. 经济学原理. 西北大学出版社，2015. 有删改)

(二)电子现金

电子现金(E-Cash)又称数字现金，是纸币现金的数字化。电子现金通常以数字形式存储并流通，它将用户账户中的资金转换成为一系列加密序列数，用这些序列数表示现实中各种金额币值。要使用电子现金，用户只需在开展电子现金业务的银行开设账户并在账户内存钱，即生成了具体的电子现金，就可以在接受电子现金的网络商店购物了。

电子现金按其载体来分，主要包括两类：一是存储在 IC 卡上的预付卡式的电子现金；二是以数据文件形式存储在计算机硬盘上的纯电子形式电子现金。电子现金兼有纸质现金和数字化货币的优势，如灵活方便、费用低、防伪性、持有风险小、匿名性及其他性质。电子现金一般用于小额支付，企业使用电子现金可以增加商业机会，增强自身的竞争力，特别是中小企业可以利用电子现金降低交易成本。

(三)电子支票

电子支票(E-Check)也称数字支票，是客户向收款人签发的、无条件的数字化支付指令，它将传统支票全部内容电子化和数字化，借助计算机网络在客户之间、银行与客户以及银行与银行之间传递与处理，从而实现银行客户间的资金支付结算。简单来说，电子支票就是传统纸质支票的电子版。

电子支票包含与纸质支票一样的信息，如支票号、收款人姓名、签发人账号、支票金额、签发日期、开户银行名称等，具有和纸质支票一样的支付结算功能。电子支票的一般样式如图 6.2 所示，该电子支票中各标号分别代表的是：①使用者姓名及地址；②支票号；③传送路由号；④账号。

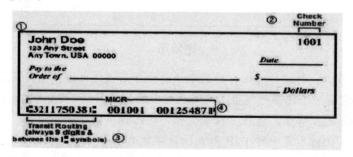

图 6.2 电子支票示例

与纸质支票相比，电子支票处理速度极快，处理成本较低。电子支票通过网络传输，速度极其迅速，大大缩短了支票在途时间，使客户在途资金损失减为零。电子支票以加密方式传递，可以实现保密性、真实性、完整性和不可否认性，在很大程度上解决了传统支票中存在的伪造问题。电子支票是网络银行常用的支付工具，它大大缓解了银行处理支票的压力，为银行节省了大量人力和物力。不过，对于电子支票的兑现，人们仍持谨慎的态度，电子支票的广泛普及还需要一个过程。

 **案例 6.2**

深圳国地税首创"跨境电子支票缴税"

2017 年 6 月 29 日，在香港回归祖国 20 周年前夕，深圳国税、地税"跨境电子支票缴税"系统正式上线，成为继"移动支付缴税"后又一全国首创的新型税款缴纳方式。"跨境电子支票缴税"是由深圳市国家税务局、深圳市地方税务局、中国人民银行深圳中心支行、香港金融管理局联合发起，深圳金融电子结算中心有限公司承建，连同深港两地银行推出。该功能使深圳多元化缴税平台更趋完善，为纳税人提供了具有国际范的更加便捷多样的缴款方式选择。

相比境外纳税人汇款的传统缴税方式，"跨境电子支票缴税"具备以下明显优势：一是"快"，缴款时间由两到三天缩短为一天，最多节省 2/3 的时间。依托于深港两地互通的电子支票系统，深港两地电子支票票据实现同城清算。税款直接由纳税人境外账户到国库待缴库资金账户，节约了汇款过程资金审核时间。二是"准"，缴款金额精确。传统汇款方式，由于存在汇率波动等，汇入资金往往大于待缴税金。而纳税人签发电子支票可直接使用外币进行人民币结算，不存在汇率差，更有利于企业资金管理。三是"省"，电子支票的签发目前不需手续费。根据香港某银行官方网站显示，传统电汇手续费最高为 210 元港币/笔，备注栏留言还将可能产生 100 元港币/笔的额外收费。若采用"跨境电子支票缴税"，2016 年至今可为纳税人节约手续费约 18 万元港币。四是"利"，税务管理更加便利。由于待缴库资金账户的特殊性，账户的管理问题一直困扰着银行与税务机关。"跨境电子支票缴税"的上线实现了待缴库电子化，优化了待缴库税款资金账户管理。

(资料来源：深圳政府在线，http://www.sz.gov.cn，有删节)

(四)电子信用卡

信用卡也称贷记卡，是商业银行或信用卡公司向个人和单位发行的，凭以向特约单位购物、消费和向银行存取现金的一种信用凭证，其特点是当用户的资金不足时，在规定数额内银行可为用户提供透支贷款服务。电子商务活动中使用的信用卡称为电子信用卡，它通过网络直接完成付款，是目前最流行的电子支付工具。

由于信用卡被广泛发行，使用简单，且被全世界接受，因而电子信用卡成为银行提供电子支付服务的主要手段。电子信用卡具有快捷、方便、可靠等特点，买卖双方可以及时通过发卡机构了解持卡人的信用度，避免了欺诈行为的发生。但由于是直接在公共的 Internet 网络使用，因此需在技术上(如使用 SET)保证电子信用卡数据的安全性。

 小资料

信用卡国际组织及中国的信用卡组织

目前国际上的信用卡组织主要有 5 个，分别是威士(Visa)国际组织、万事达(Master)国际组织、美国运通、大来卡(Diners Club)和日本 JCB。Visa 国际组织是由国际上各银行会员组成的信用卡组织。Visa 帮助会员开发各种 Visa 支付工具(信用卡)及旅行支票业务,提供给会员、消费者及特约商户自动"无现金"的付款工具及系统。Visa 在国内拥有包括银联在内的 17 家中资会员金融机构和 5 家外资会员银行。万事达国际组织是一个包罗世界各地财经机构的非营利协会组织,其会员包括商业银行、储蓄与贷款协会以及信贷合作社。美国运通公司最初的业务是提供快递服务,随着业务的不断发展,运通于 1891 年率先推出旅行支票,主要面向经常旅行的高端客户。美国运通卡本身是一张信用卡,它主攻大额消费市场,不设信用额。大来卡是第一张塑料付款卡,最终发展成为一个国际通用的信用卡。大来卡公司的主要策略是通过大来现金兑换网络与 ATM 网络之间形成互惠协议,来加强其在国际市场上的地位。JCB 是代表日本的名副其实的信用卡公司,其业务范围遍及世界各地 100 多个国家和地区。JCB 信用卡的种类成为世界之最,达 5000 多种。

中国的信用卡组织主要是中国银联,它经中国人民银行批准,由 80 多家国内金融机构共同发起,于 2002 年 3 月 26 日成立。中国各大银行发行的银行卡基本上都加入了银联组织,中国银联各成员机构发行的银联卡主要是"62"卡号开头、卡面有银联标识的银行卡。银联卡持有人可在境内任一银行卡受理点、海外 160 多个国家和地区的 ATM 及银联特约商户实现轻松取款、刷卡消费。

(五)电子钱包

电子钱包(E-Wallet)是顾客在电子商务购物活动中常用的一种支付工具,其功能和实际钱包一样,可存放电子现金、电子信用卡、钱包所有者身份证、地址及其他信息。电子钱包本质上是一个装载电子货币的特殊计算机软件或硬件设备。严格意义上讲,电子钱包只是电子现金或电子信用卡支付的一种模式,因为使用电子钱包购物时,真正支付的不是电子钱包,而是它装的电子货币。电子商务活动中电子钱包软件通常都是免费提供的。通过电子钱包,用户可以方便快捷地完成支付操作、保存和查询购物记录、管理个人资料、使用多张信用卡以及增强安全性。

第二节 电子支付系统

电子支付是电子商务发展的重心所在,是完成网上交易的关键步骤。在电子支付过程中,既要使消费者感到方便快捷,又要保证交易各方的安全保密,这就需要一个比较完善的电子支付系统。电子支付系统是实现电子支付的基础,是支撑各种电子支付工具应用、实现资金清算并完成资金最终转移的通道。

一、电子支付系统的构成

电子支付的过程一般涉及客户、商家、银行或金融机构、认证机构之间的互动,因此,支撑电子支付的电子支付系统可以说是集购物流程、支付工具、安全技术、认证体系、信用体系以及金融体系于一体的综合系统,在此系统中可以使用诸如信用卡、电子支票、电子现金等电子支付工具实现电子商务的支付。

目前,已开发出很多种类的电子支付系统,各自使用不同的支付工具,但这些系统通常都由以下主体组成：客户、商家、金融机构、认证机构、支付网关、网络平台等(见图6.3)。

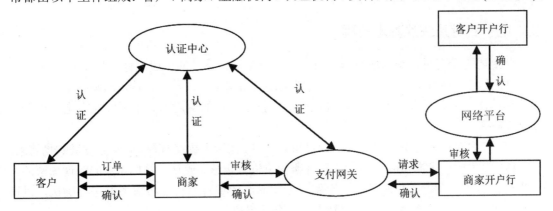

图 6.3　电子支付系统框架图

(1) 客户。客户是指与商家有交易关系并存在未清偿债务关系的一方，客户用自己所拥有的支付工具(信用卡、电子支票、电子现金等)完成交易款项的支付，客户是支付体系运作的起点。

(2) 商家。商家是拥有债权的商品交易的另一方，他可以根据买方发起的支付指令向金融机构请求获取买方的给付，商家一般准备了优良的服务器来处理这一过程，包括认证以及不同支付工具的处理。

(3) 金融机构。金融机构通常指的是银行，在该支付系统中主要指客户开户行和商家开户行，为付款者和收款者保持账户。客户所拥有的支付工具就是由开户行提供的，客户开户行在提供支付工具的同时也提供了一种银行信用，以保证支付工具的兑付。商家开户行是商家拥有账户的银行，商家账户是整个支付过程中资金流向的地方，商家将客户支付指令提交给开户行后，就由开户行进行支付授权请求以及银行间清算等业务。

(4) 认证机构。认证机构为参与的各方(包括客户、商家与支付网关)发放数字证书，以确认各方的身份，保证网上支付的安全性，认证机构必须确认参与者的资信状况，如通过银行的账户状况，与银行交往的历史信用记录报告等来判断，因此也离不开银行的参与。

(5) 支付网关。支付网关是Internet公用网和金融专用网之间的接口，支付信息必须通过支付网关才能进入银行支付系统，进而完成支付的授权和获取。支付网关的建设直接关系着支付结算安全以及银行自身安全，关系着网上支付结算的安全以及金融系统风险，必须十分谨慎。在电子支付过程中，必须保证交易信息与支付信息不被无关的第三者阅读，包括商家不能看到客户的支付信息，如信用卡号、密码等；银行不能看到其中的交易信息，如商品种类、商品总价等。这就要求支付网关一方面必须由商家以外的银行或其委托的信用卡组织来建设；另一方面支付网关不能分析交易信息，对支付信息也只起保护传输的作用，即这些保密数据对网关而言是不透明的。

(6) 网络平台。各种网络指的是Internet和金融专用网。Internet是电子支付的基础，是商务信息、支付信息传送的载体；金融专用网则是银行等金融机构间进行通信的网络，如中国国家金融网CNFN，一般具有较高的安全性。我国金融专用网发展迅速，为逐步开展电子商务提供了必要的条件。

除了以上参与各方外，电子支付系统的构成还包括支付中使用的电子支付工具以及遵循的支付协议。

二、电子支付系统的基本流程

从上述电子支付系统构成及框架可归纳出电子支付系统的一般流程，具体描述如下。

(1) 客户连接 Internet，用 Web 浏览器进行商品浏览、选择与订购，填写网络订单，选择应用的网上支付结算工具，并得到银行的授权使用，如信用卡、电子钱包、电子现金、电子支票等。

(2) 客户对相关订单信息如支付信息进行加密，在网上提交订单，向商家发送购物请求。

(3) 商家的电子商务服务器对客户订购信息进行审核、确认，并把相关的经过加密的客户支付信息等转发给支付网关，直至银行专用网络的银行后台业务服务器进行确认，以期从银行等电子货币发行机构验证得到支付资金的授权。

(4) 银行验证确认后，通过刚才建立起来的经由支付网关的加密通信通道，给商家服务器回送确认后通过及支付结算信息，并可能为进一步的安全客户回送支付授权请求。

(5) 银行得到客户传来的进一步授权结算信息后，把资金从客户账号转拨至开展电子商务的商家银行账号上。可以是不同的银行，在后台银行与银行借助金融专用网络进行结算，并分别给商家、客户发送支付结算成功的信息。

(6) 商家服务器接收到银行发来的结算成功信息后，给客户发送网络付款成功信息和通知。至此，一次完整的电子支付流程就结束了。

从电子支付流程可以看出，电子支付系统主要具有如下功能。

(1) 身份认证。认证中心通过数字证书和数字签名等手段实现对客户、商家、支付网关、银行等主体的认证，以防止支付欺诈。

(2) 数据加密和完整性。在电子支付系统中，一般采用加密技术对在网络中传输和存储的数据进行加密，以防止未被授权的第三方窃取有关交易的各种信息。同时，还使用数字摘要来确保数据的完整性，以防数据被未授权者篡改、重放等。

(3) 处理多边支付问题和支付纠纷。电子支付系统一般通过双重签名技术(SET 协议)来实现信息在多个主体间的保密性，保证商家不能读取客户支付信息，银行不能读取商家订单信息。当出现支付纠纷时，系统能保证相关行为和业务的不可否认性，从而认定各方在纠纷中应承担的责任。

(4) 保证支付结算的速度，让商家与客户感到快捷。电子支付系统一般都能够接受交易各方在任何时候的支付请求，不会因为系统瘫痪或网络故障而给支付双方带来损失。

三、电子支付系统的主要类型

根据使用协议与操作过程的不同，电子支付系统可以分为多种类型，目前使用比较多的是电子现金、电子支票、电子信用卡、电子钱包等几种类型。这几类电子支付系统各有各的特点和运作模式，适用于不同的交易过程，下面逐一对其进行介绍。

(一)电子现金支付系统

电子现金支付系统是一种"预付费"的支付系统，它的特点是不直接对应任何账户，持有者预付资金，即可获得相应货币值的电子现金。电子现金系统一般涉及 3 个主体，即客户、商家和银行。作为电子现金的发行机构，银行在整个系统中十分重要，它要严格控制电子现金的发行量并保证电子现金的防伪性。

在网上支付中，电子现金系统使用规模相对较小，其中比较有影响力的有 Digicash 公司的 E-cash 系统、IBM 公司的 Micropayment 系统、比特币开源 P2P(点对点)系统、CyberCash 公司的 CyberCoin 系统以及 NetCash 系统等。下面以 E-cash 系统为例，说明电子现金支付系统的基本流程(见图 6.4)。

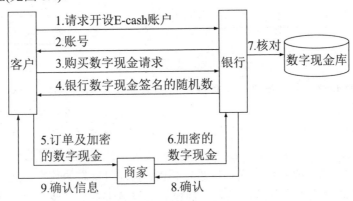

图 6.4　电子现金的支付流程

(1) 在使用电子现金支付前，客户(买方)必须安装专门的 E-cash 客户端软件，商家(卖方)必须使用 E-cash 服务器软件，银行必须运行相应的 E-cash 管理软件。

(2) 客户请求在 E-cash 银行开立 E-cash 账号，并用预先存入的现金来购买电子现金。

(3) 客户使用 E-cash 客户端软件从 E-cash 银行中取出小额电子现金，存在自己的计算机硬盘上。

(4) 客户与同意接收电子现金的商家洽谈，签订订货合同，使用电子现金支付所购商品的费用。具体做法是用商家公钥加密 E-cash 后，将它传送给卖方。

(5) 商家与 E-cash 银行之间进行清算，银行将客户购买商品的钱支付给商家。

(二)电子支票支付系统

电子支票支付系统是一种即付型的支付系统，其特点是客户在购买商品或服务时支付金额从银行账户即时转账给商家完成支付。电子支票系统与电子现金系统的架构类似，一般涉及客户、商家、银行、认证中心、票据交易所等主体。按照银行参与情况，电子支票系统可分为同行电子支票系统和异行电子支票系统两类，前者只涉及一家银行，而后者还需有一家独立的票据交换所来承担不同银行间的票据处理和清算任务。

电子支票系统一般用于大额支付，使用时一般需要安装专门软件和证书，并通过专用网络来传输信息。目前，国际上常用的电子支票系统有 NetCheque、NetBill、FSTC 等。我国除了金融机构内部的电子支票结算系统外，各大金融机构的类似电子支票业务尚处于起步阶段。下面以同行电子支票系统为例，说明电子支票的支付流程(见图 6.5)。

(1) 购买电子支票。客户首先必须在提供电子支票服务的银行注册，开具电子支票。注册时可能需要输入信用卡和银行账户信息，以支持开设支票。电子支票应具有银行的数字签名。

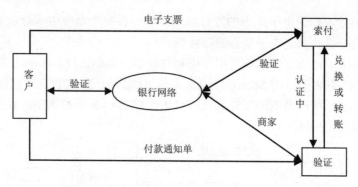

图 6.5　电子支票的支付流程

(2) 电子支票付款。一旦注册，客户就可以和商家达成购销协议并选择使用电子支票支付。用户在计算机上填写电子支票，电子支票上包含支付人姓名、支付人账户名、接收人姓名、支票金额等。用自己的私钥在电子支票上进行数字签名，用卖方的公钥加密电子支票，形成电子支票文档。客户使用 E-mail 或其他传递手段将电子支票发给商家进行支付。

(3) 商家收款。商家收到电子支票后进行解密，验证付款方的数字签名，背书电子支票，填写进账单，并对进账单进行数字签名。商家将经过背书的电子支票及签名过的进账单通过网络送交银行索付。

(4) 清算。银行在商家索付时，通过验证中心对客户提供的电子支票进行验证，验证无误后，付款方开户银行验证收款方开户银行和付款方的数字签名后，从付款方账户划出款项，收款方开户银行在收款方账户存入款项，自此款项转入商家的银行账户。

(三)电子信用卡支付系统

电子信用卡支付系统是目前使用最普遍的电子支付系统，其一般方式是：用户在网上发送信用卡卡号和密码，加密发送到银行进行支付；而在支付过程中要进行用户、商家及付款要求的合法性验证。通过电子信用卡系统，客户和商家可以在开放的 Internet 上实现快捷的支付和购物，同时又能够保证安全性，因为资金的最终转移仍然是通过封闭的银行专用网络进行的。目前，国内大多数银行都推出了用于在线支付的信用卡，如中国工商银行的牡丹信用卡、招商银行的一卡通等。

基于信用卡的电子支付系统一般采用 SET(Security Electronic Transaction，安全电子交易)协议支付模型。其支付流程为：客户在银行开立信用卡账户，获得信用卡，然后在商家主页上查看商品目录选择所需商品，填写订单并通过网络传递给商家，同时附上使用数字签名加密过的付款指令，使商家无法看到其账户信息；商家收到订单后，向发卡行请求支付认可；发卡行确认后批准交易，并向商家返回确认信息；商家发送订单确认信息给客户，并发货给客户；最后，商家请求银行支付货款，银行将货款由客户账户转移到商家账户(见图 6.6)。

从以上信用卡交易流程可以看出，信用卡交易采用记名消费的模式，在加强了系统安全性的同时，丧失了匿名性特征，不能很好地保护消费者隐私，所以比较适合 B2C 交易模式，不太适合 C2C 交易模式。基于银行卡、智能卡的电子支付系统与信用卡的原理基本类似，在此不再单独论述。

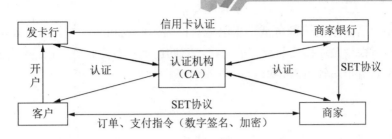

图 6.6　SET 模型下的信用卡支付流程

(四)电子钱包支付系统

电子钱包支付系统是融电子现金、电子信用卡等工具为一体的支付系统，其特点是操作简单、安全性较高。电子钱包一般由电子钱包服务系统、客户端电子钱包软件、电子钱包管理器组成。在使用时，用户必须安装电子钱包软件并连接到商家电子商务服务器上，利用电子钱包服务系统把自己的各种电子货币数据输入进去，在发生收付款时，用户只需点击相应项目或图标即可完成(见图 6.7)。

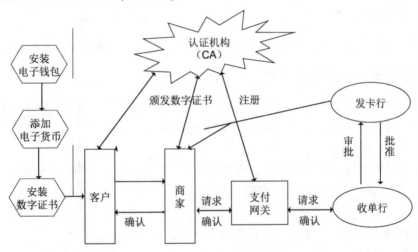

图 6.7　电子钱包的支付流程

目前，世界上有 Mondex 和 VISA Cash 两大电子钱包服务系统，其他电子钱包服务系统还有 Cyber Cash 公司的 Agile Wallet、Launch pad 公司的 E-Wallet、EuroPay 的 Clip 和比利时的 Proton 等。

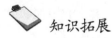

知识拓展

我国电子支付系统的发展见右侧二维码。

第三节　网 络 银 行

电子支付中，交易双方都需要寻找可靠的信用中介来完成交易的支付过程，双方自然把目光都投向传统银行。传统银行涉足电子支付领域，除了交易双方的需求外，更重要的原因是传统银行看到了电子商务活动中蕴藏着巨大的商业利润。作为电子支付和结算的最终执行者，网络银行是连接交易双方的纽带，它的出现将改变企业、传统银行的经营模式，在电子商务中起着举足轻重的作用。

一、网络银行概述

下面分别介绍网络银行的概念、分类及优势。

(一)网络银行的概念

网络银行(E-Bank)，又称为网上银行、电子银行，是指银行利用 Internet、Intranet 或其他专用网络及相关技术，为银行客户网上提供传统银行服务项目，使客户可以不受时间、空间限制，安全便捷地管理个人资产和享受银行服务。网络银行实际上是银行业务在网络上的延伸，它依托遍布于全球的 Internet，突破了银行传统的业务操作模式，摒弃了银行传统的柜台服务流程，把银行业务直接在互联网上推出。

(二)网络银行的分类

根据不同划分依据，网络银行可分为不同类型。目前，网络银行主要有两种分类方式。

1．按网络银行的服务对象分类

网络银行按照服务对象的不同，可以分为企业网络银行和个人网络银行两种。由于商务性质不同，企业网络银行和个人网络银行虽然在模式上基本类似，但在应用条件及业务功能上存在很多的不同。

(1) 企业网络银行。企业网络银行主要适用于企业与政府部门等企事业单位客户。通过企业网络银行服务，企事业单位可实时了解财务运作情况，及时调配资金，轻松处理大批量的网络支付和工资发放业务，并可处理信用证相关业务。对电子商务支付来讲，企业网络银行一般涉及的是金额较大的支付结算业务，对安全性要求很高。

(2) 个人网络银行。个人网络银行主要适用于个人与家庭的日常消费支付与转账。通过个人网络银行服务，个人可以完成实时查询、转账、网络支付和汇款功能。个人网络银行服务的出现，标志着银行业务触角直接伸向了个人客户家庭，其方便实用的特性真正体现出家庭银行(Home Bank)的风采。

企业网络银行主要服务于 B2B、B2G 电子商务模式，而个人网络银行则主要在 B2C、C2C 电子商务模式中应用。近年来，无论是企业网络银行还是个人网络银行在我国都取得了飞速发展，交易量逐年增加。毋庸置疑，网络银行未来将在各领域被广泛地应用。

2．按网络银行的组织架构分类

网络银行按照组织架构的不同，可以分为纯网络银行和分支型网络银行。

(1) 纯网络银行。纯网络银行(Internet Only Banking)又称为虚拟银行，起源于美国 1985 年开业的安全第一网络银行(SFNB)。纯网络银行是为专门提供在线银行服务而成立的独立银行，因而也被称为"只有一个站点的银行"，这类银行一般只设有一个办公地址，既无分支机构，又无营业网点，几乎所有业务都通过网络进行。纯网络银行可以以极低廉的交易费用实时处理各种交易,提供更优惠的存贷款利率,提供一系列投资、抵押和保险综合服务。但与传统银行相比,它存在着一些缺陷:无法收付现金以致对第三方机构依赖严重;需要法律和客户方面的确认;需要培养客户信任度和忠诚度等。纯网络银行的典型代表是德国的 Entrium Direct Bankers,它没有分支机构,依靠电话和 Internet 开拓市场和提供服务,其 370 名员工服务 77 万客户。纯网络银行主要出现在欧美发达国家,我国目前还没有纯网络银行。

(2) 分支型网络银行。分支型网络银行是指现有传统银行利用互联网作为新的服务手段,建立银行站点、提供在线服务而设立的网络银行。分支型网络银行是原有银行业务与网络信息技术相结合的结果,相当于银行的一个特殊分支机构或营业点,因而又被称为"网上分行""网上柜台""网上分理处"等。对分支型网络银行大部分沿用其现有银行的名称和品牌,已经能够独立开展各类银行业务。这种形式的网络银行占总数的 90%以上,目前我国开办的网络银行都属于这种类型。

案例 6.3

蚂蚁金服、腾讯、平安、小米获发虚拟银行牌照

2019 年 5 月 9 日,香港金融管理局(金管局)宣布向蚂蚁商家服务(香港)有限公司、贻丰有限公司、洞见金融科技有限公司及平安壹账通有限公司授予银行牌照以经营虚拟银行。其中,蚂蚁商家服务(香港)有限公司背后是蚂蚁金服,贻丰有限公司为腾讯控股有限公司及中国工商银行(亚洲)有限公司等的合资公司,洞见金融科技有限公司背后则是小米,平安壹账通背后则是平安集团。

金管局总裁陈德霖先生表示,很高兴发出四个虚拟银行牌照,金管局正与获发牌照的虚拟银行紧密跟进,让它们做好准备,按照计划开展业务。同时,金管局方面表示,会密切监察虚拟银行开业后的运作,包括客户对虚拟银行透过新模式提供金融服务的反应,以及虚拟银行会否为银行业界带来影响。金管局预期需在第一家虚拟银行推出服务后一年左右,对情况作出较全面的评估。

(资料来源:新华社,http://www.xinhuanet.com/money/2019-05/10/c_1124475296.htm,有删改)

(三)网络银行的优势

网络银行打破了传统银行的结构和运行模式,能够实现全天候(Anytime)、开放(Anywhere)、方式多样(Anyhow)的"3A"式银行服务。与传统银行业务相比,开展网络银行业务的优势和好处在于以下几个方面。

(1) 降低银行服务成本。与其他银行服务手段相比,网络银行的设立成本低,平均每笔交易成本可低至 0.01 美元。

(2) 降低银行软、硬件开发和维护费用。通过公共的互联网开展业务,避免了建立专用客户网络所带来的成本及维护费用,并省却了客户端软件维护和升级成本。

(3) 降低客户成本,客户操作更加生动、友好。网上银行使用户真正突破了时空限制,不仅可以节省来往银行的时间和费用,还可通过浏览器得到有声有色、图文并茂的银行服务。

(4) 拓展服务领域。目前，无论是分行、ATM 或电话银行，都难以像网络银行一样提供多元且交互的信息，客户除可转账、付款外，还可查询各种银行信息以及广告、股票、天气等公共信息，而且可在不受干扰的情况下，24 小时尽情浏览。

(5) 提升银行形象，增强客户对银行的信心。网络银行可表明银行在科技方面的领先地位，充分展示其雄厚的经济实力。

(6) 专注于银行新产品和服务的开发。使用 Internet 能够使银行在升级应用或安装新产品时只需简单地更新或升级服务器应用程序即可，而不需对客户端作任何变动。这样银行就可以集中精力于新产品和服务的开发，以最大限度地满足客户的要求。

(7) 获得高价值的客户。众所周知，银行的盈利真正来源于少部分的客户，而占多数的客户往往在给银行带来很少利润的同时却消耗着大量的银行服务开支，正所谓 20%的客户带来 80%的利润。Internet 就好像一个无形的"过滤器"，将受教育程度相对较高的客户保留下来，而这些客户往往是能够给银行带来高利润的客户。

二、网络银行的功能与流程

随着 Internet 的不断发展，网络银行提供的服务种类、服务深度都在不断地丰富和完善。总体来讲，网络银行提供的服务一般包括两类：一类是传统银行业务的网络实现，这类业务在网络银行建设初期占据了主导地位，传统银行把网络银行作为自身业务品种的一个新兴分销渠道；另一类是完全针对互联网媒体设计提供的创新性业务品种。

(一)网络银行的功能

从业务品种细分的角度来讲，网络银行一般包括以下几个方面的功能。

1. 信息发布

网络银行可通过 Internet 发布包括银行历史背景、经营范围、机构设置、网点分布、业务品种、利率和外汇牌价、金融法规、经营状况、招聘信息以及国内外金融新闻等在内的各种金融信息。通过 Internet，网络银行向客户提供了有价值的金融信息，同时起到了广告宣传作用，客户可以很方便地认识银行、了解银行业务品种情况以及业务运行规则，为客户进一步办理各项业务提供方便。

2. 客户咨询与投诉处理

网络银行一般通过常见问题解答(FAQ)、E-mail、BBS、服务热线等手段，向客户提供业务疑难咨询及投诉服务。通过网络调查问卷收集、整理、归纳、分析客户问题和意见以及客户结构，及时了解客户关注焦点以及市场需求走向，为决策层提供依据，便于银行及时调整或设计创造新的经营方式和业务品种，更加体贴周到地为客户服务，并进一步扩大市场份额，获取更大收益。

3. 账务查询

网络银行可以充分利用 Internet 个性化服务的特点，向企事业单位和个人客户提供其账户状态、账户余额、账户交易明细清单等事项的查询功能，为企业集团提供所属单位跨地区多账户账务查询功能。这类服务的特点主要是客户通过查询来获得在银行账户的信息，以及与银行业务有直接关系的金融信息，而不涉及客户的资金交易或账务变动。

4. 账户维护与管理

主要包括存款账户、信用卡的开户，电子现金、空白支票申领，企业财务报表、国际收支申报的报送，各种贷款、信用证开证的申请，预约服务的申请，账户挂失，预约服务撤销等。客户通过网络银行可以清楚地了解有关业务的章程条款，并在线直接填写、提交各种银行表格，简化了手续，方便了客户。

5. 网上支付

网上支付功能主要向客户提供互联网上的资金实时结算功能，是保证电子商务正常开展的关键性基础功能，也是网络银行的标志性功能。网上支付涉及 B2B、B2G、B2C、C2C 等交易模式。目前，在 B2C 和 C2C 功能提供上各家银行比较一致，B2B、B2G 交易功能的提供仍处于不断完善之中。

(1) 内部转账服务。为方便客户对所有资金灵活运用和进行账户管理，网络银行允许客户在自己名下各个账户之间进行资金划转，如定期转活期、活期转定期，汇兑、外汇买卖等不同币种、不同期限资金之间的转换。

(2) 转账和支付中介业务。客户可根据自身的需要，在网络银行办理网上转账、网上汇款等资金实时划转业务，该业务为电子商务交易的实现提供了支付平台。客户可以办理转账结算、缴纳公共事业费（水、电、燃气、通信等）、发放工资、银证转账、证券资金清算等；通过网上支付，也可以完成 B2C 和 C2C 模式下的购物、订票、证券买卖等零售交易，以及 B2B 模式下的网上采购等批发交易。

6. 金融创新服务

基于 Internet 信息传递的全面性、迅速性和互动性，网络银行可以针对不同客户需求开辟更多便捷的智能化、个性化服务，提供传统银行业务模式下难以实现的功能。例如，企业集团客户通过网络银行查询各子公司的账户余额和交易信息，并在签订多边协议基础上实现集团内部资金调度与划拨，提高集团整体资金使用效益，为客户改善内部经营管理、财务管理提供有力支持。

需要说明的是，以上功能是网络银行普遍具有的一般性功能，网络银行的具体功能因所属传统银行性质、网络银行类型不同而有所不同。例如，国有商业银行与股份制商业银行、企业网络银行与个人网络银行相比（见表 6.1），其功能都有较大不同。

表 6.1　中国工商银行个人网络银行与企业网络银行功能比较

功能类型		具体功能
个人网络银行	基础功能	我的账户、注册账户转账、公益捐款、工行汇款、跨行汇款、跨境汇款、网上贷款、网上挂失、企业年金、对账单
	理财功能	工行理财、网上汇市、网上基金、网上国债、网上贵金属、第三方存管、个人外汇业务、网上期货、网上保险、跨国理财、利添利理财
	服务功能	网上预约、缴费站、信用卡服务、牡丹卡还款、网上纳税、e 卡支付、网上商城、工银信使、U 盾管理、客户服务、分行特色
	其他功能	切换管理账户、切换业务地区、快速通道、网银地图、网站地图、帮助

续表

功能类型		具体功能
企业网络银行	账户管理	账户管理、账户对账
	收款业务	批量扣企业、批量扣个人、在线缴费商户服务
	付款业务	网上汇款、向证券登记公司汇款、新股网下申购汇款、金融期货、电子商务、外汇汇款、企业财务室、在线缴费、网上保付、代发工资、银税通
	集团理财	集团理财、票据托管
	信用证业务	进口信用证、出口信用证、样本维护
	贷款业务	贷款查询、委托贷款、网上还贷
	投资理财	基金业务、国债买卖、工行理财产品、代理实物黄金、实物黄金递延、通知存款、定期协定存款、第三方存管、集中式银期转账
	贵宾室	企业财务室、自动收款、预约服务、客户账务提醒、代发工资
	代理行业务	代签汇票、代理汇兑
	企业年金	计划信息查询、企业信息管理、员工信息管理、缴费信息管理、投资信息管理、支付信息管理、文件传输服务、受托业务管理、年金信息通道
	商务卡管理	商务卡业务、运通商务卡业务
	客户服务	首页定制、相关下载、客户资料、证书管理、电子工资单上传、工银信使、账户别名管理、汇款用途维护、功能定制、待处理授权业务、上门收款身份验证、帮助

总之，随着 Internet 和电子商务的普及和发展，网络银行可提供的服务也会越来越广泛，越来越完善，使得顾客、商户、行政机构等多种交易主体都得到最优质的银行服务。

(二)网络银行的支付流程

使用网络银行进行网上支付一般包括 4 个主要阶段：一是准备阶段，包括开通网络银行并安装客户端软件、数字证书等；二是购买阶段，买方确认订单并选择网络银行类型进行支付，系统自动转向相应网络银行支付页面；三是支付阶段，买方输入银行账号和密码，验证数字证书，提交支付指令；四是银行结算兑付阶段，交易双方开户银行在审核、确认和验证无误后，完成资金的划出与划入，并发出相应通知。

下面以个人网络银行为例，简要说明网络银行的支付流程。

应用个人网络银行进行网上购物的支付流程，如图 6.8 所示。

(1) 开通网上支付功能。客户在个人网络银行开设个人账号，并在其中存入一定金额的现金；也可用信用卡或者借记卡，开通其网上支付功能。

(2) 获取数字证书。客户到网络银行网站申请数字证书，并将其安装在个人计算机上。

(3) 网上购物。在网上商店进行购物，并检验商家服务器证书，验证商家身份。

(4) 选择网络银行支付方式。选择好商品后，选择网络银行支付方式，自动进入银行支付页面，客户利用之前申请的账号进行支付。

(5) 通过网络银行付款。在支付页面中输入客户支付卡号和密码，系统将付款资料传入银行网络完成验证并反馈回来，如果成功，则支付款项已经在客户账户中扣除，商家可以组织发货。

(6) 银行结算。银行从客户账户中扣除的货款并没有马上到商家的账户上，银行一般采取批处理方式，进行批量金额划转。

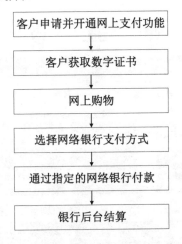

图 6.8　个人网络银行的支付流程

至此，一次完整的网上购物就完成了。值得注意的是，这只是网络银行的在线直接转账形式。对网络银行来说，除了这种直接与消费者、商家接触的支付方式，它还有其他支付平台的支撑，如利用第三方支付平台进行支付时也需要通过网络银行完成支付。

企业网络银行的支付流程与个人网络银行基本类似。不过，企业网络银行在业务流程、技术应用、法律保护等方面需要进一步规范，从而更好地保证企业网上采购的安全。

案例 6.4

阿里网络银行——网商银行

阿里的网络银行——浙江网商银行股份有限公司是中国首批试点的民营银行之一，于 2015 年 6 月 25 日正式开业。网商银行实际上是虚拟银行，与传统银行相比，网商银行的最大区别是没有实体网点，没有总分支组织机构，并大量使用互联网技术开展业务。网商银行注册资本为 10 亿元，提供小微金融服务，业务范围涉及存款、贷款、汇款等业务，坚持小存小贷的业务模式，主要满足小微企业和个人消费者的投融资需求，具体来说是指主要提供 20 万元以下的存款产品和 500 万元以下的贷款产品。

网商银行的运作原理是：根据阿里所拥有的客户线上交易数据，进行云计算和大数据处理，设计出风控模型，并通过预授信的模式贷款给客户(见图 6.9)。阿里微贷全程没有人工值守，实现全自动化管理和放贷。其对信贷风险的分析也有别于传统的风险分析方式，如其风控模型通过丰富的数据能够计算出商家所拥有客户的类型、客户的转化率、经营决策的效果、产品的生命周期以及同行业竞争对手的情况对比等。由传统金融中简单的三表分析，即"资产负债表、利润表、现金流量表"的分析转变为以各类模型为主的全数据分析，这使得阿里微贷比商户自己还要了解其经营情况。对个贷而言，风控模型能够通过个人的生活环境等信息了解消费者所处的社会阶层，通过消费习惯来了解一个人的消费水平等，以此判断其还款能力。此外，反欺诈风控模型能够准确地判断虚假交易和欺诈行为，其原理是基于真实交易的一系列交易特征对比，可以发现虚假交易在其中的某一个或几个环节一定会出现异常。

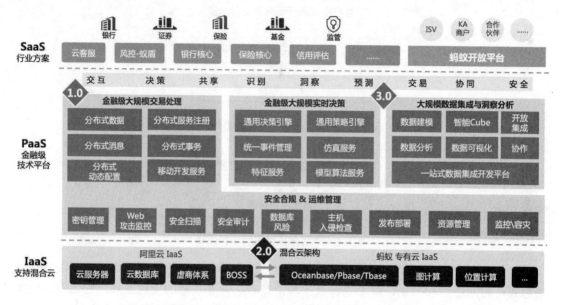

图 6.9　云计算和大数据分析技术在阿里金融中的应用

(资料来源：网商银行官网，https://mybank.cn，有删改)

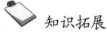 知识拓展

网络银行的经营风险与管理见右侧二维码。

 知识拓展

我国网络银行的发展见右侧二维码。

第四节　第三方支付

网络银行支付方式只具备资金传递功能，而不能对交易双方进行约束和监督，在整个交易过程中，无论是货物质量、交易诚信，还是退换要求等环节都无法得到可靠保障。在此背景下，提供信用担保服务的第三方支付平台应运而生。

一、第三方支付的概念与特点

下面介绍第三方支付的概念与特点。

(一)第三方支付的概念

第三方支付是具备一定实力和信誉保障的独立机构,采用与各大银行签约的方式,提供与银行支付系统接口的交易支持平台的网络支付模式。第三方支付是电子支付产业链中的重要纽带,它一方面连接银行,提供资金结算、客户服务、差错处理等一系列服务;另一方面连接商户和消费者,使客户支付交易能顺利接入。由于拥有款项收付的便利性、功能的可拓展性、信用中介的信誉保证等优势,第三方支付较好地解决了长期困扰电子商务的诚信、物流、现金流问题,因而在电子商务中发挥着重要作用。

(二)第三方支付的特点

第三方支付服务商与多家银行合作,提供统一的应用接口,商家无须分别安装各银行的专用接口,就能够利用不同银行的支付通道,在支付手段上为顾客提供更多选择。同时,第三方支付也能帮助银行节省网关开发费用。因此,第三方支付既可以节省买卖双方的交易成本,提高网上交易的效率,也能节约资源,降低社会交易成本。

1.解决了网络时代物流和资金流在时间和空间上的不对称问题

第三方支付在商家与顾客之间建立了一个安全、有效、便捷、低成本的资金划拨方式,保证了交易过程中资金流和物流的正常双向流动,有效缓解了电子商务发展的支付压力,进而成为解开"支付死扣"的一种有益尝试。

2.有效地减少了电子商务交易中的欺诈行为

传统支付方式只具备资金的传递功能,交易以款到发货或货到付款的方式进行,存在着非常大的信用风险。第三方支付不仅解决了物流和资金流双向流动的问题,而且可以对交易双方进行约束和监督,增加了网上交易的可信度,在一定程度上消除了人们对网上交易和网上购物的疑虑。另外,第三方支付平台可对交易过程进行详细记录,从而防止可能发生的交易行为抵赖问题,并为后续交易中可能出现的纠纷问题提供相应证据。

3.节约交易成本,缩短交易周期,提高电子商务的效率

传统支付方式如银行汇款、邮政汇款等需要买家去银行或邮局办理烦琐的汇款业务,浪费时间,耗费精力。而第三方支付依托银行系统,只要通过互联网就可以完成支付的整个行为过程,大大缩减了电子商务的交易周期,节约了时间成本和办公成本。

4.促进银行业务的拓展和服务质量的提高

作为金融服务的一种创新业务,第三方支付不仅节约了银行成本,有利于银行业务处理速度的提高和服务业务的拓展,增加银行中间业务的收入,更重要的是改变了银行的支付处理方式,使消费者随时随地都可以通过互联网获得银行业务服务。

5. 能够较好地突破网上交易中的信用问题

第三方支付本身依附于大型的门户网站，且以与其合作的银行的信用作为其信用依托，能够较好地突破网上交易中的信用问题，有利于推动电子商务的快速发展。

6. 操作简便可靠

第三方支付平台与银行的交易接口直接对接，支持多家银行的多卡支付。采用先进的加密模式，在银行、消费者和商家之间传输和存储信息资料；同时，还根据不同用户需要对界面、功能进行调整，更加个性化和人性化。并且有了第三方支付平台，商家和客户之间的交涉由第三方来完成，使网上交易变得更加简单。

二、第三方支付的基本流程

第三方支付的基本流程为：买方选购商品后，使用第三方平台提供的账户进行货款支付(支付给第三方)，并由第三方通知卖家货款到账、要求发货；买方收到货物，检验货物，并且进行确认后，再通知第三方付款；第三方再将款项转至卖家账户(见图6.10)。

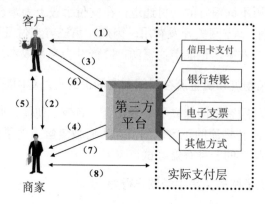

图6.10　第三方支付平台的基本流程

第三方支付的具体流程介绍如下。

(1) 客户(付款人)将实体资金转移到支付平台的支付账户中，这一过程被称为"充值"。

(2) 客户购买商品(或服务)。

(3) 客户发支付授权，第三方平台将客户账户中的资金转移到自己账户中保管。

(4) 第三方平台告诉商家(收款人)已经收到货款，可以发货。

(5) 商家完成发货许诺(或完成服务)。

(6) 客户确认可以付款。

(7) 第三方平台将临时保管的资金划拨到收款人账户中。

(8) 商家将款项通过第三方平台和实际支付层的支付平台兑换成实体货币或购买商品，这一过程也被称为"提现"。

 知识拓展

主流的第三方支付平台见右侧二维码。

三、第三方支付的主要问题

第三方支付平台的先天不足和市场环境的复杂多变导致了其在发展过程中还存在着诸多亟待解决的问题。

(一)公信力问题

第三方支付平台作为公正、公平的中介结构,在网上交易中要能够约束买卖双方的行为,如何取信于买卖双方将成为第三方支付能够存在与发展的根本所在。此外,第三方支付平台作为营利性机构,在其经营过程中如何抵御来自各方面的风险也将成为其取信于社会、取信于公众的关键所在。

(二)在途资金问题

在途资金是客户与商家在进行网上支付时所产生的货款,是由于支付环节待收款环节的脱节,支付账务处理与支付指令处理不同步所导致。首先,在途资金将影响到第三方支付系统的支付效率;其次,在途资金的存在将会影响商家资金的流动性问题,在一定程度上损害商家利益;最后,随着网上交易量以及交易金额的进一步增长,大量在途资金存放在第三方的银行账户中将不可避免地带来巨大的金融风险。

(三)安全问题

基于客户、商家、支付系统内部员工的操作风险与道德风险,基于虚拟产品服务形成的支付风险以及基于计算机网络通信技术所导致的系统风险都是第三方支付业务需要面临的安全问题。

(四)盈利问题

第三方支付运营机构作为网上支付服务的提供商,盈利是其最终目标。而在国内市场,由于客户群体还不够庞大,客户市场还处于开拓阶段,而同行竞争者较多,竞争激烈,大多数第三方支付平台盈利模式单一,经营数年还处于亏损状态。

(五)相关法律问题

从第三方支付机构所涉足的业务来看,已经具备了银行的特征,但是却又不符合我国现行法律对银行的规定,其金融组织的地位一直备受质疑。目前,存在利用第三方支付平台进行的非法活动和信用卡套现现象。

(六)与银行的竞争问题

在第三方支付发展初期,商业银行的网络银行在网上支付领域并没有下很大功夫,经过这几年的发展以及外部环境的变化,二者最初达成的"银行做大商户,支付公司做中小商户"的默契已逐渐被打破。有些实力比较强的第三方支付公司开始争夺原先属于网络银行潜在客户目标的大商户。商业银行与第三方支付服务商从当初的融洽合作到如今的竞争突起。

第五节 移 动 支 付

随着移动互联网的不断普及和 O2O 电子商务的兴起,传统电子支付手段已不能满足用户的消费需求。在此情形下,移动支付技术和应用日益成熟,逐步发展成为互联网支付的最重要方向,也为移动电子商务提供了重要支撑。

一、移动支付概述

移动支付(Mobile Payment)是指交易双方通过手机、掌上电脑、PDA 和笔记本电脑等移动终端,采用无线方式对所消费的商品或服务进行账务支付的一种结算服务方式。本书所涉及的移动支付,主要指在交易活动中使用手机作为支付手段,也称为"手机支付"。虽然各种国际组织和相关文献对于移动支付的定义繁多,但归结起来,移动支付定义一般具有如下特性。

(1) 强调移动支付业务的信用性和数据性,认为移动支付是指为了交易商品,进行交易的双方以一定信用额度或存款,通过手机从移动支付业务服务商处兑换得到代表相同金额的数据,以手机终端为媒介将该数据转移给商家,从而清偿消费费用进行商业交易的支付方式。

(2) 强调移动支付业务的跨行业性,认为移动支付业务是虚拟货币与移动通信业务相结合的产物,它将移动网络与金融网络系统相结合,利用移动通信网络来实现一系列金融服务。移动支付业务既是银行服务业务也是移动运营商提高 ARPU 值的一种增值业务。

(3) 强调移动支付业务的清偿性,认为移动支付是资金债权债务清偿中任何一方通过移动的方式介入进行清偿行为的一种支付手段,是支付方为了购买实物或非实物形式的产品、缴纳费用或接受服务,以手机等移动终端为工具,通过移动通信网络,实现资金的债权债务的清偿过程。移动支付可以在移动设备、自动售货机、POS 机等多种移动或固定终端上操作。

作为一种新兴的电子支付方式,移动支付具有方便、快捷、随时随地等诸多优势,消费者只要拥有一部手机,即可完成各种网上交易。随着移动互联网和移动电子商务的快速发展,用户支付行为也逐渐向移动端迁移,用户移动支付习惯不断养成,互联网支付用户的平台黏性则呈下降趋势。根据艾瑞咨询 2020 年发布的最新报告显示,2019 年中国第三方支付移动支付市场交易规模达 226.1 万亿元人民币。其中,支付宝以 54.4%的市场份额夺得移动支付头名,腾讯金融(含微信支付)以 39.4%的占比排名第二,壹钱包、京东支付、联动优势、易宝、快钱、银联商务、苏宁支付等其他第三方移动支付平台共占剩余 7.35%的市场份额。

二、移动支付的分类

移动支付可以按以下三种方式分类。

1. 按照传输方式,分为远程支付与现场支付

根据支付者和受付者在支付过程中是否处于同一地理位置,移动支付可以分为远程支

付和近距离支付(或现场支付)。远程支付不受地理位置的限制,通过移动通信网络或者移动互联网进行传输信息来支付,典型的场景是用户上网购物。近距离非接触移动支付是指通过安全的近距离通信技术(NFC)如红外技术、蓝牙技术、射频识别技术等实现移动终端在近距离交换信息,实现货币支付或资金转移的支付方式。

2. 按照交易金额,分为微支付与宏支付

微支付是相对于宏支付提出来的,通常是指电子商务交易中金额很小的支付。在微支付系统中,商家可以以比较低的价格出售商品,通过便捷的渠道,以低成本迅速完成大量交易。根据移动支付论坛的定义,微支付主要是指交易金额低于 100 元的支付行为,通常发生在购买移动内容业务,如游戏、视频的下载。宏支付是指交易金额较大的支付行为,从金额上来说是要大于 100 元,如在商场购物或进行银行转账。二者除了在金额上有区别,还对安全要求的级别不同。微支付一般仅需要消费者、商家、银行这三个参与方,不需要认证中心,但是宏支付一般至少需要消费者、商家、银行、认证中心四方均参与交易。出于对大额资金使用的审慎性和交易参与方的多样性,宏支付对安全级别的要求较微支付更高,除了参与微支付的三个参与者外,还需要通过可靠的金融机构进行鉴定才能确保交易安全,而微支付只要使用移动通信网络的 SIM 卡进行鉴定即可。

3. 按照接入方式,分为移动运营商代收费与银行卡绑定收费

依据手机等移动设备是否与银行卡进行绑定,可以将移动支付分为运营商代收费和银行卡绑定收费。运营商代收方式是指移动运营商为客户提供移动支付服务,客户通过手机移动支付账户进行商品的购买,金额由移动运营商从其手机账户中扣除,再同银行进行结算。这种支付方式的优点是,对消费者很便利,只需发送短信授权即可完成交易,而且这种支付方式的媒介门槛很低,那些没有银行卡或信用卡的用户也可以享受这项服务。但是目前在中国仅限于小额支付,因为在运营商计费方式中,运营商控制了整个价值链,通常都会抽取移动支付利润的大部分,有的时候比例会高达 15%～50%。虽然移动运营商为用户提供了信用,但是由于我国金融政策的严格管制,这种代收费的方式使得电信运营商有超范围经营金融业务之嫌,并没有扩大其业务范围。

银行卡绑定类型将用户的银行卡账号同信用卡号与手机号连接起来,费用从用户的银行账户(即借记账户或信用卡账户)中扣除。这种支付方式下,用户能够通过高科技的移动读卡器,配合智能手机的使用,可以在任何有移动通信网络的地方,通过应用程序的密码匹配进行消费,它使得商家和消费者能够在任何满足交易条件的地方进行收款和付款,同时也保存了相应的消费信息,这样大大地降低了移动支付的技术门槛和硬件需求。这种方式需要移动运营商和金融机构的协调合作,是移动支付未来最有前景的一种方式。

三、移动支付的基本流程

根据前文的内容介绍,我们知道移动支付有多种类型。虽然其具体操作步骤不完全相同,但实现流程非常相似。图 6.11 介绍了移动支付的一般流程,详述如下。

(1) 购买请求。消费者可以对准备购买的商品或服务进行查询,在确定了准备购买的商品或服务之后,通过移动通信设备发送购买请求给商业机构。

(2) 收费请求。商业机构在接收到消费者的购买请求之后，发送收费请求给支付平台。支付平台利用消费者账号和本次交易的序列号生成一个具有唯一性的序列号，代表本次交易过程。

(3) 认证请求。支付平台必须对消费者账号和商业机构账号的合法性及正确性进行确认。支付平台把消费者账号和商业机构账号的信息发送给第三方信用机构，第三方信用机构再对账号信息进行认证。

(4) 认证结果。第三方信用机构把认证结果发送到支付平台。

(5) 授权请求。支付平台在收到第三方信用机构的认证结果之后，如果账号通过认证，支付平台把交易的详细信息，包括商品或服务的种类、价格等通过移动运营商提供的通信信号发送给消费者，请求消费者对支付行为进行授权；如果账号未能通过认证，支付平台把认证结果发送给消费者和商业机构，并取消本次交易。

(6) 授权。消费者在核对交易的细节之后，发送授权信息给支付平台。

(7) 收费完成。支付平台得到了消费者的支付授权之后，开始在消费者账户和商业机构账户之间进行转账，并把转账细节记录下来，转账完成之后，传送收费完成信息给商业机构，通知它交付消费者商品。

(8) 支付完成。支付平台传送支付完成信息给消费者，作为支付凭证。

(9) 交付商品。商业机构在得到了收费成功的信息之后，把商品或服务交给消费者。

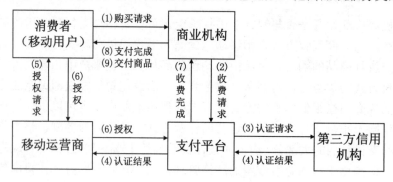

图 6.11　移动支付的一般流程

案例分析

移动支付成主流，PC 端互联网支付已成明日黄花

近日，国家金融与发展实验室支付清算研究中心发布的《中国支付清算发展报告(2019)》(以下简称《报告》)显示，2018 年中国第三方支付行业移动支付交易规模将达到 207.1 万亿元，较 2017 年年末增加 86.8 万亿元，同比增长 72.2%。而互联网支付交易规模为 26.5 万亿元，较上年同期增加 1.9 万亿元，同比增长 7.7%。《报告》指出，受监管收紧等因素影响，互联网理财、消费金融等行业规模明显收缩，导致互联网支付整体规模下滑。《报告》预计，今后移动支付占比有望进一步提升，而互联网支付占比将进一步收缩。

随着移动技术及金融科技的发展，移动支付已成为 C 端市场的主流。不论是日常线上消费、转账或理财等交易，还是线下消费，甚至乘坐公交、地铁等场景，大都通过手机支

第六章 电子商务支付

付。移动支付业务的快速增长，既有利于用户支付习惯的养成，也受益于不同年代的不同热点。2013年之前，第三方支付主要以互联网支付为主，行业的增速主要由以淘宝为代表的电商引领。2013年余额宝的出现，互联网金融成为新的增长点，此后互联网支付的占比逐年缩小，而移动支付的占比逐年提升。2016年，以春节微信红包为契机，转账成为较规模增长的动力，随着用户线下移动支付习惯的逐渐养成，线下消费支付逐步成为移动支付交易规模新的增长点。

目前移动支付市场份额方面，支付宝和腾讯金融(即财付通或微信支付)合计占据超过90%的市场份额。《报告》指出，支付宝继续推进区域下沉和长尾用户拓展，增强用户黏性，带动用户活跃度提升，加之其对个人类商户转账提款等业务实行免手续费政策，个人类交易规模保持稳定，以53.72%的市场份额占据移动支付首位。在第二梯队的支付机构在各自的细分领域发力。2018年，中国平安旗下的壹钱包经营业绩保持高速增长，全年交易规模近6万亿元，市场排名稳居行业第三，累计注册用户数超2亿，月活跃用户数突破2500万。对于用户服务业务，壹钱包不断丰富理财、购物、生活、支付、积分等金融增值、消费场景服务；对于企业端市场，壹钱包立足金融科技，加速向金融、电商、航旅等多行业渗透，并向线下收单市场大力拓展；快钱在万达场景如购物中心、院线、文化旅游等场景快速扩展；苏宁支付致力于O2O化发展，为C端消费者、B端商户提供便捷、安全的覆盖线上线下的全场景支付服务。

虽然互联网支付的交易规模和市场占比逐渐下滑，但从市场份额来看，互联网支付市场仍呈现寡头垄断的局面。支付宝、银联商务、腾讯金融分别以23.56%、23.13%和9.82%的市场份额占据市场的前三位。"三家机构在移动支付领域竞争激烈，但互联网支付业务偏向保守，导致总的市场占有率继续小幅下降，其他支付机构的快速发展在一定程度上也压缩了前三家巨头的市场份额"。《报告》指出，随着移动支付行业的发展，线上支付场景的应用模式已较为完善，电商流量触达天花板，网络购物规模增长率持续下滑，线下移动支付有着更丰富的场景和更平稳的增长速度，逐渐发力并实现广泛渗透，成为移动支付新的增长点，并预计，移动NFC支付的市场有望得到大幅提升，同时，面向行业端市场，立足金融科技的支付服务也将成为未来发展趋势。

(资料来源：经济观察网，http://www.eeo.com.cn/2019/0606/358016.shtml，2019.6.20)

思考：
1. 结合案例，分析与传统支付方式相比，电子支付的优势有哪些？
2. 探讨移动NFC支付的市场有望得到大幅提升的原因。

归纳与提高

本章首先介绍现金、票据、邮政汇款、银行转账等传统支付方式，然后分析了电子支付的概念、特点、发展阶段和主要问题，并对电子支付的手段——电子货币进行了阐述。电子支付是以商用电子化工具为媒介，将货币以电子数据形式进行传递以实现流通和支付的方式。电子货币是以电子数据形式存储，并通过计算机网络以电子信息传递形式实现流通和支付功能的货币，常见形式有电子支票、电子现金、电子信用卡、电子钱包等，每种支付方式都有各自的特点和优势。

电子支付系统是实现电子支付的基础,是支撑各种电子支付工具应用、实现资金清算并完成资金最终转移的通道,涉及客户、商家、银行或金融机构、认证机构等主体。电子支付系统按使用的电子工具可分为电子现金系统、电子支票系统、电子信用卡系统和电子钱包系统。

任何电子商务活动都离不开网络银行,网络银行是连接交易双方的纽带,买卖双方必须通过它来完成电子货币的支付和清算。为解决电子商务交易双方的信用和安全问题,第三方支付模式应运而生,它一方面连接银行,提供资金结算、客户服务、差错处理等一系列服务;另一方面连接商户和消费者,使客户支付交易能顺利接入。我国第三方支付行业发展迅速,出现了支付宝、财付通、银联在线、快钱、PayPal 等知名第三方支付平台。当然,第三方支付也面临着安全、盈利、竞争和法律等多方面问题。

随着移动互联网的不断普及和 O2O 电子商务的兴起,传统电子支付手段已不能满足用户的消费需求。在此情形下,移动支付技术和应用日益成熟,逐步发展成为互联网支付的最重要方向。

习题

一、选择题

1. 以下( )支付工具对应的不是电子货币。
   A. 银行卡　　　　B. 支票　　　　C. 储值卡　　　　D. 虚拟卡
2. 下列说法中,具有正确性的是( )。
   A. 数字形式的电子货币不容易与其他金融资产转换
   B. 数字形式的电子货币能够任意地分割,直至最小的货币单位
   C. 数字形式的电子货币容易形成庞大的国际游资
   D. 数字形式的电子货币就是国际货币
3. 常用的电子支付工具主要有电子支票、电子信用卡和( )等。
   A. 网络货币　　　B. 支付宝　　　C. 电子现金　　　D. 电子钱包
4. 电子支付系统的参与者有( )。
   A. 金融机构或银行　B. 收款人和付款人　C. 支付网关　　D. 金融专用网
5. 下列不属于网络银行功能的是( )。
   A. 发布公共信息　B. 账务查询　　　C. 投资理财　　　D. 存折补登
6. 中国农业银行的"K 宝"、中国工商银行的"U 盾"、中国建设银行的"网银盾"属于网络银行的( )类安全技术措施。
   A. 数字证书　　　B. 数据加密协议　C. 动态口令卡　　D. 安全控件
7. 目前国内第三方支付公司中,下述( )的用户规模最大。
   A. 支付宝　　　　B. 银联　　　　C. 首信易　　　　D. 易宝
8. 在第三方支付方式中,下列( )不是买家面临的安全问题。
   A. 卖方发布虚假信息　　　　　　　B. 泄露隐私信息
   C. 卖方不履行服务承诺　　　　　　D. 恶意退货

二、复习思考题

1. 谈谈电子支付与电子商务之间的关系。
2. 举例说明电子现金、电子支票、电子信用卡、电子钱包等电子支付工具在日常生活中的应用。
3. 通过上网体验，结合实际，谈谈网络银行支付与第三方支付之间的区别与联系。
4. 谈谈你对比特币的虚拟加密货币的看法。

三、技能实训题

1. 登录淘宝网、当当网、京东商城，通过各网站提供的帮助中心了解各网站支持的支付方式，特别是网上支付方式，思考网上支付的发展趋势。
2. 任选工商银行、中国银行、建设银行、招商银行之一登录其网络银行主页，查看开通网络银行的流程、费用、功能、安全措施，以及需要具备的条件，并尝试利用网络银行完成一次转账操作。
3. 熟悉一个国内比较有名的第三方支付平台，并注册申请该平台的账号，尝试通过该支付账号进行网上支付，描述该过程的体验感受。

第七章 电子商务物流

学习要点及目标

了解物流的概念、电子商务和物流的关系;重点掌握电子商务下的物流模式选择;掌握电子商务物流技术的应用;了解电子商务物流配送的作用;掌握电子商务物流配送流程。

引例

京东物流:10年独立战争

2018年农历新年前夕,京东集团宣布全资子集团京东物流完成了首轮25亿美元融资,这也成为了中国物流行业最大的单笔融资。交易完成后,京东集团继续持有81.4%的京东物流股权,而京东物流的估值也达到约135亿美元,一步跨入百亿美元俱乐部。

时间倒回10年前,电商平台和第三方物流蓬勃共生,各电商公司都在力争用尽每一分钱去跑马圈地,拓展用户规模。京东却在获得第一笔——来自今日资本的1000万美元融资后,把不雄厚的财力投入到几近无底洞的物流体系建设上,义无反顾走上了自建物流的漫漫历程。几乎同时,金融危机来袭,花完第一笔融资的京东险些没有挺过去。而在京东艰难完成第二笔2100万美元融资后,刘强东又继续把钱投在了物流上。

京东以3C产品为切入口进入B2C领域,对于物流的要求明显高于服饰小商品。在2007年,中国物流快递行业的服务质量还非常粗放,无法满足京东的要求,自建物流对京东品牌扩张有重要作用。自建物流之路注定漫长,在后来的很多年里,京东都在承受各种非议。不过当时的京东物流其实已经进入了新的发展阶段,那就是现代化平台和标准化服务体系的建设。其标志便是于2014年下半年在上海嘉定区启用的首个"亚洲一号"物流中心,这也是整个京东物流体系中的旗舰项目。高度自动化、智能化设备让其成为具备强大仓储、分拣、转运等能力的现代化综合物流运营中心。2016年11月,"京东物流"第一次以独立品牌示人,并开始向社会开放仓配一体化供应链、京东快递和京东物流云三大服务体系。2017年4月,"京东物流"宣布独立运营,并且不排除未来进一步分拆独立融资和上市。

京东物流如果不独立、不对外开放,意味着京东商城的业务规模将成为物流业务的天花板。这也是为什么刘强东在京东物流独立运营后给出"五年内自营业务必须低于一半,十年内低于20%"时间表的原因所在。同时,随着整个电商和物流行业的关系发生变化,产业链重心发生转移,话语权从渠道转向了消费者。物流也从单纯地支持商流,转变为可以直接影响消费者体验,进而反向影响商流。对京东集团和资本来讲,物流业务只有独立才有更大的想象空间。在首轮25亿美元融资敲定后,刘强东表示"这将成为京东物流的新起点,未来京东物流将携手行业合作伙伴搭建智慧供应链价值网络"。

如今,市场越来越多地喜欢把京东物流和顺丰、菜鸟网络放在一起比较,那么你觉得谁会成为中国物流行业的头牌选手呢?或者说京东物流未来会成为谁?

(资料来源:网经社:http://www.100ec.cn,2018.3,有删节)

第七章 电子商务物流

必备知识点

电子商务企业的物流模式　电子商务物流技术　电子商务下的物流配送流程

拓展知识点

电子商务和物流的关系　物流信息技术对电子商务的促进　电子商务物流配送模式选择

第一节　电子商务与现代物流

现代物流业是融合运输业、仓储业、货代业和信息业等的复合型服务产业，是国民经济的重要组成部分，涉及领域广，吸纳就业人数多，促进生产、拉动消费作用大，在促进产业结构调整、转变经济发展方式和增强国民经济竞争力等方面发挥着重要作用。

电子商务的应用，使得普通消费者可以在网上商城购买自己所需的产品，企业可以通过网络采购原料、接受订单、销售产品，并且可以通过电子银行或者利用电子货币进行支付。随着商店、银行虚拟化发展，商务事务处理信息化，多数生产企业柔性化，整个市场剩下的就只有实物物流处理工作了。物流企业成了代表所有生产企业及供应商对用户的唯一最集中、最广泛的实物供应者，是进行区域市场实物供应的唯一主体。物流企业的地位得到强化，电子商务把物流企业提高到了前所未有的高度。

一、物流概述

下面介绍物流的概念和职能。

(一)物流的概念

物流(Physical Distribution)一词最早由美国人于1915年提出，意思为"实物分配"或"货物配送"。经过70多年的发展才定论为Logistics。20世纪80年代初我国引进"物流"的概念，目前物流的定义很多，各有侧重，《中华人民共和国国家标准：物流术语》(GB/T 18354—2006)将物流的概念界定为："物品从供应地向接收地的实体流动过程，并根据实际需要，将运输、储存、装卸搬运、包装、流通加工、配送、信息处理等基本功能实施有机结合。"

要理解这一概念，应认识以下几点。

(1) 物流是为实现商务价值，使实体从生产者手中转移到消费者手中的过程。

(2) 物流是一个综合性过程，这个过程包括有计划地控制物品流动和信息传递的过程，同时是创造价值的过程。

(3) 物流是产品流、商流、信息流的相互融合和统一。

(二)物流的职能

物流的职能是指物流活动应该具有的能力以及通过对物流活动最佳的有效组合，形成物流的总体功能，以达到物流的最终经济目的。一般认为，物流职能应该由运输、仓储、配送、装卸搬运、包装、流通加工和信息处理等构成。其中，运输和仓储是物流最初的职能，而配送、装卸搬运、包装、流通加工、信息处理等随着物流业的不断发展也逐渐成为物流必不可少的职能。

1. 运输

运输职能主要是实现物质资料的空间移动。运输包括企业内部的运输以及城市之间、农村与城市之间、国与国之间等的运输。运输是一个极为重要的环节，在物流活动中处于中心地位，是物流的一个支柱。对运输问题研究的内容主要有：运输方式及其运输工具的选择，运输线路的确定，以及为了实现运输安全、迅速、准时、价廉的目的所施行的各种技术措施和合理化等。

2. 仓储

物质资料的储存是社会再生产过程中客观存在的现象，也是保证社会再生产连续不断运行的基本条件之一。为了保持储存物质资料的使用价值和价值不至于发生损害，就需要对储存物品进行以保养、维护为主要内容的一系列技术活动和保管作业活动，以及为了进行有效的保管，需要对保管设施的配置、构造、用途及合理使用、保管方法和保养技术的选择等作适当处理。储存保管是物流的重要职能，它与运输构成了物流的两大支柱，在物流活动中也处于中心地位，其他物流活动都是围绕着仓储与运输进行的。

3. 配送

配送是物流的一种特殊的、综合的活动形式，它几乎包括了物流的所有职能，是物流的一个缩影或在某一范围内物流全部活动的体现。一般来讲，配送是集包装、装卸搬运、保管、运输于一体，并通过这些活动完成将物品送达的目的。对配送问题的研究包括配送方式的合理选择，不同物品配送模式的研究，以及围绕配送中心建设相关的配送中心地址的确定、设施的构造、内部布置和配送作业及管理等问题的研究。

4. 装卸搬运

装卸搬运是指在一定的区域内，以改变物品存放状态和位置为主要内容的活动。它是伴随输送和保管而产生的物流活动，是衔接运输、保管、包装、流通加工、配送等物流活动的中间环节。在物流活动中，装卸搬运作业的频率比较高，也是产生物品损坏的重要原因之一。对装卸搬运问题的研究，主要是对装卸搬运方式的选择，装卸搬运机械的选择，以及通过对装卸搬运物品灵活性和可运性的研究，提高装卸搬运效率。

5. 包装

包装具有保护物品、便于储存运输的基本功能。包装存在于物流过程的各环节，包括产品的出厂包装，生产过程中在制品、半成品的换装，物流过程中的包装、分装、再包装等。一般来讲，包装分为工业包装和商业包装。工业包装既是生产的终点，又是企业外部物流的始点，它的作用在于按单元包装，便于运输和保护物品；商业包装的目的在于便于消费者购买等。同时，为了实现工业包装和商业包装的目的，包装的研究还包括包装形式和包装方法的选择，包装单元的确定，包装形态、大小、材料、重量和包装标记、标志的设计等。

6. 流通加工

在流通过程或生产过程中,为了向用户提供更有效的商品,或者为了弥补加工不足,或者为了合理利用资源,更有效地衔接产需,往往需要在物流过程中进行一些辅助的加工活动,这些加工活动,称之为流通加工。对流通加工的研究,包括的内容非常丰富,诸如流通过程中的装袋、单元小包装、配货、挑选、混装等,生产外延流通加工中的剪断、打孔、拉拔、组装、改装、配套等,以及因经济管理的需要所进行的规模、品种、方式的选择和提高加工效率的研究等,所有这些都是物流的职能。

7. 信息处理

物流整体职能的发挥,是通过物流各种职能之间的相互联系、相互依赖和相互作用来实现的。也就是说,各种职能的作用不是孤立存在的,这就需要及时交换信息。信息处理的基本职能在于对物流信息的收集、加工、传递、存储、检索、使用,包括其方式的研究,以及管理信息系统的开发与应用研究等,目的在于保证情报信息的可靠性和及时性,以促进物流整体功能的发挥。

小资料

物流与快递的区别

快递从广义上理解是属于物流的范畴,但是,从狭义的角度看,物流和快递又有一些区别。分析当前我国社会上的物流企业运作和快递企业的实际运作情况,两者的区别可以总结为如下几个方面。

(1) 运送物品的大小不同。

快递公司运送的一般是50kg以下的货物,比如衣服、文件、水果、生活用品、小批量的电子产品等,主要是小件物品。而物流公司一般运送的是大件,比如大型机械、大件设备、大批量的产品等。

(2) 服务的对象不同。

快递公司主要为个人服务,服务对象较为分散。而物流公司主要为企业服务,服务对象相对集中。当然在物流公司的服务中也有面向个人的零担货物服务。

(3) 运输的方式不同。

快递公司都是由各个网点的快递员上门发货送货,而物流公司基本上都是专线运输,或者拼箱运输、零担运输等。

(4) 运输的时间不同。

快递公司是全国联网的,基本上货物都是批量运输,运输速度较快,而物流公司的运输速度较慢,运输时间较长。

(5) 单号的查询不同。

快递公司每收到一件货物都有一个对应的快递单号,用来给每件产品分类,同时也方便用户查询相关的快递信息。而物流公司基本上是没有快递单号的,除非是那种全国连锁的大型物流公司,才会有快递单号,一般的中小型物流公司不会有快递单号这一说法,而且也很难在其官网上对单号进行查询。

目前，物流与快递的区别仅仅存在于企业界，学术界基本上是将快递归入物流的一部分。

二、电子商务与物流的关系

（一）物流是电子商务的重要组成部分

电子商务的本质是商务，商务的核心内容是商品的交易，而商品交易会涉及四个方面：商品所有权的转移、货币的支付、有关信息的获取与应用、商品本身的转交，即商流、资金流、信息流、物流。

其中，信息流既包括商品信息的提供、促销行销、技术支持、售后服务等内容，也包括诸如询价单、报价单、付款通知单、转账通知单等商业贸易单证，还包括交易方的支付能力、支付信誉等。商流是指商品在购、销之间进行交易和商品所有权转移的运动过程，具体是指商品交易的一系列活动。资金流是指资金的转移过程，包括付款、转账等过程。在电子商务环境下，这四个方面都与传统商务活动有所不同。商流、资金流与信息流这三种流的处理都可以通过计算机和网络通信设备实现。

物流是"四流"中最为特殊的一种，是物质实体的流动过程。对于少数商品和服务来说，可以直接通过网络传输的方式进行配送，如各种电子出版物、信息咨询服务等。而对于大多数商品和服务来说，物流仍要经由物理方式传输。过去，人们对物流在电子商务中的重要性认识不够，对于物流在电子商务环境下会发生的变化也认识不足，认为对于大多数商品和服务来说，物流仍然可以经由传统的经销渠道来完成。但随着电子商务的进一步推广与应用，物流能力的滞后对其发展的制约越来越明显。

（二）物流是电子商务实现的保障

"成也物流，败也物流"最好地说明了电子商务与物流的关系。控制物流就可以控制市场，这是很多以市场为主体的企业的生存之道，所以物流市场的争夺是必不可少的。因为物流是电子商务实现的保障。首先，物流为生产提供了保障，无论在传统的贸易方式下，还是在电子商务下，生产都是商品流通之本。生产的全过程从原材料的采购开始，便要求有相应的供应链物流活动，将所采购的材料运送到位，否则，生产难以进行。在生产的各个流程之间，需要原材料、半成品的物流过程，即所谓的生产物流；对部分余料或可回收利用的物资进行回收则需要回收物流；对废弃物的处理需要废弃物物流。其次，物流服务于商流，在电子商务条件下，消费者完成了网上购物即商品所有权的交割过程，这个过程就叫做商流过程。而电子商务的活动并没有结束，它的结束标志为商品和服务真正地转移到消费者手中，而这个过程是要靠现代物流来完成的。最后，物流是实现"以顾客为中心"理念的根本保证，物流的周到服务保障了货物的准时送达，将正确的货物送到正确的消费者手中，这样才能真正地使消费者享受到快捷满意的服务，从而更好地留住老顾客吸引新顾客，现代物流保障了电子商务购物的方便快捷，吸引了更多的顾客以电子商务方式购物而不是转向传统的购物方式，从而促进了电子商务的发展。

物流在电子商务中具有不可替代的重要地位，它的成功与否直接关系到电子商务的成败，它的实施与运作效率将直接影响网络所带来的经济价值。

第七章　电子商务物流

 案例 7.1

电子商务与现代物流

一次偶然的机会，对网上购物持怀疑态度的小朱在一家网站发现了自己一直以来都想购买的一本画册，于是就怀着忐忑的心情下单购买了。在接下来的日子里，她每天都通过物流网站查询自己的画册到了哪里。看到自己想要的东西离自己越来越近，小朱心里有一种踏实和喜悦感。两天后，快递人员将画册送到了小朱的手上，小朱终于松了一口气。电子商务和现代物流的结合使得消费者对网上购物的信心越来越足。现代物流的发展使得电子商务的优势能够更好地体现出来。

三、电子商务对物流活动的影响

(一)电子商务改变了人们的物流观念

电子商务为物流创造了一个虚拟性的运动空间，使人们对物流组织模式，以及物流各作业、各功能环节都有了新认识。人们在进行物流活动时，物流的各种职能可以以虚拟化的方式表现出来，在这种虚拟化的过程中，人们可以通过各种组合方式，寻求物流的合理化，使商品实体在实际的运动过程中，达到效率最高、费用最省、距离最短、时间最少的目的。

(二)电子商务改变了物流的运作方式

电子商务不但实现了对物流网络的实时控制，而且实现了对物流的整体活动的实时控制。在传统的物流活动中，物流是紧紧伴随着商流来运动的，对物流的控制也仅是通过计算机实现对单个物流运作方式的控制。而电子商务物流是以信息为中心的，信息不仅决定了物流的运动方向和运作方式，通过网络上的信息传递，还可以有效地实现物流在全球范围内整体的实时控制，实现物流的合理化。

(三)电子商务改变了物流企业的经营形态

电子商务不仅改变了物流企业的竞争方式，而且也改变了物流企业的经营方式。在传统经济条件下，物流往往是由某一企业来进行组织和管理的，物流企业之间的激烈竞争，主要是依靠本企业提供优质服务、降低物流费用等方面来进行的。而电子商务物流要求企业在组织物流的过程中，由原来单一的、分散的状况向多样化的、综合化的方向发展，要求物流企业自身不仅要以较低的物流费用提供高质量的物流服务，而且也要从全社会的角度提供高质量的物流服务。同时，由于电子商务需要有一个较大的区域范围、有多种物流功能的经济联合体系统来保证商品实体的合理流动，这就要求物流企业应相互联合起来，并在这一联合体的内部，各物流企业之间既存在竞争，又存在利益的统一性，形成一种既竞争又协同的格局，以实现物流的高效化、合理化、系统化。

(四)电子商务促进了物流业的转型发展

1. 电子商务促进了物流基础设施的改善

电子商务的高效率和全球性特点,要求交通运输网络、互联网、移动通信网络等基础设施为物流的信息化、高效化、合理化提供最基本的保障,从而促进物流基础设施建设。

2. 电子商务促进了物流技术水平的提高

电子商务的飞速发展,要求物流的高效化,而物流技术水平的高低是实现物流效率高低的一个重要因素。因而,要建立一个适应电子商务运作的高效率的物流系统,要求加快和加强物流技术的推广和应用。

3. 电子商务促进了物流管理水平的提高

电子商务的发展不仅使移动中的货物被全程掌控和调度,而且可以高效地管理库房的出入库、上下架及盘点等工作,提高客户的收发货效率,提升物流配送的信息化程度,整体上可以大大提升物流的管理水平,从而必将实现物流的合理化和高效化。

(五)电子商务对物流提出更高要求

1. 对物流提出实行供应链管理的要求

在企业实施电子商务后,要求企业内部的采购、制造、分销等部门之间,外部的原材料和零配件供应商、制造商、销售商和最终用户之间的物流运作必须改变过去那种各自为政的局面,实行供应链管理。要保证供应链中各成员之间紧密合作,显著提高物流的效率,降低物流成本,大大提高企业的劳动生产率,提高组织的运作效率和效益。

2. 对物流时效性提出了更高要求

随着网上购物的发展,为了进一步改善网络购物体验,激发消费者的购物欲望,提升网络购物品质,对物流的时效性提出了更高要求。例如,淘宝网提出的限时物流,是对物流的时效性进行约束的一种新型物流方式,淘宝网已提供次日达、次晨达和当日达3种限时物流方式。如延时或者超时,淘宝网将对快递公司做出罚款等相应处罚。

3. 对企业库存提出了更高要求

企业通过网络接受订单,实现按照订单要求组织生产,以降低成本,提高企业劳动生产效率。这要求企业改变必须保证一定的库存同时承担库存风险的传统经营方式,从而要求物流运作必须符合零库存生产需要,实现零库存生产。

4. 对物流企业的信誉提出了更高要求

电子商务的兴起,引发了网络交易的欺诈行为,使得商业诚信的重要性日益突出,这对物流企业的信誉提出了更高的要求。在电子商务时代,物流链的行业特性要求企业应与供应商、分销商、服务商等链条中的各环节通过价值增值形成利益共同体,物流企业自身的信誉不仅关系到企业的兴衰,更关系到整个行业的发展速度和水平。

5. 对物流人才提出了更高要求

电子商务的发展需要建立一个高效、畅通、合理、适应的物流系统，这不仅要求物流管理人员要具有较高的物流管理水平，而且也要求物流管理人员具有较高的电子商务技术知识，并在实际的运作过程中，能有效地将二者有机地结合在一起。

案例 7.2

"双 11"促进物流业转型升级

截至 2018 年 11 月 12 日凌晨，天猫"双 11"交易额大屏的数字定格在 2135 亿元，上一年为 1682 亿元。在经历了抢单、剁手的 24 小时后，2018 年"双 11"也已进入尾声，2135 亿元交易额再次刷新纪录。物流订单突破 10 亿件，达到 10.4 亿件，去年物流订单为 8.12 亿件。据菜鸟官方数据显示："双 11"当天下午 16 时 48 分，天猫"双 11"菜鸟平台产生的物流订单量就突破 8.12 亿件。这个数据远超 2017 年"双 11"全天订单量 8.12 亿件，而且整整提速 7 小时 12 分。除了天猫外，各个快递平台在"双 11"也同样取得了新突破。中通快递"双 11"当日订单量突破 1.5 亿件；圆通"双 11"当日订单量突破 1 亿件；申通"双 11"当日订单量达到 10194 万件(约 1.02 亿件)，突破亿件大关。

11 月 11 日，根据国家邮政局监测数据显示，主要电商企业全天共产生快递物流订单 13.52 亿件，同比增长 25.12%；全天各邮政、快递企业共处理 4.16 亿件，同比增长 25.68%，再创历史新高。一天物流订单突破 10 亿件，十年来强劲增长 3800 多倍，可以说是一个历史性的跨越，宣告中国快递进入一天 10 亿件的新时代。

天猫"双 11"物流订单量创新高，这是一次从来没有遇到过的物流洪峰。对此，11 月 11 日晚间，菜鸟网络总裁万霖在介绍 2018 年天猫"双 11"物流运行情况时说："大家连接在一起，形成智能物流骨干网，度过一个个洪峰之后，峰值能力在未来几年就会成为各家物流企业的日常能力。"在万霖看来，天猫"双 11"的包裹洪峰，是全球快递品牌的奥运会，也是快递物流业的大考，更是一次提升能力的练兵场。

国家邮政局相关负责人表示，全行业已经是第十次应对业务旺季，并成为常态化发展任务。国家邮政局将持续发挥"错峰发货、均衡推进"工作机制的基础性作用，同时，重点利用大数据技术实施更加精准、科学的业务量及流量流向信息预测分析，全程组织调度、监测监控全网运行情况，提升行业各类资源投入的针对性和匹配度。在强化安全保障方面，将严格落实收寄验视、实名收寄、过机安检"三项制度"，坚持旺季实名收寄要求不降低。同时，他再次呼吁大家，对繁忙中的快递小哥多一分关怀、多一分理解。

"面对新的峰值体量，靠任何一家物流公司都不可能完成，全行业必须在智能物流骨干网的协同下一起应对，才能保障天量包裹高效送达，"万霖表示，"我们搭建的这张网络，是开放、协同、智慧、绿色的，也是面向全球化的。"他认为，2018 年"双 11"最大的特点就是"全球一张网、智慧大协同"，物流已经不再单纯是靠铺资源来做，而是走向精细化运营，充分降低商家成本，也为消费者提供极致服务体验。

天猫"双 11"十年来，见证了物流业从手写地址、人工分拣，到电子面单、机器人分拣。无论是物流园区、干线运输，还是中转分拨、末端配送，都通过技术高效连接，智能物流骨干网正在加快实现行业数字化、智能化升级。

(资料来源：亿欧网：https://www.iyiou.com，2018.11，有删节)

第二节 电子商务物流模式选择

物流模式是指企业为得到自身所需的物流功能而在组建物流体系时所选择的组建模式。由于电子商务具有在网上完成商流、信息流和资金流，只有物流在网下完成的特点，对企业开展电子商务来说，选择何种物流模式建立合乎要求的物流体系，是电子商务得以成功实施的关键。

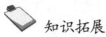

传统物流模式见右侧二维码。

案例 7.3

通用汽车运输业务外包

通用汽车公司通过采用业务外包策略，把零部件的运输和物流业务外包给理斯维物流 (Leaseway Logistics) 公司。理斯维公司负责通用汽车公司的零部件到几个北美组装厂的运输工作，通用汽车公司则集中力量于其核心业务上——轿车和卡车制造。通用汽车与理斯维公司的这种外包合作关系始于 1991 年，节约了大约 10% 的运输成本，缩短了 18% 的运输时间，裁减了一些不必要的物流职能部门，减少了整条供应链上的库存，并且在供应链运作中保持了高效的反应能力。

理斯维在 Cleveland 设有一个分销中心，处理交叉复杂的运输路线，通过电子技术排列其与各通用汽车公司的北美工厂的路线，这样可以动态地跟踪装运情况，并且根据实际需求实现 JIT 方式的运输。理斯维的卫星系统可以保证运输路线组合的柔性化。如果一个供应商的装运落后于计划，理斯维可以迅速地调整运输路线的组合。理斯维采用的"精细可视路线"技术保证了通用汽车公司生产线上的低库存水平。

(资料来源：邵正宇，周兴建. 物流系统规划与设计. 北京：清华大学出版社，2011)

一、电子商务下的物流模式

电子商务环境下的物流模式，主要包括自营物流、第三方物流、物流联盟和第四方物流。

(一) 企业自营物流模式

1. 企业自营物流模式简述

企业自营物流是指企业借助自身的物资条件，包括物流设施、设备和管理机构等，自行组织完成企业的物流活动。

自行组织物流配送有利于企业直接支配物流资产、控制物流活动，反应快速、灵活，掌握交易的最后环节，有利于保证客户服务的质量。对大型制造企业而言，在长期的传统商务中已经建立起初具规模的营销网络和物流配送体系，在开展电子商务时只需将其加以改进、完善，就可以满足电子商务条件下对物流系统的要求。对电子商务企业而言，选择采用自营物流模式的公司往往具有雄厚的资金实力和较大的业务规模，在第三方物流不能满足其成本控制目标和客户服务要求或者为了更好地为客户服务的情况下，通常选择自行建立适应业务需要的畅通、高效的物流系统，从而保证电子商务交易的最后一个环节在自己的控制下保质保量地完成。

自营物流的缺点是建立物流系统的一次性投资数额巨大、运作成本较高、需要较强的物流管理能力。出于对成本的考虑，企业物流队伍必须与企业业务量相适应，物流体系的规模、库存规模、运输及配送路线、物流工具等都需要进行严格的管理。因此，不是所有的电子商务公司都有必要、有能力自己组织商品配送，尤其对中小型企业和业务规模量不大的电子商务企业而言，配备完善的物流设施和人员将占用企业大量的资金，可能导致没有足够的人力和财力集中于企业的核心业务，从而影响企业的长远发展。

2. 企业自营物流模式特征

采用自营物流模式的企业具有以下几个特征。

(1) 业务集中在企业所在城市，送货方式比较单一。

(2) 拥有覆盖面很广的代理、分销、连锁店，而企业业务又集中在其覆盖范围内。

(3) 对于一些规模比较大、资金比较雄厚、货物配送量巨大的企业来说，投入资金建立自己的配送系统以掌握物流配送的主动权也是一种战略选择。

案例 7.4

亚马逊自营物流配送中心

亚马逊成立于 1995 年，是全球最大的 B2C 电商平台，2017 年营收达到 1778.66 亿美元，在 2018 年世界 500 强企业中排名第 18 位。亚马逊是全球最大的网上书店、音乐盒带商店和录像带店，其网上销售的方式有网上直销和网上拍卖两种，它的配送中心在实现其经营业绩的过程中功不可没。亚马逊以全资子公司的形式经营和管理配送中心，拥有完备的物流配送网络。亚马逊认为，配送中心是能接触到客户的最后一环，是实现销售的关键环节，不能因为配送环节的失误而损失任何销售机会。亚马逊除在全球多个国家布局仓储和物流中心之外，还购置大量的运输车辆，投资航运，租赁航班，以完善其运力网络。目前，亚马逊拥有 7000 辆牵引卡车和 40 架大型喷气式飞机，往返于其在世界各地的 125 个物流中心进行包裹运送。可见，企业自营物流配送中心有利于最终保证"以顾客为中心"的现代经营理念的实现。

(资料来源：根据网络报刊资料整理)

(二)第三方物流模式

在商业运行中，不同的交易方式会产生不同的物流模式，电子商务的跨时域性和跨区域性，使得电子商务下的物流活动也具有跨越时空的特征。与之相应，第三方物流模式将成为电子商务时代的一种必然选择。所谓第三方物流(The Third Party Logistics，3PL)是指由物流的实际需求方(第一方)和物流的实际供给方(第二方)之外的第三方部分或全部利用第二方资源通过合约向第一方提供物流服务，也称合同物流、契约物流。

在西方发达国家第三方物流的实践中，有以下几点值得注意：第一，物流业务的范围不断扩大。商业机构和各大公司面对日趋激烈的竞争，一方面不得不将主要精力放在核心业务上，将运输、仓储等相关业务环节交由更专业的物流企业进行操作，以求节约和高效；另一方面物流企业为提高服务质量，也在不断拓宽业务范围，提供配套服务。第二，很多成功的物流企业根据第一方、第二方的谈判条款，分析比较自理的操作成本和代理费用，灵活运用自理和代理两种方式，提供客户定制的物流服务。第三，物流产业的发展潜力巨大，具有广阔的发展前景。物流一体化是物流产业化的发展趋势，它必须以第三方物流充分发育和完善为基础。物流一体化的实质是专业化物流管理人员和技术人员，充分利用专业化物流设备、设施，发挥专业化物流运作的管理经验，以求取得整体最优效果。

从物流业的发展来看，第三方物流是在物流一体化的第一个层次时出现萌芽，在第二个层次得到迅速发展。专业化的功能性物流企业和综合性物流企业以及相应的物流代理企业出现，这些企业发展到一定水平，物流一体化就进入了第三个层次。至于我国的中小型物流企业，它们在数量上供大于求，但质量欠缺。主要表现在：物流网络资源丰富，利用率和管理水平低；缺乏有效的物流管理者。

现阶段第三方物流企业均在努力完善自己的物流信息技术与物流设施。目前，第三方物流公司发展策略大致有两个方面：一是网络化；二是区域化。总体来讲，网络化在发展之初资金投入大，包括建立在网络上各个网点的设施，如租用大规模的干线运输队伍或出资购买干线运输车辆等；区域化则有所不同，拥有或租用一定面积的库房即可。

 小资料

什么是第一方物流和第二方物流

第一方物流(The First Party Logistics，1PL)。是指由物资提供者自己承担向物资需求者送货，以实现物资的空间位移的过程。传统上的多数制造企业都自己配备规模较大的运输工具和仓库等物流设施，以实现自己产品的空间位移。

第二方物流(The Second Party Logistics，2PL)，是指由物资需求者自己解决所需物资的物流问题，以实现物资的空间位移。传统上的一些较大规模的商业部门都备有自己的运输工具和储存商品的仓库，以解决从供应站到商场的物流问题。

(三)物流联盟模式

物流联盟是指电子商务网站以及邮政、快递等物流企业通过正式的契约或协议而形成的一种优势互补、要素双向或多向流动、互相信任、共担风险、共享收益的物流合作伙伴关系。其核心在于充实和强化物流的功能，实现物流资源的有效配置，以吸收不同企业的优势和长处，弥补企业物流功能的不足，在物流设施、运输能力、专业管理技术等各个方面实现互补，促进企业物流能力的提高和物流规模的扩大，更好地满足客户需求，提高物流效率，取得较好的经济效益。物流联盟可以看作是自营物流和第三方物流相结合的一种混合模式。

物流联盟各组成企业利用电子商务提供的网络通信技术，建立信息共享平台，组成动态物流联盟。它们相互之间具有很强的依赖性，各自应当明确自身在整个物流联盟中的优势及担当的角色，减少内部的对抗和冲突，分工明晰，使供应商把注意力集中在提供客户指定的服务上，最终提高企业的竞争能力和竞争效率，满足企业跨地区、全方位物流服务的要求。一般而言，组建物流联盟、开展共同配送的企业应遵循功能互补、平等自愿、互惠互利、协调一致的原则。此外，参加联盟的企业要汇集、交换或统一物流资源以谋取共同利益；但同时，合作企业仍应保持各自的独立性。

例如，一家在全国范围内经营化妆品的电子商务网站，其最有效的物流模式就是将邮局、专业快递公司以及自己的快递部门整合成一个庞大而有效的物流网络，扩大其覆盖面，在中国少数几个有强大辐射力的超级城市(如北京、上海、广州等)，采用自建大型仓库、自行配送辅以快递业支持的形式；而在其他地区，则与化妆品公司建立合作，构建一个"虚拟仓库"，利用邮政的触角进行商品送达。

(四)第四方物流模式

第四方物流(The Fourth Party Logistics，4PL)是对第三方物流的扩展。管理咨询公司埃森哲(Accenture)公司首先提出 4PL 的概念，并且把"第四方物流"作为专有的服务商标进行了注册。埃森哲公司把 4PL 定义为"一个调配和管理组织自身的及具有互补性服务提供商的资源、能力与技术，来提供全面的供应链解决方案的供应链集成商"。

第四方物流基于第三方物流，但是其与第三方物流是有区别的，第三方物流供应商为客户提供所有的或一部分供应链物流服务，以获取一定的利润。第三方物流的服务范围很广，它可以简单到只是帮助客户安排一批货物的运输，也可以复杂到设计、实施和运作一个公司的整个分销和物流系统。然而，在实际运作中，大多数第三方物流公司缺乏对整个供应链进行运作的战略性专长和真正整合供应链流程的相关技术。于是，第四方物流正日益成为一种帮助企业实现持续运作成本降低和区别于传统的外包业务的真正的资产转移。第四方物流依靠业内最优秀的第三方物流供应商、技术供应商、管理咨询顾问和其他增值服务商，为客户提供独特的和广泛的供应链解决方案，这是任何一家公司都不能单独提供的。

因此，第四方物流供应商是一个供应链集成商，它能对公司内部和具有互补性的服务供应商所拥有的不同资源、能力和技术进行整合和管理，并提供一整套供应链解决方案。

二、电子商务企业的物流模式选择

不同类型的电子商务企业对物流模式的选择也有所不同。

(一)B2B 电子商务企业物流模式的选择

B2B 电子商务企业的物流业务主要有两类：一类是原材料、半成品或零部件的采购或工程发包；另一类是成品的批发与销售。这类业务交易一般发生在生产企业之间或生产企业与商业企业之间。据调查，生产企业的原材料业务主要采用供方物流，商业企业的业务也较少采用第三方物流。

B2B 电子商务交易采用第三方物流比重偏低的原因：一是目前的第三方物流企业服务水平较低，不能为企业提供一揽子物流解决方案，供应链整合能力较差，企业难以通过实施第三方物流达到降低成本、加快资金周转、提高竞争力的目的；二是物流在企业战略中处于比较重要的地位，习惯上认为不能依赖第三方物流，企业自身必须掌握在供应链中的主导权，与原材料供应商结成战略合作伙伴关系，所以B2B电子商务企业普遍采用供方物流或自营物流。目前，阿里巴巴等B2B电子商务平台开始与物流公司联合开发基于电子商务平台的国际海运和空运在线交易系统。

(二)B2C电子商务企业物流模式的选择

B2C电子商务企业的物流业务主要有两类：一类是交易对象为音像制品、在线图书、软件、在线游戏点卡等虚拟化产品或服务，这类交易完全可以在线支付和即时交货；另一类是交易对象为有形产品，这类交易必须借助物流系统进行配送。

在B2C电子商务企业中，规模较大的，如亚马逊建有自己的物流系统，一部分货物配送由自己的物流系统来处理，但由于面对全球市场，企业自身不能处理所有的物流业务，还得将大部分物流业务外包给第三方。规模较小的B2C电子商务企业的业务量也不足以支撑一个自营物流体系，所以大多采用第三方物流。

B2C电子商务企业采用第三方物流后可集中力量经营主业，提高其核心竞争力。但由于不能有效监测物流配送过程，难以控制物流服务质量，也难以直接获得顾客的意见和建议，所以企业在整个业务流程中往往处于被动地位。

 小资料

电子商务企业是否该自建物流系统？

第一，自建物流是大势所趋(京东商城董事局主席兼CEO刘强东)。

一家电子商务公司，按理说配送工作不应该由我们做，而应该外包给一家专业的配送公司。但现在国内市场根本找不到一家在服务、速度、费用三者间取得平衡的物流公司。目前第三方物流还不能完全舍弃，出于成本考虑，城市之间的物流还是要交给第三方公司，我们只做"最后一公里"的递送。对于一家B2C企业，对物流的掌控是公司能力的重要表现，从长远来看，自建一套完备的物流体系是趋势所向。

第二，自建物流玩不过快递公司(麦考林集团电子商务事业部总经理浦思捷)。

外包比自建团队要更有优势，自建团队管理成本实在太高。首先是物流人员的流动性很大，想要找到稳定的快递工作人员非常不易；其次是物流服务有很强的地域性。外包是一种不错的方式，麦考林就将不同城市的物流业务包给不同的快递公司。在麦考林的库房大厅，每天早上就有来自各个快递公司的收件员，分别收走各自区域的快件，然后打包、填单。

(三)C2C电子商务企业物流模式的选择

C2C电子商务主要以网站为交易平台，个人在网站上发布商品信息，买方在网页上浏览选择商品后下订单成交。C2C电子商务交易平台大多整合了在线支付功能，但货物的配送还得通过线下传统方式完成。个人网上交易者一般无力自营物流，也无须自建物流系统，因此C2C电子商务平台所交易商品的配送主要依赖第三方物流来完成。

目前，我国C2C电子商务发展势头非常迅猛，其中几个较大的C2C电子商务平台(如

淘宝网、eBay 等)聚集了大量的交易者。但由于交易批量小，物流费用所占比重较大，C2C 电子商务使用第三方物流是其必然的选择。当前的问题主要是配送费用过高，尤其是一些低价值商品，往往单件商品的配送费用高于商品价格。另外，服务质量有时也不能令人满意，主要表现在配送时间难以保证和对商品的保质乏力等方面。

案例 7.5

京东和阿里的物流模式选择

京东商城的物流模式为建造自己的物流体系，归属于自营物流模式。早在 2007 年，京东就开始建设自有的物流体系。2009 年年初，京东斥资成立物流公司，开始全面布局全国的物流体系。京东分布在华北、华东、华南、西南、华中、东北、西北的七大物流中心覆盖了中国各大城市，并在杭州等城市设立了二级库房，仓储面积在 2012 年年底已经超过 100 万平方米。2017 年，京东集团宣布内部组织架构调整：京东物流独立运营，组建京东物流子集团。京东物流未来的服务客户不仅包含电商平台的商家，也会包含众多的非电商企业客户，以及社会化的物流企业，向全社会输出京东物流的专业能力，帮助产业链上下游的合作伙伴降低供应链成本。京东称，物流子集团 5 年后要成为年收入规模过千亿元的物流科技服务商。京东物流在广受争议之后终于成长起来，不仅满足了自身物流的需求，还进一步扩展营业范围，向其他客户提供物流服务，开始转向第三方物流。

阿里巴巴则和各家物流公司联合组建了菜鸟网络科技有限公司(菜鸟物流)，号称专注打造的中国智能物流骨干网将通过自建、共建、合作、改造等多种模式，在全中国范围内形成一套开放的社会化仓储设施网络。菜鸟物流成立之初就一再强调：阿里巴巴集团永远不做快递，菜鸟网络的"智能骨干网"建起来后，不会抢快递公司的生意，阿里希望菜鸟能够像淘宝一样搭建平台，将各个专业的第三方物流公司的优势连接起来，通过信息联通，资源共享，再结合阿里的技术优势，提升整体物流行业的行业效率和服务水平。

(资料来源：周康. 京东向右，阿里向左——电子商务模式下企业物流模式选择研究, 物流科技, 2019.1)

第三节 电子商务物流技术

电子商务物流技术是指在电子商务物流活动中把商品(或物品)进行移送和储存，为社会提供无形服务的技术。电子商务物流技术不但涵盖了传统物流技术的各个方面，也吸收了现代电子商务技术的精髓，是物流技术在电子商务环境下的具体体现。电子商务物流技术是电子商务物流活动的重要技术支撑，其水平的高低直接关系到电子商务物流活动各项功能的完善和有效实现。在电子商务环境下，目前常用的物流技术有条码技术、射频技术、EDI 技术、GIS/GPS 技术等。

一、条码技术

(一)条码概念

条码是由一组规则排列的条、空及其对应字符组成的标记，用于表示一定信息的代码，主要用于表示商品的名称、产地、价格、种类等，是全世界通用的商品代码的表示方法。条形码是在计算机的应用实践中产生和发展起来的一种自动识别技术，是为实现对信息的自动扫描而设计的，是实现快速、准确而可靠地采集数据的有效手段。条形码的应用解决了数据录入和数据采集的"瓶颈"问题。如今的条码辨识技术已相当成熟，其读取错误率约为百万分之一，首读率大于98%，是一种可靠性高、输入快速、准确性高、成本较低、应用十分广泛的资料自动识别技术，在许多行业中我们都能看到条码的应用。

 小资料

自动识别技术

自动识别技术是信息数据自动识读、自动输入计算机的重要方法和手段，是以计算机技术和通信技术为基础的综合性科学技术。自动识别技术近几十年在全球范围内得到了迅猛发展，初步形成了一个包括条形码技术、磁条(卡)技术、光学字符识别、系统集成化、射频技术、声音识别及视觉识别等融计算机、光、机电、通信技术为一体的高新技术学科。

(二)条码的分类

1. 一维条码

普通的一维条码在使用过程中仅作为识别信息，它的意义是通过在计算机系统的数据库中提取相应的信息而实现的(见图 7.1)。一维条码按照不同的分类方法、编码规则可以分为许多类别，目前经常使用的码制为 EAN、UPC、39 码、2/5 码、Code128 码等。

图 7.1 一维条码示意图

2. 二维条码

二维条码，最早发明于日本，它是用某种特定的几何图形按一定规律在平面(二维方向)上分布的黑白相间的图形记录数据符号信息(见图 7.2)。在二维码符号表示技术研究方面，已研制出多种码制，常见的有 PDF417、QR Code、Code 49、Code 16K、Code One 等。

图 7.2 二维条码示意图

小资料

手机二维条形码

手机扫描二维码技术简单地说是通过手机拍照功能对二维码进行扫描，快速获取到二维条码中存储的信息，进行上网、发送短信、拨号、资料交换、自动文字输入等，手机二维码已经被各大手机厂商开发使用。二维码不但可以印刷在报纸、杂志、广告、图书、包装以及个人名片上，用户还可以通过手机扫描二维码，或输入二维码下面的号码实现快速手机上网功能，并随时随地下载图文、了解企业产品信息等。

(三)条码的应用

条码在原材料采购、生产和货物的运输、配送、零售等供应链的诸多节点上都扮演着重要的角色，而且发挥着越来越重要的作用。

(1) 物料管理。企业按照生产计划向产品物料供应商下达采购订单。对采购的物料按照行业及企业规则建立统一的物料编码，对需要进行标识的物料打印其条码标识，这样有助于对物料的跟踪管理。

(2) 生产线上产品跟踪管理。在生产任务单上粘贴条码标签，在每一生产环节开始时，用生产线条码终端扫描任务单上的条码，获取生产工艺、所需的物料和零件信息，产品下线包装时，打印并粘贴产品的客户信息条码，由此实现对各工序产品数据的采集和整个生产过程的监控跟踪，从而保证产品质量。

(3) 产品入库管理。产品入库时，首先通过识读产品条码标签，采集货物单件信息，同时制作库存位条码，记录产品的存放信息，如库区位、货架、货位等，以形成完整的库存信息，从而实现对库存单件产品的跟踪管理。

(4) 产品出库管理。产品出库时，通过扫描产品上的条码，对出库货物进行信息确认，依据库存货物的库存时间进行有效的先进先出管理及批次管理，同时更改其库存状态。

(5) 市场销售链管理。在市场销售链中应用条码技术，目的是跟踪向批发商销售的产品品种或产品单件信息。通过在销售、配送过程中采集产品的单件条码信息，记录产品的销售过程，有助于实现对销售商的分区、分级管理，保证市场健康有序地发展，并促进产品的市场销售。

(6) 产品售后跟踪服务管理。产品一经出库，即根据产品条码建立产品销售档案，以记录产品信息、重要零部件信息、用户信息及产品售后维修信息。通过对以上信息的采集、反馈，准确了解、判断产品的使用情况，帮助企业制定出合理的服务战略，进一步提高产品质量及信誉度，进而增强企业产品的竞争力。

(7) 货物配送管理。利用条码技术，可高效、准确地完成商品的配送。配送前将配送商品资料和客户订单资料下载到移动条码终端，送达配送客户后，调出客户相应的订单，再根据订单信息挑选货物并验证其条码标签，确认送完货物后，移动条码终端会自动校验配送情况，并做出相应的提示。

(8) 分货拣选管理。在配送和仓库出货时，采用分货、拣选方式，需要快速处理大量的货物，利用条码技术便可自动进行分货拣选，提高工作效率。

案例 7.6

条形码确保 99.9%以上的发票精确度

CDS Logistics 是一家大型的第三方物流企业的子公司，专门致力于国内运输业务，是利用先进的系统来提高计费准确性方面的典范。利用基于手持计算机和集成条形码阅读器的自动化应用，公司实现了仓库和配送工作的自动化。该系统可以带来提高库存精确性、减少货物损坏和提高人员工作效率等多方面的优势。CDS Logistics 还可以通过连接到电子数据交换(Electronic Data Interchange，EDI)、计费和其他企业系统来充分利用数据收集系统。装箱单、EDI 消息和发票可以自动创建，而且发票精确度超过了 99.9%。

公司的 IT 经理史蒂夫·伯吉斯(Steve Burgess)表示："新的条形码系统使 CDS 客户服务部门可以准确地根据所提交的设备数量计费。现在，我们只需要检查所有发票中的大约 0.075%，比以前使用老系统时少多了。"

(资料来源：王小宁. 电子商务物流管理. 北京大学出版社，2012)

二、射频技术

(一)射频技术的概念

射频技术是运用无线电技术远距离识别动态或静态对象的技术，简称为 RFID(Radio Frequency Identification)。射频技术是一种较新的自动识别技术，由于其具有非接触阅读和远距离跟踪移动对象的性能，所以可以在制造业不宜使用条码标签的环境下使用，还可广泛运用于其他各领域，如店铺防盗系统、居室防盗系统、物品和库存的跟踪、自动收费、制造业流程管理、联运集装箱和空运货物跟踪、航运与铁路车辆跟踪等。

与条码的自动识别技术相比，RFID 的优势非常明显：不需要光源，甚至可以通过外部材料读取数据；使用寿命长，能在恶劣环境下工作；能够轻易嵌入或附着在不同形状、类型的产品上；读取距离更远；可以写入及存取数据，相比打印条码写入时间更短；标签的内容可以动态改变；能够同时处理多个标签；标签的数据存取有密码保护，安全性更高；可以对 RFID 标签所附着的物体进行追踪定位。

最简单的 RFID 系统由电子标签(Tag)、阅读器(Reader)、天线(Antenna)和数据库组成(见图 7.3)。

(二)射频技术的应用

RFID 发展异常迅速，其应用已经深入到很多领域，如铁路车辆的自动识别，生产线的自动化、过程控制，货物的跟踪和管理等。在物流领域主要用于对物品的跟踪，运载工具和货物的识别等。射频技术的一些典型应用介绍如下。

1. 集装箱自动识别系统

在集装箱上安装射频标签，当集装箱到达或离开货场时，通过射频识别设备，可以对集装箱进行自动识别，将识别信息通过各种通信设施传递给信息系统，实现集装箱的动态跟踪和管理，提高集装箱的运输效率。

图 7.3　RFID 系统的电子标签和阅读器

2．智能托盘系统

在每个托盘上都安装射频标签，把射频阅读器安装在托盘进出仓库必经的通道口上方。当叉车装载着托盘以及货物通过时，阅读器获取射频标签内的信息，将其传递给计算机，记录托盘的通过情况。当托盘装满货物时，自动称重系统会自动记录装载货物的总重量，与存储在计算机中的单个托盘的重量进行比较计算货物的实际重量，了解货物的实时进出信息。通过使用射频技术，可以高效地获得仓库中货物、托盘的状况，提高仓库的管理水平。

3．通道控制系统

给仓库中可重复使用的包装箱，都安装上射频标签，在包装箱进出仓库的通道上安装射频阅读器。阅读器天线固定在通道上方，当包装箱通过天线所在位置时，计算机将从射频标签里获得的信息与数据库中的信息进行比较，正确时绿色信号灯亮，包装箱可通过，不正确时红色信号灯亮，同时将时间和日期记录在数据库中。该系统消除了人工管理系统经常出现的人为错误，排除了以往不堪重负的运输超负荷状况，建立了快速高效和良好的信息输入途径，可在高速移动过程中获取信息，大大节省了人力、物力和时间。

4．对贵重物品的保护

为了防止贵重货物被盗或放错位置而导致延迟交货，可以采用射频识别技术，保证叉车按正确的路线移动托盘，降低货物被盗的可能性。在仓库内的上方安装射频阅读器，给叉车上配备射频标签。通过射频识别系统连接到中央数据库中，从中下载叉车经过的详细路径，这些信息包括正确的装货位置、沿途经过的标识等。如果射频标签发现错误，叉车会被停止，由管理者重新设置交通路径，同时自动称重并实时提供监控信息。

5．货物防盗系统

在需要重点防盗的商品上安装射频标签。当装有商品的车辆通过装有射频阅读器的出口时，阅读器可实时识别每件商品上的标签信息，如有未被授权运出的商品运出，射频识别系统将限制其运出。运用射频识别系统可识别高速移动的物体，并可同时识别多个射频标签，实现对商品运输过程的实时监控和防盗。

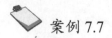 案例 7.7

射频技术在美国军方的应用

美国和北大西洋公约组织(NATO)在波斯尼亚的"联合作战行动"中,不但建成了战争史上投入战场最复杂的通信网,还完善了识别跟踪军用物资的新型后勤系统。这是吸取了"沙漠风暴"军事行动中大量物资无法跟踪造成重复运输的教训,无论物资是在订购之中、运输途中,还是在某个仓库存储着,通过该系统,各级指挥人员都可以实时掌握所有的信息,该系统途中运输部分的功能就是靠贴在集装箱和装备上的射频识别标签实现的。RF 收转发装置通常安装在运输线的一些检查点上(如门柱上、桥墩旁等),以及仓库、车站、码头、机场等关键地点,接收装置收到 RF 标签信息后,连同接收地的位置信息上传至通信卫星,再由卫星传送给运输调度中心,送入企业的信息数据库。

(资料来源:赵颖,陈莉,刘德华. 电子商务概论. 北京理工大学出版社,2009)

三、EDI 技术

(一)EDI 技术的概念

EDI(Electronic Data Interchange,电子数据交换)是由国际标准化组织(ISO)推广使用的国际标准,它是指一种通过电子信息化的手段,在贸易伙伴之间传播标准化商务交易元素的方法和标准。例如,国际贸易中采购单、装箱单、提货单、收据、发票、付款凭证和财务报表等数据的交换。

国际标准化组织将 EDI 描述成"将贸易(商业)或行政事务处理按照一个公认的标准变成结构化的事务处理或信息数据格式,从计算机到计算机的电子传输"。联合国国际贸易法委员会 EDI 工作组则将 EDI 定义为"EDI 是用户计算机系统之间对结构化、标准化信息进行自动传送和自动处理的过程"。

从上述定义不难看出,EDI 包含了三个方面的内容,即计算机应用、通信网络和数据标准化,其中,计算机应用是条件,通信网络是基础,数据标准化是特征。这三个方面相互衔接、相互依存,构成了 EDI 的基础框架。要理解 EDI,必须认识如下几点。

(1) EDI 是在企业制造商、供应商、运输公司、银行等单位之间传输商业文件数据。
(2) EDI 是两个或多个计算机应用进程间的通信。
(3) EDI 传输的文件数据遵循一定的语法规则与国际标准,具有固定格式。
(4) EDI 一般通过增值网和专用网等通信网络来传输数据。
(5) 数据自动投递和传输处理由应用程序自动响应,无须人工干预和人为介入。

(二)EDI 系统的组成

EDI 系统主要包括三大要素,即数据标准、软硬件和通信网络。

1. 数据标准

EDI 标准是由各企业、各地区代表共同讨论、制定的电子数据交换共同标准,可以使各组织之间的不同文件格式,通过共同的标准实现彼此之间文件交换的目的。目前,世界上通用的 EDI 标准有两个：一个是由美国国家标准局(ANSI)主持制定的 ANSI/X.12 标准；另一个是由联合国欧洲经济委员会推出的 UN/EDIFACT 标准。

2. EDI 软件和硬件

要实现 EDI，需要配备相应的软件，EDI 软件能够将用户数据库系统中的信息译成标准格式以供传输交换。EDI 软件主要由以下三个部分组成。

(1) 转换软件。它可以将计算机系统中的文件转换成翻译软件能够理解的平面文件(又称中间文件)，或将从翻译软件接收来的平面文件转换成计算机系统文件。

(2) 翻译软件。将平面文件翻译成 EDI 标准格式文件，或将 EDI 标准格式文件翻译成平面文件。

(3) 通信软件。将 EDI 标准格式文件加上通信信封再送到 EDI 交换中心邮箱，或从 EDI 交换中心将接收到的文件取回。

EDI 硬件是本单位与通信网络相连的服务器和工作站，包括计算机、网络连接设备等。

3. 通信网络

通信网络是实现 EDI 的手段。EDI 通信方式有多种，第一种是点对点，主要在贸易伙伴数量较少的情况下使用。随着贸易伙伴数量的增多，许多公司逐渐采用第三方网络，即增值网络(Value Added Network，VAN)方式。VAN 类似于邮局，具有存储转送、记忆保管、格式转换、安全管制等功能，通过 VAN 传送 EDI 文件，可大幅度降低传送资料的复杂度和困难度，提高 EDI 效率。

(三)EDI 的应用

EDI 适用于需要处理与交换大量单据的单位，这些单位大部分属于贸易或零售/批发业，相互之间交易频繁，而且是周期性作业，其中包括制造业、政府/公用事业、运输、汽车、石油、化学工业、金融机构、一般贸易业、进出口业等。目前各行业所制定的单证都已转换成商业 EDI 报文标准。下面以流通业为例，介绍 EDI 的具体应用。

商业 EDI 系统是为了协助流通业在相关作业上运用这些报文，所覆盖的范围包括零售商、批发商、制造商、配送中心及运输商，相关作业包括订购、进货、接单、出货、送货、配送、对账及转账作业。

1. 零售商

零售商与其交易伙伴间的商业行为大致可分为订购、进货、对账及付款等四种作业。其间往来的单据包括订购单、进货验收单、对账单及付款凭证等。

2. 批发商

批发商与其交易伙伴间的商业行为大致可分为订购、进货、接单、出货、对账及收付款作业。其间往来的单据包括采购进货单、出货单、催款对账单及付款凭证等。由于批发商兼具买方与卖方的职能，因此同时具有买方与卖方的作业流程。

3. 制造商

制造商与其交易伙伴间的商业行为大致可分为接单、出货、催款及收款等四种作业。

其间往来的单据包括采购进货单、出货单、催款对账单及付款凭证等。

案例 7.8

宁波港口 EDI 中心

宁波港口 EDI 中心始建于 1995 年,是国家"九五"重点科技攻关项目"国际集装箱运输电子信息传输和运作系统及示范工程"的示范单位之一,EDI 中心的建成为宁波口岸的港口码头、船公司船代、集疏运场站、理货、货主及代理和监管职能部门提供了高效、便利、快捷、准确、经济的电子数据交换服务。经过多年的推广应用,EDI 应用覆盖了宁波口岸多个物流节点,网站查询、一站式服务和报文传输这三大主要服务内容也得到充分的实践。宁波港口 EDI 中心是宁波港口物流信息化建设的重要组成部分,有效地改善了宁波口岸集装箱运作环境。

2006 年 8 月,宁波港口 EDI 中心完成了对数据交换平台和应用系统的全面升级,新系统采用全国首创的"M+1+N"报文转换模式。该模式的创建,使得 EDI 中心无论在报文处理能力上,还是在提升增值服务能力上都有了根本性的提高。另外,宁波港口 EDI 中心利用这次升级机会,还实现了统一用户认证和单点登录技术,极大地改善了用户访问网站和各业务系统的友好体验。此次升级项目,荣获了 2007 年 11 月 11 日—12 日在北京召开的首届中国港口协会科学技术奖二等奖。

宁波港口 EDI 中心还开发和实施了集装箱智能闸口系统、CFS 系统以及车队管理系统等。智能闸口系统实现了码头闸口所有进出场作业的实时控制和管理,使闸口管理发生由人工方式转为"无人"自动化方式的革命性变化。CFS 系统以及车队管理系统分别为集装箱场站企业和集卡车队企业的信息化综合管理提供了一套整体的解决方案。系统的成功实施促进了相关企业运营效率的提高和对外服务水平的提升,从而有效增强了口岸综合竞争力。

随着港口物流的快速发展,宁波港已从传统物流转变成为现代物流。宁波港口 EDI 中心作为宁波港信息通信有限公司的事业部,不断提升和完善中心的各项服务和功能,在"智慧港口、精彩信通"企业精神的倡导下,全面推进"81890"统一服务平台,并积极参与到港口现代物流系统的建设中,为加快企业转型升级、提升发展水平、打造国际物流港口做出重要的贡献。

四、GIS 技术与 GPS 技术

下面分别介绍 GIS 技术和 GPS 技术。

(一)GIS 技术

首先介绍 GIS 技术的概念及应用。

1. GIS 的概念

地理信息系统(Geographic Information System,GIS)又称为"地学信息系统"或"资源与环境信息系统",是一种特定的空间信息系统。GIS 是在计算机硬、软件系统支持下,对整个或部分地球表层空间中的有关地理分布数据进行采集、储存、管理、运算、分析、显示和描述的技术系统。通俗地讲，它是整个地球或部分区域的资源、环境在计算机中的缩影。GIS 处理、管理的对象是多种地理空间实体数据及其关系，包括空间定位数据、图形数据、遥感图像数据、属性数据等，用于分析和处理在一定地理区域内分布的各种现象和过程，解决复杂的规划、决策和管理问题。

2. GIS 的应用

(1) 测绘与地图制图。

GIS 技术源于机助制图。GIS 技术与遥感(RS)、全球定位系统(GPS)技术在测绘界的广泛应用，为测绘与地图制图带来了一场革命性的变化。数字地图、网络地图、电子地图等一批崭新的地图形式为广大用户带来了巨大的应用便利。GIS 技术的使用使得测绘与地图制图进入了一个崭新的时代。

(2) 资源管理。

资源的清查、管理和分析是 GIS 应用最广泛的领域，也是目前趋于成熟的主要应用领域，包括森林和矿产资源的管理、野生动植物的保护、土地资源潜力的评价和土地利用规划，以及水资源的时空分布特征研究等。系统的主要任务是将各种来源的数据和信息有机地汇集在一起，GIS 软件能在一个连续无缝的方式下管理大型的地理数据库。这种功能强大的数据环境允许集成各种应用，最终用户通过 GIS 的客户端软件，可直接对数据库进行查询、显示、统计、制图，以及提供区域多种组合条件的资源分析，为资源的合理开发利用和规划决策提供依据。

(3) 区域规划。

城市与区域规划具有高度的综合性，涉及资源、环境、人口、交通、经济、教育、文化、金融等因素，规划人员需要切实可行的、实时性强的信息，而 GIS 能为规划人员提供功能强大的工具。例如，规划人员利用 GIS 对交通流量、土地利用和人口数据进行分析，预测将来的道路等级；工程人员利用 GIS 将地质、水文和人文数据结合起来，进行路线和构造设计；GIS 软件可以帮助政府部门完成总体规划、分区、现有土地利用、分区一致性以及空地、开发区和设施位置等分析工作。

(4) 国土监测。

GIS 方法和多时相的遥感数据可以有效地用于森林火灾的预测预报、洪水灾情监测和淹没损失估算、土地利用动态变化分析和环境质量的评估研究等。例如，黄河三角洲地区的防洪减灾研究表明，在 ARC/INFO 地理信息系统支持下，可以计算出若干个泄洪区域内的土地利用及其面积，比较不同泄洪区内房屋和财产损失等，从而确定泄洪区内人员撤退、财产转移和救灾物资供应的最佳路线。

(5) 辅助决策。

GIS 利用拥有的数据和互联网传输技术，已经实现了电子商贸的革命，可以满足企业决策多维性的需求。当前在全球协作的商业时代，90%以上的企业决策与地理数据有关，如企业的分布、客货源、市场的地域规律、原料、运输、跨国生产、跨国销售等。利用 GIS 可以迅速有效地管理空间数据，进行空间可视化分析，确定商业中心位置和潜在市场的分布，寻找商业地域规律，研究商机时空变化的趋势，不断为企业创造新的商机，GIS 和互联网已成为最佳的决策支持系统和威力强大的商战武器。

(二)GPS 技术

下面介绍 GPS 技术的概念及应用。

1. GPS 的概念

GPS(Global Positioning System,全球定位系统),是一个全球性、全天候、高精度的导航定位和时间传递系统。GPS 定位精度可达 10 m,测速精度为 0.1 m/s,是一个军民两用系统,提供两个等级的服务。GPS 系统包括三大部分:空间部分即 GPS 卫星星座、地面控制部分、用户设备部分即 GPS 信号接收机。其在导航、定位、测绘等应用领域有很大的优势。

2. GPS 的应用

(1) 用于汽车定位、跟踪调度、陆地援救。

据丰田汽车公司的统计和预测,日本车载导航系统的市场 1995—2000 年平均每年增长 35%以上,全世界在车辆导航上的投资将平均每年增长 60.8%。我国已有数十家公司在开发和销售车载导航系统。

(2) 用于铁路、公路运输管理。

铁路开发的基于 GPS 的计算机管理信息系统,可以通过 GPS 和计算机网络实时搜集铁路列车、机车、车辆、集装箱及所运货物的动态信息,可实现列车、货物追踪管理。只要知道货车的车种、车型、车号,就可以立即从近十万公里的铁路网上流动着的几十万辆货车中找到该货车,并能得知这辆货车现在在何处运输或停在何处,以及所有的车载货物发货信息。目前,国内已逐步采用 GPS 技术建立高精度控制网,如沪宁、沪杭高速公路的上海段就是利用 GPS 建立了首级控制网。实践证明,在几十公里范围内的点位误差只有 2 cm 左右,达到了常规方法难以实现的精度,同时也大大提前了工期。GPS 技术可以实现货物跟踪,实现有效物流配送方式,建立电子商务在企业内部和企业外部物流管理的新模式。

(3) 用于军事物流。

全球卫星定位系统首先是因为军事目的而建立的。在军事物流中,如后勤装备的保障等方面,应用相当普遍,在海湾战争中,全球卫星定位系统发挥了巨大的作用。在我国的军事和国防建设中,已经开始重视和应用全球卫星定位系统,随着全球卫星定位系统在军事物流方面的全面应用,国防后勤装备的保障将更加可靠。

(4) 用于空中交通管理、精密进场着陆、航路导航和监视。

国际民航组织提出,在 21 世纪将用未来导航系统 FANS 取代现行航行系统,它是一个以卫星技术为基础的航空通信、导航、监视和空中交通管理系统,利用全球导航卫星系统实现飞机航路、终端和进场导航。另外,我国测绘等部门多年使用 GPS 的经验表明,GPS 能够成功地应用于大地测量、工程测量、航空摄影测量、运载工具导航和管制、地壳运动检测、工程变形监测、资源勘察、地球动力学等多种学科。

 小资料

全球四大导航系统

全球四大导航系统分别介绍如下。

(1) GPS(全球定位系统):是美国历经 20 余年耗资超过 300 亿美元建立的全球卫星定位

系统，目前共有 30 颗、4 种型号的导航卫星，是一个全天候、实时性的导航定位系统，也是目前世界上应用最广泛、技术最成熟的导航定位系统。

(2) 欧洲伽利略：伽利略定位系统是欧盟一个正在建造中的卫星定位系统，有"欧洲版 GPS"之称。形象地说，GPS 系统只能找到街道，而伽利略系统则可找到家门。欧盟委员会和欧洲航天局表示，到 2020 年，伽利略卫星导航系统在轨卫星将达到 30 颗，届时将向全球提供定位精度在 1~2 米的免费服务和 1 米以内的付费服务。。

(3) 俄罗斯格洛纳斯：格洛纳斯由 24 颗卫星组成，尽管其定位精度比 GPS、伽利略略低，但其抗干扰能力却是最强的。格洛纳斯项目是苏联在 1976 年启动的，2011 年 11 月，随着一颗"格洛纳斯-M"卫星发射成功，该系统额定 24 颗卫星已全部在轨工作，另有 4 颗在轨备份，从而实现全球覆盖。

(4) 中国北斗：北斗卫星导航系统是中国自行研制的全球卫星导航系统，由空间段、地面段和用户段三部分组成，可在全球范围内全天候、全天时为各类用户提供高精度、高可靠定位、导航、授时服务，并且具备短报文通信能力，已经初步具备区域导航、定位和授时能力，定位精度为分米、厘米级别，测速精度为 0.2 米/秒，授时精度为 10 纳秒。截至 2019 年 9 月，北斗卫星导航系统在轨卫星已达 39 颗。

第四节　电子商务物流配送

一、电子商务物流配送概述

下面介绍电子商务物流配送的概念和特点。

(一)电子商务物流配送的概念

电子商务下的物流配送就是信息化、现代化和社会化的物流配送。它是物流配送企业采用网络化的计算机技术和现代化的硬件设备、软件系统及先进的管理手段，针对社会需求，严格地、守信用地按用户的订货要求，进行一系列分类、编配、整理、分工、配货等理货工作，定时、定点、定量地交给没有范围限度的各类用户，满足其对商品的需求。这种新型的物流配送能使商品流通较传统的物流配送方式更容易实现信息化、自动化、现代化、社会化、智能化、合理化、简单化，使货畅其流，物尽其用。电子商务下的物流配送既能减少生产企业库存，加速资金周转，提高物流效率，降低物流成本，又刺激了社会需求，有利于整个社会的宏观调控，也提高了整个社会的经济效益。

(二)电子商务物流配送的特点

新型物流配送除了具备传统物流配送的特点外，还具备以下几个特点。

1. 信息化

通过网络使物流配送由信息武装起来，实行信息化管理是新型物流配送的基本特征，这也是实现现代化和社会化的前提保证。

2. 现代化

传统的物流配送虽然也具备相当高的现代化程度,但要求并不是十分严格,与电子商务下的新型物流配送相比,在水平、范围、层次等各个环节上都有很大的不足和欠缺。现代化程度的高低是区别新型物流配送和传统物流配送的一个重要特征。

3. 社会化

同现代化一样,社会化程度的高低也是区别新型物流配送和传统物流配送的一个重要特征。很多传统的物流配送中心往往是某一企业为给本企业或本系统提供物流配送服务而建立起来的,有些配送中心虽然也为社会服务,但同电子商务下的新型物流配送所具备的社会性相比,具有很大的局限性。

案例 7.9

快货运:同城智能配送管理系统

杭州快驰科技有限公司成立于 2014 年 8 月,公司主营软件开发等业务,主要产品为快货运 APP。2015 年 4 月,快货运 APP 快货运同城智能配送管理系统(包含司机端、货主端)正式上线运营。快货运是基于移动互联网的运力管理交易平台,用户锁定中国 80 万中短途货运专线,致力于让各种运力的需求者和供给者在快货运平台上迅速匹配,并达成高效的交易、支付及管理,提升行业时效,降低双方成本。快货运 APP 的主要特点如下。

(1) 高度自动化的匹配和集约系统。运力的标准化程度低,意味着许多匹配和交易过程需要人工干预,会降低匹配和交易效率,加重公司成本。快货运以尽可能实现自动化交易为重要的产品设计理念,专注打磨基于大数据和模型技术的匹配和集约系统,减少人工干预。这为快货运未来实现快速发展打下了坚实的基础。

(2) 一组 APP(货主端和司机端),多个参与方无缝链接,实现多种不同类型的运力交易,流量可复用。已经成熟的快货运同城配送模块聚集了专线和同城货车两类用户。随着快货运对更多运力交易环节的标准化,之前环节积累的流量就可实现低成本再应用。

通过快货运同城智能配送管理系统,使用快货运 APP 货主端的专线可以将货运需求信息十分简便地提交给平台,信息被即时推送给附近的货车司机。使用快货运 APP 司机端,车主可以轻松获得平台上大量需求信息,并根据自身位置和车载状况抢单,线上匹配即可达成。抢单成功后,司机根据手机地图定位和自动导航找到货物所在地,在货物完成装载后运送至目的地。专线确认货物运送到位,点击 APP 即可支付运费,完成交易。

同时,快货运为拥有大量自有车辆的大中型物流公司提供了一套高效透明的同城车队提效方案,帮助公司通过对自有车辆的透明化管理,提高车队运输效率,降低运输成本。

(资料来源: http://www.100ec.cn/,有改动)

二、电子商务物流配送的作用

电子商务物流配送定位于为电子商务的客户提供服务。根据电子商务的特点,对整个物流和配送体系实行统一的信息管理和调度,按照用户订货要求,在物流基地进行理货工作,并将配好的货物送交收货人。这一先进的、优化的流通方式对流通企业提高服务质量、降低物流成本、优化社会库存配置,从而提高企业的经济效益及社会效益具有重要意义。电子商务物流配送的作用可以从配送企业、用户和物流系统三个视角来分析。

1．电子商务物流配送对配送企业的作用

(1) 电子商务物流配送将会大幅度地提高配送企业的配送效率。首先,配送企业通过电子商务技术等在配送中的应用,可以提高单证的传递效率,如 EDI 系统的建立和完善。其次,计算机辅助决策系统的建立和完善,可以提高配送决策的效率和准确性。最后,计算机网络与其他自动化装置操作控制系统的建立可提高各作业环节的效率,如无人搬运与自动分拣系统等。同时,通信与计算机系统的建立和完善,可以使配送企业有效地对配送活动进行实时监控,促进配送作业环节的合理衔接,减少失误,更好地完成配送的职能。

(2) 电子商务物流配送将会大幅度地提高货物供应的保证程度,降低用户因缺货而产生的风险,提升配送企业的客户满意度。

(3) 电子商务物流配送将会大幅度地提高配送企业的经济效益。一方面,货物供应保证程度和客户满意度的提升,将会提高配送企业的信誉和形象,吸引更多的客户;另一方面,将会使企业更科学合理地选择配送的方式及配送线路,保持较低的库存水平,降低成本。

(4) 电子商务配送有利于提高配送企业的管理水平。

2．电子商务物流配送对用户的作用

(1) 对于需求方用户来说,电子商务配送可降低这些用户的库存(甚至可实现这些企业的零库存),减少用户的库存资金,改善用户的财务状况,实现用户经营成本的降低。

(2) 对于供应方用户来说,如果供应方实施自身配送模式,电子商务配送可提高其配送效率,降低配送成本;如果供应方采取委托配送模式,可节约在配送系统方面的投资和人力资源,提高资金的使用效率降低成本开支。

3．电子商务物流配送对物流系统的作用

(1) 完善了整体物流系统。
(2) 强化了整体物流的功能。
(3) 提高了整体物流的效率。

三、电子商务对传统物流配送的影响

1．电子商务为传统的物流配送观念带来深刻的革命

物流配送经历了和正在经历三次革命:初期阶段就是送物上门,即为了改善经营效率,国内许多商家较为广泛地采用了把货送到买主手中的方式,这是物流的第一次革命;第二次物流革命是伴随着电子商务的出现而产生的,不仅影响到物流配送本身,也影响到上下游的各体系,包括供应商和消费者;第三次物流革命就是物流配送的信息化及网络技术的广泛应用所带来的种种影响,这些影响是有益的,将使物流配送更有效率。以计算机网络为基础的电子商务催化着传统物流配送的革命。

传统的物流配送企业需要置备大面积的仓库,而电子商务系统网络化的虚拟企业将散

置在各地的分属不同所有者的仓库通过网络系统连接起来，使之成为"虚拟仓库"，进行统一管理和调配使用，服务半径和货物集散空间都放大了。这样的企业在组织资源的速度、规模、效率和资源的合理配置方面都是传统的物流配送所不可比拟的，与之相应的物流观念也必须是全新的。

2．网络对物流配送的实时控制代替了传统的物流配送管理程序

一个先进系统的使用，会给一个企业带来全新的管理方法。传统的物流配送过程是由多个业务流程组成的，受人为因素影响和时间影响很大。网络的应用可以实现整个过程的实时监控和实时决策。新型物流配送的业务流程都由网络系统连接，当系统的任何一个末端收到一个需求信息的时候，该系统都可以在极短的时间内做出反应，并可以拟订详细的配送计划，通知各环节开始工作。这一切工作都是由计算机根据人们事先设计好的程序自动完成的。

3．物流配送的持续时间在网络环境下会大大缩短

在传统的物流配送管理中，由于信息交流的限制，完成一个配送过程的时间比较长，但这个时间随着网络系统的介入变得越来越短，任何一个有关配送的位置和资源都会通过网络管理在几秒钟内传到有关环节。

4．网络系统的介入简化了物流配送过程

传统物流配送的整个环节极为烦琐，而网络化的新型物流配送则可以大大缩短这一过程。在网络支持下的成组技术可以在网络环境下更加淋漓尽致地被使用，物流配送周期会缩短，其组织方式也会发生变化；计算机系统管理可以使整个物流配送管理过程变得简单和容易；网络上的营业推广可以使用户购物和交易过程变得更有效率、费用更低；可以提高物流配送企业的竞争力；随着物流配送业的普及和发展，行业竞争的范围和残酷性大大增加，信息的掌握、信息的有效传播及其易得性，使得用传统的方法获得超额利润的时间和数量会越来越少；网络的介入，使人们不再是机器、数字和报表的奴隶，人的潜能得到充分发挥，自我实现的需求成为多数员工的工作动力。

5．物流配送模式从少品种、大批量向多品种、小批量转变

传统配送主要是为企业间交易服务的，配送的对象主要是生产资料。由于生产资料品种规格单一，需要量大，配送过程基本不需要分拣，配送环节采用少品种、大批量的配送模式。在电子商务环境下，网络化的商务模式使企业间及企业与消费者之间的交易都更加活跃。一方面，对消费者网上订购的商品进行配送，生活资料的配送量增多，成为电子商务下物流配送的主流。而生活资料由于用户所需商品的品种规格繁多，需求量小，故要求多品种、小批量、多批次的配送。另一方面，企业间通过电子商务进行交易，订货作业变得简单、快捷，成本降低，因此趋于小批量、多批次订货，以实现自身零库存，增强市场应变能力。同时，生产资料配送也向小批量、多批次配送方式转化。

综上所述，推行信息化配送制，发展信息化、自动化、现代化的新型物流配送业是我国发展和完善电子商务服务的一项重要内容，势在必行。

四、电子商务物流配送的流程

在电子商务环境下，物流配送可以分为三个具体的流程，即订单处理流程、送货处理流程和退货处理流程。下面就这三个流程分别进行详细的介绍。

(一)订单处理流程分析

订单处理在配送中心的业务运作中占有十分重要的地位，它既是配送业务的核心，又是配送服务质量得以保障的根本条件。随着科学技术的进步和信息传输手段的提高，订单传输的方式也更加先进，采用电子化、网络化方法进行传递，条码技术、射频技术、电子数据交换系统的使用，可及时将订货信息传输给配送中心。配送中心接到客户的订单后，要对订单进行处理，按作业计划分配策略，分组释放。订单处理程序如下。

(1) 检查订单。检查客户订单是否真实有效，即确认收到的订货信息是否准确可靠。
(2) 顾客信誉审查。由信用部门审查，确认顾客的信誉。
(3) 将顾客的订单集合、汇总，并按一定的分类标志进行分拣。
(4) 打印订单分拣清单。列明拣出商品的项目，并将清单的一联票据交库存管理部门。
(5) 库存管理部门确定供应订货的仓库，并向仓库发出出货指示。
(6) 仓库接到相关出库通知后，按分拣要求拣货、包装、贴标签，将商品交运输部门。
(7) 财会部门记录有关的账务。
(8) 配送中心向顾客传递发货单。
(9) 运输部门组配装车，安排货物运输，将货物送至收货地点，同时完成送货确认。

在电子商务条件下，以上部分过程可通过计算机网络实时完成。

(二)送货处理流程分析

配送中心在完成拣选工作后，要对发出的货物进行出货检查，然后将发出的货物交给运输部门或委托运输商送货。

装车时，对于配送数量达不到货车的载运负荷或不满货车有效容积的客户的货物要进行配装，即将不同客户不同种类的货物进行合理组配，搭配配载。对于配送货物种类繁多、装车数量较多的情况，可采用计算机进行组配。商品配装后，按照所确定和规划的最佳运输路线及送货客户的先后次序，将货物送交顾客。

(三)退货处理流程分析

退货处理是售后服务中的一项任务，应该尽可能地避免，因为退货或换货，会大幅度增加成本，减少利润。

1．退货的原因

(1) 瑕疵品回收。

由于生产厂商在设计、制造过程中所造成的有质量问题的商品，往往在已开始销售后，才由消费者或厂商自行发现，必须立即部分或全部回收。从物流企业的角度来考虑，必须采取最快速的方法将商品收回，集中处理。

(2) 搬运中损坏。

由于包装问题或搬运中剧烈震动，造成商品破损或包装污损而产生的退货，必须重新研究包装材料的材质、包装方式和搬运过程中各项上、下货动作，找出真正原因加以改善。

(3) 商品送错退回。

由于物流中心本身处理不当所产生的问题，如拣货不确切或条形码、出货单等处理错误，使客户收到的商品数量与订单不符，必须要换货或退回，这时必须立即处理以减少客户抱怨，还应该尽快查出出现错误的原因。可能出错的环节有：订单接收时产生错误、拣货错误、出货单贴错、货物装错车等。找出原因后，配送中心应立即采取有效的措施，在经常出错的地方增加控制点，以提高正确率。

(4) 商品过期退回。

商品一般都有有效期限，为了保证消费者的利益，要从货架上卸下过期的货品，不可以再卖。但过期商品的处理，要符合环境保护的要求，由回收到销毁，需要投入一定的成本，所以要事先分析商品的需求，在配送时尽量减少过期商品的产生。

2．退货的处理方法

(1) 无条件重新发货。

因为发货人按订单发货发生错误，则应由发货人重新调整发货方案，将错发货物调回，重新按原正确订单发货，中间发生的所有费用应由发货人承担。

(2) 运输单位赔偿。

对于因为运输途中产品受到损坏而发生退货的，根据退货情况，确定所需的修理费用和赔偿金额，由运输单位负责赔偿。

(3) 收取费用，重新发货。

对于因为客户订货有误而发生退货的，退货费用由客户承担，退货后，再根据客户新的订货单重新发货。

(4) 重新发货或替代。

对于因为产品有缺陷，客户要求退货的，配送中心接到退货指示后，应安排车辆收回退货商品，将商品集中到仓库退货处理区进行处理。生产厂家及其销售部门应立即采取措施，用没有缺陷的同一种产品或替代品重新发货。

案例分析

菜鸟网络：多领域布局的智能物流体系

三足鼎立的电商物流体系。 围绕电子商务物流，有三大参与方，分别是电商自建物流、菜鸟平台、第三方快递（以"三通一达"为代表）。电商自建物流和菜鸟物流平台的最初出发点，都是希望通过用最优质的快递服务来提升客户体验，最终增加 B2C 业务的销售量。然而由于居高不下的仓储物流建设成本，两类物流模式都不约而同地将未来的发展方向，定位在对于全社会开放的、独立的物流公司。此外，原本就为社会化经营的第三方快递企业也开始反向渗透电商领域。

菜鸟诞生的背景及现状： "天网"+"地网"，大数据推动物流效率升级。天猫商城的物流服务处于良莠不齐的状态，难以形成统一的形象及口碑。加之 B2C 电商通过自建物流体系，在外部竞争上给予天猫商城压力，使天猫商城以家电家私为代表的细分市场份额逐渐被蚕食。对此，阿里开始发力物流，推出了"平台化、网络化"思维的物流体系"菜鸟网络"，依托天猫、淘宝交易、物流信息的数据网络(天网)，并利用分布在全国几大重要区域的巨大仓储中心(地网)，利用信息大数据的优势，布置仓储，调配物流，在多个方面提高物流快递转运的效率。

菜鸟体系大解构：多领域布局，智能物流立体布局渐清晰。其一，菜鸟引入银泰和复星作为股东，借力银泰复星全国拿地布局物流地产，据网络媒体不完全统计，菜鸟目前已拿下 2 万亩物流用地。其二，阿里巴巴与苏宁"联姻"，互相出资百亿认购对方新发行股份。通过战略合作，苏宁得到阿里导入的线上巨量消费者资源，阿里则将苏宁 450 万平方米仓储网络和全国线下门店资源纳入麾下。其三，参股专业智能仓配一体化解决方案提供商——心怡科技，让其负责天猫超市开仓的核心管理。此外，阿里还投资全峰、百世汇通、圆通快递、日日顺、卡行天下、高德和新加坡邮政等企业，完成了在智能物流领域的全方位立体布局。

菜鸟盈利模式分析：整体来说与快递公司是合作关系。菜鸟向卖家提供仓配网络服务、跨境网络服务和基于平台大数据的传统快递服务，向物流企业提供大数据分析及物流云服务，此外菜鸟还推出针对农村卖家及消费者的农村物流，以及面向最终端消费者的菜鸟驿站代收代寄件服务。

菜鸟定位：类政府、行业标准制定者及变革推动者。我们认为菜鸟的目标定位是促进电商物流不断变革升级，让各家快递物流企业为消费者提供更好的服务。这一目标，使得菜鸟主观上并不会直接与快递企业竞争，但是客观上会影响快递企业未来竞争的路径。一方面，加入菜鸟联盟的几家快递公司的相对份额会比较稳定，不会出现一家逐渐做大甚至垄断的局面，集中度不大可能再显著提升。另一方面，积极参与菜鸟体系的快递企业会比不积极参与的更加受益。此外，菜鸟的动作也会影响到快递公司战略。

(资料来源：亿欧网：http://www.100ec.cn，有改动)

思考：
1. 菜鸟物流属于电子商务下的哪一种模式？
2. 菜鸟的多领域布局的智能物流体系有哪些值得借鉴的地方？

归纳与提高

物流是指物品从供应地向接收地的实体流动过程，并根据实际需要，将运输、储存、装卸搬运、包装、流通加工、配送、信息处理等基本功能实施有机结合。电子商务与物流活动之间互相促进，互相影响，形成了彼此协调发展的关系。

物流模式是指企业为得到自身所需的物流功能而在组建物流体系时所选择的组建模式。传统的物流模式有整体化物流模式、围绕配送中心构建的物流模式、适应社会发展条件形成的物流模式和适应不同配送需求产生的物流模式。电子商务环境下的物流模式，主要包括自营物流、第三方物流、物流联盟和第四方物流模式。B2B、B2C 和 C2C 电子商务企业可以根据自身的特点选择合适的物流模式。

电子商务物流技术是指在电子商务物流活动中把商品(或物品)进行移送和储存,为社会提供无形服务的技术。目前常用的物流技术有条码技术、射频技术、EDI 技术、GIS/GPS 技术等。这些技术在现实中有着广泛的应用。

电子商务下的物流配送就是信息化、现代化和社会化的物流配送,具有信息化、现代化和社会化的特点。电子商务对传统物流配送有着重要的影响,物流配送对电子商务的发展起着推动作用。在电子商务条件下,物流配送可以分为 3 个具体的流程,即订单处理流程、送货处理流程和退货处理流程。

习题

一、选择题

1. 下面不属于物流基本职能的是(　　)。
   A. 运输　　　　B. 仓储　　　　C. 收款　　　　D. 配送
2. 下列物流信息技术手段中能够实现"智慧地球"的是(　　)。
   A. 条码技术　　B. 射频技术　　C. GIS/GPS 技术　D. 物联网技术
3. 以下不是物流按地域范围标准分类的是(　　)。
   A. 生产物流　　B. 国际物流　　C. 国内物流　　D. 城市物流
4. 电子商务环境下的物流模式不包括(　　)。
   A. 自营物流模式　　　　　　　B. 第三方物流模式
   C. 整体化物流模式　　　　　　D. 第四方物流模式
5. 企业借助自身的物资条件,包括物流设施、设备和管理机构等,自行组织完成企业的物流活动的模式被称为(　　)。
   A. 自营物流模式　　　　　　　B. 第三方物流模式
   C. 整体化物流模式　　　　　　D. 第四方物流模式
6. 以下条码技术中不属于一维条码技术的是(　　)。
   A. EAN 条码　　B. UPC 条码　　C. 39 条码　　D. PDF417 码
7. 我国自行研制的导航定位装置是(　　)。
   A. GPS 系统　　B. 伽利略系统　C. 格洛纳斯系统　D. 北斗导航系统
8. 在计算机硬、软件系统支持下,对整个或部分地球表层(包括大气层)空间中的有关地理分布数据进行采集、储存、管理、运算、分析、显示和描述的技术系统被称为(　　)。
   A. GPS 技术　　B. GIS 技术　　C. 条码技术　　D. 射频技术

二、复习思考题

1. 电子商务企业应该如何结合自身的实际情况选择合适的物流模式?
2. 列出常见的物流信息技术,并分析它们在实际中一般都用在什么地方。
3. 什么是电子商务下的物流配送?它具有哪些特点?

三、技能实训题

1. 到一个电子商务网站购买一件商品,了解其物流送货过程。
2. 分析目前几个大的电子商务网站的物流模式。

第八章 电子商务安全

学习要点及目标

理解电子商务面临的安全问题、安全需求及其体系结构；理解防火墙技术的工作原理，掌握计算机网络病毒的防治方法与措施；理解加密技术的基本要素和工作过程，掌握对称加密技术与非对称加密技术的实现原理；掌握数字信封、数字摘要、数字签名、数字时间戳、数字证书、认证中心等安全认证技术的实现原理和工作过程。

引例

中国网络安全十大事件

2019年2月20日，中国网络安全大事发布会在公安部第一研究所举行，本次会议发布了结合专家组评选和线上投票遴选出的2018年中国网络安全大事(以事件时间排序)。

1. "净网2018"专项行动打击整治网络违法犯罪

2018年2月7日，公安部部署全国公安机关深入开展打击整治网络违法犯罪"净网2018"专项行动，要求强化清理整治，全面规范网络安全秩序，督促指导重点网站、网络服务商、信息服务商和联网单位严格落实信息安全管理责任和网络实名制等管理制度。

2. 勒索软件持续入侵大型系统，造成严重后果

3月，湖北某医院内网遭到勒索病毒攻击，导致该医院自助挂号、缴费、报告查询打印等设备无法正常工作；8月，台湾积体电路制造三大厂区出现计算机大规模勒索病毒事件，造成大量经济损失；9月，勒索病毒入侵山东省10市不动产登记系统，造成系统暂停运行。

3. 全国网络安全和信息化工作会议在京召开

4月20日，全国网络安全和信息化工作会议召开，习近平总书记出席会议，并强调"信息化为中华民族带来了千载难逢的机遇。我们必须敏锐抓住信息化发展的历史机遇，加强网上正面宣传，维护网络安全，推动信息领域核心技术突破"。

4. 国家标准《信息安全技术 个人信息安全规范》正式实施

5月1日，国家标准《信息安全技术 个人信息安全规范》(GB/T 35273—2017)正式实施，以国家标准的形式明确开展收集、保存、使用、共享、转让、公开披露等个人信息处理活动应遵循的原则和安全要求，可以为互联网企业处理用户个人信息提供指导和规范。

5. 网上公民个人信息泄露频频发生

2018年以来，国内多家机构疑似发生个人信息泄露事件。6月13日，知名视频播放网站A站(AcFun)遭遇黑客攻击，数据库近千万条用户数据发生泄露；6月14日，前程无忧数据库195万余条用户数据疑似泄露，但遭该公司声明否认；8月1日，浙江省1000万条学籍数据疑似泄露，样本数据经核实与真实信息基本一致；8月28日，华住旗下酒店5亿条用户信息泄露；9月7日，江苏一高校学生信息泄露，疑被企业用于偷逃税款；12月31日，北京警方破获一起侵犯公民个人信息案，网上贩卖 470 余万条疑似 12306 铁路订票网站用户数据的犯罪嫌疑人陈某被刑拘。

6. 公安部发布《网络安全等级保护条例(征求意见稿)》

6 月 27 日，公安部发布了会同有关部门起草的《网络安全等级保护条例(征求意见稿)》。征求意见稿要求建立健全网络安全防护体系，重点保护涉及国家安全、国计民生、社会公共利益的网络基础设施安全、运行安全和数据安全，拟将网络分为五个安全保护等级，要求网络运营者依法有效应对网络安全事件，防范网络违法犯罪活动。

7. 首届网民网络安全感满意度调查活动在全国开展

8 月 27 日，2018 年全国网民网络安全感满意度调查活动正式启动。本次调查活动由 80 多家网络安全社会组织共同发起，是国内首次对网络安全满意度进行如此大规模的公开调查，参与人数多，组织类型全面，着眼于反映广大民众对于网络安全态势的感受，积极宣传网络安全，提高网络治理成效。

8.《公安机关互联网安全监督检查规定》正式施行

11 月 1 日，《公安机关互联网安全监督检查规定》正式实施。根据规定，公安机关将根据网络安全防范需要和网络安全风险隐患的具体情况，对互联网服务提供者和联网使用单位履行法律、行政法规规定的网络安全义务情况开展监督检查。

9. 国家网信办发布具有舆论属性的信息服务安全评估规定

11 月 15 日，中国国家互联网信息办公室发布《具有舆论属性或社会动员能力的互联网信息服务安全评估规定》，要求互联网信息服务提供者在特定情况下，按规定自行开展安全评估，并对评估结果负责。

10.《互联网个人信息安全保护指引(征求意见稿)》向社会征求意见

11 月 30 日，公安部网络安全保卫局发布《互联网个人信息安全保护指引(征求意见稿)》，旨在深入贯彻落实《网络安全法》，指导互联网企业建立健全公民个人信息安全保护管理制度和技术措施，有效防范侵犯公民个人信息的违法行为，保障网络数据安全和公民合法权益。

思考： 你认为在电子商务活动中涉及哪些安全问题？

(资料来源：经济参考网，http://www.jjckb.cn/2019-02/27/c_137854670.htm，有删改)

> **必备知识点**

电子商务安全问题与基本要求　网络安全技术　数据加密技术　数字认证技术

> **拓展知识点**

电子商务安全管理制度　电子商务诚信机制　电子商务安全立法

第一节 电子商务安全概述

电子商务重要的技术特征是使用开放的 Internet 网络来传输和处理商业信息,因而电子商务具有全球性、虚拟性、开放性和共享性等特点。但开放性、共享性是一柄双刃剑,在扩大电子商务市场范围的同时也给其带来各种安全隐患。要实现安全的电子商务,首先要认识电子商务存在的安全隐患,才能在此基础上采取有针对性的防范措施。

一、电子商务面临的安全问题

(一)环境安全问题

为了保证电子交易能顺利进行,电子交易所使用的基础设施必须安全可靠,否则一切技术、措施将变得毫无意义。环境安全是电子商务的基础,主要包括以下几个方面内容。

(1) 机房环境安全。计算机网络设备大多是易碎品,不能受重压、强烈震动或强力冲击。同时,对机房环境要求较高,如温度、湿度、各种污染源等,要特别注意火灾、水灾、空气污染对设备所构成的威胁。

(2) 自然灾害或意外事故。各种自然灾害如地震、海啸等容易对网络基础设施造成毁灭性的打击,而一些意外事故如房屋倒塌、突然停电、设备故障都会对电子商务正常运营构成威胁。

(3) 行政管理安全。例如,缺乏相关的计算机网络、信息、电子商务安全管理的规章制度,缺乏对员工的相关法律制度教育以及员工责任心、安全防范意识的培养等。

(4) 社会环境安全。例如,缺乏计算机网络安全、信息安全和电子商务安全相关法律法规使电子商务面临更多的攻击和犯罪,社会缺乏一个诚信可靠的网络环境等使得电子商务比传统贸易面临更大的信用风险。

(二)计算机网络安全

计算机网络应保证信息系统资源的完整性、准确性,并向所有合法用户随时提供各自应得到的网络服务。从逻辑上来讲,计算机网络安全需要保证客户端、服务器、网络接入设备、传输通信设备和网络系统等的安全稳定运行。具体来讲,包括以下几个方面。

(1) 黑客的恶意攻击。黑客泛指非法侵入计算机信息系统者,黑客攻击目前已成为计算机网络面临的最大威胁。无论是个人、企业还是政府机构,只要进入计算机网络,都会感受到黑客带来的网络安全威胁,大到国家机密,小到商业秘密,乃至个人隐私都可能随时被黑客发现并公布。

(2) 计算机病毒与木马。病毒是一串具有危害性的能够自动复制传播的可执行代码或程序;木马是一类特殊病毒,通过木马,计算机可能被远程计算机监视与控制。病毒和木马具有隐蔽性,一旦发作,便能够进行破坏数据、删除文件、格式化磁盘等操作。

(3) 系统漏洞与软件"后门"。随着计算机系统越来越复杂,一些特别大的系统或应用软件很难进行全面的测试,总会留下某些缺陷和漏洞,这些漏洞随着人们不断使用和技术进步,有朝一日总会显现出来。例如,微软 Windows 系统、IE 浏览器,都不断被发现安全漏洞,并成为病毒、木马及黑客攻击的首要目标。"后门"是软件公司编程人员为自己方便而设置的开放接口,一般不为外人所知,但一旦洞开,后果不堪设想。

 小资料

木 马

木马程序是目前比较流行的病毒文件,与一般的病毒不同,它不会自我繁殖,也并不"刻意"地去感染其他文件,它通过将自身伪装吸引用户下载执行,向施种木马者提供打开被种者计算机的门户,使施种者可以任意毁坏、窃取被种者的文件,甚至远程操控被种者的计算机。

木马程序通常包含两个部分:服务端(服务器部分)和客户端(控制器部分)。植入对方计算机的是服务端,而黑客正是利用客户端进入运行了服务端的计算机。运行了木马程序的服务端以后,会产生一个有着容易迷惑用户的名称的进程,暗中打开端口,向指定地点发送数据(如网络游戏密码、即时通信软件密码和用户上网密码等),黑客甚至可以利用这些打开的端口进入计算机系统。

(三)信息安全

如果把电子商务的运转过程看作信息的流动,则在正常情况下,信息从信源流向信宿的整个过程不受任何第三方的介入和影响(见图 8.1)。电子商务面临的信息安全威胁可以归纳为:信息中断、信息窃取、信息篡改、信息假冒 4 种类型。

(1) 信息中断,是指攻击者有意破坏和切断他人在网络上的通信。

(2) 信息窃取,是一种被动攻击,它是指攻击者从网络上窃取侦听他人的通信内容,而不影响通信的过程。

(3) 信息篡改,是指攻击者截获网络上传送的信息,在篡改后将其发送给接收者。

(4) 信息假冒,是指攻击者假冒发送者的身份伪造一份信息在网络上传送给接收者。

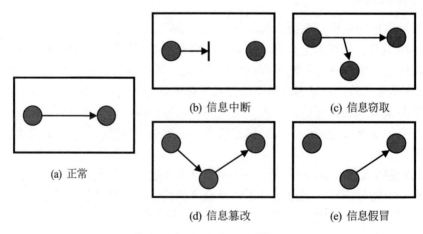

图 8.1 电子商务中的信息安全

(四)交易安全

将传统交易搬到虚拟的互联网上,买卖双方之间不谋面地进行交易,将面临传统交易中未有的安全问题,包括个人隐私、商业数据、身份真实、信用和支付等方面,可从买方、卖方两个角度来分析。

1. 卖方面临的安全威胁

卖方面临的安全威胁如下。

(1) 卖方数据库被破坏。入侵者假冒成合法用户来改变用户数据(如商品数量、送达地址等)、解除用户订单或生成虚假订单。

(2) 竞争者的威胁。竞争对手可以以消费者的名义登录本企业网站浏览商品,获取商品种类、销售情况方面的商业机密信息,或通过订购某些重要商品来获取服务、物流、库存及网站参数指标方面的信息,或直接窃取客户资料等。

(3) 信用威胁。卖方接到的订单,有可能是虚假订单,也有可能买方提交订单后不付款,或者货到付款支付时飞单等。

(4) 假冒的威胁。他人可建立与卖家网站界面相仿的虚假网站,获取用户账号、密码等。

2. 买方面临的安全威胁

买方面临的安全威胁如下。

(1) 被他人假冒订购商品。客户可能被一个假冒者以其相同的名字来订购商品,而且假冒者有可能收到商品,而此时客户却被要求付款。

(2) 付款后收不到商品或者收货延迟。客户付款后,卖方不能有效及时地履行订单,使客户不能及时收到商品。

(3) 隐私问题。客户个人隐私或身份数据在传递过程中可能被窃取,或被卖方泄露。

(4) 拒绝服务。卖方服务器被黑客攻击,以致网络瘫痪而不能为合法用户正常提供服务。

(5) 网络诈骗。随着电子商务的发展网络诈骗日益猖獗,可能使买方蒙受巨大损失。

小资料

网络钓鱼

网络钓鱼是通过大量发送声称来自银行或其他知名机构的欺骗性垃圾邮件,意图引诱收信人给出敏感信息(如用户名、口令、账号 ID、ATM PIN 码或信用卡详细信息)的一种攻击方式。网络钓鱼诈骗者通常会将自己伪装成网络银行、在线零售商和信用卡公司等可信的品牌,骗取用户的私人信息,受骗者往往会泄露自己的私人资料,如信用卡卡号、银行卡账户、身份证号等内容。从 2004 年开始,网络钓鱼亦开始在中国大陆出现,曾出现过多起假冒银行网站,比如假冒的中国工商银行网站。据 360 互联网安全中心发布的《中国互联网安全报告》显示,2018 年上半年,360 互联网安全中心共截获各类新增钓鱼网站 1622.6 万个,同比上升 7 倍,平均每天新增 9.0 万个;为全国用户拦截钓鱼攻击 207.2 亿次,同比上升17.5%,平均每天拦截1.1亿次;在新增钓鱼网站中,境外彩票以82.4%位居首位,假冒银行8.3%,模仿登录3.7%位列其后。

二、电子商务安全的基本要求

电子商务安全是指整个电子商务过程合理运营、不被干扰和影响,是交易中力求达到的一种理想状态。为达到这一状态,应满足以下基本要求。

(一)认证性

认证性是指交易双方在进行交易前应能鉴别和确认对方的身份。在传统交易中,交易双方往往是面对面进行买卖活动的,可通过对方的签名、印章等有形身份凭证来鉴别其身份。然而,参与网上交易的双方往往素不相识甚至远隔万里,整个交易过程中可能不见一面。如果不采取任何新的保护措施,就要比传统商务更容易引发假冒、诈骗等违法活动。因此,电子商务的首要安全需求就是要保证身份的真实性。这就意味着,在双方进行交易前,首先要能确认对方的身份,并保证交易双方身份不能被假冒或伪装。

(二)保密性

保密性是指交易双方对交换的信息进行加密保护,使其在传输、存储过程中不会被他人识别。电子商务建立在开放的网络环境下,当交易双方通过Internet交换信息时,如果不采取一定的保密措施,那么其他人有可能知道其通信内容;另外,存储在网络计算机中的文件如果不加密也有可能被黑客窃取。这些情况可能带来个人隐私或商业机密的泄露,造成巨大损失。例如,如果客户的信用卡账号和密码被人知悉,就可能被盗用;如果企业订货和付款信息被竞争对手获悉,就可能丧失商机。保密性一般通过利用密码技术对传输的信息进行加密处理来实现。

(三)完整性

完整性是指信息在传输过程中能够保持一致性,并且不被未经授权者篡改,也称不可修改性。破坏完整性的攻击被称为主动攻击,包括篡改信息内容,使数据部分丢失或重复、改变信息传送次序、延迟传送时间等,导致信息不再完整或有效。保证交易的完整性也是电子商务活动中的一个重要安全需求,保证交易各方能够验证收到的信息是否完整,即信息在存储时是否被人篡改过,或者在传输过程中是否出现信息丢失、信息重复等差错。完整性一般可通过提取信息摘要和数字签名等方式来实现。

(四)不可抵赖性

不可抵赖性是指交易双方在网上交易过程的每个环节中,都不可否认其所发送和收到的交易信息,又称不可否认性。由于商情千变万化,交易合同一旦达成就不能抵赖。在电子交易中,不能再通过传统的手写签名和印章来预防抵赖行为的发生。如果不能防止电子商务中的抵赖行为就会引起商业纠纷,导致电子商务无法顺利进行。例如,在订购商品时,订货时价格较低,但收到订单后,价格上涨,假如供应商否认收到订单,则采购商蒙受损失；相反，价格下跌，假如订货方否认先前发出订货单，则供应商就会蒙受损失。保证交易过程的不可抵赖性也是电子商务安全需求中的重要方面。不可抵赖性一般通过身份认证和对发送消息进行数字签名来实现。

案例 8.1

网络商品"标错价"处理不能企业说了算

2018 年 11 月 17 日，东航在进行价格维护时出现参数异常，导致部分网络销售平台以"白菜价"出售机票。面对自己的错误，东航回应：所有机票(支付成功并已出票)全部有效，旅客可正常使用。同时还借此进行了一次新飞机的营销：将从 17 日凌晨购票旅客中选取代表，参加 11 月 30 日东航集成新一代旅客服务系统的全新 A350 接机仪式。

无独有偶，刚刚过去的"双 11"也发生了一次"标错价"事件。"双 11"当天，苏宁易购平台的茵曼店部分产品在促销折扣设置上出现了失误，将 9 折设置成了 0.9 折，导致售价低于实际成本，涉及订单金额 500 万元。茵曼方面表示，公司无法承受这样大的损失，但会对购买 0.9 折的商品订单按实付 30% 进行赔付。

舆论对于东航的处理，一片叫好，有评论认为"乌龙"订单有效不仅反映了企业的契约精神，也是企业应当承担的法律责任，为广大企业树立了诚信守法的榜样。而对于茵曼，则出现褒贬不一的看法：有消费者认为，这种折扣确实离谱，应该理解茵曼；另一些消费者却认为，商家自己的错误不应该让消费者来买单，甚至质疑茵曼是为了"双 11"刷销量。

实际上，网络商家搞错价格错卖商品的事情时有发生。有些商家通过认错把"标错价"事故变成了营销自己的故事，而有些商家则一错再错，最终让自己的促销故事变成事故。当当网就曾以价格标错为由拒绝发货，被消费者告上法庭，最终法院判决，要求该网站继续履行合同。仔细研究这些案例会发现，无论是东航认错的大气，还是某些公司不认账的"小气"，都是企业单方面说了算。消费者没法期待所有公司都能像东航这样为自己的错误买单，甚至不敢期待东航以后能够一直为自己的错误买单。有电商平台曾出现过商家误操作，发了过高的优惠券，结果平台以商家破产为由，让消费者取消订单。

面对这样"标错价"就玩消失的商家，消费者该如何维权？尽管接受采访的律师似乎一边倒地站在消费者这边，认为商家"标错价"应该承担全部责任。但是，有多少消费者知道如何运用法律武器、愿意付出时间和金钱成本去维权？

既然"标错价"的情况一直存在，也很难避免，不妨以此次广受舆论称赞的东航为自己错误买单事件为契机，将探讨更深一步，设置好今后再出现类似情况的处理规则。让消费者、商家、专家，甚至是第三方机构一起探讨可操作的处理方式，给消费者维权以便利。比如，"标错价"到底该怎么处理？谁来执行？谁来监督？电商平台上的商家不认账，平台该不该承担责任？平台日常是不是得规定商家预留一部分处理类似危机的资金？消费者如何能够快速、便捷地获得自己应得的赔偿？尽管现在还无法完全形成规则的框架，但不能就此放弃讨论。相信随着讨论的深入，规则会越来越细化。而随着规则的细化，相应的保障机制也会建立起来。

(资料来源：人民网，http://yn.people.com.cn/n2/2018/1122/c372440-32317383.html，有删改)

(五)可靠性和可用性

可靠性和可用性也称不可拒绝性,是指电子商务服务商应为用户提供稳定可靠的服务,保证授权用户能够使用和访问网站的服务和资源。它要求商家能够对网络故障、操作错误、应用程序错误、硬件故障、系统软件错误、计算机病毒以及网络攻击者等潜在威胁加以控制和预防,以保证交易数据在确定时刻、确定地点是可靠的。可靠性和可用性主要针对计算机网络系统,一般通过防火墙、入侵检测、反病毒、漏洞扫描、数据备份与恢复等技术来实现。

案例 8.2

支付宝故障,用户交易失败钱被扣

继工商银行遭遇系统故障袭扰后,支付宝也遭遇系统异常。昨日,有市民反映使用支付宝时明明显示交易失败,但钱却被扣了出去。

因为信用卡还款日期将近,市民王先生昨天上午 10 时许打开支付宝进行操作。在成功还完民生银行的 500 元后,他接着操作,准备还交通银行的 1009 元,这时却遇到了麻烦。他连续试了 3 次,界面均显示支付失败,等待付款,但随后却收到银行短信告知已被扣款 1009 元。王先生赶紧联系支付宝客服,但电话一直未接通。想到最近听朋友说也在支付宝上遇到过相似的情况,王先生更是着急,怕这笔钱无故丢失。

为此他又辗转联系上在线客服,等待近半个小时后,对方称王先生的情况要转接到高级专员,由他们帮忙解答。在经历了上传照片、写明情况、报卡号等一系列折腾后,在线客服断了线,王先生彻底无语。他在微博上征集与他有相同遭遇的人,要向支付宝维权。

昨天下午,支付宝客服终于有了回复,称如果是正好遇到网络异常,会出现这样的情况,后续会将款项支付到还款订单上,如果支付失败,也会将款项退回到支付的银行卡上,不会丢失。客服人员称,近日偶尔有系统不稳定情况出现,尤其是与工商银行、交通银行往来的业务,发生故障的可能更大。

由于系统恢复需要一定的时间,工作人员建议有此问题的用户今天再关注一下交易状态,或者将个人账号等通过私信方式告知支付宝客服,以便其帮忙查询。

(资料来源:http://bank.hexun.com/2013-06-25/155482211.html,2013)

三、电子商务的安全体系结构

电子商务安全是一个系统的概念。安全问题不仅仅涉及技术,更重要的还有管理,而且还与社会道德、行业管理以及人们的行为模式紧密地联系在一起。要实现电子商务的安全,必须在环境、网络、加密、认证、传输、应用等方面构建一个完整的安全体系,以全方位地保障电子商务的运作。具体如图 8.2 所示。

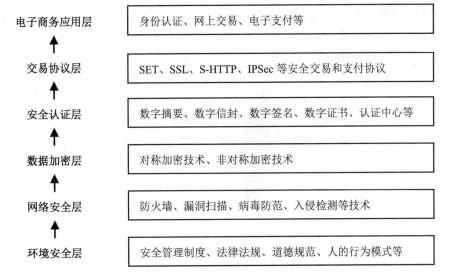

图 8.2 电子商务安全体系结构

在下面两节中，将重点从技术和管理两个方面对电子商务安全问题的解决思路进行详细论述。

第二节 电子商务安全技术

安全技术是电子商务安全体系中的一个重要组成部分，目前相关的信息安全技术与专门的电子商务安全技术比较普遍和成熟。电子商务中常用的网络安全技术有防火墙技术、病毒防范技术、安全协议、数据加密技术和数字认证技术等。

一、网络安全技术

网络安全是电子商务安全的基础。要实现网络安全并不能靠某一种具体的技术，而必须采用包括操作系统日常维护、防火墙、虚拟专用网(VPN)、反黑客与反病毒、漏洞扫描和入侵检测等一系列技术。下面主要介绍防火墙、病毒防范技术和网络安全协议。

(一)防火墙技术

防火墙(Firewall)是指设置在被保护网络(如企业内部网、局域网)和公共网络(如Internet)或其他网络之间的软件或硬件设备的组合，它通过在网络边界上建立网络安全检测系统来隔离内外部网络，以确定哪些内部服务允许外部访问以及哪些外部服务访问内部网络，从而阻止外部网络的入侵(见图 8.3)。防火墙一般具有 3 个特性：一是所有通信都要经过防火墙；二是防火墙只放行经过授权的网络访问；三是防火墙能经受住对其本身的攻击。

根据物理特性，防火墙可分为两大类：硬件防火墙和软件防火墙。软件防火墙是一种安装在负责内外网络转换的网关服务器或者独立的个人计算机上的特殊程序，它一般跟随系统启动。操作系统或杀毒软件一般都内嵌有防火墙功能，如 Windows 防火墙、天网防火墙、瑞星个人防火墙、江民防火墙、360 防火墙等。硬件防火墙是一种以物理形式存在的专用设备，通常架设于两个网络的驳接处，直接从网络设备上检查过滤有害的数据报文。这类防火墙主要由网络设备制造商提供，如思科、华为、联想都生产该类防火墙。

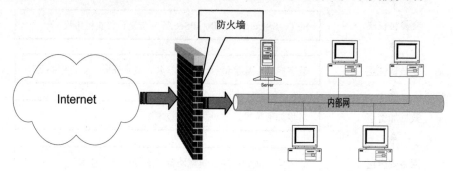

图 8.3　防火墙示意图

常用的防火墙技术有包过滤技术、代理技术、应用级网关、电路级网关、规则检查防火墙、状态监视技术和网络地址转化技术。这里主要介绍包过滤技术和代理技术。

1. 包过滤技术

包过滤技术通过一个检测模块，根据预先设定的过滤原则对流经防火墙的数据包进行检测，以决定是转发还是丢弃该数据包。采用包过滤技术的防火墙，通过在网络中的适当位置对数据包进行过滤，检查数据流中每个数据包的源地址、目的地址、所有的 TCP 端口号和 TCP 链路状态等要素，依据一组预定义的规则，以允许合乎逻辑的数据包通过防火墙进入到内部网络，而将不合乎逻辑的数据包加以删除。

2. 代理技术

代理技术与包过滤技术完全不同，包过滤技术是在网络层拦截并检测所有的信息流，而代理技术则是针对每一个特定应用都有一个服务程序。代理是在应用层实现防火墙的功能，提供代理服务的防火墙被称为应用层网关。代理将内部系统与外界隔离开来，从外面只能看到代理服务器而看不到任何内部资源。

(二)病毒防范技术

随着计算机应用越来越广泛，世界各国遭受计算机病毒感染和攻击的事件也越来越多，给计算机网络带来了巨大威胁和破坏，防范计算机病毒日益受到人们的重视。

1. 计算机病毒

计算机病毒是指编制或者在计算机程序中插入的破坏计算机功能或者毁坏数据，影响计算机使用，并能自我复制的一组计算机指令或者程序代码。与一般的计算机程序相比，病毒一般具有以下几个特点。

(1) 破坏性。任何病毒只要侵入系统，都会对系统及应用程序产生不同程度的影响，轻者会降低计算机工作效率，占用系统资源，重者可导致系统崩溃。

(2) 隐蔽性。病毒大多附在正常程序中或磁盘较隐蔽的地方，很难被发现，受到病毒传染后，计算机系统通常仍能正常运行，用户不会感到异常。

第八章 电子商务安全

(3) 潜伏性。大部分计算机病毒感染系统后不会马上发作,可长期潜伏在系统中,只有在满足特定条件时才启动其破坏模块。例如,著名的"黑色星期五"病毒在每月13日如果又恰逢星期五发作。

(4) 传染性。病毒具有把自身复制到其他程序中的特性,病毒程序代码一旦进入计算机并得以执行,它会搜寻符合其传染条件的程序或存储介质并将自身代码插入其中,以达到自我繁殖的目的。

(5) 可激发性。病毒在传染和攻击时都需要一个触发条件。它可以是系统内部时钟、特定字符、特定文件、文件使用次数、系统启动次数等。

(6) 攻击性。计算机病毒侵入系统后,时刻监视系统的运行,一旦时机成熟,即对系统实施主动攻击。

网络病毒是一种新型病毒,它依赖网络通道为传播媒介,传染能力更强,破坏力更大,相比于计算机病毒,网络病毒具有感染速度快、破坏性更强、更加隐蔽化、形式多样化、智能化和难以彻底清除等特点。

2. 计算机病毒的识别

计算机感染病毒后,系统内部会发生某些变化,并在一定条件下表现出来,可以作为识别病毒的参考。及早发现病毒很重要,早发现、早处置,可以减少损失。出现以下一些异常现象,就可能是染上了病毒。

(1) 屏幕出现异常图形或画面,如雨点、字符、树叶等,并且系统很难退出或恢复。
(2) 扬声器发出与正常操作无关的声音,如演奏乐曲或是随意组合的、杂乱的声音。
(3) 磁盘的剩余空间突然变小,出现大量坏簇,并且坏簇数目不断增多。
(4) 磁盘上文件或程序丢失,或文件名称、属性、类型发生改变。
(5) 程序的运行速度明显放慢,磁盘读、写文件操作明显变慢,访问的时间加长。
(6) 机器不能正常启动或者工作中突然自动关机。
(7) 系统经常死机或出现异常的重启动现象。
(8) 原来运行的程序突然不能运行,总是出现出错提示。

3. 计算机病毒的防治

(1) 病毒预防。病毒预防是指通过一定的技术手段,防止计算机病毒对系统的传染和破坏。病毒预防主要有防病毒卡和防病毒软件两种预防模式。防病毒卡主要功能是对磁盘提供写保护,监视在计算机和驱动器之间产生的信号以及可能造成危害的命令。而软件企业推出的各具特色的防病毒软件,有效地抑制了病毒的蔓延,大大降低了病毒对电子商务及计算机网络用户的损害。

(2) 病毒检测。病毒检测技术有两种:一种是根据病毒的关键字、特征程序段内容、病毒特征,以及传染方式、文件长度的变化;另一种不针对具体病毒程序,而对某个文件进行检测和计算并保存其结果,以后定期或不定期对该文件进行检测,若出现差异则表示该文件已染上了病毒。对于一般的电子商务从业人员,采用这些技术手段检查与防治病毒确实勉为其难。好在专业的开发商现在已经能够提供完善的防病毒软件,并且通过互联网随时升级,可以检测最新出现的病毒。

(3) 病毒的清除。手工清除计算机病毒是一个复杂烦琐的过程,且需要相关的专业知识。对一般用户来讲,采用防病毒软件来清除病毒是最好的选择。防病毒软件对病毒的处理有3种方式:一是修复,即在感染了病毒的文件中区分出文件,文件修复后可继续使用;二是删除,即将感染了病毒不重要的文件直接删除,这是一种可靠的清除病毒的方法;三是隔离,有些被病毒感染的文件无法修复,而文件可能还有用途,不能轻易删除,则可将文件加入标记并存放在特定区域,使之不能执行或读写。

不过,防病毒软件大都是在某种病毒出现后对其进行分析研究后研制出来的具有相应解毒功能的软件,带有滞后性,并且杀毒软件对某些变种病毒也经常无能为力。

案例 8.3

网络病毒——熊猫烧香

熊猫烧香是一种经过多次变种的蠕虫病毒变种,2006年10月16日由25岁的中国湖北武汉新洲区人李俊编写,2007年1月初肆虐网络,它主要通过下载的档案传染,对计算机程序、系统破坏严重。使用Windows系统的用户中毒后,后缀名为.exe的文件无法执行,并且文件的图标会变成熊猫举着三根烧着的香的图案。大多数知名的网络安全公司的杀毒软件以及防火墙会被病毒强制结束进程,甚至会出现蓝屏、频繁重启的情况,病毒还利用Windows 2000/XP系统共享漏洞以及用户的弱口令如系统管理员密码为空,不少安全防范意识低的网吧以及局域网环境全部计算机遭到此病毒的感染。同时病毒执行后在各盘释放autorun.inf以及病毒体自身,造成中毒者硬盘磁盘分区以及U盘、移动硬盘等可移动磁盘均无法正常打开。李俊还建立了病毒更新服务器,在更新最勤时一天要对病毒更新升级8次,与俄罗斯反病毒软件卡巴斯基反病毒库每3小时更新一次的更新速度持平,所以凭借更新的速度杀毒软件很难识别此计算机病毒的多种变种。

此次传播的"熊猫烧香"病毒,作者李俊先是将此病毒在网络中卖给了120余人,每套产品要价500~1 000元,每日可以收入8 000元左右,最多时一天能赚1万余元,作者李俊因此直接非法获利10万余元。然后由这120余人对此病毒进行改写处理并传播出去,这120余人的传播造成100多万台计算机感染此病毒,他们将盗取来的网友网络游戏以及QQ账号进行出售牟利,并使用被病毒感染沦陷的机器组成"僵尸网络"为一些网站带来流量。

2007年2月12日湖北省公安厅宣布,根据统一部署,湖北网监在浙江、山东、广西、天津、广东、四川、江西、云南、新疆、河南等地公安机关的配合下,一举侦破了制作传播"熊猫烧香"病毒案,抓获病毒作者李俊。这是中国警方破获的首例计算机病毒大案。2007年9月24日,湖北省仙桃市人民法院一审以破坏计算机信息系统罪判处李俊有期徒刑四年,并对违法所得予以追缴。

(资料来源:维基百科-熊猫烧香,有删节)

在网络环境下,防范病毒更加复杂,以下是防范网络病毒的一些措施。

(1) 在网络系统中,尽量多用无盘工作站,系统中应只有系统管理员有最高的访问权限,避免出现过多的超级用户。

(2) 合理设置杀毒软件。尽量全部打开杀毒软件各类防护功能,并及时升级更新杀毒软件的病毒库和扫描引擎。

(3) 合理设置电子邮件工具。如果是使用 Outlook Express 作为邮件的收发程序，建议在"选项"中的"发送"设置中，选择使用"纯文本"格式发送电子邮件。

(4) 设置始终显示文件的扩展名。在资源管理器中，选择"工具"的"文件夹选项"中的"查看"，去掉"隐藏已知文件类型的扩展名"前的选择，这样就可使那些想伪装成正常文件的病毒文件原形毕露，发现有什么异常扩展名的文件，应禁止使用或直接删除。

(5) 慎重对待邮件附件。对邮件附件尽可能小心，安装杀毒软件，在打开邮件前对附件进行预扫描。

(6) 不要盲目转发信件，因为这样会帮助病毒的传播。

(7) 不随便点击不明链接。不要随便点击不明邮件中的链接，防止其带有恶意代码。

(8) 不要随意接收文件。除非对方是绝对信得过的朋友，否则不要随意接收从 QQ 等聊天工具中好友发送过来的文件。

(9) 合理设置浏览器的安全级别。在"Internet 选项"中，进行合理的"安全"设置，不要随意降低安全级别，以减少来自恶意代码和 ActiveX 控件的威胁。

(10) 正确设置文件属性，合理规范用户的访问权限。一般情况下勿将磁盘上的目录设为共享，如果确有必要，将权限设置为只读，读操作须指定口令。

(11) 堵住系统漏洞，要特别注意下载安装微软网站提供的补丁。

(12) 尽量从大型的专业网站下载软件。

(13) 启用网络防火墙。通过网络防火墙，可以有效地实现计算机与外界信息的过滤，实时监控网络中的信息流，保护本地计算机不被病毒或者黑客程序破坏。

4. 常用的病毒查杀工具

随着各类计算机病毒、木马与黑客攻击的不断出现，信息安全技术也在不断发展，越来越多的新技术融入反病毒软件的设计中。新型优秀反病毒软件不但可以有效查杀已知的传统意义的病毒，还可以防范新的未知的病毒，并把木马程序、拒绝服务、网络钓鱼等各类网络攻击通通归入病毒之列，加以考虑、全面防范。目前，国内外比较流行的反病毒木马软件有瑞星、金山毒霸、卡巴斯基、诺顿、McAfee、360 安全卫士等。

 知识拓展

网络安全协议见右侧二维码。

二、数据加密技术

数据加密技术用于保障电子商务活动的保密性安全需求，同时也是认证技术、安全协议等其他电子商务安全技术的基础。加密技术主要分对称加密技术和非对称加密技术。

(一) 数据加密技术概述

数据加密的技术核心是密码技术。密码技术是实现网络信息安全的核心技术，是保护数据最重要的工具之一。通过加密变换，将可读的文件变换成不可理解的乱码，从而起到保护信息和数据的作用。它直接支持机密性、完整性和不可抵赖性。

在密码学中，密码系统是指为实现信息隐藏所采用的基本工作方式，也可称为密码体制。密码系统主要包括明文、密文、加密算法、解密算法和密钥几个基本要素。

(1) 明文：指希望得到保密的原始信息。例如，若想加密"I need your help"这个信息，"I need your help"就是明文。

(2) 密文：是经过加密处理后得到的隐藏信息。例如，经过某种加密机制，上述的信息变为"J offe zpvs ifmq"，则"J offe zpvs ifmq"就是密文信息。

(3) 加密算法：是指通过一系列的变换、替代或其他各种方式将明文信息转化为密文信息的方法。

(4) 解密算法：是与加密算法相反的过程，指通过一系列变换、替代或其他各种方法将密文恢复为明文的方法。加密算法与解密算法一般都是公开的。

(5) 密钥：密钥类似于银行保险箱钥匙，保险箱中放的物品就像密文，除了拥有保险箱钥匙的人能够开启箱子取得"保险物品"之外，其他人都无法获得，即只有拥有密钥的人才能从密文中恢复明文的信息。如果攻击者窃取了密钥，那么也能获得明文的信息，因此密钥是密码系统最关键的要素，其安全性关系着整个密码系统的安全。

一个完整的加密和解密过程将涉及以上介绍的 5 个基本要素，如图 8.4 所示。

加密技术从原理上可分为两类：对称加密技术和非对称加密技术，它们的主要区别在于所使用的加密和解密密钥是否相同。

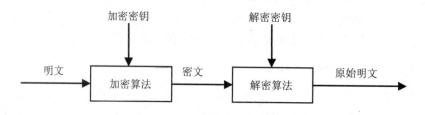

图 8.4　加密和解密的过程

案例 8.4

网络最大泄密事件　超 1 亿密码被公开

中国互联网史上最大泄密事件的影响仍在进一步扩大。继 2011 年 12 月 21 日上午，有黑客在网上公开 CSDN 网站的用户数据库，导致 600 余万个注册邮箱账号和与之对应的明文密码泄露之后，昨天(12 月 26 日，作者注)，又有天涯、新浪微博、腾讯 QQ、人人、开心网等知名网站的用户称密码遭网上公开泄露。来自奇虎 360 的最新监测发现，目前网上公开暴露的网络账户密码超过 1 亿个。

龙猫蓓、A 弄月公子、蕊小蕊、东方_chi 等众多新浪微博用户都称发现自己的天涯账号于近几日被盗。更严重的是，密码被盗后，账户被黑客用来恶意发帖或进行诈骗。新浪微博用户"成都电台陈露"表示，他的天涯账号被盗后，被人用来在天涯的"情感天地"发了很多广告，导致助理版主将他的账号直接封掉，而他无法和天涯社区的相关版主进行沟通，澄清广告并不是自己所发，也无法要回账号，十分着急。

对于天涯用户账号"被泄密"的规模，互联网漏洞报告平台"WooYun"昨天对外宣称，根据他们的监测，天涯社区有 4000 万用户的明文密码(即用户密码什么样，网站数据库就存成什么样)已泄露，"WooYun"漏洞报告平台还公布了天涯被泄露的部分用户密码信息截图。

昨天，天涯社区在网站首页挂出公告，称天涯已就用户数据泄露一事向公安机关报案，目前尚未确认具体的泄露数据规模及原因，但应该低于网上盛传的 4000 万这一数字。可以确定的是，天涯社区与 CSDN 用户数据库泄露事件如出一辙，这次天涯社区遭公开的用户密码，同样是以明文方式来保存的。天涯方面表示，此次被盗的资料为 2009 年之前的备份资料，2010 年之后，公司升级改造了天涯社区用户账号管理功能，使用了强加密算法，解决了用户账号的各种安全性问题。天涯方面还通过微博、邮件、手机短信、客服中心、媒体呼吁等多种渠道向用户公开致歉，并将有针对性地提醒和帮助用户更新或找回密码，尽可能地将用户损失降至最低。

除了 CSDN 和天涯，许多腾讯 QQ、新浪微博、人人网用户也反映自己的账户和密码被公开在网上，甚至有的账号还被用来诈骗。还有网友称新浪微博用户数据疑似被泄露，并公布了疑似被盗的新浪微博数据库下载地址，该网友上传的数据库文件显示，共有超过 476 万个用户账户和密码被泄露。

(资料来源：搜狐新闻，http://epaper.jinghua.cn/html/2011-12/27/content_745968.htm，2011)

(二)对称加密技术

对称加密技术是应用较早的加密技术，使用对称密钥进行加密。在这种体系中，数据收发双方加密和解密均使用同一种加密算法和同一个密钥或本质上相同的一对密钥(即通过其中一个密钥可推导出另一个密钥)。采用对称加密技术加密数据和通信的过程如下。

(1) 发送方 A 和接收方 B 协议同一密码算法系统和同一密钥；
(2) A 用加密算法和密钥加密明文信息，得到密文信息；
(3) A 通过网络信道将密文信息传送给 B；
(4) B 用同样的算法和密钥解密密文，得到原始的明文信息，并阅读(见图 8.5)。通过这样的加密体制，即使 A、B 间的窃听者截取了密文，知道采用何种密码算法系统加密，由于没有密钥，同样很难破译出明文。

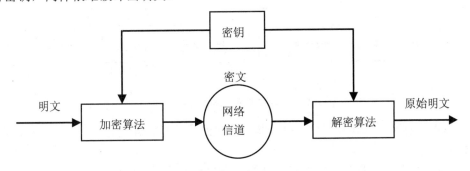

图 8.5 对称加密技术的工作过程

对称加密技术的安全性主要取决于两个因素：一是加密算法足够强大，使得不必为算法保密，仅根据密文破译出明文是不可行的；二是密钥的安全性，密钥必须保密并保证有足够大的密钥空间，仅根据密文和加密/解密算法破译出明文也是不可行的。

对称加密技术的优点是算法简单，加密、解密的处理速度快，适用于加密大量数据的信息，同时，密钥也相对较短。对称加密技术的最大缺点是密钥管理困难，一是数据收发双方约定密码算法和密钥的通信过程存在安全隐患；二是为了安全起见，应保持每次通信的密钥不同，这样密钥的数量会随着通信人数的增加呈几何级数增长，如 3 个人两两通信只需 3 个密钥，10 个人两两通信则需要 45 个密钥，N 个人则需要 $N(N-1)/2$ 个密钥。另外，对称加密技术无法解决消息确认，消息发送方可否认发送过某个信息，这不符合电子商务不可抵赖性的要求。

对称加密技术根据对明文消息加密方式不同可分为分组密码和流密码，前者将明文进行分组，每个分组作为整体来产生等长的密文分组；后者则对数据流一次加密一个比特或字节。常见的对称加密算法有 DES、AES、3DES、IDEA、Blowfish、RC4、RC5 和 RC6 等，其中，应用最广泛的是 DES 和 IDEA。

(三)非对称加密技术

非对称加密技术于 1977 年由美国斯坦福大学赫尔曼教授提出，其产生主要基于两个原因：一是为了解决对称加密中密钥管理困难的问题；二是为了实现数字签名，防止交易的抵赖行为。非对称加密也称为公开密钥加密，分配给每个人一对密钥：公钥和私钥，公钥是公开的，一般可在相关网站自由查询，私钥则由用户个人保密私有。公钥与私钥唯一对应，但公钥不能推导出私钥。

采用非对称加密进行加密与解密时，双方通信过程如下。
(1) 网络中的每个端系统都产生一对密钥(公钥和私钥)；
(2) 每个端系统公布自己的公钥；
(3) 发送方 A 在获得 B 的公钥后，用之加密要传输的明文信息成密文；
(4) B 收到密文后，用自己的私钥解密成明文，并阅读(见图 8.6)。
由于除 B 外任何人都没有 B 的私钥，即使有人截取了该密文，也无法对其进行解密。

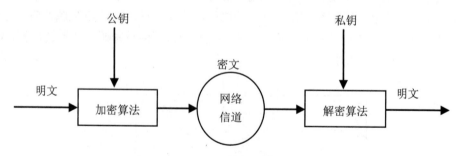

图 8.6 非对称加密技术的工作过程

由于私钥具有唯一性和标识性，使用非对称加密技术能够实现信息发送方身份的鉴别，其过程如下。
(1) A 要给 B 发送消息时，用自己的私钥加密要传输的明文信息成密文；
(2) B 收到密文后，使用获取到的 A 的公钥进行解密，如果解密成功，则证明消息发送者是 A(见图 8.7)。

非对称加密技术的优点在于：密钥的分配与管理非常简单和安全，不需要秘密通道和复杂协议来传送密钥；能够实现数字签名和数字鉴别，从而满足电子商务所要求的不可抵赖性，这是非对称加密的最大贡献。当然，非对称加密也有加密时间长、速度慢等缺点，因而不适合对数据量较大的文件加密，只能用于对少量数据(如密钥)加密。

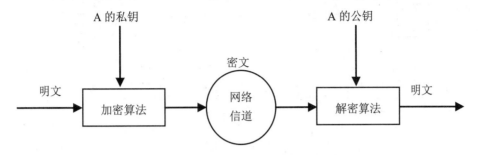

图 8.7　非对称加密技术的鉴别过程

常见的非对称加密算法有 RSA、DSA、ECC、Diffie-Hellman、ElGamal、背包密码和椭圆曲线等。其中最著名和最有影响力的无疑是 RSA 算法，它的安全性基于分解极大整数很难的数学理论。

由于非对称加密和对称加密各有优缺点(见表 8.1)，因此，安全专家们设计出一些混合加密系统，如利用 DES 算法对大量数据加密，再利用 RSA 算法加密 DES 密钥，可同时获得对称加密的高效和非对称加密的灵活，使网上信息传输的保密性问题得以解决。

表 8.1　对称加密技术与非对称加密技术的对比

特　性	对称加密技术	非对称加密技术
密钥的数目	单一密钥	密钥是成对的
密钥种类	密钥是秘密的	一个私有、一个公开
密钥管理	简单不好管理	需要数字证书及可靠第三者
相对速度	非常快	慢
用途	大量资料的加密	加密小文件或对信息签名
缺点	密钥必须秘密地分配、密钥的数量大、管理困难	算法速度很慢、对选择明文攻击很脆弱

三、数字认证技术

数字认证技术是电子商务安全最重要的技术，用于保障电子商务活动中的完整性和认证性。主要包括数字信封、数字摘要、数字签名、数字时间戳、数字证书和 CA 认证中心等。

(一)数字信封

数字信封功能类似于普通信封，保证只有规定的接收人才能阅读信的内容。它采用对称加密和非对称加密两种技术，既利用了对称加密速度快、安全性好的优点，又通过非对称加密来解决密钥管理问题。其过程为：发送方利用对称密钥加密信息，再利用接收方公钥加密对称密钥，被公钥加密后的对称密钥称为数字信封。接收方收到信息后，若要解密信息，必须先用自己的私钥解密数字信封，得到对称密钥，才能再用对称密钥解密密文，得到原文信息(见图 8.8)。数字信封保证了数据的真实性和完整性。

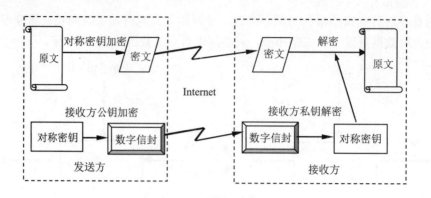

图 8.8 数字信封的工作过程

(二)数字摘要

在介绍数字摘要之前,先了解一下 Hash 函数。Hash(译为哈希或散列)函数是能把任意长度输入变换成杂乱固定长度输出的一种函数。Hash 函数还是一种单向函数,即不同的输入会转换成不同的输出,且不可能通过输出来推断出输入。Hash 函数主要用于信息安全领域中加密算法,著名的 Hash 算法有 MD5 和 SHA 算法。

数字摘要是采用 Hash 函数为明文生成一串固定长度的摘要密文,这一串密文也称为数字指纹。数字摘要有固定长度,且不同明文生成的摘要密文总是不同的,而同样明文的摘要密文则必定一致。在传输信息时,发送方将原文和摘要一同传送给接收方,接收方收到后,用相同的 Hash 算法将原文进行变换,得到的结果如与发送过来的摘要相同,则可断定文件未被篡改;否则,文件一定有丢失、重复或改动(见图 8.9)。这样,数字摘要解决了电子商务对于信息完整性的需求。

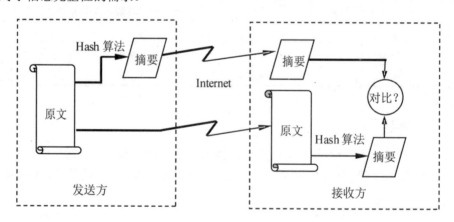

图 8.9 数字摘要的工作过程

(三)数字签名

数字签名是只有信息发送方才能产生的一段数字串,这段数字串别人无法伪造,因而能够证明信息发送方身份的真实性。数字签名与书面文件签名有相同之处,采用数字签名能确认以下两点:第一,信息是由签名者发送的;第二,信息自签发到收到为止未曾作过任何修改。数字签名应用涉及法律问题,美国联邦政府制定了自己的数字签名标准(DSS),

法国和德国等国家也制定了数字签名法。

数字签名技术是非对称加密技术与数字摘要技术的综合应用，它将摘要用发送方私钥加密，与原文一起传送给接收方，接收方再用发送方公钥鉴别此摘要是否为其私钥加密。其具体过程如下：

(1) 发送方首先使用 Hash 算法从原文得到一个数字摘要；

(2) 发送方用自己的私钥对这个摘要进行加密来形成发送方的数字签名；

(3) 发送方将该数字签名作为附件和原文一起发送给接收方；

(4) 接收方首先从接收到的原文中用 Hash 算法计算出摘要；

(5) 接收方用发送方公钥对附加在原文后的数字签名进行解密，得到原文数字摘要；

(6) 接收方对比两个数字摘要是否相同(见图 8.10)。如果相同，那么就能确认该数字签名是发送方的；如果不同，则表明该信息非发送方所发或是假冒的。

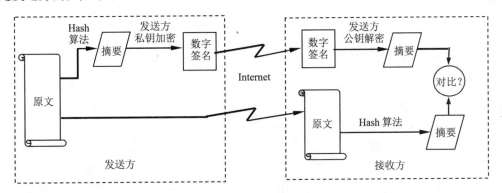

图 8.10　数字签名的工作过程

数字签名本身不具备对信息加密的功能，其主要作用是保证信息传送的完整性和不可抵赖性，并可用来识别信息来源。

(1) 完整性。当破坏者截获信息后，只要他对报文作一个字节的改动，接收方就会在最后验证数字摘要时出错而发现这次篡改；就算破坏者改动报文后计算出新的摘要，但他不知道发送方的私钥，无法生成有效的数字签名，还是无法实现篡改。

(2) 不可抵赖性。由于接收方能够核实对信息的签名，如果发送方否认这一次信息的传输，那么接收方就可以用收到的报文和数字签名来反驳。

(四)数字时间戳

数字时间戳是数字签名一种变种的应用，是由专门的第三方数字时间戳服务机构(DTS)在数字签名上附加一个时间标记，即形成有数字时间戳的数字签名，其目的是保证电子交易的时效性。数字时间戳是一个经加密后形成的凭证文档，它一般包括三个部分：①需加时间戳文件的摘要；②DTS 收到文件的日期和时间；③DTS 的数字签名。

数字时间戳产生过程为：用户将需要加时间戳的文件用 Hash 算法加密形成摘要，然后将该摘要发送到 DTS，DTS 给文件摘要加入日期和时间信息后再用自己的私钥对该文件加密(数字签名)，然后送回用户(见图 8.11)。书面签署文件的时间是由签署人自己写上的，而数字时间戳则由认证机构 DTS 来加，以 DTS 收到文件时间为依据。

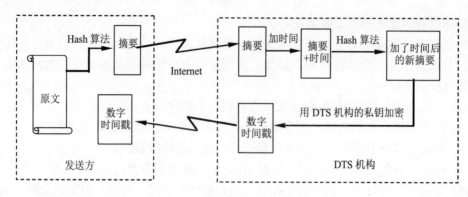

图 8.11 数字时间戳的工作过程

(五)数字证书

下面介绍数字证书的概念与格式、申请方式和步骤、使用和撤销。

1. 数字证书的概念与格式

数字证书又称为数字标识,是各类终端实体和最终用户在网上进行信息交流及商务活动的身份证明。在电子交易的各个环节,数字证书可证实用户的身份及用户对网络资源的访问权限,交易各方通过验证对方数字证书的有效性来解决与对方的信任问题。数字证书采用非对称密钥密码体制,每个用户拥有一把私钥,由个人自己保管,用于信息解密和数字签名;同时拥有一把公钥,在数字证书中公开,用于信息加密和签名验证。

数字证书的格式遵循 ITUT X.509 国际标准,包含证书版本号、序列号、签名算法、发行机构名称、有效期、所有人名称、公开密钥和证书颁发机构签名等内容(见图 8.12)。

图 8.12 数字证书的格式与组成

2. 数字证书的申请

数字证书有两种申请方式，一是在线申请，二是离线申请。在线申请就是通过浏览器或其他应用系统通过在线的方式来申请证书，一般用于申请普通用户证书或测试证书。离线方式一般通过人工的方式直接到证书机构证书受理点去办理证书申请手续，通过审核后获取证书，这种方式一般用于比较重要的场合，如服务器证书和商家证书等。下面以在线申请方式为例，说明数字证书的申请步骤。

(1) 用户申请。用户首先下载 CA 的证书，填写个人信息，浏览器生成私钥和公钥对，将私钥保存在用户客户端，同时将公钥和个人信息提交给注册机构服务器。

(2) 注册机构审核。用户与注册机构人员联系，证明自己的真实身份，或者请求代理人与注册机构联系。注册机构核对用户信息，并且可以进行适当的修改，如果同意用户申请证书请求，则对证书申请信息进行数字签名。

(3) CA 发行证书。注册机构向 CA 传输用户证书申请与自身数字签名，CA 查看用户详细信息，并且验证注册机构数字签名，如果验证通过，则同意用户证书请求，将证书输出并颁发给注册机构。

(4) 注册机构转发证书。注册机构从 CA 处得到新证书，首先将证书输出到目录服务器以提供浏览服务，然后向用户发送一封电子邮件，通知用户证书已经发行成功，并且把用户的证书序列号告诉用户，让用户到指定的网址去下载自己的数字证书。

(5) 用户获取证书。用户使用申请证书时的浏览器(保存了用户私钥)到指定的网址，输入证书序列号，下载用户的数字证书。这时用户打开浏览器安全属性，就可发现已经拥有了 CA 颁发的数字证书，可以利用该数字证书与其他人或 Web 服务器进行安全通信。

3. 证书的使用与撤销

(1) 证书的使用。数字证书可用于发送安全电子邮件、访问安全站点、网上证券交易、网上采购招标、网上办公、网上保险、网上税务、网上签约和网上银行等安全电子事务处理和安全电子交易活动。按用途不同可将数字证书分为个人数字证书、单位数字证书、服务器数字证书、安全邮件证书及 CA 证书等。在实际使用时，用户必须获取通信对象和 CA 的公钥证书，然后分别用相应证书进行加密或签名验证。

(2) 证书的撤销。当证书用户个人身份信息发生变化，或者用户私钥丢失、泄露或者疑似泄露时，证书用户应及时地向 CA 提出证书的撤销请求。

(六)CA 认证中心

下面介绍 CA 认证中心的结构、功能、职责等内容。

1. CA 认证中心概述

CA 认证中心，又称证书授权机构(Certificate Authority)，是一个负责发放和管理数字证书的第三方公正、权威机构，承担网上安全电子交易的认证服务。建立安全的 CA 认证中心则是电子商务的中心环节，其目的是加强数字证书和密钥的管理工作，增强网上交易各方的相互信任，提高网上购物和网上交易的安全性，控制交易的风险，从而推动电子商务的发展。

CA 一般采用树型的多层次分级机构，各级 CA 类似于各级行政机关，上级 CA 负责签发和管理下级 CA 的证书，最下面一级 CA 直接面向最终用户(见图 8.13)。

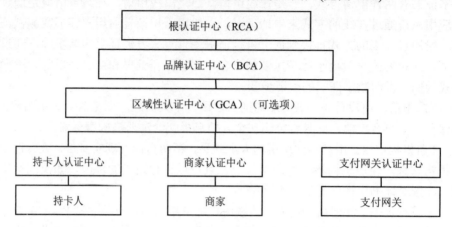

图 8.13　CA 认证中心的树型结构体系

第一层为 RCA(Root CA，根 CA)，负责制定和审批 CA 的总政策，签发并管理第二层 CA 的证书，与其他根 CA 进行交叉认证。

第二层为 BCA(Brand CA，品牌 CA)，它根据 RCA 的规定，制定具体政策、管理制度及运行规范，签发第三层 CA 证书并进行证书管理。

第三层为 ECA(End user CA，终端用户 CA)，为参与电子商务的各实体颁发证书，包括支付网关(Payment Gateway)、持卡人(Cardholder)和商家(Merchant)证书，签发这三种证书的 CA 分别称为 PCA、CCA 和 MCA。

2. CA 的功能与职责

CA 具有证书颁发、证书更新、证书查询等证书管理功能。它的职责归纳起来有以下几个方面。

(1) 证书颁发。CA 接收、验证用户数字证书的申请，将申请内容进行备案，并根据申请内容确定是否受理该数字证书申请。如果接受该数字证书申请，则进一步确定给用户颁发何种类型的证书。

(2) 证书更新。用户证书过期后，可以申请更新。更新方式有两种：一是通过执行人工密钥更新来更新证书；二是通过实现自动密钥更新来更新证书。用户可利用现行证书建立与 CA 之间的连接，CA 将创建新的证书，并进行归档和供用户在线下载。

(3) 证书查询。证书的查询可以分为两类：其一是证书申请的查询，CA 根据用户的查询请求返回当前用户证书申请的处理过程；其二是用户证书的查询，这类查询由目录服务器来完成，目录服务器根据用户的请求返回适当的证书。

(4) 证书作废。如果出现证书私钥丢失泄密、证书超过有效期等情况，必须废除证书。CA 通过 CRL(证书作废列表)来存放作废证书的序列号，用户可以通过在线方式查询。

(5) 证书归档。CA 所发证书要定期归档，以备查询。除用于用户的签名密钥外，对证书所有数据信息，都要进行归档处理。CA 使用目录服务器系统存储证书和 CRL。可以根据组织机构的安全策略执行归档，最长时间可达 7 年保存期。

(6) 密钥备份与恢复。CA 很重要的一个功能就是密钥的备份与恢复。密钥的备份与恢复分为 CA 自身密钥与用户密钥的备份与恢复。其中最为重要的是 CA 本身的密钥对的管理，它必须确保其高度的机密性，防止他方伪造证书。

知识拓展

国内主要 CA 认证机构见右侧二维码。

第三节　电子商务安全的管理

电子商务安全不仅是技术性问题，更重要的是管理问题。实践证明，大多数电子商务安全问题是由于管理不善造成的。安全管理是一项系统工程，不仅涉及企业内部的组织架构、信息技术、人员素质等，还牵扯到行业规则和国家法律。电子商务安全的管理就是通过一个完整的综合保障体系保证网上交易的顺利进行。

一、电子商务安全的管理措施

为保障电子商务安全，应采取以下几个管理措施。

(一) 提高安全防范意识

据调查，电子商务企业安全意识不强或缺乏安全技术，是目前国内电子商务存在的主要安全问题。许多电子商务企业虽然采用先进的商业安全技术，建立了商业防范机制，尽力阻隔罪犯或者竞争对手的入侵，但是却忽略了互联网的易受攻击性。有些小企业甚至认为自己规模小，不会成为黑客攻击目标。因此，提高电子商务安全防范意识，建立商务信息的网络风险防范机制，是能更好维护电子商务安全的基础。

(二) 建立电子商务安全管理制度

电子商务安全管理制度是实行电子商务安全管理的基本依据。电子商务企业应根据自身的特点和安全技术水平，制定切实可行的具体的安全管理制度，确定详细的安全目标和规范的安全等级。企业的安全管理制度应当涉及人员管理、保密、跟踪审计稽核、系统维护、病毒防范、应急措施等各个方面。

1. 人员管理制度

参与网上交易的经营管理人员在很大程度上支配着企业的命运，他们承担着防范网络犯罪的任务。而计算机网络犯罪同一般犯罪不同的是，它们具有智能性、隐蔽性、连续性、高效性的特点，因而，加强对有关人员的管理变得十分重要。第一，要严格电子商务人员的选拔，在人员录用时强调责任心、原则纪律并签署保密协议；当人员到期离开或协议到期、工作终止时，要审查保密协议。第二，对有关人员进行上岗培训，制订人员培训计划，定期组织安全策略和规程方面的培训。第三，落实工作责任制，在岗位职责中明确本岗位执行安全政策的常规职责和本岗位保护特定资产、执行特定安全过程或活动的特别职责，对违反规定的人员要进行及时的处理。第四，贯彻网上交易安全运作基本原则，包括职责分离、双人负责、任期有限、最小权限、个人可信赖性等。

2. 保密制度

电子商务交易涉及企业的市场、生产、财务、供应等多方面机密，必须实行严格的保密制度。保密制度需要很好地划分信息的安全级别，确定安全防范重点，并提出相应的保密措施。保密工作的另一个重要的问题是密钥管理。大量的交易必然使用大量的密钥，密钥管理贯穿于密钥的产生、传递和销毁的全过程，密钥需要定期更换。

3. 跟踪、审计、稽核制度

跟踪制度要求企业建立电子商务交易日志机制，用来记录系统运行的全过程，包括系统操作日期、操作方式、登录次数、运行时间、交易内容等。审计制度包括对系统日志的检查、审核，及时发现对系统故意入侵行为和对系统安全功能违反的记录，监控和捕捉各种安全事件，保存、维护和管理系统日志。稽核制度是指工商管理、银行、税务人员利用计算机及网络系统，借助于稽核业务应用软件，调阅、查询、审核、判断辖区内各电子商务参与单位业务经营活动的合理性、安全性。

4. 网络系统的日常维护制度

网络系统的日常维护主要是针对企业内部网的软硬件进行管理和维护：一是对网络设备、服务器、客户机以及通信线路等硬件的故障诊断、性能优化、定期检查等；二是对操作系统、数据库以及应用软件等的安装、监控、整理、升级更新等；三是定期进行数据和系统备份，主要利用多种介质，如磁介质、光碟、微缩载体等，对信息系统数据进行存储、备份和恢复。

5. 病毒防范制度

病毒防范是保证网上交易很重要的一个方面。目前主要通过采用防病毒软件进行防毒，应用于网络的防病毒软件有两种：一种是单机版防病毒产品；另一种是联机版防病毒产品。前者以事后杀毒为原理，当系统被病毒感染之后才能发挥作用，适合于个人用户；后者属于事前防范，其原理是在网络端口设置一个病毒过滤器，适用于企业级用户。

6. 应急制度

电子商务究其根本是商务活动，如果出现问题，即使是服务器无法正常工作，也会造成重大损失，因此，在启动电子商务业务之初，就必须制订交易安全计划和应急方案，以防患于未然。应急制度是指在发生计算机灾难事件时，利用应急计划、辅助软件和应急设施，排除故障和灾难，保障电子商务系统继续运行。

(三)建立电子商务安全管理的组织体系

依照企业电子商务安全管理制度，由企业负责技术的主要领导人主抓，相关联部门负责人一起合作，组成专门负责电子商务安全的管理机构，定期集中研讨，定时检查安全，迅速决策并及时处理发生的安全问题。派任专职电子商务安全管理人员，在安全管理机构指导下,把信息安全管理和技术作为重点工作,负责日常的、具体的电子商务安全管理,形成完善的安全管理组织体系。

二、电子商务的诚信机制

电子商务活动与传统商务活动的主要差别是载体、场所、空间和交易方式的不同,其交易本质并没有发生实质性改变,按理仍然应当遵守商务交易活动的基本准则。但是很多交易证实存在的这种差别,往往被一些不法分子利用。电子商务交易中的侵权、消费欺诈、虚假广告层出不穷,假冒、伪劣产品充斥,知假卖假现象严重。这说明了电子商务交易服务平台对交易主体的资质审核缺失,对经营商品审查不到位,电子商务诚信机制还不够完善,缺乏有效的监管和预警机制。

(一)电子商务的社会文化环境

交易主体的诚实守信意识是完善电子商务诚信机制的重要因素之一,这也是电子商务诚信机制建设的重点和难点。因此,应大力加强社会文化的建设,为电子商务的诚信创造良好的社会文化环境。

1. 诚信教育要加大力度

从事电子商务的企业、承担电子商务运营的网站和个人等应率先带头,积极参与电子商务诚信宣传教育工作,宣传诚信意识,树立诚信观念,形成人人讲诚信、以诚信为荣以信用失真为耻的社会环境,使诚信成为个人、企业的习惯。

2. 建立诚信联合组织

建立一个在电子商务交易者、经营者和用户以及国际电子商务交易者之间,权威的、可对信用进行评估的第三方资质平台,即电子商务诚信联合组织。主要任务是:联合舆论媒体,发动社会力量去宣传诚信的理念;组织制定企业诚信的基本标准,并量化考核;发布企业诚信名录;通过专业网站宣传和推介诚实守信的企业,使守信者有更多商机;形成诚信的激励机制,对诚信的企业在政策、税收、荣誉方面给予鼓励;开展诚信培训,组织专业人士和专业机构辅导企业,督促企业健全诚信机制。

小资料

中国互联网协会网络诚信推进联盟

中国互联网协会网络诚信推进联盟由中国互联网协会和百度、腾讯、新浪、搜狐、网易联合发起,由基础电信运营商、电信增值服务提供商、互联网设备和软件提供商、系统集成商以及致力于营造和维护互联网行业诚信和谐的企事业单位、科研机构和社会团体共同组成,是一个开放、自愿、中立、公益的互联网诚信者组织,于2009年3月10日在北京成立。

中国互联网协会网络诚信推进联盟的成立宗旨是"建立和完善网络诚信长效机制,推动和建设网络诚信体系,督促和引导互联网企业诚信经营,营造和维护安全可信、规范和谐、文明健康的互联网环境",致力于积极开展各项有利于行业诚信建设和推广的活动。

(二)电子商务的信用评价和监管体系

建立由政府部门牵头，跨行业、跨地区的信用评价和监管体系，用来防范电子商务交易过程中发生的各种诚信问题，包括银行、市场监督管理、税务、海关等部门协同的电子商务企业和个人的信用等级制度。例如，北京市场监督管理部门已开始对从事网上经营的经营主体进行资格审核后，为其颁发电子营业执照；浙江市场监督管理部门也开始在全省范围内实施营业执照网上标识的办理，江苏省也出台了关于网络经营实名化认证的规定。

1. 建立完整的信用数据库

信用评价要以客观的信息数据为依据。政府应根据实际情况制定电子商务诚信的基本准则，建立如企业基本资料、产品质量的投诉、交易中的法律纠纷、信贷资金、网上交易的记录、经营者的诚信度、企业的信用评价等各类型的，可以被电子商务用户共享的信用数据库。买卖双方可以通过这种完善的数据库对电子商务主体有明确的了解，让不诚信的交易个体无法立足于市场。

2. 完善信用评估体系

标准、客观的评估体系是以信用数据库中的数据为基础，整合有价值的信用数据，建立健全完善的考核评价制度，制定客观、科学的考核体系，借鉴发达国家的指标体系，结合我国的文化和商业环境，建立定量、定性的评价考核体系，对参与电子商务活动的企业和个人进行信用评级，让全社会知晓其信用程度。

3. 公示电子商务企业和个人的信用信息

企业和个人的信用信息评价和监管体系应该定期对公众公示，让大家了解相关企业和个人的信用状况。还要定期或者不定期地公示信用好的企业行为或失信企业的不良行为，让社会进行广泛的监督。

三、电子商务安全的立法

虽然通过各种安全技术和管理基本能够保证网上交易安全顺利地进行，但它们不可能抵御所有的安全风险。当发生某种安全事件时，必须有相应的事件责任人来承担一定的法律责任，这就要求在制定电子商务相关法律时，还应制定有关电子商务安全的法律，以保障电子商务活动的正常进行和健康发展。

1. 电子商务安全立法的必要性

(1) 电子商务交易安全的需要。电子商务交易安全的保护涉及两个方面：第一，电子商务交易是一种商品交易方式，它的安全问题应当通过民商法方面加以保护；第二，电子商务是通过计算机及其网络来实现的，它的安全依赖于计算机自身及其网络的安全程度。目前我国在这两个方面的法律制度还不完善，因而需要从商品交易和计算机网络技术相结合的新角度制定相应的法律规范。

(2) 电子商务安全支付的需要。电子支付不同于传统的支付方式，它还涉及第三方银行的责任，因而需要制定相应的法律规范来明确电子支付的当事人包括支付人、收款人和银行之间的法律关系，认可电子签名的合法性。

2．电子商务安全涉及的法律要素

(1) 有关认证中心(CA)的法律。CA是电子商务中买卖双方之外的公正权威的第三方，它担负着保证电子商务公正、安全进行的任务。因此，必须由国家法律来规定CA中心的设立程序和设立资格、必须承担的法律义务和责任以及监管部门等。

(2) 有关保护个人隐私、个人秘密的法律。通过这些法律消除人们开展电子商务时对泄露个人隐私以及重要个人信息的担忧，从而吸引更多的人上网进行电子商务。我国一般采用"使用协议"或声明的方式，来明确双方的权利、义务和服务商对网络使用用户个人信息所采取的使用和保护策略。但由于这些使用协议一般由经营单位用户单方拟定，因此对协议中对经营商有利的免责条款的限制，以及对协议内容履行情况的监督、违约处罚等方面，需要相应的立法去进一步明确和细化。

(3) 有关电子合同的法律。需要对电子合同的法律效力予以明确，对数字签名、电子商务凭证合法性予以确认，对伪造、变更、涂销电子商务凭证、电子支付数据做出相应处罚。2005年4月1日，《中华人民共和国电子签名法》正式实施，从此电子签名和传统的手写签名、盖章具有同样的法律效力，如同交易者的身份证一样不容抵赖。

(4) 有关电子商务的消费者权益保护法。一旦因商家不付货、不按时付货或者货不符实而对消费者产生损害时，可以由银行先行赔偿消费者，再由银行向商家追索损失，并降低商家在银行的信誉。如果商家屡次违规，银行可以取消商家的电子支付账号，将商家违规情况通报给CA中心并记入黑名单，情况严重时可以取消商家的数字证书。

(5) 有关网络知识产权保护的法律。网络对知识产权的保护提出了新的挑战，因此在研究技术保护措施时，还必须建立适当的法律框架，以便侦查仿冒和欺诈行为。目前，我国商标注册遵循商标法，域名注册遵循《中国互联网域名注册暂行办法》。域名注册管理与商标管理的协调还很有问题。商标法在立法时没有考虑到互联网和电子商务的发展，已经不能满足发展的需要。因而商标法及其实施细节应当针对电子商务发展的实际做出相应的调整和修订。

此外，还有信息基础设施和市场准入方面的法律问题，司法管辖及法律冲突及电子商务税收政策等方面，都需要制定相应的法律去规范和制约。

四、其他安全保障措施

1．建立网络实名制和信用体系

现在的电子商务网站，消费者只能看到物品的图片和文字描述，而不能全面了解销售方的信息。这样购买物品实际上存在较大的风险，销售方如果没有实名登记，用户一旦发现质量问题，就难以找到销售的主体。有效的解决办法就是实行销售方、购买方实名注册，并由网络运营方担保，发生侵权问题，各方均应承担相应的法律责任。建议实行信用体系，把消费者和商家的诚信度按照一定标准进行信用等级评估，建立信用档案，定期对信用等级进行公布，使电子商务各方可以根据信用等级来判定是否进行交易活动。

2. 引入信息告知制度

信息告知制度是在电子商务网站注册的用户，其账号有交易发生或者金额达到规定范围时，以短信等方式通知用户。在用户的账号有异常交易发生时，可以及时告知用户，避免账号被盗用造成损失，增加电子商务参与者的知情权。

3. 完善物流快递配送体系

制定相关的政策、法律，建立全国统一的物流配送、快递服务体系，提高快递服务的质量，完善物流配送规范，加强政府、企业和行业协会的合作，特别是电子商务经营者、平台服务商和物流企业之间的沟通，以此保证货物交付环节的安全，从而最终保障商品安全完整交付，真正实现电子商务交易的完全履行。

案例分析

淘宝网的安全保障体系

一、淘宝网诚信机制

1. 信用评价机制

淘宝会员在淘宝上的每一个订单交易成功后，双方都会对对方交易的情况作一个评价，这个评价就是信用评价。淘宝会员在淘宝的信用度就是建立在信用评价的基础上的。目前，国内网络零售消费者已经习惯于用红心、钻石、皇冠的数量来描述网店的可信度。

2. 店铺评分机制

在淘宝运营6年后，淘宝网于2009年2月份额外增加一套评分体系——店铺评分。店铺评分是指交易成功后，买家可对卖家的如下4项指标分别作出1～5分的评分：宝贝与描述相符、卖家的服务态度、卖家发货的速度、物流公司的服务。

3. 支付保障

支付宝推出了移动硬证书产品——支付盾，通过内置的微型智能卡处理器，"支付盾"免除了用户备份和导入数字证书带来的烦恼，用户只要插入支付盾，在任何计算机上使用支付宝处理资金业务都将得到最好的安全保护。

二、淘宝网的物流保障

1. 限时物流

限时物流是指淘宝与快递公司签订协议，令快递公司保证在约定时间内把卖家的宝贝送达买家。如若延时或者超时，将对快递公司做出罚款等相应处罚。

2. 推荐物流

淘宝本身没有下属的快递公司，但为了保障消费者的利益，淘宝设有推荐物流。淘宝网携手物流伙伴推出了推荐物流指数作为衡量物流公司服务的指标。推荐物流指数主要由服务质量、价格优惠程度、创新服务和被选用次数等因素决定。

3. 货到付款

2009年1月推出的货到付款是淘宝网、支付宝联合物流公司推出的一种服务，主要流程是买家在网站上下单订货，商家发货，物流公司送货并代收现金，支付宝回笼资金给商家。货到付款支持当面验货，验货以后，如果商品质量有问题，或者不符合商品描述的，买家有权拒签。

三、网络安全体系

1. 风控系统，全天候安全服务

淘宝网拥有世界先进水平的风险控制系统，全天候监测各类异常行为，为会员的账户安全保驾护航，严密查缉各类欺诈犯罪以及发布违禁商品信息。

2. 警企协作，打击犯罪

与公安机关积极协作，一旦发现犯罪信息和动向，及时通报并协助公安机关严厉打击各类网站违法行为，今年已经破获多起欺诈案件，抓获犯罪分子数名。

3. 举报机制

如果是品牌持有者发来公函，并提供相关证明文件，淘宝网立即对相关商品下架处理，然后再询问卖家，跟进处理。如果是个人举报，淘宝网会着手核查。一旦查实，立即将假冒商品下架，然后根据情节轻重处理，严重的封掉店铺。

四、消费者保障计划

"消费者保障计划"是继信用评价体系、第三方支付工具之后，中国网络购物领域又一个构筑网购诚信、提升消费者体验的工具。

1. 先行赔付

"先行赔付"是指卖家使用淘宝网提供的技术支持及服务向其买家提供的特别售后服务，允许买家按"先行赔付"服务规则及淘宝网其他公示规则的规定对其已购得的特定商品要求该卖家进行赔付。

2. 假一赔三

"假一赔三"是指卖家使用淘宝提供的技术支持及服务向其买家提供的特别售后服务，允许买家按"假一赔三"服务规则及淘宝网其他公示规则的规定对已购得的商品认定为假货的前提下，要求卖家3倍赔偿。

3. 7天无理由退换货

"7天无理由退换货"指卖家使用淘宝提供的技术支持及服务向其买家提供的特别售后服务，允许买家按"7天无理由退换货"服务规则对其已购特定商品进行退换货。

4. 描述属实

5. 30天维修

"数码与家电30天维修"服务是指在淘宝网的买家使用支付宝服务，购买接受本规则的卖家销售的数码与家电商品的交易成功后30天内，卖家应向买家无条件提供免费维修服务。

6. 闪电发货

"虚拟物品闪电发货"指用户(下称"卖家")使用淘宝提供的技术支持及服务向其买家提供的特别售后服务，允许买家按"虚拟物品闪电发货"服务规则及淘宝网其他公示规则的规定对买家已购不符合卖家现货承诺的特定商品，要求该卖家进行赔付。

7. 买家举报，卖家举证

淘宝网要求被投诉的卖家需积极配合，并根据淘宝要求在7个工作日内提供相关证明；

卖家提供的有效凭证，应至少包括以下凭证之一：专柜代购小票、海关出具的有效证明、品牌代理授权书与有效进货凭证、官方质检报告，同时淘宝有权根据投诉处理情况要求交易双方提供其他证明资料。

8. 钓鱼警示

2008年3月推出的消费者保障计划第二期工程中，淘宝网与公安部联手打击钓鱼网站，针对"盗链型"的钓鱼网站推出警示窗口，取得了一定的成效。

五、运营监察

1. 机器排查

首先是机器排查，淘宝有一个庞大的商品标准价格库，涵盖所有在淘宝上销售的商品，凡是和标准价格相差比例超过一定幅度的属于价格异常，假货可能性很大，机器会将此商品自动下架。

2. 人工排查

针对机器排查的不足，淘宝网还设有专门的人工排查部门，做到24小时巡查，随时下架问题商品。以2009年1月份为例：假冒伪劣商品系统自动下架量177万件，人工删除量35万件。

3. 页面举报

淘宝在每件商品页面上都有"举报此商品"的按钮，淘宝上的1亿会员都是商品审查员。

4. 厂商合作

淘宝网与厂商建立了良好的合作机制，运营部门几乎与参与我国国内市场的全部厂商都建立了联系，商标侵权、专利侵权等第三方难以判断的问题，只要厂商发来公函，淘宝网都会在第一时间进行处理。以Nike为例，2008年淘宝网帮助Nike进行假冒商品处理16次，下架商品达488360件。

5. 媒体监测

由于国内的政府主管部门按区域管理，一旦出现商品质量等问题，淘宝网所在地工商部门并不一定能第一时间得到相关消息，淘宝网为此设立了专门的媒体监测人员，一旦发现媒体报道消费相关的问题，淘宝网会首先在资讯首页发布公告，提醒消费者注意。随后淘宝网相关工作人员会积极主动与本地政府相关部门、对应地区主管部门沟通，并综合本地主管部门处理意见进行处理。

思考：

1. 选择淘宝网的诚信机制、物流保障、安全体系、消费者保障、运营监察中的任一内容，结合现实生活，谈谈可能面临的安全问题。
2. 简述淘宝网在电子商务安全体系结构的不同层次中的工作。

归纳与提高

电子商务面临的安全威胁分为环境安全、网络安全、信息安全和交易安全4个层次。电子商务的安全需求包括认证性、保密性、完整性、不可抵赖性、可靠性和可用性等5个方面。电子商务安全体系结构由6层构成：环境安全层、网络安全层、数据加密层、安全认证层、交易协议层和电子商务应用层。

防火墙是指设置在被保护网络和公共网络或其他网络之间的软件或硬件设备的组合。防火墙可分为软件防火墙和硬件防火墙。常用的防火墙技术有包过滤技术和代理技术。计算机病毒是指编制或者在计算机程序中插入的破坏计算机功能或者毁坏数据，影响计算机使用，并能自我复制的一组计算机指令或者程序代码。病毒的防范包括防范、检测和清除等几个方面。

密码系统主要包括明文、密文、加密算法、解密算法和密钥几个基本要素。对称加密技术和非对称加密技术是两种常用的加密体制，前者的优点是算法简单，加密、解密的处理速度快，适用于加密大量数据的信息，后者则能实现简单方便的密钥管理和数字签名。

认证技术是实现电子商务安全需求最重要的技术，主要包括数字信封、数字摘要、数字签名、数字时间戳、数字证书、CA认证中心等技术。

大多数电子商务安全问题是由于管理不善造成的。电子商务安全的管理就是通过一个完整的综合保障体系，来规避信息风险、信用风险、管理风险和法律风险，以保证网上交易的顺利进行。

习题

一、选择题

1. 下面属于电子商务交易安全问题的有(　　)。
   A. 黑客的恶意攻击　　　　　B. 缺乏完善健全的法律法规
   C. 网络诈骗　　　　　　　　D. 信息篡改
2. 电子商务安全的基本要求有(　　)。
   A. 真实性　　B. 先进性　　C. 开放性　　D. 保密性
3. 在传输过程中，接收端收到的信息与发送端发送的信息完全一样，这指的是电子商务安全要求中的(　　)要求。
   A. 认证性　　B. 可靠性　　C. 完整性　　D. 不可否认性
4. 计算机病毒一般具有(　　)等特点。
   A. 破坏性　　B. 隐蔽性　　C. 智能化　　D. 传播性
5. 加密和解密过程依靠两个元素，缺一不可，这就是(　　)。
   A. 明文　　　B. 算法　　　C. 密钥　　　D. 密文
6. 认证中心的主要作用有(　　)。
   A. 证书的颁发登录　　　　　B. 证书的查询结算
   C. 证书的作废　　　　　　　D. 证书的归档
7. SET与SSL相比主要有(　　)等优点。
   A. 为商家提供了保护自己的手段，使商家免受欺诈的困扰，并使其运营成本降低
   B. 对消费者而言，保证了商家的合法性，并且用户的信用卡卡号不会被窃取，替用户保守了更多的秘密，使其在线购物更加轻松
   C. 得到了银行和发卡机构以及各种信用卡组织的喜爱
   D. 为参与交易的各方定义了互操作接口，一个系统可以由不同厂商的产品构筑

8. 电子商务安全管理制度的具体内容包括(　　)。
   A. 诚信机制　　B. 保密制度　　C. 应急制度　　D. 人员管理制度

二、复习思考题

1. 举例说明电子商务的安全问题主要表现在哪几个方面?
2. 结合实际,说明如何在电子商务安全性与便捷性、易用性之间做到合理平衡。
3. 谈谈电子商务平台服务商和 B2C 电商企业在安全保障方面的策略有何不同。

三、技能实训题

1. 为自己或同学的计算机设置 Windows 防火墙,安装某种免费杀毒软件,并进行安全设置、病毒扫描等操作。
2. 利用 Windows 文件属性自带的校验功能,验证不同文件的哈希值不同、相同文件的哈希值一定相同。
3. 登录中国数字认证网(www.ca365.com),在上面申请免费个人数字证书,并下载、安装、查看及在网站上进行查询。

第三篇

应用篇

第九章 典型行业电子商务

学习要点及目标

了解不同行业电子商务的概念、主要特点及形式；理解不同行业电子商务中的代表性案例，能够用相关知识进行深入分析；能够比较不同行业电子商务的优缺点，从而把握各行业电子商务的全貌。

引例

新零售：盒马鲜生

盒马鲜生是阿里巴巴对线下超市完全重构的新零售业态。盒马是超市，是餐饮店，也是菜市场，但这样的描述似乎又都不准确。消费者可到店购买，也可以在盒马APP下单。而盒马最大的特点之一就是快速配送：门店附近3公里范围内，30分钟送货上门。盒马鲜生多开在居民聚集区，下单购物需要下载盒马APP，只支持支付宝付款和现金，不接受银行卡等任何其他支付方式。实际上，在强推支付宝支付背后，是盒马未来将对用户消费行为大数据进行挖掘的野心。阿里巴巴为盒马鲜生的消费者提供会员服务，用户可以使用淘宝或支付宝账户注册，以便消费者从最近的商店查看和购买商品。盒马未来可以跟踪消费者购买行为，借助大数据做出个性化的建议。

2017年7月，盒马鲜生创始人兼CEO侯毅在接受新闻采访时表示，盒马营业时间超过半年的门店已经基本实现盈利。盒马首家店上海金桥店目前每天平均营业额100万元左右，已经实现单店盈利。盒马上海金桥店2016年全年营业额约2.5亿元。侯毅透露，盒马实现用户月购买次数达到4.5次，坪效是传统超市的3～5倍。此外，盒马用户的黏性和线上转化率相当惊人。线上订单占比超过50%，营业半年以上的成熟店铺更是可以达到70%，而且线上商品转化率高达35%，远高于传统电商。目前，成熟门店如上海金桥店的线上订单与线下订单比例约为7∶3。盒马未来主要将服务三类人群。第一，晚上大部分时间在家的家庭用户。第二，基于办公室场景推出针对性便利店或轻餐。第三，周末会带着孩子出去走走的用户。

物流体系方面与传统零售最大的区别是，盒马运用大数据、移动互联网、智能物联网、自动化等技术及先进设备，实现人、货、场三者之间的最优化匹配，从供应链、仓储到配送，盒马都有自己的完整物流体系。不过，这一模式也给盒马的前期投入带来巨大成本。公开报道显示，盒马鲜生的单店开店成本在几千万元不等。店内挂着金属链条的网格麻绳是盒马全链路数字化系统的一部分。能做到30分钟的配送速度，在于算法驱动的核心能力。盒马的供应链、销售、物流履约链路是完全数字化的。从商品的到店、上架、拣货、打包、配送任务等，作业人员都是通过智能设备去识别和作业，简易高效，而且出错率极低。整个系统分为前台和后台，用户下单10分钟之内分拣打包，20分钟实现3公里以内的配送，实现店仓一体。

（资料来源：百度百科，有删减）

> **必备知识点**

典型行业电子商务的内涵与特征　典型行业电子商务的商业模式　新零售的内涵与特征

> **拓展知识点**

对零售业的理解　实践中各行业零售存在的问题及未来的走向　新零售的现实困境　技术对零售行业的推动及制约

第一节　零售业电子商务

一、零售与零售业

(一)零售及其特点

零售是向最终消费者——个人或组织出售消费品及相关服务，以供其最终消费之用的全部活动。例如，零售商店、超级市场、便利商店、折扣商店、仓储商店等有铺商店和上门推销、自动售货、电视电话销售等无铺商店，以及在线网络商店。

传统零售的特点主要有以下四个方面。

第一，零售是将商品及相关服务提供给最终消费者，零售商与最终消费者之间没有中间环节。如零售商将汽车轮胎出售给消费者，消费者将之安装于车上，这种交易活动便是零售。若购买者是车商，而车商将之装配于汽车上，再将汽车出售给消费者则不属于零售。

第二，零售活动不仅向最终消费者出售商品，同时也提供相关服务。零售活动常常伴随商品出售或提供各种服务，如送货、维修、安装等，多数情形下，顾客在购买商品时，也买到某些服务。

第三，零售活动不一定在零售店铺中进行，也可以利用一些使顾客便利的设施及方式，如上门推销、邮购、自动售货机、电话销售、网络销售等。无论商品以何种方式出售或在何地出售，都不会改变零售的实质。

第四，零售的顾客不限于个别的消费者，非生产性购买的社会组织也可能是零售顾客，因此零售的对象可以是个人也可以是组织。如公司购买办公用品，以供员工办公使用；某学校订购鲜花，以供其会议室或宴会使用。所以，零售活动提供者在寻求顾客时，不可忽视团体对象。在中国，社会集团购买的零售额平均达11%左右。

(二)零售业的定义

由各种形态的零售形式构成的产业可称为零售业。零售业(Retail Industry)是指通过买卖形式将工农业生产者生产的产品直接售给居民作为生活消费用或售给社会组织供公共消费用的商品销售行业。比较主流的零售业定义分为两种：一种是营销学角度的定义，认为零售业是任何一个从事由生产者到消费者的产品营销活动的个人或公司，他们从批发商、中间商或者制造商处购买商品，并直接销售给消费者；另一种是美国商务部的定义，零售贸易业包括所有把较少数量商品销售给普通公众的实体。它们不改变商品的形式，由此产生的服务也仅限于商品的销售。零售贸易板块不仅包括了店铺零售商，而且包括了无店铺零售商。

二、电子零售

(一)电子零售概述

电子零售是指通过互联网、手机、数字电视、电台等电子化方式，实现零售服务的一种商业模式。电子零售并非传统实体零售的分支和延展，而是与实体零售一起同属于商业流通领域的一种新商业经营业态，电子零售可以由实体零售商双线经营(如沃尔玛在线、苏宁易购)，同时也有提供纯网络零售服务的电子零售商(如京东、亚马逊等)。

电子零售是现代无店铺零售的发展方向，它具有传统零售不可比拟的特点。

首先是营销成本低。传统零售业因受经营场所、人力资源成本、水电暖、时间成本、信息成本等限制，运营成本较高。而现如今，导致传统线下零售业居高不下的运营成本主要来自两个部分：店铺租金成本和人力成本。以青岛为例，通常商铺租赁合同是每年签订一次，每年增加租金10%左右。青岛繁华地区店面2018年13平方米的面积，租金是17万元。位于北京CBD核心地标国贸商城的"星巴克"咖啡国贸店于2013年6月关闭，其重要原因就是店面租金和人工成本过高。同样，传统零售业在销售与推广方面所需的费用也较高。人口老龄化严重，创新创业的冲击，员工流失率高，零售商家都面临着招人困难的问题，传统零售业纷纷以增加员工工资来应对企业招工难的问题，这直接导致人工成本的增加。

其次是经营不受实体场地限制。电子零售以网络平台为销售场所，经营场地虚拟化，电子零售的虚拟特征决定了其在经营场所方面有较大的选择性。经营场地是企业进行生产、经营、服务的基本条件，厂房、店堂的大小是确定企业经营规模的依据之一，合理的经营场所是传统零售业的重要特征之一，这不仅体现在日常经营过程中，还体现在申请营业执照，获得营业资格时，国家法律法规对零售业的规定。

最后是经营方式电子化。经营方式电子化主要体现在产品展示、消费者购买、消费者支付、服务、售后等阶段。得益于计算机技术和通信技术的发展，得益于条形码、二维码的开发和应用，电子零售在以上方面呈现电子化的特征。电子销售、电子转账、电子订货、电子物流等体现得淋漓尽致。例如，计算机网络化的发展，使庞大的物流网络通过电子化服务得以高效运作，电子零售企业不必对管理信息的技术做出大量投资就能提供更多服务、信息及资源，通过技术的创新，消费者真正获得电子化服务的美妙体验。此外，电子零售具有虚拟性、经济性和便利性等特点。

(二)网络购物

网络购物是指消费者在互联网上进行商品信息的检索，通过与商家沟通确认商品的可购性，然后在网络上发出购买请求并进行支付，商家通过一定运输方式将商品送货上门的过程。网络购物仅限于B2C、C2C两种模式，而不包括B2B、B2G等组织购买行为。

网络购物首先是互联网技术发展的产物，互联网的不断完善为网络购物产生提供了基本条件。同时，网民自主消费意识的增强、对个性化体验的要求促使他们开始打破传统购物方式，积极探索新兴购物形式，为网络购物发展提供了必要条件。另外，不断完善的网上支付与物流配送服务保障了网络购物的顺利运行。所以，网络购物的产生与发展是互联网技术、网民消费观念、网上支付和物流配送发展共同作用的结果。

与传统购物相比，网络购物既有自己的独特优势，同样也存在不容忽视的缺点。

1. 网络购物的优缺点

网络购物具有以下优点。

(1) 商品种类丰富。通过网络虚拟平台，网络商店可陈列展示国内外的各种产品，且数量不受限制；而传统商店，无论其店铺空间有多大，它所能容纳的商品都是有限的。购买者在网络商店购物时有更多的选择，也有机会买到在本地市场难觅的商品。

(2) 不受时空限制。网络商店可以 24 小时对客户开放，购买者可在任何时间登录网站，挑选自己需要的商品。另外，网络的无地域、无国界的特点，使购买者可以通过网络商店买到世界各地的商品。

(3) 购物成本低。对于网络商品购买者，他们挑选、对比各家的商品，只需要登录不同的网站，或是选择不同的频道就可以在很短时间内完成，而且可以直接由商家负责送达，免去了传统购物中舟车劳顿的辛苦，时间和费用成本大幅降低。

(4) 网上商品价格相对较低。网上的商品与传统商场商品相比相对便宜，因为网络可以省去很多传统商场无法省去的相关费用，所以商品附加费用很低，商品的价格也就低了。消费者还可通过团购、秒杀、拍卖等方式，买到更便宜的商品。

随着网络购物的发展，价格将不再成为人们选择网络购物的首要原因，而便利将会成为更主要的原因。另外，商品丰富性也是比较重要的因素。

网络购物也有缺点，具体如下。

(1) 信誉度问题。信誉度问题是网络购物中最突出的问题。商家提供的商品信息、质量保证、售后服务是否和传统商场一样，购买商品后是否能如期拿到商品等，都是购买者所担忧的问题。

 案例 9.1

电子商务信誉问题

2017 年 3 月 14 日，值"国际消费者权益日"到来之际，在河北清河羊绒小镇，百名网店公开宣言，开诚信网店，做诚信网商，确保产品质量，抵制假冒伪劣。近年来，河北清河电子商务发展迅猛，全县拥有电商从业人员 7 万人，各类网店 2.3 万家，淘宝村 16 个，清河位列"中国电子商务百佳县"第八位，河北第一位。当日，百余家网店公开承诺"开诚信网店，做诚信网商"，并在承诺书上签字。当地市场监管局等人员现场解读《新消费者权益法》《侵害消费者权益行为处罚办法》《网络购买商品七日无理由退货暂行办法》等，并现场教消费者识别真假产品，为消费者答疑解惑。清河县羊绒制品市场管委会副主任郑春雨表示，为营造诚信经营的网络环境，此次组织上百家网店及生产企业开展诚信经营承诺活动，并制定严格的章程，规定了"三不准"，即无注册商标的产品不准网上交易，没有标示原料含量的产品不准网上交易，质量不合格的产品不准网上交易。"我做网店 5

年了，深知经营者一旦失信，市场就会被扰乱，当你的客户不再相信你时，网店也到了尽头。所以我们必须守信，抵制假冒伪劣，这样市场才会越做越活，路子越走越远。"清河店商李秀珍说。

(资料来源：齐鲁晚报，有删节)

(2) 网络安全问题。在网络购物中，网民对网络安全也有很大担忧，诸如用户的个人信息、交易过程中银行账户密码、转账过程中资金安全等问题。

(3) 物流配送问题。目前网络购物仍然以实体商品为主，商品交付要涉及传统的物流配送。而网络商店由于经营实力有限，只能依靠各类快递公司、邮政公司进行商品传递，既无法保证及时送达，也不能保证送达时商品不受损伤，常常会出现配送延迟、出错或丢失等情况，大大影响了网络购物体验。

(4) 缺少直接购物体验。购买者对网络商品的了解只能通过图片和文字描述来完成，无法通过试用体验与商品进行互动。在交易完成后，购买者不能立刻拿到商品，需要滞后1~3天才能获得交易的满足感。

(5) 售后服务难以保证。很多购物网站没有公司实体，没有固定营业场所，所以商品的售后服务得不到有效的保障，存在购后退换货难、维修难等问题。这也是为什么规格、标准统一的商品更适宜作为网络商品进行销售的一个重要原因。

2．网络购物的基本流程

尽管网络购物存在着利弊的两面性，但只要消费者能够正确合理地参与网络购物的流程，仔细识别网络商品的真伪，把握购物的分寸，那么大部分的问题就可以得到有效的避免。虽然不同网站、不同形式的网络购物，其流程都会存在一定差异，但从消费者的角度来看，其网络购物一般包括以下主要环节。

(1) 选择购物网站。随着网络购物的发展，国内外出现了成千上万的购物网站，如何选择适合的购物网站是网购者首先要考虑的问题。网购者必须考察商家的真实性和合法性，以防止遭遇假冒诈骗网站。此外，也要对比网站的专业性、信誉度、服务水平以及商品种类、营销活动等。在确定购物网站后，还必须注册成为该网站的会员，并准备好该网站支持的支付工具，如开通网上银行或第三方支付工具等。

(2) 搜寻、比较与选择商品。大多数购物网站的商品种类都比较丰富，如何准确、快速地找到自己想要的商品并进行比较和选择是网购者接下来要做的事情。在搜寻商品时，网购者可以利用购物网站的站内搜索和分类目录进行查找，也可借助专业的比较购物搜索网站来跨站搜寻。在比较和选择商品时，既要对照商品本身的功能、参数、价格、评价等，也要综合考虑商家信誉、服务态度、售后服务、物流及支付方式等。

(3) 商务沟通。由于网络店铺上看到的商品信息只限于商家愿意公布的商品文字、表格、图片等信息，这些信息的真实性、完整性往往有所欠缺。为避免因信息误解带来的不当购买，网购者还须学会如何通过网络的互动性与卖家进行有效沟通。网购者一般可通过联系在线客服或留言的方式与商家进行沟通，咨询了解更具体的商品信息和有关销售政策，为更合理的购买打下基础。

(4) 购买与付款。购买主要是将所选商品放入购物车并填写和确认订单的过程，要求网购者填写商品型号、数量、收货人姓名及地址、联系方式、配送方式和支付方式等信息。

付款是在确认订单后用户按订单中选择的支付方式进行支付的过程,一般以网上支付为主,也有少数商家支持货到付款。购买与付款是整个网络购物的购买决策阶段,虽然过程很简短,但十分重要,要谨慎操作,以防出现安全问题。

(5) 确认收货与评价。确认收货是指在购买者收到货物后,重新登录到购物网站对订单进行再次确认以完成整个交易。如果购买者没有收到货物或者收到货物不满意,则可申请退款或退货。在确认收货后,一般购物网站系统会引导购买者对所买商品的质量、快递速度、卖家服务态度等多方面进行评价,评价结果作为信用体系的一部分供后来购买者参考。

(三)网络商店

1. 网络商店及其特点

网络商店(网店),顾名思义,就是在网络上开设和经营的店铺。具体来说,就是经营者在互联网上注册一个虚拟的店铺,将待销售的商品信息发布在网页上,对商品感兴趣的浏览者通过网上或网下的方式向经营者支付货款,经营者再通过邮寄等方式,将商品传送给买家。

与现实环境中的实体店相比,网店具有如下优点。

(1) 投入资金较少。实体店需要投入的启动资金较多,少则几万,多则十几万、几十万,而网店只需几百、几千就可以顺利开张。

(2) 经营成本较低。网店经营免除了实体店的装修费、门面租金、水电费、税务等经营支出,日常经营只需要一台能上网的计算机、数码相机和基本商品包装工具即可。

(3) 经营风险较低。网店启动资金少、经营成本低,所以即便经营不善,想要改投其他行业也不会损失太大。另外,经营者通过网络可以更好地了解消费者的需求,根据消费者订单来采购进货且批量一般较小,压货风险较低,受货物季节轮换影响较小。

(4) 经营管理更加灵活。网店的开设过程快速便捷,只需先在网上注册,通过认证和审核,再上传商品信息,几天之内即可完成开店的一切手续,而实体店要完成这些手续至少需要一两个月。网店的经营管理不受人员、营业实践、店铺空间、恶劣天气等外部环境的影响,营销推广和支付的方式也更为灵活多样。

(5) 商品价格更有竞争优势。同样的商品,网店销售的价格一般情况都比实体店要低,这是因为网店的经营成本更低,不需要什么广告花费,并且通过直销,减少了商品流通的环节,所以价格自然就降下来了。

(6) 丰富的客源。网店可以接收一年 365 日、每日 24 小时所有消费者的订单,网店的潜在消费者不再局限于店铺所在地的某个街道或城市,而是全国乃至全球的所有网民。

除以上所述,网店还具备其他的一些优点,包括适合某些数字产品销售、资金回笼更快、可以方便快捷地发布最新产品信息等。

2. 网络商店的开办流程

(1) 网络商店的规划。

在网店开设之前,经营者要做一定的网店规划。网店规划的关键主要在于 3 个问题:一是确定商品;二是寻找货源;三是选择开店平台或搭建独立网店。

首先,在网上开店,要有适合网络销售的商品。但并非所有适合网上销售的商品都适合个人开店销售。从目前网店销售状况来看，有些商品销售得很好，有的则比较难销售。所以，有必要了解适合网络销售产品的特点，并在此基础上选择适合自己的产品。

其次，物美价廉的货源是网店经营的关键，网店经营者可从批发市场、批发网站、外贸尾单货、库存积压的品牌商品及换季、节后、拆迁与转让的清仓品，工厂等几个渠道进货。

最后，在选择开店平台方面，国内网店平台主要分为两类：一是面向个人或小型卖家的 C2C 平台，如淘宝、拼多多等；二是面向大中型企业的 B2C 平台，如天猫、亚马逊、京东等。不同的平台，其人气、服务、收费各不相同，选择合适的网上开店平台，对于网店的经营与发展十分重要。

(2) 网店的开设与装修。

在做好前期准备和规划之后，就可以在网上开店了。以淘宝网为例，网店开设的基本流程主要包括：开店前个人材料准备、了解淘宝相关规则；申请淘宝认证和支付宝实名认证；填写商品信息、发布商品；店铺设置和网店装修等步骤。

(3) 网络商店的经营管理。

网络商店的经营管理主要包括：网店的宣传推广、网店商品的定价、网店的促销、网店物流服务选择以及网店日常运营中的商品管理、交易管理、评价管理、纠纷管理、客户管理、留言管理等方面。

三、电子商务新零售

(一)新零售的内涵与特点

"新零售"是零售业的一种，是伴随电子商务及互联网技术的深入发展而产生的一种新的零售形式。"新零售"，英文是 New Retailing，即个人、企业以互联网为依托，通过运用大数据、人工智能等先进技术手段并运用营销学知识，对商品的生产、流通与销售过程进行升级改造，进而重塑业态结构与生态圈，并对线上服务、线下体验以及现代物流进行深度融合的零售新模式，线上线下和物流结合在一起，才会产生新零售。线上是指云平台，线下是指销售门店、生产商、物流商，新物流消灭库存，减少囤货量。2016 年 10 月的阿里云栖大会上，阿里巴巴马云在演讲中第一次提出了新零售，"未来的 10 年、20 年，没有电子商务这一说，只有新零售"。

结合商业领袖、行业实践者、实战研究者、专家学者等对"新零售"理念的解读，"新零售"的基本理念包含以下几个主要方面。

(1) "线上+线下+物流"的深度融合，目的是为消费者提供全渠道、全面化的服务。

(2) 数据技术驱动，数据技术串联零售始终，打通线上线下，优化零售效率。

(3) 以消费为核心的零售本质的突显，努力为消费者提供高效满意乃至超过预期的服务。

由此可见，"新零售"是零售本质的回归，是在数据驱动和消费升级时代，以全渠道和泛零售形态更好地满足消费者购物、娱乐、社交多维一体需求的综合零售业态。因此，"新零售"是应用互联网新技术、新思维，对传统零售方式加以改良和创新，将产品或服务出售给最终消费者的所有活动，它不仅仅是线上线下联动和物流的简单融合，同时还融入云计算、大数据等创新技术，包括全渠道但又超越全渠道，打破了过去所有的边界，以一种全新的面貌与消费者接触，使消费者随时都可以在最短时间内买到自己所需要的商品(见图9.1)。

图 9.1　传统零售业到新零售的发展路径

(二)新零售的主要特征

1. 渠道融合，销售场景全覆盖

在新零售模式下，无论是线上下单、线下消费，还是线下下单、线上消费，零售商都会通过最合适的渠道为消费者提供满意的商品与服务。消费者随时随地出现在实体门店、淘宝京东电商平台、美团等外卖平台、微店及网红直播频道等各种零售渠道。零售商不仅要打造多种形态的销售场所，还必须实现多渠道销售场景的深度闭合，才能满足顾客想买就买的需求。新零售将覆盖越来越多的场景，无论是小区、街道、商业区、车站、机场，还是写字楼、学校、厂矿等，只要有购物需求的地方就会得到满足。现在无人货架或自动售卖柜进入了越来越多的办公室，甚至连出租车上都出现了自动售货架。零售商将无所不在，无孔不入。

2. 数字化经营与体验

在新零售模式下，消费者能获得便捷、智能的服务体验，无须担心线下消费不便、线上消费不安全等问题。购物成为消费者的一种享受。今天商业变革的目标就是一切在线，通过数字化把各种行为和场景搬到线上去，然后实现线上线下融合。零售行业的数字化包括顾客数字化、商品数字化、营销数字化、交易数字化、管理数字化等。数字化是通过IT系统来实现的，所有数字化战略中，顾客数字化是基础和前提。无论是商品还是销售过程，更多的价值不是物品本身，而是给顾客的体验感怎么样。所以有时候，你不是在卖商品，而是在创造最佳顾客体验。精准的市场分层、顾客分层，都是为了给顾客带来某一方面的体验。新零售的数字化特征可以带来更好的消费者体验。

3. 门店智能化

大数据时代，一切皆智能是必然。门店智能化可以提升顾客互动体验和购物效率，可以增加多维度的零售数据，可以很好地把大数据分析结果应用到实际零售场景中。在零售行业，商家数字化改造之后，门店的智能化进程会逐步加快，但脱离数字化为基础去追求智能化，可能只会打造出"花瓶工程"。

 案例 9.2

京东无人商店

据介绍，京东无人店包括多种自由组合的技术方案，覆盖全场景无人店和现有门店的局部改造。此外，京东强调自身在门店科技背后的大数据分析、辅助运营手段，以及通过京东物流供应链系统支持无人店运行的落地模式。京东集团高级副总裁马松透露，京东智能门店科技中的大量技术已经在京东便利店、京东之家等店面中得到全面应用。京东无人便利店背后的 D-Mart 智能门店解决方案，是由京东 AI 与大数据部自主研发，包含智能货架、智能感知摄像头、智能称重结算台、智能广告牌等四个部分，可随意组合。例如，在 D-Mart 无人货架基础上可研发成自动贩卖机，目前这一产品已应用于京东办公楼内。智能称重结算台则可以取代现有超市中的人工结算台、蔬菜水果区域的电子秤。顾客在进入京东便利店前，需要登录"京东 me"APP，在设置中完成刷脸登录，脸部认证成功，在刷脸开门时即可自动关联京东账户，购物后无须手动支付，只靠刷脸即可顺利完成。

4. 商品社会化

消费者去实体门店购物，会觉得店铺商品琳琅满目，东西买都买不完。当新零售把顾客数字化后，顾客不到你的实体店，通过线上店铺购物时，会觉得你的店铺东西少，品类缺乏。这就是新零售时代对品类管理的挑战，需要商家重构供应链才能解决。解决的办法就是社会化供应链：卖自家货、他家货；自己卖、请别人卖；土货、洋货、农特货等。以前的零售就是卖东西，体现的是交易功能。而现在，零售在交易功能上又增加了社交功能、娱乐功能和连接功能。没有连接就没有销售，没有社交就没有销售，没有娱乐就没有销售。所以，新零售不仅仅是卖商品。

5. 物流智能化

传统零售只能到店消费，现取现卖，新零售顾客可以全天候、全渠道、全时段都能买到商品，并能实现到店自提、同城配送、快递配送等，这就需要对接第三方智能配送、物流体系，以此缩短配送周期、去库存化。

(三)新零售的主要模式

传统零售中的零售仅仅是买卖双方相互交易的场所(见图 9.2)，是商品交换的媒介，缺少深入的消费者体验和强烈的互动，价值链较短，销售场景不明，消费者需求的满足带有极强的目的性。新零售依靠新技术升级为消费者体验，创造人性化的消费场景，打通线上线下销售渠道，全方位融入消费者生活，创设极具亲和性的消费氛围，满足消费者的切实需求，是人、货、场景重构并融合后的新零售模式(见图9.3)。

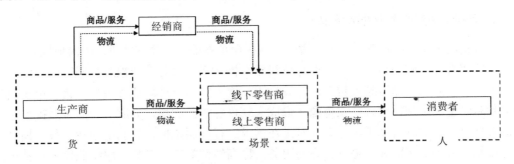

图9.2 传统零售模式

新零售的主要模式有以下三方面。

(1) 线上与线下结合的同时，实现商品与物流渠道的整合模式。在线下零售商不断开拓线上渠道、线上零售商不断开拓线下渠道的同时，线上与线下的零售商彼此开展合作，实现渠道互补和共赢，这样既可以在物流配送高峰期做到就近配送，实现线上线下产品同款同价，还可以实行线上订货实体店就近取货，或者线下订货线上发货等。这种合作不是简单的 O2O，而是打破原有的一切边界，多家线上线下零售企业通力合作，形成一个良性循环的全渠道产品及物流配送网络。这种新零售模式需要有云计算、大数据等高新技术的后台支持。

图 9.3　新零售模式

(2) 提供更广范围内的体验式消费服务，实现消费场景化模式。消费场景化是新零售最主要的发展方向，也是顾客未来需求的发展方向。目前只有少数集购物、餐饮、娱乐于一体的大型实体购物中心发展较好。在百货、商场、超市、便利店等实体零售场所实现更进一步的体验式消费服务，线上电商与线下实体零售体验相结合，不断努力实现消费场景化，是目前正在探讨和实践的主要模式。

(3) 营造包括零售企业内部员工及上下游合作伙伴的新零售平台模式，打造新零售全渠道产业生态链。新零售全渠道产业生态链包括零售企业内部员工、上游制造商、下游商家及渠道内所有合作伙伴，多方在一个公共平台上进行更深更广的合作，最后实现互利共赢，共同在不断完善的互联网环境下良性发展。

第二节　服务业电子商务

一、服务业电子商务概述

(一)电子商务对服务业的影响

1. 有利于拓展服务业业务范围

服务领域狭小，区域发展差异巨大，是我国服务业的一个显著特点。中国地域分布广，任何企业都有着广阔的市场空间。但在传统经营模式下，服务企业很难克服时间和空间障碍，形成规模效应。随着越来越多的计算机用户连入网络，地域概念明显弱化。电子商务可以超越时空的限制，整合产业资源，形成大规模经济的支撑，为服务业的发展提供了广阔的发展空间。同时有助于服务企业对潜在需求进行深层把握，有利于创新业务、拓展业务，特别是能为潜在的客户提供更好的服务，提高经营效益。另外，服务业作为一种牵涉面很广的行业，需要加强与业务伙伴的合作与联盟，结成战略合作关系，电子商务为此创造了一切条件和便利。

2. 显著降低服务业运作成本

研究表明，通过电子商务方式提供服务，可以比电话或代理人节省一半以上的费用。使用网络营销的手段和方法，广泛采用电子商务技术，通过建立自己的网站，在网上发布信息，并通过因特网提供各种信息服务，减少了交易的中间环节、简化了操作流程，从而降低了各种费用。同时，节省了时间，节省了大量的人力物力，可以显著提高业务的运作效率。随着交易范围的扩大，交易数量的增加，基于电子商务的服务业完成了空间上的超越和数量上的超越，带来了规模经济效益。与客户分享成本降低带来的好处，让客户得到更多实惠，从而提高了服务企业的竞争力。

3. 快速推动服务业业务创新

电子商务本身就是一种创新。电子商务不仅是服务业传统业务的电子化，更是业务创新的物理平台，尤其是金融服务业。传统服务业存在着明显的产品趋同性，很少有企业提供的服务产品是独家所有。在这种情况下，企业可以借助信息技术和网络平台，细分市场，进行一对一的个性化营销，增加网络服务项目，为客户提供鲜明的个性化定制服务，使自己在众多的竞争性产品和服务中脱颖而出。传统的服务和交易方式，要想个性化服务，无论是财力还是人力都无法实现，只有发展电子商务，这种业务创新能力的提高和增长方式的转变，以及管理理念和经营模式的创新才能得以实现。

4. 充分提升服务业客户关系管理水平

客户关系管理在服务行业具有相当重要的作用，服务行业的每一笔业务都是建立在良好的客户关系管理之上的。好的客户关系管理能够帮助服务企业把握市场机会，最大限度地满足客户的需要，从而赢得客户的忠诚。实施电子商务后，服务企业可以借助计算机网络建立各种数据库，以极低的成本建立与客户长期的、紧密的、一对一的联系，更好地为客户服务。充分利用客户数据库，完全可以根据每一个客户的特殊需求，为客户提供个性化的、专业化的、全方位的、及时的网上服务，让客户更加满意。

(二) 服务业电子商务的特点与形式

电子商务应用需求的不断提升，促进了包括交易服务业、支撑服务业和相关衍生服务业的快速发展。以电子商务交易服务为核心，物流配送、支付、安全和信用认证、软件开发相配套的电子商务服务业已经形成规模。电子商务服务业在创新经济模式、促进发展转型、增加社会就业等方面发挥了越来越重要的作用。

1. 服务业电子商务的特点

(1) 以消费者为导向。

在电子商务服务过程中，由于网络的便捷性，顾客更多地参与到服务生产和消费过程中，所以，关注的焦点从供给面转向了需求面，即从以企业为中心转向以消费者为中心。越来越多的电子商务服务从设计阶段开始就以顾客的需求为中心。企业所提供的各项电子商务服务最大限度地从消费者的需要出发，为消费者提供最大的服务效益，以服务获取竞争优势，其发展重点从自己的企业品牌资产转向顾客资产，在为顾客递送价值的过程中实现自身的价值。电子商务服务不仅是服务方式的改变，更是企业服务意识的提升和服务观念的创新。

(2) 个性化。

在传统条件下,企业由于受人力、物力的限制,所提供的服务职能是"粗放型"的,不可能按照个体的服务需求主动提供个性化的服务。在电子商务环境下,企业的服务能力有了明显的提高,使得面向消费者提供"一对一"的服务成为可能。电子商务服务提供商可以根据每个消费者的特点为其提供独一无二的服务,而消费者也可以根据自身的需求,定制具有个性特点的服务。

(3) 自助化。

在电子商务服务的过程中,顾客所体验的服务离不开技术的支持,技术作为中介负载了电子商务服务提供商为顾客提供的服务。顾客常常与信息技术(网站)发生直接的交互,而网站提供的功能也使顾客可以充分按照个人意愿选择服务项目,自助完成服务,从而更加主动地获取企业所提供的各种服务。

(4) 整体性。

电子商务有很强的集成性,它要求企业不同部门打破各自为政的传统做法,建立快捷、顺畅的业务流程,加强部门间的沟通协作,它把企业不同部门的不同职能通过网络集成在一起,让消费者享受"一站式"服务,系统地为顾客提供问题的解决方案,最大限度地节省服务时间,提高服务效率,为顾客创造更大的价值。这时,电子商务服务的管理理论基础也从传统的职能分工科学管理思想,转向功能集合的过程再造理论。

2. 服务业电子商务的形式

随着互联网和电子商务的应用和发展,就服务业而言,出现了许多成功的电子商务形式。麦肯锡管理咨询公司认为,目前主要有3种新兴的电子商务形式,具体如下。

(1) 服务方主导的业务形式,即由服务提供方建立网站发布服务信息。现在很多企业和组织为了宣传自己,纷纷建立自己的网站,利用网络平台来充分地展示自己。同时,在网站上及时地将自己的服务信息发布出来,以赢得消费者的注意。比如很多网络学校,通过网络来开展网络教学服务,极大地方便了学习者。

(2) 购买方主导的业务形式,即由买方建立网站发布服务需求信息。很多企业或个人有对服务的需求,但是找不到合适的服务提供者,于是就借助于网络来发布需求信息,以期通过网络来寻求自己的服务被满足。

(3) 第三方模式,即由中立的第三方所建立和控制的网站,由第三方提供特定产业或产品的搜索工具,包括许多卖主的店面在内的公共买卖场所,如中介网站、淘宝网等。

二、旅游业电子商务

(一)旅游电子商务概述

旅游电子商务是指利用互联网和先进的通信技术,实现旅游信息的收集与整合,实现旅游业及其相关产业电子化运作和旅游目的地营销的活动,是一种先进的运营模式。它主要包括通过网络发布、交流旅游基本信息和旅游商务信息,以电子手段进行旅游宣传促销、开展旅游售前售后服务,通过网络查询、预定旅游产品并进行支付;也包括旅游企业内部流程的电子化及管理信息系统的应用等。

旅游电子商务是以网络为主体，以旅游信息库、电子化商务银行为基础，利用最先进的电子手段运作旅游业及其分销系统的商务体系，为广大旅游业同行提供了一个互联网平台。它具有以下几个特征。

第一，产品和价格信息最受关注。居民出游前最希望获取的信息主要是旅游核心产品及价格信息，包括旅游目的地与旅游线路、景区、住宿与交通价格的信息，包括食、住、行、游、购、娱等旅游关联产业的信息和服务质量情况。

第二，游客的散客化趋势进一步明晰。居民出游前希望通过参加旅行社或自己组织团队的形式较多，通过单位组织出游的比例相对较低。

第三，互联网已成为当前绝大部分居民出游前了解相关信息的最主要渠道，亲朋好友对旅游目的地的评价也是居民出游的重要信息渠道。

(二)旅游电子商务应用的主要形式

旅游电子商务按照不同的标准，有多种分类方法，这里介绍以旅游电子商务的交易类型为标准的分类形式。

1. B2B 交易形式

在旅游电子商务中，B2B 交易形式主要包括以下几种情况。

(1) 旅游企业之间的产品代理，如旅行社代订机票与饭店客房，旅游代理商代售旅游批发商组织的旅游线路产品。

(2) 组团社之间相互拼团，也就是当两家或多家组团旅行社经营同一条旅游线路，并且出团时间相近，而每家旅行社只拉到为数较少的客人。这时，旅行社征得游客同意后可将客源合并，交给其中一家旅行社操作，以实现规模运作的成本降低。

(3) 旅游地接社批量订购当地旅游饭店客房、景区门票。

(4) 客源地组团社与目的地地接社之间的委托、支付关系，等等。

旅游业是一个由众多子行业构成、需要各子行业协调配合的综合性产业，食、宿、行、游、购、娱各类旅游企业之间存在复杂的代理、交易、合作关系，旅游 B2B 电子商务有很大的发展空间。

2. B2E 交易模式

此处，B2E(Business to Enterprise)中的 E，指旅游企业与之有频繁业务联系，或为之提供商务旅行管理服务的非旅游类企业、机构、机关。大型企业经常需要处理大量的公务出差、会议展览、奖励旅游事务，它们常会选择和专业的旅行社合作，由旅行社提供专业的商务旅行预算和旅行方案咨询，开展商务旅行全程代理，从而节省时间和财务的成本。另一些企业则与特定机票代理商、旅游饭店保持比较固定的业务关系，由此享受优惠价格。

旅游 B2E 电子商务较先进的解决方案是企业商务旅行管理系统(Travel Management System，TMS)。它是一种安装在企业客户端的具有网络功能的应用软件系统，通过网络与旅行社电子商务系统相连。在客户端，企业差旅负责人可将企业特殊的出差政策、出差时间和目的地、结算方式、服务要求等输入 TMS，系统将这些要求传送到旅行社。旅行社通过计算机自动匹配或人工操作为企业客户设计最优的出差行程方案，为企业预订机票及酒店，并将预订结果反馈给企业客户。通过 TMS 与旅行社建立长期业务关系的企业客户能享受到旅行社提供的便利服务和众多优惠，节省差旅成本。同时，TMS 还提供统计报表功能。用户企业的管理人员可以通过系统实时获得整个公司全面详细的出差费用报告，并可进行相应的财务分析，从而有效地控制成本，加强管理。

3. B2C 交易模式

旅游 B2C 电子商务交易模式，也就是电子旅游零售。交易时，旅游散客先通过网络获取旅游目的地信息，然后在网上自主设计旅游活动日程表，预订旅游饭店客房、车船机票等，或报名参加旅行团。对旅游业这样一个旅客高度地域分散的行业来说，旅游 B2C 电子商务方便旅游者远程搜寻、预订旅游产品，克服距离带来的信息不对称。通过旅游电子商务网站订房、订票，是当今世界应用最为广泛的电子商务形式之一。另外，旅游 B2C 电子商务还包括旅游企业对旅游者拍卖旅游产品，由旅游电子商务网站提供中介服务等。

4. C2B 交易模式

旅游 C2B 交易模式是由旅游者提出需求，然后由企业通过竞争满足旅游者的需求，或者是由旅游者通过网络结成群体与旅游企业讨价还价。旅游 C2B 电子商务主要通过电子中间商(专业旅游网站、门户网站旅游频道)进行。这类电子中间商提供一个虚拟开放的网上中介市场，提供一个信息交互的平台。上网的旅游者可以直接发布需求信息，旅游企业查询后双方通过交流自愿达成交易。

旅游 C2B 电子商务主要有两种形式。第一种形式是反向拍卖，即竞价拍卖的反向过程。由旅游者提供一个价格范围，求购某一旅游服务产品，由旅游企业出价，出价可以是公开的或是隐蔽的，旅游者将选择其认为质价合适的旅游产品成交。这种形式，对旅游企业来说吸引力不是很大，因为单个旅游者预订量较小。第二种形式是网上成团，即旅游者提出他设计的旅游线路，并在网上发布，吸引其他相同兴趣的旅游者。通过网络信息平台，愿意按同一条线路出行的旅游者会聚到一定数量，这时，他们再请旅行社安排行程，或直接预订饭店客房等旅游产品，可增加与旅游企业议价和得到优惠的能力。

旅游 C2B 电子商务利用了信息技术带来的信息沟通面广和成本低廉的特点，特别是网上成团的运作模式，使传统条件下难以兼得的个性旅游需求满足与规模化组团降低成本有了很好的结合点。旅游 C2B 电子商务是一种需求方主导型的交易模式，它体现了旅游者在市场交易中的主体地位，对帮助旅游企业更加准确和及时地了解客户的需求，对实现旅游业向产品丰富和个性满足的方向发展起到了促进作用。

案例 9.3

携程网的电子商务

携程旅行网创立于 1999 年，总部设在中国上海，目前在北京、广州等几十个城市有分公司或分支机构，是中国领先的综合性旅行服务公司。2003 年，携程成为资本市场的神话，它成功登陆纳斯达克，并创纳市 3 年来开盘当日涨幅最高纪录。携程向超过 1000 余万注册会员提供包括酒店预订、机票预订、度假预订、商旅管理、特惠商户以及旅游信息在内的全方位旅行服务。

酒店预订是携程的最主要业务，也是携程运作和发展的基础。目前与携程合作的酒店已超过5000家，遍布世界34个国家和地区的350多个城市。携程每天在国内的55个城市中的1000多家酒店都有大量的保留房，可向携程会员提供。

机票预订是携程的主要业务。目前携程和国内外各大航空公司都有合作，覆盖国内外绝大多数航线。会员可在携程网站上查询丰富实时的机票信息(包括国际机票信息)。携程拥有行业内规模领先的统一的机票预订系统，可以做到订票点和送票点的不同。有别于其他订票机构，携程的国际机票可以实现"异地出发、本地订票、取票"，极大地方便了会员。同时携程还在全国45个主要商旅城市与资源供应商一起提供市内免费送(机)票上门的服务，开创了机票预订服务的先河。携程还开通了各大航空公司(国航、东航、南航、上航、海航)电子客票产品，客人可用信用卡支付方式购买电子客票，无须等待送票，直接至机场办理登机，使出行更便捷。

度假预订也是携程的主要业务。目前，携程可提供多达近千条度假线路，涉及海内外200余个最热门的度假目的地。充足的三星级至五星级众多房型资源与灵活的航班、火车、轮船、专线巴士与自驾车等交通工具的搭配可以充分满足会员各种度假的需求。

携程旅行网的成功说明旅游电子商务是电子商务中的亮点之一。作为传统旅游业和信息技术相结合的产物，旅游电子商务有着广阔的发展前景和不可估量的市场潜力，它可以提高整个旅游产业的工作效率，同时也将彻底改变现在旅游企业的运作模式和经营体制，使传统旅游企业的经营发生革命性的变化。

(资料来源：李文正，赵守香. 电子商务. 北京：航空工业出版社，2007)

三、金融业电子商务

(一)网上证券

所谓网上证券业务，通常是指投资者利用互联网网络资源，包括公共互联网、局域网、专网、无线互联网等各种电子手段传送交易信息和数据资料并进行与证券相关的活动，包括获取实时行情、相关市场资讯、投资咨询和网上委托等一系列服务。网上证券是证券行业以互联网为媒介向客户提供全新的商业服务。它是一种大规模、全方位、体系化、新型的证券经营模式，可为大量远离证券营业部的证券投资者提供所有的甚至更多于现有在营业部内可以得到的服务。

随着市场经济的发展，人们的投资观念也在发生变化，越来越意识到挣钱是一方面，投资理财则更为重要。投资股票的人越来越多，但证券交易所的发展速度却总是赶不上股民增加的速度，因而证券交易所大厅中总是人满为患，令许多人望而却步。此外，不少投资证券的个人投资者由于出差在外，难以及时获得行情信息，更无法及时买进或卖出，由此而受到的经济损失的确令人懊恼。因此，许多股票图文接收设备如雨后春笋般涌现出来。但各种设备需要强大的稳定的无线信号，否则会造成用户使用上的不便。

随着互联网与电子商务的进一步发展，股民们通过互联网证券交易商，可以在任何地方、任何时候兼顾到自己的投资。互联网证券交易商通常在其 Web 网站上发布证券交易行情，同时为其客户提供通过互联网直接在其 Web 网站上填写证券买卖单证的服务，证券交易商则把这些买卖单证实时传递给证券交易所。

对投资者来说，利用证券电子商务可以得到比较公平、公正、高效的证券行情、信息和交易服务,可以减少因行情延迟、信息时差或交易不及时等引起的交易损失。

对证券交易商来说,证券电子商务的实现,一方面可以大幅度降低成本,减少基础设施和人力资源的投入;另一方面可以方便地扩展业务范围,通过远程证券交易的手段占领更广大的市场。对交易所来说,支持证券电子商务的发展,积极向电子商务靠拢是非常必要的,国际证券市场已广泛实现了电子商务。

网上证券具有如下特点和优势。
(1) 无可限量的信息资源,加快了证券市场信息的流动速度,提高了资源配置效率。
(2) 证券市场范围将大幅度扩大,并打破时空界限。
(3) 证券发行方式将发生根本性改进。

案例 9.4

国泰君安证券网上交易认证平台

国泰君安证券是由原国泰证券有限公司和原君安证券有限责任公司通过新设合并、增资扩股,于 1999 年 8 月 18 日组建成立的,目前注册资本 47 亿元,第一、二、三大股东分别为上海国有资产经营有限公司、中央汇金公司和深圳市投资管理公司。所属的 4 家子公司、23 家直属营业部及 26 家分公司所辖的共计 123 家营业部分布于全国 28 个省、自治区、直辖市、特别行政区,是目前国内规模最大、经营范围最宽、网点分布最广的证券公司之一。

目前国泰君安证券为客户提供了多种交易委托系统,包括网上交易、手机交易、电话委托、自助委托等类型。其中以网上交易为主,又分为富易客户端交易、富通页面交易、锐智客户端交易等。

国泰君安证券网上交易认证平台建设有如下目标。
(1) 系统容量。系统要具备良好的可扩展性。初期需要支持 50 万用户规模的访问能力。国泰君安预计在项目启动阶段,将邀请 5000 个客户进行使用,系统成熟后,向全部客户开放。
(2) 安全性。区别于传统的静态密码校验手段,为客户提供更为安全的交易认证方式,确保客户交易行为难以被仿冒。
(3) 高效性。需要充分考虑证券业务实时性强、并发量大的特点,能够有效地处理大量客户的集中认证请求。最大处理能力不低于 2000 次/秒。
(4) 可靠性。需要实现良好的冗余与容错设计,防止出现单点故障。
(5) 开放性。符合标准规范,具有良好的可兼容性。提供灵活的开发接口,支持跨平台访问。
(6) 可管理性。提供方便有效的维护、管理、监控手段或工具。

(资料来源:林果科技,http://www.linguo.cn/case/html/10.html)

(二)网上保险

网上保险是指保险公司或保险中介机构以互联网和电子商务技术为工具来支持保险经营管理活动的经济行为,主要包括通过互联网进行保险咨询、险种费率查询、承保、理赔等一系列业务活动。从狭义上讲，保险电子商务是指保险公司或新型的网上保险中介机构通过互联网为客户提供有关保险产品和服务的信息，实现网上投保、承保等保险业务，直接完成保险产品的销售和服务，并由银行将保费划入保险公司的经营过程。从广义上讲，保险电子商务还包括保险公司内部基于互联网技术的经营管理活动，对公司员工和代理人的培训，以及保险公司之间、保险公司与公司股东、保险监管、税务、工商管理等机构之间的信息交流活动。

1. 网上保险的优势

(1) 有利于减少成本，提高经营效率。

保险经营的是无形产品，不需实物转移，非常适合电子商务、网上保险的应用，可以大幅降低交易成本。有研究表明：网络可以使整个保险价值链的成本降低 60%以上。成本的减少会进而降低各险种的保险费率，从而让客户受益。电子商务摆脱了传统商业中介的束缚和制约，使保险公司在销售、理赔和产品管理等方面的效率得到极大的提高。

(2) 网上保险有利于提高客户服务水平。

电子商务不仅是保险公司的一个营销渠道，更是公司为客户提供服务的一个新的平台。电子商务开放性、交互性的特点，为服务创新提供了有利条件。保险公司可以在网上提供公司和产品的详细介绍、在线咨询等，而客户也可以实时了解自己所需要的保险信息，增加了选择的范围，比以往的业务员、代理人的服务无论在时间还是空间上都有了无限的扩大，可以大大降低客户在获取保险服务过程中的各种隐性成本，从保险公司得到更多的实惠，从而提升对公司的满意度。同时，网上提供的服务是保险公司直接监控的，具有规范化、统一化和标准化的特点，服务的内容都经过了公司的严格审查，防止了传统保险营销方式产生的许多弊端，能够改善服务质量、提高服务水平，树立起保险公司的良好形象。

(3) 发展保险电子商务有利于公司的稳健经营。

电子商务不仅仅会改变保险公司的营销和服务方式，而且还将影响到保险公司自身的组织结构和管理制度，最终会反映到公司的经营效益上来。电子商务技术手段可以渗透到保险公司经营的关键环节和流程，能够有效地解决业务过程中的一些管理风险和道德风险。通过网上保险，公司可以将客户资源掌握在自己手中，对公司的长期稳定发展具有重大的意义。电子商务网站还能将公司的保险信息透明化，解决公司与客户之间信息不对称的矛盾，也有利于公司树立诚信经营的企业形象。同时，公司还可以通过在线调查或提供在线咨询服务，及时了解保险市场的反馈信息，对客户潜在的保险需求进行深层次把握，从而有利于创新险种、拓展业务、提高经营效益。

2. 网上保险的操作步骤

(1) 注册会员。

网上在线投保流程的第一步是"注册网站会员"。国内很多大型保险公司都已经有了自己的网站，而且网站功能都非常不错，如果选择网上投保，只需登录到相应的公司网站并注册为会员就行了。

(2) 选择产品。

网上在线投保流程的第二步是"选择产品"，保险公司网站上有很多类别的保险产品，如养老险、少儿险、疾病险、投资理财险等。客户可以根据自己的需求以及保险条款明细选择一款适合自己的保险。需要注意的是在选择保险的时候，需根据自己的实际需求做个保险费用的预估，这就是我们要说的在线投保流程的第三步"保费测算"环节了。

(3) 保费测算。

网上在线投保流程的第三步是"保费测算"，保费测算功能会把保单的起始时间罗列出来，同时也会显示购置保单的具体金额。如果认为保费正确合理就可以点击确认，程序会进入下一步，如果认为保单费用过高则可以调整保险费用直至符合自己的需求为止。

(4) 填写投保信息。

当挑好产品，测算完费用后接下来就进入在线投保流程的第四步"填写投保信息"环节了。这一步所写的信息应是您个人的真实信息，因为保险公司在返还保险费用时是需要核对真实信息的(这里需要提醒的是，在注册会员时所用的手机号或者邮箱最好也是常用的，以便保单生效后保险公司能及时与客户沟通)。

(5) 支付并获得保单。

上述四个步骤操作完成后，网上投保流程的最后一步就是"支付并获得保单"了。通常情况下保险公司网站都会提示之前的操作是否正确，如果有误操作的地方可以返回上一步进行修改，如果操作无误就可以支付费用领取保单了，通常是用网银或支付宝(如果没有网银，可到开户行申请，操作简单费用低)来支付。支付完成后会生成电子保单，之后保险公司会用快递把纸质保单发送到注册地址。

知识拓展

网络教育与网络招聘见右侧二维码。

案例分析

新零售：海澜之家

海澜之家目前拥有门店 5243 家，其中"海澜之家"门店 4237 家，"爱居兔"门店 630 家，"海一家"门店 376 家，门店遍布全国 31 个省(自治区、直辖市)，覆盖 80%以上的县、市。海澜之家像麦当劳一样都是轻资产模式，它把存货和资金分解给了上下游，自己提供品牌管理、供应链管理和营销网络管理，将供应商、加盟商和公司三者捆绑成利益共同体。它是一个高度扁平化的共享经济平台，就像一个产业路由器一样，把各种资源组织起来，形成一个独特的产品和品牌。它自己不占有太多资源，但是各种资源在这里，都发挥了最大的作用。在整个产业链中，海澜之家主要负责上游供应链共享平台的建设，产品设计研发，品牌管理的引导、把控及筛选，下游门店的统一运营管理和营销渠道建设。海澜之家的成功主要表现在 5 点：轻资产、库存零风险、深度赋能、重经营，特别是后面三条是拉开与美特斯邦威和森马差距的关键。

1. 轻资产

海澜之家本身并不参与服装产业链的上游，将服装的生产、设计、运输等环节均实现了外包，所有服装的设计、样式，都是由供应商设计师提供的，之后再由海澜之家总部设计师根据当下流行趋势，对款式进行挑选，最后下达订单。整个经营成本大幅下降，不用长期养自己的设计师团队，厂房、厂工等重资产大幅减少，没有大规模的固定资产投入的摊销，对利润影响最小。

2. 库存零风险

供应商参与服装的设计与生产，但同时需要承担全部库存风险，因此加盟商可以获得更高的毛利率。卖不出去的服装，海澜之家还将退回生产商或者从厂商处进行二次进货，由旗下折扣店品牌"百依百顺"进行销售。这些做法直接转嫁了存货风险，免去了海澜之家及全国各地加盟店的库存风险溢价。

3. 深度赋能：共享供应链

海澜之家将经营核心放在品牌塑造和上下游赋能上，通过打造服装产业路由器，建立了一套完整的共享型供应链管理平台，将生产端上下游、海澜之家和终端加盟商结为利益共同体，在生产端公司联合上下游主要的生产供应商与原辅料供应商谈判以获得高质量低价格的男装产品。

4. 重经营：类直营

为了强化对品牌终端的控制力，加盟商交了加盟费之后，只能拥有门店的所有权，并且承担经营费用，实际上经营权还是归海澜之家所有，由海澜之家统一委派店长负责经营和管理，这样的方式直接降低了加盟商的门槛，作为加盟商，并不需要对经营或者服装行业有过深的认识，只需要保证资金运转，这也成为海澜之家线下门店急剧扩张的原因之一。

5. 快速反应

海澜之家通过每周分析门店零售数据，抓取最新的消费趋势并且制定新一轮的产品款式，生产供应商则根据海澜之家提供的提案自行设计开发并交由海澜之家筛选打分，打分合格的样稿再进行加工生产，并最终送往终端门店销售。这种共享市场信息的合作方式加快了海澜之家的市场节奏，每年可推出30批次的新款休闲男装，因此海澜之家对消费者的需求变化，能够快速作出反应。

思考：
1. 简述海澜之家的电子商务特点及形式。
2. 对比美特斯·邦威和森马，分析海澜之家电子商务的优缺点。

归纳与提高

零售是向最终消费者——个人或组织出售消费品及相关服务，以供其最终消费之用的全部活动。电子零售是指通过互联网、手机、数字电视、电台等电子化方式，实现零售服务的一种商业模式。"新零售"是应用互联网新技术、新思维，对传统零售方式加以改良和创新，将产品或服务出售给最终消费者的所有活动，它不仅仅是线上线下联动和物流的简单融合，同时还融入云计算、大数据等创新技术。

在电子商务条件下，服务业的发展具有以下优势：行业特点适合于实现电子商务；可以大大拓展服务业业务范围；能够显著降低服务业运作成本；快速推动服务业的业务创新；

充分提升服务业客户关系管理水平。服务业的电子商务模式主要有三种：服务方主导的业务模式；购买方主导的业务模式以及第三方模式。电子商务环境下我国现代服务业应采取如下发展策略：重视电子商务的作用，积极应用知名的第三方电子商务平台；加强现代服务业的电子商务诚信体系建设；加快现代服务业的电子商务物流体系建设和实施税制改革。

旅游电子商务是电子商务应用的一个部分，是电子商务中对物流依赖相对较少的一个应用领域，是一种先进的运营模式，主要包括通过网络发布、交流旅游基本信息和旅游商务信息，以电子手段进行旅游宣传促销、开展旅游售前售后服务，通过网络查询、预订旅游产品并进行支付；也包括旅游企业内部流程的电子化及管理信息系统的应用等。

随着电子商务的发展，金融机构在网上银行、网上证券、网上保险等新兴金融活动中已经快速发展业务并将大有可为。网络金融不仅充当商品交易条件下的电子支付中介，而且其自身的交易活动是电子商务最集中、最典型的体现。

 习题

一、选择题

1. 电子零售的电子化方式有(　　)。
   A. 互联网　　　B. 数字电视　　C. 手机　　　D. 电台
2. 新零售的主要特征有(　　)。
   A. 渠道融合　　B. 数字化经营　C. 门店、物流智能化　　D. 商品社会化
3. 新零售的主要模式有(　　)。
   A. 整合模式　　　　　　　　B. 全渠道产业生态链
   C. 场景化模式　　　　　　　D. 交互模式
4. 电子商务对服务业的影响有(　　)。
   A. 有利于拓展服务业业务范围　　B. 显著提高了服务业运作成本
   C. 快速推动服务业业务创新　　　D. 充分提升服务业客户关系管理水平
5. 下列(　　)不属于旅游电子商务交易模式。
   A. B2C　　　　B. B2B　　　C. B2E　　　D. B2G
6. 网上保险的特点不包括(　　)。
   A. 有利于减少成本，提高经营效率　B. 有利于提高客户服务水平
   C. 有利于公司的稳健经营　　　　　D. 能更好地沟通
7. 下列不属于政府对企业的电子政务的有(　　)。
   A. 电子采购与招标　　　　　B. 中小企业电子服务
   C. 电子证照办理　　　　　　D. 电子医疗服务

二、复习思考题

1. 简述传统零售与新零售的区别与联系。
2. 简述服务业电子商务的特点与形式。
3. 简述我国网络购物的发展前景。

三、技能实训题

1. 检索有关传统零售与新零售的案例，进行对比分析。
2. 尝试开设网络商店，体会开店的步骤、内容等。
3. 上网浏览携程网等相关平台，描述携程网的酒店预订流程。
4. 上网浏览去哪儿网等网站的旅游电子商务平台，并与携程网相关的电子商务业务流程进行比较，描述各自的优缺点。

第十章　移动电子商务

> **学习要点及目标**

掌握移动电子商务的概念、内涵与特点，了解移动电子商务的现状与发展趋势；了解移动通信技术发展的历史；掌握移动电子商务的技术基础；了解移动电子商务的应用服务。

> **引例**

中国移动支付发展引领世界

中国移动支付的快速崛起，正在重塑经济增长格局，深刻改变生产生活方式，成为中国创新发展的新标志。无现金模式已经蔓延到大街小巷，放眼全世界，没有哪个国家像中国这样如此迅速地告别纸币。

移动支付的兴起大致经过了三个阶段。先是通过扫描二维码来支付的方式改变了部分人的消费习惯。接着有越来越多的线下商家接受这种支付方式。再者是阿里巴巴和腾讯两大巨头在场景应用方面做了很多铺垫，包括购物、公共交通和水电煤支付等。

移动支付方便了居民的消费，无论是出门打车还是市场买菜都可以不带现金。在促进消费的同时，它还可以提高财产安全性。有人开玩笑说，移动支付的兴起，中国的小偷可能将从此下岗。此外，人们很多金融服务通过手机就可以实现了，去银行的需求也就越来越少，这对现有的金融行业，特别是银行业会产生深远的影响。

在全球范围来看，中国移动支付的发展处于领先地位，其规模和程度都很大，比西方国家发展得更迅速、使用频次更多、深度更广。有人放言："手机在手，天下我有。"随着中国经济的不断增长，中国游客走出国门，走向世界。中国版的"电子钱包"也成功走向世界。"移动支付"被外国人评选为中国"新四大发明"之一。

> **必备知识点**

移动电子商务的概念和特点　移动电子商务的技术基础　移动电子商务的应用

> **拓展知识点**

移动电子商务的现状与发展趋势　移动电子商务的运营模式

第一节　移动电子商务概述

移动电子商务(Mobile Business)或(Mobile Commerce)，也称无线电子商务(Wireless Business)，是在无线平台上实现的电子商务。它与传统意义上使用"有线的"计算机从事商务活动不同，而是利用手机、PDA等无线终端进行 B2B、B2C、C2C 等形式的购物交易、在线支付等活动。

一、移动电子商务的内涵

移动电子商务是无线通信技术和电子商务的有机统一体。从互联网电子商务的角度看，移动电子商务是电子商务的一个新的分支；从技术的角度看，移动电子商务是互联网电子商务新的表现形式；从应用的角度来看，移动电子商务通过与现有的电子商务平台之间的整合和扩展，并把各种业务流程从有线向无线转移和完善，以满足信息时代消费者的需求，是一种新的突破。

移动电子商务也可定义为利用移动通信技术进行的商业和金融活动。对于移动终端的界定，传统意义上主要是指手机和PDA。广义上泛指可以移动的通信设备，如手机、PDA、笔记本甚至车载电脑等。随着集成电路技术的发展和软件开发能力的提升，今天的手机已经从简单的通话工具演变为一个拥有强大处理能力的综合信息平台。现代智能手机有CPU、内存、存储卡和独立的操作系统，已经是一个完整意义上的计算机系统。随着移动互联网的快速发展，伴随着市场的巨大需求、商业利益的驱动，移动终端的功能不再只局限于打电话、发短信、玩游戏、听音乐、收发邮件和浏览网页，而是将市场和技术推广到了商业和金融的各个应用领域，从而给移动通信业务带来了新的商机。

伴随互联网传统电子商务平台淘宝、京东的飞速发展，有线网络应用和无线应用呈现深度融合趋势。这不仅使得互联网以另一种新的形式得以扩展，同时也极大地丰富了移动通信业务的功能。移动电子商务可以令这个世界上的任何人在任何时间、任何地点得到整个互联网的信息和服务。移动电子商务作为一种新型的电子商务方式，利用移动通信网络的众多优点，相对于"有线电子商务"具有明显的优势，已经成为传统电子商务的有益补充方式。同时也应该看到，移动电子商务尽管存在巨大的市场和潜在的商业价值，但是由于技术、经验、管理等多方面的不足，移动电子商务在安全性、个人隐私保护、个性化服务、法律纠纷等领域还存在缺陷。

二、移动电子商务的特点

与传统电子商务相比，移动电子商务具有许多优点。总体而言，具有以下特点。

(1) 开放性。移动电子商务因为接入方式是无线的，使任何人都可以进入网络世界，从而使网络范围延伸更广阔、更加开放。这也使得移动电子商务客观上具有难以想象的潜力和市场。

(2) 个性化。由于移动终端的身份固定，所以可以通过定向收集用户信息，从而向用户提供更加个性化的移动交易服务。移动电子商务提供商往往具有大量活跃客户和潜在客户信息的数据库。数据库中通常已经包含了客户的很多个人信息，如用户的年龄、职业、住址、喜爱的活动、歌曲、社会地位、收入状况、购买偏好等，商家可以完全根据消费者的个性化需求和偏好来定制服务。若客户是白领小资，喜欢炒股，可以定制自己感兴趣的股票信息。移动终端提供服务与信息的方式由用户自己控制。

(3) 定位性。位置服务可以说是移动电子商务的特有价值，尽管传统电子商务通过IP地址信息也可以实现定位，但是定位的精度与移动电子商务还有很大的差距。移动电子商务的定位可以借助GPS来识别，也可以借助电信运营商的基站来定位，通过定位用户的位置，可以提供与位置相关的服务。例如，利用定位服务，用户可以很方便地知道自己当前所处的位置附近的宾馆、酒店、加油站、学校、银行、电影院都在哪里，从而带来交易活动。

(4) 精准性。由于移动电话通常归一人所有，商家可以利用无线服务运营商提供的入口信息和基于移动用户当前位置的信息，商家营销可以通过具有精准化的短信息服务活动进行更有针对性的广告宣传，从而满足客户的需求。例如，促成一位顾客进行在线预订餐厅的可能是一个移动引导地图，也可能是他浏览了本地区的美食网站。当然，精准化将意味着顾客暴露自己的基本信息和行为习惯。如果营销的结果确实可以满足他们的需求，这将是非常有意义的一件事。

(5) 便利性。移动电子商务的接入方式具有便利性。移动电子商务不论是终端制作商，还是运营商、服务提供商都始终坚持以客户为中心，他们不仅提供了具有良好用户界面的手机，还设计了在线的生活用品采购、票务、医疗等信息；利用支付技术，可以方便地为移动游戏、娱乐充值等。例如，消费者在排队或陷于交通阻塞时，可以进行网上娱乐或通过移动电子商务来处理一些日常事务。

(6) 可识别性。与计算机的匿名接入不同，移动电话利用内置的 SIM 卡来识别身份。移动设备通常由单独的个体使用，这使得商家可以实现基于个体的目标营销。通过 GPS 技术，运营商可以精确地定位用户当前的位置。通过网络技术手段，服务商可以方便地抓取用户浏览了哪些网站，点击了哪些广告，购买了哪些商品或服务，从而识别用户的消费习惯。

 小资料

3G、4G、5G 网络

3G 网络主要是指第三代支持高速数据传输的蜂窝移动通信技术。国际电信联盟确定的三大主流无线接口标准是 WCDMA、CDMA2000、TD-SCDMA 和 WiMAX。目前我国三大运营商移动、联通、电信各自分别持有一张 3G 牌照。3G 的理论最大下载速度为 3.6 Mbps。

4G 网络主要是指第四代移动电话通信技术。该技术包括 TD-LTE、FDD-LTE 和 WIMAX-A 三个标准，能够实现 100 Mbps 左右的下载速度。

5G 网络是指第五代移动电话通信技术。5G 的主要标准是 NR，理论上可以达到 10Gbps 的下载速度，比 4G 网络快 100 倍。

 知识拓展

移动电子商务的发展现状与趋势见右侧二维码。

第二节　移动电子商务的技术基础

一、移动通信技术

(一)移动通信技术的概念

移动通信是指通信双方或至少一方处于运动中进行信息交换的通信方式。例如，固定

物与移动物(汽车、火车、飞机等)之间、移动物与移动物之间、人与人、人与移动物之间的信息传递,都是移动通信(见图10.1)。

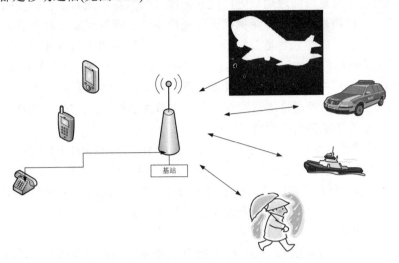

图 10.1　移动通信示意图

(二)常见的移动通信系统

常见的移动通信系统有很多,归纳起来主要有蜂窝式公用陆地移动通信系统、集群移动通信系统、无绳电话系统、无线电寻呼系统、卫星移动通信系统和分组无线网络等。本文主要就卫星通信系统和蜂窝式公用陆地移动通信系统展开讨论。

1. 卫星通信系统

卫星通信是利用通信卫星作为中继站来转发无线电波,特别是在海上、空中和地形复杂的山区以及人口稀疏的地区具有独特的优势。卫星通信系统由卫星和地球站两部分组成(见图10.2)。卫星在空中起中继站的作用,即把地球站发送过来的电磁波放大后再返回到另一地球站。早在20世纪60年代中期,卫星通信就被应用于电信领域。20世纪70年代以后,大部分的国际电话是通过卫星传送的。卫星通信系统的优点有很多,但主要的缺点是电磁波传播距离远,信号到达有延迟;10 MHz以上频带受降雨雪的影响;天线易受太阳噪声的影响。

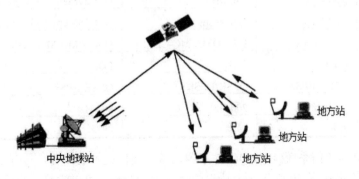

图 10.2　卫星通信网络示意图

2. 蜂窝式公用陆地移动通信系统

蜂窝陆地通信系统是目前应用最为广泛的无线通信系统。相对于长距离的卫星通信系统而言，蜂窝陆地通信系统属于中距离的无线通信系统。蜂窝式陆地移动通信系统适用于全自动拨号、全双工工作、大容量公用组网，可以实现移动用户与本地电话网用户、长途电话网及国际电话网用户的通话。原有的模拟蜂窝移动通信系统主要用于开放的电话业务，随着 GSM 和 CDMA 网络的建设，现已开放数据、传真等非话业务。

蜂窝移动通信系统已经通过所谓的 1G、2G、2.5G、3G、4G、5G 几代移动通信系统，这几代移动通信系统功能都在不断增强。

(1) 第一代移动通信系统(1G)。主要以美国的 AMPS 和英国的 ETACS 系统为代表。AMPS 使用频率复用技术，是一个典型的模拟蜂窝电话系统。此外还有北欧的 NMT-450 系统、日本的 NTT 等也都是模拟制式的频分双工系统，都被称为第一代蜂窝移动通信系统。第一代蜂窝移动通信系统存在着频谱利用率低、移动设备复杂、费用较贵、业务种类受限制和通话易被窃听等问题。

(2) 第二代移动通信系统(2G)。20 世纪 80 年代中期，欧洲率先推出了泛欧洲数字移动通信网(GSM)体系。随后，美国和日本也制定了各自的数字移动通信体制。GSM 主要工作在 900/1800 MHz 频段，采用 TDMA 技术。GSM 与 1993 年美国提出的窄带 CDMA 都是 2G 时代的产物。2G 网络的业务主要为：电话业务、紧急呼叫业务、短消息业务、可视图文接入业务、智能用户电报传送和传真业务、交互语音和传真业务及承载业务。

(3) 2.5G 移动通信系统。2.5G 移动通信系统是从 2G 迈向 3G 的衔接性移动通信系统，主要与 GPRS 技术有关，相比 2G 服务，可以提供更高的速率和更多的功能。

(4) 第三代移动通信系统(3G)。第三代移动通信系统的概念前文小资料已经讲过，主要有 WCDMA、TD-SCDMA、CDMA2000 等(见表 10.1)。其中 TD-SCDMA 是中国独立制定的 3G 标准，目前由中国移动来运营。简单地说，3G 与 2G 的主要区别在于传输声音和数据速度上的提升，它能够实现全球范围内更好的无线漫游，并可处理图像、音乐、视频等多种媒体形式，提供包括网页浏览、视频会议等多种服务。

表 10.1　我国三种主要 3G 技术的对比

	WCDMA	TD-SCDMA	CDMA2000
信道带宽	5 MHz	1.6 MHz	N*1.25MHz N=1、3、6、9、12
码片速率	3.84 Mcps	1.28 Mcps	N*1.28Mcps N=1、3、6、9、12
扩频方式	DS-CDMA	DS-CDMA MC-CDMA	DS-CDMA MC-CDMA
双工方式	FDD	TDD	FDD
调制方式	QPSK/BPSK	QPSK/BPSK	QPSK/BPSK
功率控制	1.5 kHz	200 Hz	800 Hz
基站同步	异步	同步	同步

(5) 第四代移动通信系统(4G)。4G 是第四代移动通信技术的简称，具有 100 Mbps 的下载速度，比拨号上网快了 2000 倍，上传也能达到 20 Mbps。可以满足几乎所有用户对于无线服务的要求。根据国际电信联盟的决议，4G 网络的两个标准是 LTE 以及 802.16 m。其中

中国提交的 TD-LTE 作为 LTE 的一个组成部分。目前由欧洲标准化组织 3GPP 主导的 FDD-LTE 已成为世界上采用国家及地区最广泛的 4G 标准。全球有 285 个运营商在超过 93 个国家部署 FDD 4G 网络。表 10.2 所示为蜂窝式陆地通信系统速度对比。

表 10.2 蜂窝式陆地通信系统速度对比

蜂窝制式	GSM (EDGE)	CDMA 2000 (1x)	CDMA 2000 (EVDO RA)	TD-SCDMA (HSPA)	WCDMA (HSPA)	TD-LTE	FDD-LTE
下行速率	236 Kbps	153 Kbps	3.1 Mbps	2.8 Mbps	14.4 Mbps	100 Mbps	150 Mbps
上行速率	118 Kbps	153 Kbps	1.8 Mbps	2.2 Mbps	5.76 Mbps	50 Mbps	40 Mbps

(6) 第五代移动通信系统(5G)。5G 是第五代移动通信技术的简称,具有 10 Gbps 的下载速度,比 4G 上网快了 100 倍,比当前的有线互联网还要快。它具有峰值速率高、时延低的特点,空中接口时延在 1ms 以内,可以满足自动驾驶、远程医疗等实时应用。超大的网络容量,提供千亿设备的连接能力,满足物联网通信的需求。2017 年 12 月,国际电信标准组织 3GPP 正式通过了 5G NR 标准。2018 年 2 月,中国华为公司发布了首款 3GPP 标准的 5G 商用芯片和 5G 商用终端。支持全球主流 5G 频段,理论最高可实现 2.3 Gbps 的下载速度。2019 年 6 月 6 日,中国工业与信息化部正式向中国电信、中国移动、中国联通、中国广电发放 5G 商用牌照,中国正式进入 5G 商用元年。

二、无线通信技术

(一)短距离无线通信技术

无线通信技术发展日新月异。一般意义上,只要通信收发双方通过无线电波传输信息且传输距离限制在较短范围(几十米)以内,就可称为短距离无线通信。常见的短距离无线通信有很多,归纳起来主要有:蓝牙技术、WiFi 技术、红外技术、NFC 技术、紫蜂(ZigBee)技术和超宽带(UWB)技术(见图 10.3)。

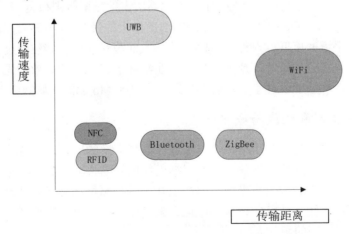

图 10.3 短距离无线通信技术对比

(1) 蓝牙技术。蓝牙技术曾经是广受业界关注的近距离无线连接技术。它是一种无线数据与语音通信的开放性全球规范，以低成本的短距离无线连接为基础，可为固定的或移动的终端设备提供廉价的接入服务。其传输频段为全球公众通用的 2.4 GHz ISM 频段，提供 1 Mbps 的传输速率和 10 m 的传输距离。常见的应用有蓝牙耳机、蓝牙键盘、鼠标等。

(2) WiFi 技术。WiFi 是以太网的一种无线扩展，只要用户位于一个无线接入点(AP)四周的一定区域内就可以接入网络。在生活中，WiFi 已经被广泛应用于家庭无线网络及机场、酒店、商场等公共热点场所。其作为无线通信技术短距离的一种类别，将在无线通信技术中详加解释。

(3) 红外技术(IrDA)。IrDA 是一种利用红外线进行点对点通信的技术，是第一个实现无线个人局域网(PAN)的技术。目前它的软硬件技术都很成熟，在小型移动设备，如 PDA、手机上广泛使用。红外技术的主要优点是无须申请频率的使用权，因而红外通信成本低廉。具有移动通信所需的体积小、功耗低、连接方便、简单易用的特点。此外，红外线发射角度较小，传输上安全性高。不足之处在于它是一种视距传输，两个相互通信的设备之间必须对准，中间不能被其他物体阻隔，因而该技术只能用于 2 台(非多台)设备之间的连接。

(4) NFC 技术。NFC 是由 Philips、NOKIA 和 Sony 主推的一种类似于 RFID(非接触式射频识别)的短距离无线通信技术标准。和 RFID 不同，NFC 采用了双向的识别和连接。在 20 cm 距离内工作于 13.56 MHz 频率范围。它能快速自动地建立无线网络，为蜂窝设备、蓝牙设备、WiFi 设备提供一个"虚拟连接"，使电子设备可以在短距离范围内进行通信。NFC 的短距离交互大大简化了整个认证识别过程，使电子设备间互相访问更直接、更安全和更清楚。

(5) 紫蜂(ZigBee)技术。ZigBee 名字来源于蜂群使用的赖以生存和发展的通信方式，蜜蜂通过跳 ZigZag 形状的舞蹈来分享新发现的食物源的位置、距离和方向等信息。它和蓝牙一样使用 2.4 GHz 波段，采用跳频技术。与蓝牙相比，ZigBee 更简单、速率更慢、功率及费用也更低。它的基本速率是 250 Kbps，当降低到 28 Kbps 时，传输范围可扩大到 134 m，并获得更高的可靠性。

(6) 超宽带(UWB)技术。超宽带技术是一种无线载波通信技术，它不采用正弦载波，而是利用纳秒级的非正弦波窄脉冲传输数据，因此其所占的频谱范围很宽。美国 FCC 对 UWB 的规定为：在 3.1～10.6 GHz 频段中占用 500 MHz 以上的带宽。UWB 技术具有系统复杂度低、发射信号功率谱密度低、对信道衰落不敏感、低截获能力、定位精度高等优点，尤其适用于室内等密集多径场所的高速无线接入，非常适于建立一个高效的无线局域网或无线个域网。这种新技术适用于对速率要求非常高(大于 100 Mbps)的局域网或个域网。

(二) 无线城域网和无线局域网

无线通信技术主要是指利用电磁波信号进行信息交换的一种通信方式。无线通信技术在移动中实现就称为无线移动通信。人们根据无线信号的传输距离可以把无线网络分成广域网、城域网、局域网和个域网(见图 10.4)。其中无线广域网的技术在移动通信技术已经谈过，无线局域网和无线个域网的技术在短距离无线通信技术也有所涉及，在这里主要谈无线城域网和无线局域网的相关内容。

(1) 无线城域网。目前无线城域网的标准是 IEEE 802.16，自 1999 年以来，IEEE 就设立一个专门的小组来研究无线接入的空中接口标准制定。为了推广 IEEE 802.16，借鉴蓝牙的成功经验，由业界主要的宽带接入厂商和芯片制造商成立一个非营利工业贸易联盟组织——WiMAX。

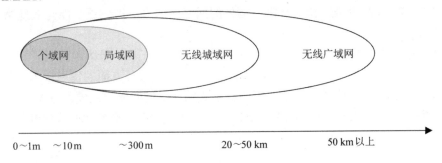

图 10.4　无线通信网络传输距离对比网

WiMAX 最远传输距离可达 50 km，具有 Qos 保障、提供高达 70 M 的接入速度，并能解决最后一公里的网络接入服务，很好地提供媒体服务。WiMAX 可以在宽带接入领域替代传统的 Cable Modem、DSL 和 T1/E1，也可以为 WiFi 热点提供回传。

(2) 无线局域网。20 世纪 90 年代，无线通信技术和计算机网络技术相结合产生了无线局域网，无线局域网主要采用 IEEE 802.11 标准，与 WiMAX 相比，传输距离较短，但是可以提供高效、优质、低成本的宽带接入服务。

无线局域网的优点如下。

(1) 高速的数据传输率。无线局域网可以提供调整的宽带，其中 IEEE 802.11b 能在 2.4 GHz 频段上提供 1～11Mbps 的速率；IEEE 802.11a 能在 5GHz 频段提供 6～54 Mbps 的速率。

(2) 开放的频段。无线局域网主要工作在 2.4GHz 频段，在我国属于开放的，无须申请执照即可部署。

(3) 局部覆盖与移动。无线局域网提供局部覆盖能力。目前可以达到室内 100 m，室外 300 m 的距离，且有一定的穿透能力，方便部署在家庭和办公环境。

(4) 经济性。无线局域网使用的频段是免费的，网络设备价格低廉，建设和运维的成本也很低。

(5) 高逻辑端口密度。无线局域网一个信道上可以支持多个用户，大大提高了设备的逻辑端口密度。这一个特点，可以使无线局域网适合在用户密集的热点地区部署。

(6) 易于扩展。无线局域网设备可以根据需要而做出灵活的选择。WLAN 是只有几个用户的小型局域网，也可以建成上千用户使用的大型网络，并且能够提供像"漫游"等有线网络无法提供的特性。

总之，无线局域网标准 IEEE 802.11 系列，是一种宽带无线接入技术，能较好地解决小范围用户终端接入的问题。

三、移动电子商务应用开发技术

(一)HTML5

HTML5 是用于取代 1999 年所制定的 HTML4.01 和 XHTML1.0 标准的 HTML 版本，目前大部分主流浏览器已支持 HTML5 技术，开发人员可以借用 HTML5 进行移动商务开发。

HTML5 有两大特点，首先强化了 Web 网页的表现性能；其次追加了本地数据库等 Web 应用功能。从广义上来看 HTML5 时，实际是指包括 HTML、CSS 和 JavaScript 在内的一套技术组合，希望能够减少浏览器对于需要插件的网络应用服务提供更多能有效地增强网络应用的标准集。

HTML5 提供了高效的数据管理、绘制、视频和音频工具，极大地促进了跨平台网页浏览及便携工设备应用的开发。HTML5 是驱动移动云计算服务方面的发展技术之一，因为其允许更大的灵活性，支持开发非常精彩的交互式网站。同时还引入新的标签(Tag)和增强性功能，其中包括了结构和表单的控制、API、多媒体、数据库支持和显著提升的处理速度。

(二)CSS

CSS 层叠样式表是一种用来表现 HTML 或者 XML 等文件样式的计算机语言。CSS 是能够真正做到网页表现与内容分离的一种样式设计语言。相对于传统的 HTML 的表现而言，CSS 能够对网页中的对象的位置排版进行像素级的精确控制，支持几乎所有的字体字号样式，拥有对网页对象和模型样式编辑的能力，并能够进行初步的交互技术，是目前基于文本展示最优秀的表现设计语言。CSS 能够根据不同使用者的理解能力，简化或者优化写法，针对各类人群，有较强的易读性。

CSS 语法规则由两个主要的部分构成：选择器以及一条或多条声明。选择器通常是需要改变样式的 HTML 元素。每条声明由一个属性和一个值组成。属性(Property)是希望设置的样式属性(Style Attribute)。每个属性有一个值。属性和值被冒号分开。

(三)JavaScript

JavaScript 是一种基于对象的脚本语言，它的角色用于开发 Internet 客户端的应用程序，可以结合 HTML5、CSS，实现在一个 Web 页面中与 Web 客户交互的功能。

JavaScript 具有动态性和跨平台的特点，可以直接对用户或客户的输入做出响应，无须经过 Web 服务程序，适用于交互性网页功能。它对用户的响应是以"事件"做驱动的，比如"单击网页中的某个按钮"这个事件可以引发对应的响应。JavaScript 依赖于浏览器，与操作系统无关，只要在有浏览器的计算机或者移动终端上都可以正确地执行。

jQuery 是一个兼容多浏览器的 JavaScript 库，核心理念是 write less, do more(写得更少做得更多)。jQuery 自 2006 年在纽约发布以来吸引了来自世界各地的众多 JavaScript 高手加入。如今已经成为最流行的 JavaScript 库，在世界前 10000 个访问最多的网站中，有超过一半以上的都在使用 jQuery。它是一个免费的、开源的 JavaScript 框架，使用 MIT 许可协议。语法设计可以使开发更加便捷，如操作文档对象、选择 DOM 元素、制作动画效果、事件处理、使用 Ajax 以及其他功能。除此之外，jQuery 还提供 API 让开发者编写插件。其模块化的使用方式使开发者可以很轻松地开发出功能强大的静态或者动态网站。

(四)Android 开发环境

搭建 Android 开发环境所需要的软件包有 JDK、Eclipes 和 Android SDK。用户可以下载 Google 所提供的已经集成了 Android 开发工具的 Eclipes 集成开发环境 Adt-bundel，或者使用 Android Studio 开发环境。简单而言，Java JDK 是开发 Java 程序的工具及运行环境，

Eclipes 是一个免费开源的集成开发工具，而 Android SDK 是开发 Android 应用程序的开发工具包。ADT 是 Android 开发工具，是 Eclipes 上开发 Android 程序的插件。

(五)iOS 开发环境

iOS 是苹果公司开发的移动操作系统。苹果公司最早在 2007 年公布这个系统，最初设计是给 iPhone 使用的，后来陆续套用到 iPod touch、iPad、Apple TV 等产品上。iOS 与 Mac OS X 的操作系统一样，属于类 Unix 的商业操作系统。iOS 的开发环境主要是在 Mac 上打开 Mac App Store 应用程序，搜索 Xcode，然后点击下载安装。Xcode 已经包含了 iOS SDK。开发者在 Xcode 编写和测试 iOS 应用程序时可以利用苹果的手机模拟环境 iOS Simulator 执行测试程序。

第三节 移动电子商务价值链和商业模式

一、移动电子商务价值链

(一)移动电子商务价值链的概念

移动电子商务的价值链与传统的电子商务价值链有着明显的差异。传统电子商务的价值链由消费者、制造商、供应商构成，通过信息流的大量流动进行电子商务交易活动进而创造价值。而移动电子商务价值链是从移动运营商开始，与终端制造商、平台提供商、内容提供商协调合作，最后连接到客户端的一系列商务活动共同打造的一个创造价值的动态过程。这种模式打破了消费者原有的消费模式。移动商务价值链打破了不同类型企业的行业界限，使同处一条价值链的企业之间不仅保持简单的买卖关系，更具有良好的战略合作关系。

在移动电子商务发展初期，移动运营商在移动电子商务中起着最核心的作用，掌控着用户资料和信息管理两大资源，移动网络运营商在交易过程中的核心作用如图 10.5 所示。

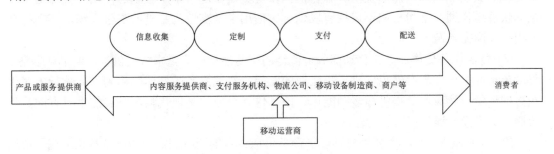

图 10.5 移动网络运营商在交易过程中的核心作用

(二)移动电子商务价值链的构成

移动电子商务各参与方为了最大限度地获取自己的商业利益，以移动用户的需求为中心开展电子商务活动，在此过程中担当不同的商业角色。移动电子商务价值的参与者主要包括移动网络运营商、平台提供商、移动消费者、内容/服务提供商、移动终端制造商、软件提供商、支付服务机构、物流服务提供商、政府监管部门等。

(1) 移动网络运营商。移动电子商务价值链中最为关键的一环，也是移动商务价值链中不可缺少的一环，为移动用户提供各类通信业务，实现对运营商网络的接入，并提供各种网络相关的业务。中国移动、中国联通、中国电信等都拥有一张覆盖全国的移动通信网络，在移动电子商务行业里处于基础和主导地位，它们掌握了信息的传输通道和服务载体，掌握着庞大的用户资源、完善的移动通信基础设施和移动业务门户，在移动电子商务行业具有举足轻重的作用。

(2) 平台提供商。平台提供商是自主开发、维护、运营移动电子商务平台提供商，他联合内容/服务提供商、支付服务机构、物流服务提供商通过此平台进行商务交易活动。平台提供商的移动电子商务平台是自主开发、自主运营的，如淘宝APP、京东APP等。

(3) 移动消费者。在移动电子商务价值链上，所有商务活动的利润都来自于消费者。移动电子商务的消费者最大特点就是随时随地在变化自己的位置，在不同的时间、不同的地点、不同的移动终端下接收不同的商品和服务。移动用户是移动商务价值链的终端环节，通过移动电子商务平台获取自己所需要的服务，从事商务交易活动。

(4) 内容/服务提供商。直接或通过移动门户间接地为移动用户提供相关的数据和信息产品(如天气、音乐、商业信息等)，并通过移动网站分发。内容/服务提供商拥有内容的版权，是信息创造的源头。

(5) 移动终端制造商。主要负责开发、制造、推广移动用户终端(包括手机、PDA、笔记本电脑、POS终端机等)，保证移动用户能更好地进行移动电子商务活动。为终端制造商提供所需的零配件、终端平台、操作系统、应用程序、开发平台、芯片等的上下游企业亦列入此类。

(6) 软件提供商。负责移动电子商务所需要的软件开发及推广，为移动运营商提供软件服务。

(7) 支付服务机构。为移动用户提供移动支付服务或者移动支付平台，作为与用户信息关联的银行账户管理者，支付服务机构拥有一套完整、灵活的安全支付体系，确保用户支付过程的安全和用户信息的安全。支付机构在资金流中起着举足轻重的作用，确保资金安全、快速地流通。支付机构不仅拥有以现金、信用卡及支票为基础的支付系统，还拥有个人用户和商家资源。

(8) 物流服务提供商。在移动商务价值链的交易活动中为需求方提供物流商品或服务。移动电子商务的发展必然也促进了物流业的发展，物流服务的好坏影响到终端购货方对供货方的评价，物流服务提供商多功能化、信息化、全球化是现代物流发展的重要方向。物流服务提供商应提供优质的物流服务。

(9) 政府监管部门。主要为移动电子商务价值链上的所有商业活动制定政策，规范市场竞争，形成良性循环。

二、移动电子商务商业模式

移动电子商务的商业模式是在移动技术条件下，相应的经济实体为创造、实现价值，并获得利润的商业机制。其内容包括客户类别、服务内容、服务流程、如何在各种服务中获取价值以及成本的均摊、利润的分配、市场竞争策略等。

(一)短信定制的移动信息服务模式

短信定制服务是移动电子商务的主要服务内容之一,移动通信网络提供的短信定制服务有普通短信定制服务和多媒体短信定制服务两种。普通短信定制服务对手机性能要求很低,具有文字输入功能的手机都可以享有此服务。多媒体短信定制服务(俗称彩信),它最大的特点是可以支持多媒体功能,借助调整传输技术可以传送视频、图片、声音和文字等,可以实现手机之间的传输。

移动运营商最基本的角色就是提供无线网络供用户和内容提供商开展最基本的短信业务和语音业务。在这种模式下,用户和内容提供商交纳的短信定制费是主要的利润来源。运营商还可以根据协议收取内容提供商一定的利润分成。

(二)移动广告收费模式

移动广告是广告主通过移动终端向目标受众群体投放的产品服务相关的品牌、销售、商业或者其他信息。在这种商业模式下,广告主发起广告需求。内容/服务商对产品信息进行广告包装,并收取一部分广告费。网络运营商控制传播的渠道。受众则是广告的最终接受者。具体的流程如图10.6所示。

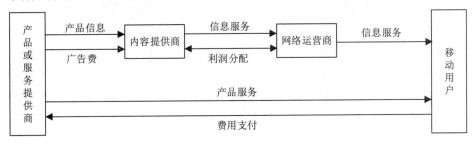

图 10.6　移动广告服务模式

在这种模式下,广告主支付给内容提供商一定的费用,内容提供商再与无线网络运营商进行利润分配,但实际上移动用户才是利润的来源,移动用户通过购买产品和服务,将利润过渡到产品或服务提供商(广告主),广告主只是将其利润的一部分付给内容提供商,内容提供商将推销信息添加到发给移动用户的内容和服务中,获得广告费。而无线网络运营商通过内容提供商提供无线传输服务获得通信费或利润分成。

移动广告可以分为Push类商务广告和Pull类商务广告。Push类广告的特点是由上到下,快捷简单,其精准化在于对用户数据和行为的准确分析,比较简单。Pull类广告则具有客户许可的优势,以移动互联网为主要形式,服务提供商通过移动互联网的内容吸引用户浏览,在大量的用户浏览的基础上向商家销售广告。

(三)移动互联网模式

移动互联网是以IP技术为核心,可同时提供语音、视频、传真、图像、文字等多媒体业务的电信服务。移动互联网的应用主要有公众服务、个人信息服务和商业应用。移动互联网最主要的收费模式是后向收费,即协助合作伙伴、广告商等向终端用户推广产品,并向合作伙伴收取费用,而非向最终用户收取费用。后向收费模式包括广告发布费、竞价排名费、冠名赞助费、会员费等。

移动互联网的主要商业模式有三类：内容类商业模式、服务类商业模式和广告类商业模式。

(1) 内容类商业模式。主要是内容提供商通过对用户收取信息、音频、视频、游戏等内容费用而盈利，如各类移动游戏网站、音乐网站、视频网站、电子杂志网站等，计费方式为包月收费和按次收费两种。

(2) 服务类商业模式。主要是指基本信息和内容免费，用户为相关增值服务付费的盈利模式。手机网游、手机社交就是通过手机终端实现随时随地的游戏和社交，大部分的服务是以免费注册来吸引用户，其收入主要来源于增值服务，包括销售道具、合作分成、比赛赞助、周边产品销售。比如腾讯手机QQ服务免费，但对虚拟物品销售、QQ秀、宠物等进行收费，并已成为主要的收入来源之一。

(3) 广告类商业模式。主要是免费向用户提供各种信息和服务，通过收取广告费来实现盈利。广告客户为付费对象，用户免费使用内容或服务，只需向网络提供商付出一定的流量费用，典型的例子如各类移动门户网站和搜索引擎。由于移动广告的特殊性，屏幕较小，用户的集中度较高，点对点投放以及按用户的深度需求投放同样具有较好的效果。

第四节　移动电子商务的应用

目前移动电子商务能提供以下服务：移动信息服务、移动营销服务、移动商务服务、移动定位服务、移动支付服务、移动办公服务、移动社交与购物服务等。我们有理由相信，随着时间的推移、技术的改进、管理水平的提高，移动电子商务服务将被广泛应用到更多的领域。

一、移动信息服务

移动信息服务是移动电子商务应用的主要方式之一。当前，即时、快捷、便利、具有个性化优势的移动信息服务，已经悄然走进了我们的生活。目前，移动电子商务主要提供诸如短信服务、彩信服务、移动银行业务、移动交易、移动票务、移动购物、移动无线医疗等方面的信息。为了提供无障碍的信息服务，移动电子商务主要是从搜索服务、门户服务、多语种语言翻译、信息定制四个方面实现的。

1. 移动搜索服务

移动搜索是搜索技术在移动电子商务平台上的一种延伸。用户可以通过短消息、WAP、WiFi上网等多种接入方式进行搜索，以获取实时信息，并可以按需定制相关移动增值内容，满足用户某些特定的搜索需求。

欧洲移动搜索产业发展较早，比较有代表性的移动搜索服务提供商主要有英国的Yell.com、芬兰的Eniro和Fonicat。目前欧洲移动搜索产业主要集中在英国，以英国手机服务运营商Orange和沃达丰推出的移动搜索服务最具代表性。

目前，我国移动搜索市场发展很快。据数据结果显示，百度、搜狗、谷歌、360搜索等搜索引擎在移动网络搜索市场占有极大的份额。百度手机搜索占有一半以上的市场份额，成为最大赢家。

(1) 百度手机搜索。2004年11月，百度推出WAP搜索，从而在手机上也能使用百度，成为国内最早涉足移动搜索的引擎。2006年在诺基亚手机中植入中文移动搜索服务，2009年推出掌上百度，2010年5月推出黑莓版本和安卓版本掌上百度，完成智能手机的全平台布局，同年7月，推出手机文库服务，打造随时随地海量阅读平台。2018年7月，百度智能小程序正式上线，百度APP从"搜索+信息流"模式向"内容+服务+工具+商品"综合内容消费和服务平台升级。

(2) 搜狗搜索。2004年由搜狐公司推出，也是全球领先的中国搜索引擎。2005年融合图行天下，率先推出地图搜索。2011年，正式推出识图搜索，实现"以图搜图"功能。2013年，搜狐和搜搜合并。2014年，搜狗搜索最新APP上线，2015年再次深度改版，融入本地生活、扫码比价、微信头条三大功能。

(3) 360搜索。2012年奇虎360推出综合搜索，借助360强大的用户群和流量入口资源。360搜索将自己定义为元搜索引擎。2012年正式启动独立域名so。2015年1月，宣布更名为"好搜"，2016年2月，恢复更名为"360搜索"。

2. 移动门户信息服务

移动门户信息服务是通过移动门户网站向客户提供信息服务的一种形式。比较有名的如创立于1998年的新浪网，2000年成功在美国上市，2013年将移动客户端更名为"新浪新闻"，旗下新浪新闻、新浪财经、新浪体育、新浪娱乐、新浪汽车、新浪科技等频道提供全面及时的中文资讯。

3. 多语种语言翻译移动信息服务

多语种语言翻译移动信息服务，主要是为跨国游客提供的一种基于手机或掌上电脑的移动话音翻译系统，它可以通过语音识别或文字输入，自动地将某种外语对话翻译成中文，也可以将中文翻译成外语，能方便地帮助旅客寻找街道和旅游景点、购物、乘出租车，甚至在饭店点菜。这一系统的核心软件，可存储在定制的掌上电脑上供游客租用，也可以下载到用户的手机上。苹果软件商城已经有类似手机应用下载。

4. 移动信息定制服务

移动电子商务信息定制服务是一种满足个性化需求的增值服务，是移动信息服务中的一个品种。目前主要有以下几个品种。

(1) 综合信息服务按月定制模式。比如天气预报短信服务、手机农业短信服务、手机报订阅服务、股票短信定制服务等。

(2) 个性化短信定制服务。预约定制短信就是一种个性化短信定制服务。预约定制短信是基于定制者的需求，以短信为媒体，向全国短信服务者提供的一种主动化、个性化、专业化的信息增值服务。

(3) 移动图书馆信息服务。移动图书馆是指移动用户通过移动终端如手机、PDA等，以无线接入方式接受图书馆提供的服务。例如，利用手机的短信功能或电子邮件功能，接收图书馆发出的图书逾期通知，还可以利用手机上网的功能检索馆藏图书书目，也可阅读在线全文书刊等。通过建立移动图书馆进行移动信息服务也是一个重要的移动信息服务方式。

总之移动电子商务信息服务的主要特点是灵活、简单和方便，不受时空限制，能更好地满足用户个性化的信息服务需求。

二、移动营销服务

(一)移动营销的概念和特点

移动营销涉及移动通信技术和市场营销,它是指以市场营销为基础,在移动通信网络上实现的营销活动。移动营销是网络营销的延伸,可以实现个性化、精准化的营销,其目的主要是进行移动电子商务调查;分析消费者行为;辅助营销策略制定;提高产品的品牌知名度;收集客户资料进行管理;改进客户信任度和增加企业收入。目前主要的营销手段有短信营销、彩信营销、WAP营销、手机游戏营销、彩铃营销等。与电子商务营销和传统营销相比,移动营销服务有其自身的特点。

(1) 个性化。由于人们在接入移动通信网络时,每个手机对应一个用户。因此,营销人员可以根据用户的年龄、爱好、兴趣、收入、上网习惯、消费行为、浏览记录来向用户推荐不同的商品,实现有针对性的个性精准营销,提高营销的效率。

(2) 灵活性。在移动商务营销环境中,人们可以不再受时间和地域的限制,可以随时随地通过移动终端进行支付和发起交易,并进行评价反馈。这种灵活性可以使企业随时随地了解市场动态,了解客户的真实需求,为他们提供最优质的服务。

(3) 实时性。手机在交互性方面有着传统媒体无法比拟的优势。手机的互动性在效率、速度和灵活性上都要更胜一筹,特别是智能手机的飞速发展,使得用户体验更加优良。企业可以与客户展开双向互动和沟通,有助于改善企业客户关系管理。

(4) 经济性。移动营销能通过数字信息向用户进行商品和服务的宣传和推销,所花费的营销成本又远远小于传统营销手段,如节省了巨额的电视广告费用、印刷媒体的实物成本、报纸的版面费用、影视明星的代言费用。

(5) 丰富性。移动营销广泛使用多媒体技术,企业可以将产品信息以图片、声音、文字、视频的形式展现出来,用户可以通过手机直接浏览这些内容。

(6) 监测性。移动营销的效果,可以通过相关的工具来监测,企业可以实时看到回复率和回复时间,用户是否浏览信息,用户是否购买产品等。这种监测能力在市场调查、行为分析等方面具有非常重要的意义。

(二)移动营销的运行模式

目前,移动营销的运行模式主要有3种:Push模式、Web模式和内嵌模式。

(1) Push模式。主要是指企业直接向用户发送短信或彩信,进行商品营销的形式。Push模式中应用最广的就是短信息营销方法,其优点在于价格低廉,潜在用户巨大。不足在于容易引起客户反感。因此采用Push模式进行市场营销时,应采用许可E-mail营销机制,建立客户许可和退出机制。

(2) Web模式。主要是指企业通过建立WAP网站或者与其他WAP网站合作进行企业品牌宣传与推广的模式。自建WAP网站优点是自由度较大,灵活方便,便于管理和内容控制。其不足在于成本较高。与其他WAP网站合作的方式可以平衡成本和效果之间的关系,通过与知名的WAP网站,如手机新浪、手机百度、3G门户等合作进行广告投放,或者采用搜索关键字竞价的方法进行营销活动。

(3) 内嵌模式。主要是指产品的信息直接嵌入到手机内,这个可以通过屏保、铃声、游戏、应用程序等多种形式进行,也可以在手机出厂之前直接植入手机内部。这种通常以买断的形式,在某个品牌的手机里投放广告。这种方式尽管有效,但由于推广成本较高,内嵌广告容易引起手机用户不满等,并不一定适合所有的产品和品牌。

案例 10.1

小米手机的移动营销

2013年7月31日,小米联合QQ空间发布红米手机,配置为4.7英寸显示屏,1.5 GHz四核处理器,1GB RAM,130万像素前置摄像头和800万像素后置摄像头,这款手机的售价为799元。从性价比来看,小米像发售小米1时一样依然在打低价高质的牌,但与千元以下的山寨机相比,小米在两年多的时间内形成的品牌效应无疑会更有优势。

小米为什么做千元机?官方的解释是这样的:因为68%的小米用户使用中国移动卡。1 000元以下手机销量占61%,千元机才是手机的主战场!小米手机定位发烧友,追求高性能、高性价比;红米手机定位大众用户,追求体验、高性价比。从红米手机的定位来看,其大众用户的定位完全背离了小米高端市场的定位,雷军之所以冒着品牌高度降低的风险发布红米手机,从目前手机市场的竞争格局来看实属无奈之举。

事实上,小米从发布小米1青春版(低配版)的时候,就已经放弃了将苹果视为标杆的战略,从它之后发布品类手机越来越多的情况来看,它正是要走三星那种以多品类达到高市场占有率的路线。红米手机的发布彻底预示着小米告别了视苹果为师的时代。

小米此次发布红米手机的合作伙伴不再是新浪微博而是QQ空间,小米公司方面表示,QQ空间目前月度活跃用户达6.11亿,其中70%会通过手机访问QQ空间,核心用户是16~35岁人群,和小米手机的主力客户群体高度吻合。结合红米的定位来看,联合QQ空间发布红米手机的营销策略可谓精准。不出意外的话,红米手机将会在三线以下城市拥有强大的杀伤力。

首先,在三线以下城市,很多人并不会用新浪微博,但绝大多数都是会用QQ空间的。以身边的朋友为例,不少中学的同学都不会上新浪微博,但一旦打开QQ空间后,就会看见他们在那里晒孩子、晒生活……因此选择QQ空间作为发布红米手机——一款互联网手机的媒介,一定能够最大程度覆盖目标人群。作为强关系的社区,低"僵尸率"的QQ空间将会在朋友之间,朋友的朋友之间以及朋友的朋友的朋友之间形成多层次的传播。

其次,红米手机与千元以下山寨手机相比,具有较强的品牌优势。799元的红米手机配置与山寨机相比,本来就处于顶级位置,再加上小米在三线以下城市中的高端品牌感觉,它的优势一下就体现出来了。对一个三线以下城市的居民来说,小米代表着一种高端范儿。以1000块钱山寨机的价格能买到小米这样在一线城市拥有品牌知名度的手机,何乐而不为呢?

红米手机的营销是精准的,定位也是清晰的,这显示了小米在营销上一贯的功力。小米扩充产品品类并将目光投向三线以下城市的战略表明,它的标杆已由苹果变成了三星。

(资料来源:中国电子商务研究中心)

三、移动商务服务

移动商务服务是将移动通信技术、网络硬件设施和企业软件平台进行有效的整合，实现企业之间、企业与客户之间双向、实时性的企业商务活动。目前，移动商务服务的领域已经非常广泛，扩展到了企业商务活动的任何一个部分。在企业内部，移动商务服务包含了企业资源管理(ERP)、人力资源管理(HR)、物流管理、财务管理、售后管理，还有刚刚讲过的营销管理；在企业外部，则主要是客户关系管理(CRM)、供应链管理(SCM)等。可以说移动商务服务已经覆盖了整个商务活动的方方面面。我们主要对移动商务应用软件的层次架构，以及其在供应链管理、物流管理及客户管理中的应用加以说明。

企业移动商务应用的体系结构是非常复杂的，在不同的环境下，会有不一样的结构。但总体来看，我们可以将企业移动商务应用的体系结构分成 5 层：硬件设备层、传输层、系统支撑层、应用层和接口层(见图 10.7)。

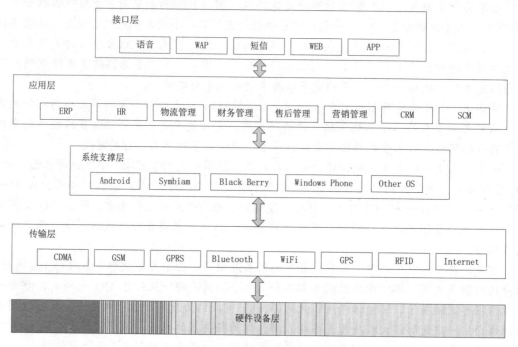

图 10.7　移动商务应用的体系结构

其中硬件设备层就是支撑移动商务系统正常工作的网络硬件设备，如服务器、路由器、防火墙，以及基站、卫星等；传输层用于实现数据的传输和访问，主要包括 GSM、GPRS、CDMA、蓝牙等；系统支撑层主要是能够和企业移动服务器程序进行交互的各种移动终端的操作系统，主流的有安卓、黑莓、塞班、苹果等，当然还有笔记本的 Windows、Linux 系列的系统。应用层是企业提供商务活动所需的各种服务器应用程序；接口层主要是指客户会话的方式，语音、短信、彩信、WAP 访问还是 Internet 访问等几种方式。

 知识拓展

移动商务服务的典型应用见右侧二维码。

四、移动定位服务

移动定位服务，是指通过移动运营商无线网络(GSM 网、CDMA 网等)或者全球定位系统(GPS 系统、北斗系统等)，获取移动终端用户位置信息(经纬度坐标数据)，并在电子地图平台的支持下为用户提供相应服务的一种移动增值业务，也被称为基于位置的服务(Location-based Service，LBS)。

1. 定位服务

早在 20 个世纪 70 年代，美国颁布 911 服务规范，要求强制性构建一个公众安全网络，无论在任何时间和地点，都能通过无线信号追踪到用户的位置。基于位置的服务在为人类提供便利的同时，也能够为 LBS 网站以及商家带来极大的利润。LBS 类网站现阶段的商业模式主要以品牌及活动机构联合推广为主，网站通过积极与大量品牌企业及活动机构合作从而获利，且行业覆盖广泛，如耐克、宝马、奔驰等。这就形成了一个多方共赢的局面，第一是消费者获益；第二是品牌通过合作，提高了影响力，获得用户的好评；第三是 LBS 网站本身认知度提高的同时也增强了用户和企业对网站的依赖。

2. LBS 价值链

LBS 是一项非常复杂的系统工程，需要定位技术支持商、LBS 中间件服务商、地理信息技术开发商和地理信息数据商等多方面的协同，而 LBS 内容提供商只是整个系统的策划者、组织者、开发者和管理者。通过 LBS 价值链来分析他们之间的关系，如图 10.8 所示。

图 10.8　LBS 价值链

(1) 通信运营商。通信运营商在 LBS 价值链中扮演着重要角色，移动用户使用的任何终端都必须利用运营商提供的通信功能才能得到服务内容。因此，LBS 内容提供商应该先和通信运营商签订相关的合作协议，才能通过网络部署应用；定位技术支持商的各种定位方案，也必须通过运营前几年测试才有可能被选用。

(2) LBS 内容提供商。主要是具体具备电信增值业务经营资格的移动互联网内容服务商，在 LBS 价值链中处于核心位置。LBS 需要定位技术支持商、LBS 中间件服务商、地理信息技术开发商和地理信息数据商等多方面的协同，而 LBS 内容提供商起到策划、组织、开发和管理的作用。

(3) 终端设备制造商。LBS 是一种移动数据增值业务，与语音数据业务相比，对终端设备的要求较高，如要求支持彩屏、较大的存储容量、较长的待机时间、GPS 定位芯片等。终端制造商必须根据市场动态需求不断进行创新，生产更符合 LBS 需求的产品。

3. 移动定位服务的应用

LBS 在许多方面得到广泛的应用，如个人安全服务、紧急救援服务、导航服务、车位定位服务、移动定位广告等。

移动定位主流应用主要集中在休闲娱乐与生活服务两个方面。例如,任天堂开发的基于位置的手机游戏精灵宝可梦 Go,就是一款基于 GPS 定位和虚拟现实技术的精灵捕捉、战斗以及交换的游戏。另一类 LBS 服务专注于生活领域,如百度地图的"发现周边"功能,可以发现身边的美食、景点、酒店、休闲娱乐、车主服务等信息,通过定位为其合作的商家推荐和导入客流,作为消费者也有不同的优惠可以得到。还有一种 LBS 服务则是和社交 SNS 结合,即基于 LBS 的交友,不同的用户在同一时间处于同一地理位置就可以促成,比如微信和 QQ 中都包含寻找附近的朋友和联系人、陌生人等功能。

 案例 10.2

美团网的 LBS 服务

美团是 2010 年 3 月 4 日成立的团购网站。美团有着"吃喝玩乐全都有"和"美团一次美一次"的服务宣传宗旨。2017 年 12 月,美团公开宣布聚焦到店、到家、旅行、出行这四大 LBS 场景,并据此对组织机构进行了重大调整。

按照美团的理解,基于位置的服务有消费者的位置以及供应方的位置,根据位置动不动可以把场景分为四个:一是消费者不动,商家动,或者供应商动,履约动,是外卖、上门服务,典型的代表像美团外卖、饿了么、58 到家;二是消费者动,商家不动,这就是到店服务,如美团点评、链家、Airbnb;三是消费者动,供应商也动,如打车和单车,典型企业是滴滴、Uber、分时租车;四是异地,像酒店、旅游、机票火车票,典型企业是携程、美团旅行等。这四类 LBS 场景简化对应为到家、到店、出行和旅行四类。

目前来看,外卖垂直行业成为美团外卖和饿了么的火拼,它们背后则是腾讯和阿里的较量。到店场景中,阿里 2017 年着重推"口碑"独立,并通过支付宝口碑和淘宝导流,希望盘活餐饮商家的线上线下消费场景;美团则在 2017 年大量投资餐饮供应链公司,为商家的 B2B 服务做布局,两者还在"新零售"概念中有交锋。到家场景中,外卖、生鲜零售业务主要依托美团的配送体系,本身相对稳固的配送体系为美团的到家服务提供了支撑。旅游事业部和出行事业部的设立更普遍被解读为对携程和滴滴的宣战,而携程是一家市值超过 200 亿美元的上市公司,滴滴则是出行行业的寡头。

美团基于 LBS 场景聚焦到店、到家、旅行、出行究竟前景如何,让我们拭目以待。

(资料来源:中国电子商务研究中心)

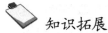 知识拓展

移动支付服务见右侧二维码。

五、移动办公服务

移动办公服务也叫移动 OA,又称为"3A 办公",即办公人员可以在任何时间(Anytime)、任何地点(Anywhere)处理与业务相关的任何事情(Anything)。这是移动通信技术、网络技术、计算机技术相结合的产物,以移动终端、无线网络及企业的办公自动化系统三者有机结合

第十章 移动电子商务

为基础,实现随时随地的信息交互,随时随地的办公,从而将办公人员从办公室解放出来的全新办公模式。移动办公也属于移动商务的一部分,由于它是企业和政府信息化建设的新方向,特别专门进行介绍。如表 10.3 所示为移动办公方法对比。

表 10.3 移动办公方法对比

	5G	智能手机	笔记本	WiFi
优点	视频通信	小巧;支持办公软件、蓝牙、WiFi、GPRS 等功能	强大的处理能力和存储空间	价格便宜,应用广泛;速度快
缺点	价格贵,未完全普及	屏幕较小	体积大、电源性能不足,续航能力差	有一定的范围限制
适用范围	高端商务人士	企业管理人员	演讲、移动办公人员	座位不固定的办公人员

移动办公服务目前主要有以下两种方式。

(1) 笔记本、平板电脑方式。使用笔记本或者平板电脑进行移动 OA 是较早出现也是目前功能最为强大的移动 OA 方式。这种方式一般利用设备的无线网卡通过 WiFi 接入企业的办公自动化平台,实现公文管理、新闻管理、客户资料查询、商品信息查询、收发邮件等功能。优点是对现有的办公信息系统无须任何改动。客户端功能强大,界面丰富,网速很快。缺点主要在于无线网络 WiFi 的覆盖范围有限,笔记本电脑体积较大,携带不便,待机时间短,不便于长期使用。

(2) 手机智能客户端模式(APP)。这种模式主要是基于 Push 技术的行业应用平台。也是使用移动通信技术作为数据传输方式,只不过是企业开发了可以安装在智能手机上的办公自动化应用程序。办公人员通过下载安装手机版的客户端,可以随时随地访问企业办公自动化服务器,实现移动办公和移动应用。优点是及时快速,功能强大,界面美观。缺点是需要为不同平台操作系统的智能手机开发客户端程序,维护成本较高。

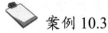

案例 10.3

移动 OA 是中国移动通信集团为用户提供的一站式 OA 服务,包括基于 PC 浏览器的版本和基于手机的版本。通过移动的通信网络,企业的员工通过手机客户端、WAP 以及 PC 浏览器等方式随时随地使用公文流转、集团通讯录、日程管理、手机硬盘、即时沟通、企业资讯等功能。

依托中国移动无线网络覆盖的深度和广度、先进的认证加密技术,将系统功能延伸至客户手机终端,打造随时随地接入的移动办公网络架构,为办公人员快速高效地办公提供极大的便利。

中国移动 OA 的方案优势分析如下。

(1) 多终端覆盖。支持以下平台:主流的 Android、iOS 等。并且分别对每个平台做了特别的优化,以此达到最优效果,为用户提供最好的 UI 和 UE 体验。除此之外还支持其他手机终端,如 Winphone 等。

(2) 文档的多方式浏览。移动办公中间件服务器,支持多种格式的文件解析。

(3) 多重安全保障。专线或者 APN 接入;基于 SSL 的传输通道,保证数据传输的私密性；四重绑定认证机制，对用户的 IMSI、ESN/IMEI、手机号码、用户姓名进行绑定，保证一部手机、一张卡、一个手机号、一个用户名只能由该户主使用，任何一项出现偏差，系统都拒绝访问。有效保证了用户重要数据的安全性。

（4）用户体验良好。在不改变用户计算机 Web 页面的操作习惯下，切合用户在手机终端的操作方式，功能界面给予用户良好的体验。

（5）应用能力可扩充。移动办公平台具有可扩充性，在企业新增模块功能和其他应用系统的移动化需求时，客户端不再需要重新定制，完全考虑到这个业务的扩充性，直接在移动平台上添加应用，客户端更新即可。

（6）二次扩展能力。采用符合国际标准和适应国际发展潮流的移动化信息系统技术、可平滑扩展的系统硬件体系结构、开放式的系统软件平台、模块化的应用软件结构，确保系统在处理能力和业务功能方面可灵活扩充，并可与其他系统进行无缝集成。同时，插件式的应用运行方式，保证在每个应用的独立运行，以及可实现原系统升级改造引起的功能变更，或是新信息系统的移动化部署需求。

（资料来源：中国移动网站）

六、移动社交与购物服务

作为互联网发展历程中的变革性应用，社交网络和购物服务一度改变了人们的沟通方式、信息传播渠道以及购买行为。在移动互联网时代，移动社交和购物再一次深度冲击，综合了移动网络、手机终端的优势和特点，将移动社交和购物的发展推向了崭新的阶段。

1. 移动社交

移动社交是指用户以手机、平板电脑等移动终端为载体，以在线识别用户及交换信息技术为基础，按照流量计费，通过移动网络来实现的社交应用和功能，移动社交不包括打电话、发短信等基础通信业务。与传统的 PC 端的社交相比，移动社交具有人机交互、实时场景、基于位置等特点，能够让用户随时随地地创造并分享内容，让网络最大程度地服务于个人的现实生活。

同传统社交网络不同，手机具有天然的联系人属性、实名属性和位置属性，大大减少了信任成本，同时又具有很强的便利性，满足了人们时时社交、永不离线的需求。移动社交分为开放社交和私密社交两类。开放社交主要是陌生交友。私密社交的价值在于打造高质量的信任的朋友，创建更加广泛和亲密的联系。传统的网络社交与移动网络社交的差别如表 10.4 所示。

表 10.4　传统网络社交与移动网络社交应用对比

	移动网络社交应用	传统网络社交应用
社交关系	基于手机通讯录或 LBS	基于互联网
终端要求	智能手机、平板电脑等	计算机
网络标准	3G、4G、5G/WiFi	有线网络
内容形式	文字、图片、语音、视频	以文字、图片为主
应用举例	微信、手机 QQ	QQ 等

2. 移动购物

移动购物是指用户以手机、平板电脑等移动终端为载体，通过移动网站来实现购物的功能。与传统的电子商务相比，具有随时随地、便捷性、用户规模大、有较好的身份认证基础等优点，节省了大量社会资源和成本。

移动购物需要移动网络系统和无线通信设备，随着中国5G技术的飞速发展和智能手机的更新换代，硬件资源所需要的最基本的平台设施已经满足。影响购物的驱动因素还有移动市场规模、文化差异、消费能力、网络安全、用户知识水平等各种因素。

案例分析

拼多多可谓近年来最成功的拼单类社交电商，2015年9月在微信公众号上线；2016年9月，用户破亿；2017年9月，用户突破2个亿；2018年8月，用户突破3个亿，并实现在美国IPO上市。

(1) 差异化战略的成功。网络用户大概为9.3亿，淘宝京东这些占了5.5亿，所以依然还有3.8亿的用户差距，这个市场缺口被巨头们遗忘了，拼多多就捡了个漏。2015年，拼多多收编了被淘宝品牌升级淘汰的低端供应链。质量差但价格便宜，并且积累了大量的电商运营经验，非常了解低消客户。很多供应商就是当地工厂，采用C2M或者C2B方式，厂家直接去除中间商，直接卖给消费者，薄利多销。

(2) 低端市场基础条件完备。2017年以红米为代表的低价智能手机普及，快速让三到六线的用户上线，农村互联网的手机渗透率提升。36%的农村人口成为网民。2017年12月微信的用户量达到了十个亿，这意味着大多数人都是网民了，微信手机支付开通了，支付问题得以解决。微信支付+红米手机为拼多多蓄积了强大的流量池，与此同时，物流节点到镇几乎可满足任何村落的购物需求。

(3) 社交游戏电商的集合体。主动用户拼多多里开团，发微信群，被动用户参团。熟人拼团便宜，还可以互相推荐，然后，邀请好友帮忙砍价还助力免单。微信的好友关系成为了拼多多起飞的燃料。拼单过程中，消费者为达到拼单人数，会形成一个自媒体，自觉帮助商家推广，这种效果是传统团购不具备的，而其主要传播媒介即是微信。2017年拼多多获客成本在10元以下，不足同行的5%。

(4) 新零售的人、货、场。传统的流量分发模式是搜索引擎，搜索引擎在淘宝和京东的购物习惯中一直占90%以上，而拼多多只有44%做搜索引擎，他们第一做的是秒杀、清仓和免单。移动互联时代，集中搜索不再具备效率，用户小屏幕的消费习惯更多从搜索向推荐和社交转化。拼多多的社交电商的核心驱动因素是让货找人，人是核心，并且通过社交裂变，在拼多多设定的场景里让人沉淀了下来。

对于一线城市来说，拼多多或许是消费降级，而对于三、四线，是消费升级。你可以说我初级，但你无法忽视我。拼多多黄峥的成功让社交电商成为近年最热的话题之一。"增长这么快，全靠假货卖"等负面言论也不绝于耳，拼多多凭借一个裂变传播的拼团模式，用淘宝当年农村包围城市的"蚂蚁雄兵"打法，正将众多中小卖家从淘宝搬到微信，同时也通过低端产业链的升级来提升产品质量，从而打造拼多多新的护城河。

(资料来源：中国移动网站)

思考：
1. 简述拼多多的移动电子商务特点。
2. 结合案例与本章知识，分析拼多多所提供的电子商务服务。

归纳与提高

本章首先介绍了移动电子商务的内涵、特点、现状和发展趋势。一般来说，移动电子商务具有开放性、个性化、定位性、精准性、便利性、可识别性等特点。中国目前已经成为世界上人数最多的移动通信市场，移动电子商务已经走进寻常百姓。移动电子商务持续快速增长，将成为未来新热点；企业应用将成为移动商务中心；移动网络应用程序更加完善；移动安全及用户隐私将引起社会重视；移动通信设备的智能化；移动通信设备广告将剧增；移动运营商将改变营销策略，销售对象将由消费用户转向企业用户 8 种发展趋势。

移动电子商务技术基础则介绍了移动通信技术、短距离无线通信技术和无线通信技术 3 种。移动通信技术重点讨论卫星通信系统和蜂窝式公用陆地移动通信系统。蜂窝式陆地移动通信系统按发展进程又可分为 1G、2G、2.5G、3G、4G、5G 几个阶段。短距离无线通信技术重点讨论了蓝牙、WiFi、红外、NFC、紫蜂和超宽带技术 6 种；无线通信技术则按无线通信的覆盖范围介绍了无线城域网和无线局域网的特点。移动电子商务应用开发技术主要介绍了 HTML5、CSS、JavaScript、Android 开发环境和 iOS 开发环境。

移动电子商务价值链和商业模式主要探讨了移动电子商务价值链的概念和构成，并简要介绍了短信定制的移动信息服务模式、移动广告收费模式和移动互联网模式三种商业模式。

移动电子商务的应用部分介绍了移动信息服务、移动营销服务、移动商务服务、移动定位服务、移动支付服务、移动办公服务、移动社交与购物 7 种服务。随着时间的推移、技术的改进、管理水平的提高，移动电子商务服务将被广泛应用到更多的领域。

习题

一、选择题

1. 移动电子商务的用户终端主要有(　　)。
   A. 手机　　　　B. PDA　　　　C. 笔记本　　　D. 台式电脑
2. 通过一个(　　)，用户可以使用各种移动终端来访问互联网。
   A. GPS 网关　　B. WAP 网关　　C. GSM 网关　　D. 局域网网关
3. 中国完整的具有自主知识产权的卫星定位与通信系统是(　　)。
   A. 伽利略卫星导航　　　　　　B. 北斗卫星定位
   C. 铱星系统　　　　　　　　　D. GLONASS 导航
4. 移动商务信息系统的优势是(　　)。
   A. 即时　　　　B. 快捷　　　　C. 低费用　　　D. 个性化
5. 普通 WiFi 用户使用最多的是(　　)。
   A. 长距离无线网　B. 短距离无线网　C. 中距离无线网　D. 有线网络

二、复习思考题

1. 移动电子商务的基础是什么？
2. 简述第五代移动通信技术的概念及主要技术。
3. 简述移动支付的含义，描述一下移动支付的流程。举例说明。
4. 移动定位有哪几种类型？举例说明移动定位的商业应用。

三、技能实训题

1. 下载安装手机支付宝，归纳支付宝的商业模式，思考支付宝产品的主要逻辑框架，并说一说支付宝是如何影响你的生活的。
2. 用手机查找"淘宝""京东""拼多多"，并尝试安装在手机上，观察三个平台销售的主要商品有什么不同，并思考背后的逻辑。
3. 进入淘宝电脑端网站，比较手机淘宝和淘宝网在功能和操控上有什么不同之处，你认为手机淘宝有哪些优点和不足之处？并进一步思考移动电子商务有哪些优点和不足之处。

第十一章　社交电子商务

> **学习要点及目标**

掌握社交电子商务的内涵、主要特征；掌握社交媒体的发展过程、主要表现、社交媒体的核心特质。了解社交电子商务的现实形态，代表性个案的运作状态。探索社交电子商务在实践中的具体应用、社交电子商务的未来发展等。

> **引例**

社交电子商务的快速发展

在过去的两年，由于互联网和移动互联网终端大范围普及所带来的用户增长以及流量红利正逐渐萎缩，传统电商所面临的增长"瓶颈"开始显现。二线及三线B2C平台面临严峻挑战，即便是"头部玩家"，成长速度也不似往日那么耀眼。在这样的环境下，市场并未沉寂，在主流电商模式之外泛社交电商正在迅速崛起，尤其改变了低层级市场的零售环境和消费者的购物偏好。

根据尼尔森《2019泛社交电商深度研究报告》显示，虽然传统电商渠道仍是主流的购物平台，然而使用社交电商渠道的网购消费者已达到80%，其中参与拼购类的消费人群渗透率最高，达到57%。这背后是微信等社交类应用的全面普及，使得社交媒体逐渐占据人们在手机使用上的大量时长，利用社交关系及个人影响力的社交流量红利涌现。进一步来看，三线城市更多信赖身边好友推荐，而一二线城市更容易受到达人/KOL种草的影响。主要原因是下线人群接触网络社交渠道相对较单一，相比较而言，基于周围亲朋好友的社会关系更为紧密；而一二线城市消费者的线上社交及交友渠道更加多元，所以更容易接受线上达人/KOL的推荐而产生非计划性购买。报告显示，社交电商从业人员以已婚已育为主，占比约62%。大部分人愿意成为分销模式销售节点的诱因是源于个人收入增长。研究发现，大部分销售节点的返利空间集中在10%~20%，这使得其中50%的小店主个人月收入达到5000元以上。尼尔森同时发现基于生鲜的高频复购和微信群分享模式，社区拼团的销售节点在客户管理方面表现更好，平均每人管理客户数超过250人，其中月活客户超过60%。

（资料来源：中国互联网数据咨询中心：八成消费者非计划性购物来自社交电商，有删节）

> **必备知识点**

社交媒体的概念与功能　社交媒体的发展　社交电商内涵　社交电商特征　社交电子商务的发展

> **拓展知识点**

社交电子商务的未来发展方向　最新社交电子商务形式　社交场景的实现

第十一章 社交电子商务

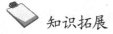

社交媒体概述见右侧二维码。

第一节 社交电子商务概述

社交网站作为 Web2.0 的最重要的应用之一，已经渗透到我们生活的各个方面，人们越来越习惯于网上购物。据 2018 年度社交电商 TOP50 榜单显示：拼多多、有赞、顺联动力、小红书、贝贝集团、云集、环球捕手、蜜芽、微店、什么值得买十大社交电商进入榜单前十。2018 年社交电商从业人员规模突破 3000 万人，增长速率达到 50%以上，社交电商行业的参与者已经覆盖了社交网络的每一个领域。2017 年社交电商行业总体市场规模为 6835.8 亿元，2018 年社交电商市场将突破万亿元大关，达到 10349 亿元，虽然市场规模基数变大，但依然保持高速迅猛增长。

YAHOO 于 2005 年 11 月最早提出社交电子商务这一概念，将其定义为：运用社会化媒体，在电子商务的背景下，购买和销售产品和服务的在线协助。为此，艾瑞咨询认为，社交购物网站具备两个核心特征：一是帮助消费者解答"买什么？在哪里买？"的问题，即具有导购的作用；二是用户之间或用户与企业之间有互动与分享，即具有社交化元素。据艾瑞咨询的调研数据显示，84.7%的用户愿意继续使用社交电子商务网站，其中有 72.9%的用户会逐渐增加对此类网站功能的使用。由此可见，社交化购物网站逐渐得到用户的认可，未来用户继续使用的意愿很强，其发展前景很可观。

一、社交电子商务的内涵

(一)社交电子商务的定义

所谓社交电子商务(Social Commerce)，是指将关注、分享、沟通、讨论、互动等社交化的元素应用于电子商务交易过程的现象，是基于人际关系网络，利用互联网社交工具，从事商品或服务销售的经营行为，是新型电子商务的重要表现形式之一。具体而言，从消费者的角度来看，社交化电子商务既体现在消费者购买前的店铺选择、商品比较等，又体现在购物过程中通过 IM、论坛等与电子商务企业间的交流与互动，也体现在购买商品后的消费评价及购物分享等。从电子商务企业的角度来看，通过社交化工具的应用及与社交化媒体、网络的合作，完成企业营销、推广和商品的最终销售。社交电子商务也是电子商务的一种新的衍生模式。它借助社交媒介、网络媒介的传播途径，通过社交互动、用户自生内容等手段来辅助商品的购买和销售行为。在 Web2.0 时代，越来越多的内容和行为是由终端用户来产生和主导的，比如博客、微博。

社交电子商务一般可以分为两类。一类是专注于商品信息的，比如 Kaboodle、Thisnexc，以及国内新出现的一些网站：美丽说、辣妈说、葡萄网等是比较早期的模式。主要是通过用户在社交平台上分享个人购物体验、在社交圈推荐商品的应用。另一类是比较新的模式，通过社交平台直接介入了商品的销售过程,如社交团购网站 Groupon。还有就是社交网店如中国的辣椒网 Lajoy。这类是让终端用户也介入商品销售过程,通过社交媒介来销售商品。

(二)社交电子商务的基本特征

随着电子商务的深入发展,社交电子商务也呈现不同的时代特征。在 2017 年,社交电子商务呈现以下两种时代特征:一是社交电商平台呈下沉态势,趋于提供底层的服务。社交电商和微商既可以使用社交电商平台提供的功能完整的标准化交易服务,在社交电商平台的闭环内实现交易,也可以通过社交电商平台招募或微商雇用的第三方开发者或服务商在社交工具提供的部分或全部交易服务接口进行定制化、深度化开发,创建个性化的交易环境,以实现社交电商平台的资源投入与用户需求的平衡;二是社交电商和微商渠道需求旺盛,趋于突围社交平台闭环。随着需求的提高,社交电商和微商已明显不满足于在社交平台的闭环内经营,趋于获取更多的流量。它们自建独立交易网站、入驻第三方交易平台或者通过第三方开发者或服务商在社交电商平台的基础上穿透社交平台闭环,以期多渠道获得用户流量。从社交电子商务发展的整体来看,其基本特征如下。

1. 引导消费的特征

年轻化群体的个性化消费需求在传统电商中无法得到有效满足。在淘宝、京东等电商平台上,消费者购物往往是基于自身明确需求的购物,而社交电商能够抓住消费者的"从众"和"追星"心理,促成冲动消费和粉丝消费。通过社区、社群等引导消费。通过引导消费,社交电商展现出巨大的发展潜力。2015 年上半年,小红书的成交金额突破了 7 亿元;2016 年年初,蘑菇街、美丽说和淘世界三家公司合并,而仅蘑菇街和美丽说两家公司 2015 年的销售额就达到了 200 亿元。商家入驻社交平台之后,在平台上进行产品展示,并依靠社交网络积累的庞大用户提高曝光率,从而获得买家以及关键意见领袖的关注,实现引导消费的目的。

小资料

社交电商引导消费

"这个夏天我能实现'水果自由',多亏了拼多多。"热衷网购的戴先生最近对电商 APP(应用程序)拼多多推出的社交游戏"多多果园"很感兴趣。通过这一功能,用户可以拉好友帮忙共同种植虚拟果树,然后在现实生活中兑换成水果。"我花了十五六天种的第一棵树,兑换了 5 斤芒果,现在第二棵准备兑换柠檬的树也快种好了"。

这种"社交+电商"的模式近来成长迅速,发展潜力巨大。中国互联网协会在今年 7 月发布的《2019 中国社交电商行业发展报告》显示,2018 年全国社交电商市场规模超 1.2 万亿元,占整个网络零售交易规模的 14%。2019 年预计市场规模达 2 万亿元,同比增长高达 63.2%。社交电商已成为电子商务中不可忽视的规模化、高增长的细分市场。

社交电商购物用户达 5 亿,社交电商是一种基于移动社交而迅速发展的电子商务模式。对消费者来说,用社交电商 APP 购物常能享受到更多优惠。在淘宝和微店上有 9 年开店经验的杨女士告诉笔者,虽然自己就是网店店主,但平时在购买卷纸这类生活用品时,会优先选择拼多多。"我会用一些无门槛优惠券或者参加好友一起砍价的活动,买下来就会特别划算"。

《2019中国社交电商行业发展报告》显示，2019年中国手机网购用户规模达6.1亿，社交电商购物用户规模达到5亿，预计2019年社交电商占比网络零售规模超过20%，2020年将超过30%。

自2018年起，随着拼多多、云集等多家社交电商企业陆续成功上市，传统电商也开始纷纷试水社交电商。2018年6月，京东推出"京东拼购"，后又与享橙、芬香合作，联合拓展社交电商；今年5月，淘宝旗下社交电商APP"淘小铺"也正式上线。

(资料来源：人民网，有删减)

2. 社交化特征

社交就是人与人之间的互动与分享，社交电商重视社交媒体社交功能的实现。社交电商基于社交媒体平台存在，通过社交媒体技术手段在消费者的信息分享过程中实现商业目的，"社交化"特征明显。消费者在参加社交电商的过程中，社交媒体平台为消费者和商家提供了相互展示的场景，在此场景中，消费者与商家、消费者内部实现信息的充分沟通，产品信息相互交换，从而为产品购买奠定基础。社交网络使得消费者之间的互动行为与信息传递开始以人与人之间的真实社交关系来进行，改变了传统的电子商务信息推送模式。人与人之间的联系更加真实，更加贴切。

"社交化"作为一种全新的功能特征，已经融入各类社交电子商务的综合运用中。很多新的软件，开始逐渐形成含有文字社交、图片社交、购物链接分享等的社交电子商务元素。搜索、支付、媒体展示等互联网应用也在不断地吸取和融合社交元素，以达到丰富社交电商功能、提升消费者体验、创新电子商务服务和获得更大收益的目的。在互联网社交化的大趋势背景下，传统的社交电子商务平台也在不断地改革，增添新的功能，融入新的社交化因素，而传统的社交电子商务也在不断地改进完善原有的功能，并推出新的社交组件。社交关系是互联网开放的核心和前提。社交工具成为进入社交电子商务的入口和开放战略实施的重要平台。利用社交工具，去挖掘社交产品的巨大能量和巨大经济价值，是社交电子商务的目标之一，是互联网社交化在商业变现上的重要体现。

 小资料

社交电商：以人际关系网络为渠道

与传统电商以"货"为纽带、以网络平台为经营渠道不同，社交电商以"人"为纽带，利用互联网社交工具，以人际关系网络为渠道进行商品交易或提供服务。《电子商务"十三五"发展规划》提出，要"鼓励社交网络发挥内容、创意及用户关系优势，建立连接电子商务的运营模式"。显而易见，通过社交属性建立起用户之间的连接是提高电商平台活跃度、加强商品针对性从而实现流量精准营销的关键因素。也有时尚社交分享电商平台的笔记编辑功能很强大。有网友说："比如挑选口红，我在试色的时候，就可以将精确的色号关联在文章下方，有粉丝感兴趣就可以直接点进去购买。"这样完善的分享模式让网友很有动力写心得测评，也经常会浏览别人的笔记"种草"。

(资料来源：人民网，有删减)

3. 多级获益的特征

在"流量即王道"的互联网世界里，拥有了用户就意味着拥有了商业价值，而用户越多就能获得越多的收益，不同层面的用户既是商家多级获益的渠道又是消费者分享利益的平台。互联网的快速发展，社交用户的飞速增加，以及用户比较强的黏性，使得越来越多的商家抓住这个机会，以此来实现更大的经济价值。例如，微信作为目前最大的社交自媒体平台之一，由微信产生的商业价值相当可观。微信如今集众多功能于一身，它不再是简单的社交工具，而是营销工具，也是个人创业的平台。不同的微信群、公众号以及朋友圈都成为效益生成及输送的渠道。例如，消费者在朋友圈推送电商广告信息，以此获得消费"特权""优惠"等，无形之中转化为消费者的收益。

二、社交电子商务的优势与局限性

（一）社交电子商务的优势

社交电子商务是以人为本的基础营销，是借助一定的通信软件在与人沟通的过程中，实现互相信任并成交的高效营销模式。目前，以互联网为依托进行社交活动日趋普遍，在很多互联网用户日常生活中，微博、微信社交成为其不可或缺的组成部分。利用这一巨大的流量属性来实现电子商务的升级。社交电子商务与其购物行为的息息相关主要体现在购物前对店铺和产品进行选择、购物中实现与卖家交流互动和购物后消费者形成的消费评价及购物分享，因此社交电子商务能够提供更加高效、个性化的服务，提高电子商务服务水平。

1. 成本更低

传统电商最大的特点是高度中心化，如淘宝、天猫等电商平台。相对集中的电商平台给营销带来压力，店铺费用、网络宣传和顾客积累成本的支出等方面相对较高。社交电子商务在这些方面的支出可以说是零成本，门槛低，适合大众创业，并且实现随时随地的营销。高速流量时代，社交电商获取粉丝的成本更低，一般来说，传统电商的获客成本约占支出15%，店铺押金和直通车宣传等费用的所占比重较高，而社交电子商务才约占3%。相对传统电商，社交电商成本更低、效率更高。

2. 高转化率

相对于传统电子商务的"广泛撒网，重点培养"模式，社交电子商务的吸引粉丝并裂变模式更容易实现高转化率，其运营维度从仅仅的"流量思维"转变成了"粉丝思维"，因为并不是流量高，卖的货就多，而是顾客质量高，需求意向明显，卖的货才多。社交电子商务的消费者通常黏着度和质量更高，"粉丝经济""社群经济"是社交电子商务高转化率实现的保障。粉丝，因为从情感上的主动参与，所以更易接受商家的推荐，产生相对稳定的信任感，所以更易成交，复购率也比较高。社交电子商务依托于人与人的社交关系，以信任为基础，当顾客产生购买行为后，平台进而实现新一轮的推广，从1到10再到100，实现电子商务社交式裂变模式，提高转化率。

3. 高用户体验

进行充分的互动交流，培养消费情感，进行关系营销是社交电子商务的优势所在。成交的环境轻松愉悦，用户以积极的心态主动消费，相对于缺乏情感的传统电商和线下店铺，通过技术的保障，社交电商的用户体验度更好。

4. 以人为本

以消费者需求为核心，提供有针对性的产品，进行一对一的产品推介，提供个性化的服务是社交电子商务以人为本优势的体现。社交电子商务利用消费者的信任，以产品质量为保证，着力对口碑进行经营，与用户建立深入的社交信任，获取用户的认同，发挥以人为本的优势。基于新媒体开展的社交电子商务的多元化和多样化、低成本的优势下，我们只有在第一时间了解并解决用户的需求和售后问题，利用社群思维、裂变思维、粉丝思维来替代传统电商思维，在社交电子商务的渠道、运营、服务等方面真正做到以人为本，才能最大限度地发挥社交电子商务的优势。

(二)社交电子商务的局限性

1. 不易管理和合法经营方面的局限性

分销、代理商的门槛不高，导致从业者良莠不齐、能力不一的现象颇为普遍，给经营管理带来难度。部分经营者以杀鸡取卵的方式谋取眼前利益，最终对品牌造成伤害，损害长远利益。例如，运营已经趋于规范的拼多多和云集微商，依然存在各种投诉：有消费者买到假货难退货、有的退款被扣押，还有些从业者为显示平台实力而进行虚假宣传等。合法经营问题包括产品是否三证齐全、企业是否有工商登记注册、日常经营中是否遵守了税务政策制度、产品宣传是否遵守了《广告法》、是否有完善的售后服务体制等。社交电子商务虽然是一个全新的商业形态，但它仍然是商业贸易的一种类型，日常的所有经营都要依法而行。当前，部分社交电子商务企业由于规模小、模式新、部分环节政策监管不足，在合法经营问题上闯红线、跨禁区，这一现象已经引起政府、舆论监督机构等的广泛关注。

2. 产品质量参差不齐，虚假和过度宣传时有发生

目前部分社交电子商务企业经营的商品存在质量问题，一部分社交电子商务企业没有优质货源，所售商品质量存在问题；还有一部分商家的商品三证不齐，不具备对外销售资格。同时，消费者购买到假货或劣质商品后不易投诉，危害社交电子商务企业整体环境。部分社交电子商务企业对知识产权和产品宣传的责任义务了解甚少，特别是在广大消费者也不清楚的情况下，在经营中若是为了销量蓄意夸大产品效果，消费者购买后发现上当，会造成不良影响，也不利于社交电子商务的发展。

3. 营销推广缺乏计划性，侵害消费者利益

社交电子商务在管理方面的难度及其实现社交功能的特点，使社交电子商务在营销推广过程中呈现无序混乱的特点。不同消费者在生活习性、消费心理、消费需求等方面的差异性，致使在社交电子商务推广过程中无法制订统一、有序的推广计划。社交电子商务的推广更多地依赖于推广人员根据实际情况的判断采用相应的营销推广策略进行较为感性的推广，因此在推广过程中必然出现营销信息过剩的现象，作为推广对象的消费者将更加难

以辨别有利信息，不利于消费者决策，从而耗费更多的购买成本，侵害消费者利益。

三、社交电子商务的发展

社交电商，一种在网络平台上通过对商品内容的分享传播引导用户进行消费的新型业态模式，近几年风头强劲。"互联网+"的浪潮下，"社交+电子商务"凭借较强黏性、互动性、精确用户细分与巨大商业潜力以及较低营销、时间成本迅速发展起来。

社交电商的发展基础离不开几近饱和的移动端渗透率以及体量庞大的网购市场。截至2018年12月，中国网民使用手机上网的比例高达98.6%，较2017年底提升了1.1个百分点。而2018年社交媒体中的流量巨头微信的月活跃用户已突破10亿。良好的移动互联网环境促进网络零售市场，进而成就社交电商的发展。根据CNNIC第43次《中国互联网络发展状况统计报告》，截至2018年12月，我国网络购物用户规模达6.10亿，较2017年底增长14.4%，占网民整体比例达73.6%。手机网络购物用户规模达5.92亿，较2017年底增长17.1%，使用比例达72.5%。

在年轻消费者增长、政策加码等多因素推动下，我国社交电商市场规模迅猛增长。根据前瞻产业研究院发布的《中国社交电商行业市场前景与投资战略规划分析报告》监测数据显示，2014—2017年，我国社交电商市场规模迅速增长，2014年我国社交电商市场规模已达950.1亿元，同比增长87.2%。截至2017年我国社交电商市场规模增长至6835.8亿元，较2016年的3607.3亿元还增长了89.5%，年均复合增长率达到93.05%。前瞻产业研究院预测2018年我国社交电商有望维持其迅猛增长的势头，市场规模将突破万亿元，达到1.14万亿元左右，同比增长66.77%。

2018—2019年，是社交电商快速崛起的风口期。2018年社交电商的融资总金额已超过200亿元，拼多多上市成为市值265亿美元的公司；贝店、云集、全球捕手等社交电商平台也迅猛开展。由于几乎不需要任何门槛，社交电商催生了一批创业者，他们在缺少监管的情况下野蛮生长，在短时间之内让社交电商行业乱象丛生。政府法规以及行业内部的监管不到位也是社交电商运营模式屡屡出问题的原因。社交电商不断壮大，行业不规范问题频出，引起了政府部门的重视。2015年以来，我国政策监督政策不断完善，有关部门责任不断强化，为行业健康发展搭建框架。同时，随着执法力度加强，有助于打破过去对微商行业的偏见和顾虑，树立正面行业形象。2019年6月20日，市场监管总局等八大部门发布了《关于印发2019网络市场监管专项行动(网剑行动)方案》，加大了手机App端包括社交电商在内的网络市场新模式新业态违法犯罪行为的整治力度，以求净化网络市场环境。

在早期，电商场景的设置是为了与线下购物相互区分。而经过长时间的电商普及，网购场景早已更新换代，购物欲也仅是用户下单的因素之一。因此，电商需要开辟更多场景，以刺激用户下单。其中，通过社交类网站或者软件导入电商成为一种非常重要的方式。根据易观智库发布的《2016年中国移动社交电商发展专题研究报告》可知，"以用户为中心"俨然成为社交电商与传统电商生态的核心差异。与传统电商以商流为基础相反，社交电商正在努力营造一种购物生态，以用户为中心，在用户流、信息流基础上实现商流。在交易重心慢慢地转向网红之际，网红所依附的社交平台也会因此吸引更多用户访问，随之产生更多的商品展示甚至是交易活动。在这样的转化之下，社交与电商实现了无缝对接，这无疑是一种全新的、高效的导流方式。网红本身已经积累了可观的社交资产，加上独特的、精准的消费意见，无疑比传统的、单向的商品展示更加有效。更多的流量经由网红 ID 导入电商，更多的支付交易也通过移动社交电商完成。

微信小店的出现曾在社交电商领域激起千层浪，很多业内人士认为，微信小店的发展会给淘宝带来冲击，使第三方经营无路可走，但不久，京东与腾讯达成合作关系，人们对于微信小店的关注越来越少。这并非是因为社交电商很难真正落实，而是以下 4 种因素决定了社交电商的发展方向。

(一)以熟人社交为主的电商

在传统商业模式下，交易双方通常并不互相了解，熟人电商则不同，它建立在强社交关系的基础之上。传统商业模式下的商业规则不对外公开，经营者获得的利润主要来源于信息差价，而在信息社会发达的今天，商业规则已经不再隐秘，人们的消费习惯也已经改变，相比于自己在网上搜索的商品，用户更相信好友的推荐。消费者的认可是熟人电商发展的基础。除了对经营者的认可，对于消费者而言，更为关键的是产品的质量与性能，因而，大多数人会选择相信熟人推荐的产品。基于这种强关系发展起来的电商模式，能够有效增加用户黏度。

(二)以社群为主的电商

在大多数情况下，当一个人在某个领域(特别是媒体行业)取得一定成就并获得大批追随者之后，就会通过建立社群电商来挖掘用户的商业价值。原因在于，这样能在短时间内将具有共同属性但分散在各个领域的用户集中到同一个平台上，通过确立共同的价值观，使用户对平台产生认可。按照发起者的不同属性，可以将社群电商分为两种：一种是个人发展起来的社群电商，如罗振宇的"罗辑思维"；另一种是企业建立的社群电商，如"小米"。企业建立的社群电商一般都有自己的主导产品，粉丝对产品的更新与完善充满期待。个人发展起来的社群电商则主要通过发起人或意见领袖的影响力与价值输出来凝聚用户。但从根本上来说，这些社群关系都是中等强度的关系，因为绝大多数消费者在购物前会详细了解商品信息、质量、价格以及相关服务等，在对照与参考其他产品后才会做出决策，所谓的"盲目的粉丝"还是很少的。

(三)以"网红"社交为主的电商

网红既是社交达人也是意见领袖，他们有自己擅长的领域，并获得粉丝的认可与推崇。截至 2018 年 5 月，中国网红粉丝总人数达到 5.88 亿人，同比增长 25%。网红粉丝中，53.9% 的年龄集中在 25 岁以下。他们通常站在时尚的前沿，他们的意见能够获得粉丝用户认可并能引导其行为，能够帮助粉丝用户在短时间内从众多电商平台中找到自己需要且质量可靠的产品。网红很可能会成为移动互联网社会中的下一个流量入口，因此很多电商平台开始寻求与网红合作的模式。但问题在于，他们很难对网红的人口价值做出精准的评估，因为大部分网红对粉丝的了解比较少，可能抓不准他们的兴趣点，同时，粉丝彼此之间的互动也很少，没有强关系维持，他们的关注点很容易被转移。所以，网红无法成为统一性标准产品，在运营过程中，如果长时间不进行革新用户就会产生审美疲劳与心理厌倦。但毋庸置疑的是，网红确实能够在短时间内使某种产品跻身畅销榜。

(四)人即场景

有用户的地方,就会产生场景。如今,QQ、微信、微博等社交平台聚集了大量用户,由此产生的购物场景吸引了众多商家的关注。对社交平台而言,他们要解决的关键性问题便是如何将商品与推广信息传递给有需求的用户。如今,用户的消费行为及习惯已经与传统模式大为不同,因此,社交电商企业更要深入分析用户需求,学会场景营销。传统电商经营模式以大规模的流量为基础,如今,其竞争优势逐渐减弱;而社交电商能够更好地利用强关系资源。未来,涉足社交电商领域的实力型企业可能会不断增多。另外,社群电商、熟人电商、网红电商的发展也会呈现出新的面貌。

第二节 社交电子商务的应用模式

电子商务的参与方主要有企业、消费者、政府和中介方四部分。其中,中介方为电子商务的实现与开展提供技术、管理与服务支持;企业是电子商务的核心。电子商务的价值主要体现在与企业结合,特别是与传统企业进行整合,企业可以依托电子商务来提升自身的竞争能力和深入拓展业务范围。企业电子商务的应用主要是指传统企业(这里区分于新型的网络型企业)如何利用电子商务实现企业经营管理和商务活动的数字化。企业社交电子商务应用可以帮助企业扩大市场收入和降低运营成本,从而增强企业盈利的能力,是企业应用社交媒体或社交平台在电子商务领域内的新的经营形态。社交电子商务应用模式主要分为内容型社交电子商务模式、团购型社交电子商务模式、导购型社交电子商务模式等。

一、内容型社交电子商务模式

在社交媒体时代,用户在媒介消费中的社会互动活动,使消费成为了一个集体过程,通过集体智慧对媒介文本进行的演绎,可以大大丰富原媒介内容的内涵和外延,使用者的分享、传播、评论为节目创造出新的传播和市场价值。用户自制和内容的社交化已成为媒介的重要发展方向,前景不可限量。社交媒体及视频等正在改变内容的生产、传播及互动方式,受众从被动接受变为主动传播,甚至参与内容的生产。媒介进入变革时代,内容生产仍然是社交媒体的核心竞争力,优质的内容产品体现了传媒优良的价值观和责任,社交型电子商务正是借助传播有价值的内容而实现电子商务的目的,产品、服务等融入内容生产,在内容传播的同时进行推广与销售。

社交媒体使其用户及受众具有了身份性,每个人都成为社交网络上的一个节点,人们的自媒体属性变得非常强,每个人都成为内容的发布者和传播者。互联网个体能够自主传播企业需要的内容,也能够让用户自动推送企业需要传播的内容。"社交化+内容化"产生"以用户为主导"的移动互联网时代。现在越来越多的人在朋友圈里大量分享自拍的吃饭、逛街、聚会、旅行等照片,这些信息发布的时候就会产生社会化的行为,产生自媒体属性。而且这种行为还会产生人与人之间的互动,这种互动打破了时间、空间和终端的束缚,让人能随时随地参与并进行互动分享。在社交媒体时代,我们的企业更需要有社交媒体的属性。在当今信息极大丰富的社会,只有有了社交媒体属性的企业,把大量需要传播的信息不断、实时地往移动互联网发放,消费者才有可能看到,而且可以精准到每一个消费者。

这种"精准到人"的方式，也为企业客户积累和精准传播提供了优质的内容资源。

内容型电子商务主要分为三类：第一类是以图文为主要表现形式的电子商务；第二类是以音视频为主要表现形式的电子商务，如专注于年轻人音乐短视频社区平台的抖音，以及以音频内容提供为主，汇集了有声小说、有声读物、有声书、儿童睡前故事、相声小品、鬼故事等数亿条音频的音频分享平台——喜马拉雅FM；第三类是综合图文、音视频多种表现形式的电子商务，如通过短视频、图文等形式记录生活状态的年轻生活方式分享平台——小红书。内容型电子商务要促进用户的内容生产，为内容生产者提供技术、环境、权利等方面的便利，实现用户生产内容机制。进入Web2.0时代，互联网逐渐开始具有社交媒体的形态，这其中一个显著的特征是用户消费互联网的模式，从早先的用户被动获取和使用内容到用户主动创造和贡献内容(UGC)。内容生产既包括观众上传的视频内容，也包括他们的评论、吐槽。让观众——更准确的称呼应该是用户，成为内容的参与者。

案例 11.1

"小红书"社交电子商务

小红书是年轻人的生活方式平台和消费决策入口，由毛文超和瞿芳于2013年在上海创立，致力于让全世界的好生活触手可及。在小红书，用户通过短视频、图文等形式标记生活点滴。截至2019年3月，小红书用户数超过2.2亿，并持续快速增长，其中70%用户是"90后"。小红书社区每天产生超过30亿次的笔记曝光，内容覆盖时尚、个护、彩妆、美食、旅行、娱乐、读书、健身、母婴等各个生活方式领域。小红书福利社是小红书的自营电商平台，在小红书福利社，用户可以一键购买来自全世界的优质美妆、时尚、家电、零食商品。小红书品牌号部门围绕"品牌号"这一核心产品，整合公司从社区营销一直到交易闭环的资源，更好地连接消费者和品牌。经过6年的累积，小红书特有的美好、真实、多元的社区氛围，不断吸引着越来越多的伙伴，探索着美好生活的更多可能性。

二、团购型社交电子商务模式

团购是一种电子商务模式，即团体采购，也称集体采购或团体购买，早期又合作消费，即为一个团队联合起来向商家采购某一商品或服务，是求得最优价格的一种购物方式。互联网及现代信息技术的发展和普及，使得分散在不同角落、互不认识的消费者能够很容易地集体采购某一品牌的某种产品，网络团购应运而生。所谓网络团购，就是认识的或者不认识的具有相同购买意向的零散消费者联合起来，向厂商进行大批量购买的行为，从而增强与商家的谈判能力，以求得最优价格的一种购物方式。根据薄利多销、量大价优的原理，商家可以给出低于零售价格的团购折扣和单独购买得不到的优质服务。团购作为一种新兴的电子商务模式，通过消费者自行组团、专业团购网站、商家组织团购等形式，提升用户与商家的议价能力，并极大程度地获得商品让利，引起消费者及业内厂商甚至是资本市场关注。

团体购买或者称为"团购"一词产生于20世纪80年代，通常是指某些团体通过大批量地向供应商订购，以达到以低于市场价格获得产品或服务目的的采购行为。团购这种机制本身与固定价格的购买方式相比，存在多方面的优势。随着互联网与电子商务的兴起，网络团购开始了其新的发展之路,而其运作方式也产生了适应于电子网络的新变化。团购在网络上的应用称为网络团购,其最早起源于美国 Groupon 网站,它通过互联网渠道将具有相同购买意向的消费者组织起来,向厂商进行团体大宗购买。网络团购相比网下团购,不仅仅融合了团购的优势,还利用了互联网高效便利,打破了团购交易在时间和空间上的限制,并且交易成本更低。自 2010 年 3 月 4 日第一家团购网站美团网在国内上线以来,团购这种新型的电子商务模式就以星火燎原之势在各大中城市电子商务平台上迅速铺展开来,"今天你团了吗?"成为城市上班一族的见面问候语。团购的内容包括餐饮美食、休闲娱乐、生活服务、网上购物等类别下林林总总数千种产品,且网站上的产品每天都在持续更新,不断吸引和冲击着人们的眼球。占据最大市场份额的拉手网总裁吴波认为团购网站"开辟了电子商务的新时代"。

网络团购是消费者通过网络面向企业进行商务活动的模式,可看作是一种新型的 C2B 模式。这种电子商务模式的核心是以消费者为主导,以 C2B 网站作为交易平台,采用 Web2.0 的聚合技术,聚集大量消费者及用户需求信息为消费者服务。对于商家来说,网络团购虽然降低了商品销售价格,但同时也极大地提高了商品的销售数量,从而增加商家的利润。另外,网络团购还为商家带来了大量新客户,商家通过对团购团体的良好服务,在网络上提升了自身的企业形象,可以得到较大的无形资产增值的回报。因此,网络团购使得买卖双方在博弈过程中可以实现最大限度的"双赢"。

1. 消费者自发组织的网络团购管理模式

自发团购主要是由那些有购买某种商品欲望的专业或业余自然人发起,在网站没有提供相关商品团购信息的前提下,利用网络工具如 BBS、新闻组等建立起针对该产品的团购主题,召集一些具有相同购买意向的人加入,共同购买,形成一定的规模效应,从而增加消费者与企业谈判的筹码,最终达到以团体的优势获得较为优惠的购买价格的目的。自发团购是网络团购的最初产生形态,具有以下特征。

(1) 发起人自己参与购买,有较高的购买分辨能力和价格谈判能力,并且愿意为团体争取更好的价格而付诸行动。

(2) 发起人与其他团购网友是同一利益整体,在发生团购纠纷时,发起人会坚决站在消费者一边,维护参与者的利益。自发团购由于发起人的局限,也存在着以下缺陷致使其未能在网上广泛流行。

① 非规范性。发起人为一般消费者。团购运作不规范,团购会员所需遵守的规范没有约束力。

② 偶然性。未能形成具有持久性的网络团购团体。购买对象及产品由发起人主观确定,交易完成后项目撤销。另外,自发团购组织中会员加入与退出网络团购团体的随意性大,难以保障团购目标的实现。

2. 第三方网络商业团购模式

由于消费者自发组织的松散性,因此现在的团购活动一般由第三方或销售方组织与管理。目前主要是网络商业团购模式。网络商业团购一般由专业的商业网站提供第三方服务平台,也称团购中介,一方面根据网站自身业务现状和目标市场需求设置团购主题,采用会员制的方式吸收参与团购的消费者；另一方面利用大量需求的优势与厂商协商产品价格，最后形成比较规范的团购流程。这种模式具有对团购商品或服务的专业性及其操作流程的规范性，相比消费者自发组织的团购有更好的质量与服务保障。这种团购模式具体来说，也就是团购组织者通过专业网站，为团购成员和特约商家"牵线搭桥"，将产品信息如型号、团购价格折扣等放在网络上，消费者达成一定规模后，与商家联系完成交易。团购网站则负责对商家诚信进行有效监督，并接受消费者实时投诉、维护网站数据库、审批新加盟商家和二级城市站点等。

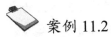

团购网站：拉手网

拉手网是全球首家 Groupon 与 Foursquare（团购+签到）相结合的团购网站，于 2010 年 3 月 18 日成立，是中国内地最大的团购网站之一，开通服务城市超过 400 座，2010 年交易额接近 10 亿元。拉手网每天推出一款超低价精品团购，使参加团购的用户以极具诱惑力的折扣价格享受优质服务。通过线上营销整合线下消费的模式，为各类商家提供精准营销的解决方案，为海量用户提供优惠优质的消费体验。拉手网秉承"诚信、服务、创新"的企业价值观：以诚信运营带动行业发展，以优质服务完善消费体验，以创新精神提升企业效能，积极履行企业责任和社会责任，与众多合作伙伴共享商业价值。同时，拉手网倾力保障消费者的权益，在多个重点城市开通 12315 绿色通道，率先构建"团购三包"等服务体系，深受各级政府与机构的赞誉，赢得千万消费者的口碑与认可。拉手网奉行"本地服务、精细管理、优化产品、提高效能"的战略，现有网络用户和移动用户近 5000 万，合作商户约计 5 万家。作为领军企业，拉手网一直引领行业进步与发展，现已成为中国知名的互联网企业之一。拉手网每天推出多单精品消费，包括餐厅、酒吧、KTV、SPA、美发店、瑜伽馆等精选特色商家，凑够最低团购人数即可享有超级折扣。

(资料来源：拉手网，有删减)

3. 厂商组织团购模式

网络团购电子商务模式的成功运作，吸引了众多生产厂商的眼光，使得网络团购模式进一步发生变化，商家变被动为主动，开始自行发动组织各种各样的团购活动，以低价作为促销的原则，深受消费者欢迎。在网络营销团购模式中，厂商取得网络团购的主动权，即作为网络团购的发起方组织自身产品的团购，将网络团购纳入自身网络营销体系从而形成网络营销团购模式。通过这一模式，厂商可以较好控制团购的价格、规模，灵活地采用多种方式从而平衡多方利益。

网络团购电子商务模式：拼多多

拼多多隶属于上海寻梦信息技术有限公司，创立于 2015 年 9 月，是一家致力于为最广大用户提供物有所值的商品和有趣互动购物体验的"新电子商务"平台。拼多多通过创新的商业模式和技术应用，对现有商品流通环节进行重构，持续降低社会资源的损耗，为用户创造价值的同时，有效推动了农业和制造业的发展。创立3年，拼多多平台已会聚4.433亿年度活跃买家和360多万活跃商户，平台年交易额超过5574亿元，迅速发展成为中国第二大电商平台。2018年7月，拼多多在美国纳斯达克证券交易所正式挂牌上市。

拼多多始终将消费者需求放在首位，致力于为最广大用户创造价值，让"多实惠，多乐趣"成为消费主流。创立至今，拼多多通过C2M模式对传统供应链进行极致压缩，为消费者提供公平且最具性价比的选择。通过去中心化的流量分发机制，拼多多大幅降低传统电商的流量成本，并让利于供需两端。基于平台大数据，拼多多根据消费者喜好与需求，帮助工厂实现定制化生产，持续降低采购、生产、物流成本，让"低价高质"商品成为平台主流。2018年，拼多多移动平台完成111亿笔订单。新电商模式所释放的潜力，也为拉动中国内需、推动最广大区域消费升级做出了巨大贡献。目前，拼多多平台的商品已覆盖快消、3C、家电、生鲜、家居家装等多个品类，并以持续增长的速度，满足消费者日益多元化的需求。拼多多将创新的电商模式与精准扶贫紧密结合，为推动农产品大规模上行提供了有效途径。平台的"拼购"模式能够迅速裂变并聚集消费需求，实现大规模、多对多匹配，将农产品直接从田间送到消费者手中，令中国农业生产与需求离散化的劣势转变为优势。基于"最初一公里"直连"最后一公里"的产销模式，拼多多全力培育具备网络营销能力的"新农人"，努力实现应急扶贫与长效造血的融合发展。

截至2018年年底，拼多多已累计带动62000余名新农人返乡，平台及新农人直连的农业生产者超过700万人。通过精简农产品供应链，拼多多持续提升留存价值链的附加值，推动生产要素尤其是人才要素实现优化配置，有效激发覆盖产区的内生动力，带动产业下沉。2018年，拼多多平台农产品及农副产品订单总额达653亿元，较2017年的196亿元同比增长233%，成为中国最大的农产品上行平台之一。其中，平台注册地址为国家级贫困县的商户数量超过14万家，年订单总额达162亿元。拼多多立足中国，与中小企业共同成长。平台"拼购"少SKU、高订单量、短爆发的模式，不仅能迅速消化工厂产能，还帮助生产厂商通过"现象级"爆款迅速赢得消费者的信任，树立品牌形象。拼多多通过提供免费流量，大幅降低生产商的营销成本，平台还持续向有志于打造自主品牌的生产商倾斜资源，助力其转型升级。创立至今，拼多多平台已催生近千家工厂品牌，并通过C2M模式持续推动多个产业集群的供给侧改革。2017年，拼多多在长三角的19个产业带中，共计扶持18万商家，帮助大量工厂摆脱代工地位，以最低成本实现品牌化。2018年12月，拼多多推出聚焦中国中小微制造企业成长的"新品牌计划"，将扶持1000家覆盖各行业的品牌工厂，帮助他们有效触达4.433亿消费者，以最低成本培育品牌。登陆纳斯达克之后，拼多多正致力于引领平台入驻品牌走向国际，为培育中国品牌、推动中国品牌得到国际认可做出更多贡献。

(资料来源：拼多多，有删减)

三、导购型社交电子商务模式

国内电商导购行业正在经历几大较为明显的行业升级：一是行业整体从之前的价格型平台占主导，逐渐转变为更加强调内容功能的植入；二是部分处于行业领先地位的平台，平台模式已经在朝着多元化方向发展，互联网金融理财、海淘等业务成新拓展方向，助推了电商导购产业链的延长和深化；三是基于手机购物市场规模的扩大和人均收入的提高，电商导购市场迎来了更为积极乐观的消费环境，市场规模也在消费需求发展中不断扩大。

电商发展普遍面临的最大问题是流量获取的成本提高，而电商导购作为有效的导流入口，具有较大的市场需求，但其行业发展同样面临诸多挑战：首先，对电商大平台的依赖，尤其是对阿里、亚马逊、京东等；其次，因大数据基础量级局限，目前电商导购平台在实现广告的精准投放上缺乏有力支撑，粗放型广告投放方式在激烈的竞争中将越来越难以吸引客户实现转化；最后，随着线上流量红利逐渐见底，电商导购平台挖掘潜在客户成本将越来越高。

电商导购平台的主要形式有搜索比价类、社区类、返利类。搜索比价类的典型代表是一淘网、惠惠网，社区类的典型代表是蘑菇街、美丽说、爱图购等，返利类的典型代表是51返利、米折、淘粉吧等。搜索比价类是解决消费者对价格的敏感问题，是消费者较强需求能力的表现。但真正高效率的导购，首要的工作就是确保导购凭条成为消费者购物的第一入口。社区类导购平台是为了解决商业信息过剩的问题。面对复杂的商品信息，消费者如何获取针对自身购买需求的有价值的信息，是社区类导购平台得以生存的前提。以淘宝为例，淘宝电商平台中的产品千差万别，特别是服装有6000多种款式，这就需要平台或店铺帮助消费者识别有价值的信息，最终通过筛选的方式精准定位产品。返利类电商导购针对消费者求廉的心态，以相关利益返还的形式向消费者推荐产品。该类导购型电商的返利时间不宜过长，应在消费者的心理期待期限范围内及时进行返利。另据最新数据显示，74.7%的用户了解过导购电商平台线下返利活动，其中有91.9%的用户参与过线下返利活动，并有高达94.7%的用户表示会再次参与。2018年"618"年中购物节期间，53.9%的导购电商平台用户参与了"618"抢现金红包活动，47.7%的用户领取了优惠券。现金红包直接抵扣的方式更受导购电商平台用户追捧，随着移动支付的全面普及，价格类导购电商应加强与在线支付开发者的合作，为消费者提供更好的付费体验。

2018年中国电商导购用户规模已达3.03亿人，预计2019年的用户规模将达到3.45亿人。随着导购电商平台的不断成熟以及消费升级，消费者对于导购电商平台的需求会更加多元化，更精细化的运营以及打造属于平台特色的核心竞争力将会是导购电商平台未来发展的方向。据统计，超过一半(51.7%)的网民了解过导购电商平台，导购电商平台发展已较为成熟，消费者对于导购电商的认知度和使用度均达到了较高水平。57.8%的用户倾向于通过短视频链接导购电商平台购买商品，42.8%的用户更加关注视频网站贴片广告链接。"导购电商+短视频"的消费模式迎合当前消费者所追求的高效购物体验需求。随着导购电商与实体行业进行线上线下的业务合作，可以利用线上的流量优势盘活实体行业，同时也为导购平台自身引入新流量。线下用户复购率高，用户黏性强，整合线上线下的生态流量为二者搭建一个双向通道，有利于形成更大的用户规模。

导购型电子商务：蘑菇街

随着社交媒体的迅猛发展，国内消费者对时尚的理解正逐渐形成一个新的逻辑，比起产品本身，年青一代更渴望情绪诉求和身份认同上的满足。因此，当阿里巴巴与京东两大巨头不断争抢奢侈品牌的高地时，在蘑菇街创始人、CEO陈琪眼中，长期散落在中国300

多个大大小小城市中的时尚博主和无数个正在崛起的迷你品牌才是真正的中国时尚金矿。作为一个"80后",陈琪执掌的蘑菇街以在线的"时尚目的地"为定位,旗下品牌包括蘑菇街、美丽说和uni等产品与服务,该公司正通过直播这一"快、准、狠"的细分渠道加速深耕年轻人的时尚市场。据公开数据显示,蘑菇街平台上活跃着接近5万名时尚达人和18000多名主播,并通过形式多样的时尚内容、种类丰富的时尚商品,让人们在分享和发现流行趋势的同时,尽情享受优质的购物体验。作为核心业务,蘑菇街经过一系列的资源重组和转型后已形成一个稳定的"时尚 KOL—消费者—品牌商"三边关系,即对外向用户输送时尚资讯,对内整合KOL与供应链、品牌商等资源,从而形成一个循环,持续地运转。陈琪表示,在这样的循环中,蘑菇街不需要通过合同来锁定任何一方,而是通过互利共赢来维护整个关系的稳健发展,是一个完整的体系,这正是蘑菇街的竞争优势所在。在持续稳定的循环关系中,蘑菇街正向着最新、最全的时尚平台,一个真正意义上的"时尚目的地"不断靠拢。

思考:
1. 结合案例,陈琪在执掌蘑菇街期间,运用了哪些社交媒体特质?
2. 蘑菇街作为社区类电商导购平台的典型代表,与比价类、返利类的电商导购平台的区别在哪里?

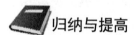 归纳与提高

社交媒体是一种基于互联网技术尤其是移动互联网技术发展起来的以实现社交目的并分享社交内容为主要特征的新型媒体形式,人数众多、内容自生产和自发传播是构成社交媒体的三大要素。社交媒体及视频等正在改变内容的生产、传播及互动方式,受众从被动接受变为主动传播,甚至参与内容的生产。媒介进入变革时代,内容生产仍然是社交媒体的核心竞争力,优质的内容产品体现了传媒优良的价值观和责任,社交型电子商务正是借助传播有价值的内容而实现电子商务的目的,产品、服务等融入内容生产,在内容传播的同时进行推广与销售。

社交电子商务与其购物行为的息息相关主要体现在购物前对店铺和产品进行选择、购物中实现与卖家交流互动和购物后消费者形成的消费评价及购物分享,因此社交电子商务提供更加高效、个性化的服务,提高电子商务服务水平。相对于传统电子商务的"广泛撒网,重点培养"模式,社交电子商务的吸引粉丝并裂变模式更容易实现高转化率,其运营维度从仅仅的"流量思维"转变成了"粉丝思维",因为并不是流量高,卖的货就多,而是顾客质量高,需求意向明显,卖的货才多。社交电子商务的消费者通常黏着度和质量更高,"粉丝经济""社群经济"是社交电子商务高转化率实现的保障。

 习题

一、选择题

1. 直到( ),随着计算机和互联网的发展,社交媒体才得到广泛的发展。
   A. 20世纪80年代　　　　　　　　B. 20世纪90年代

C. 20世纪70年代 D. 20世纪60年代
2. 传统的社会大众媒体，包含( )。
   A. 新闻报纸 B. 广播 C. 电视 D. 电影
3. 下列不属于社交媒体特征的是( )。
   A. 高效性 B. 关系性 C. 融合性 D. 分享性
4. 社交电子商务的特征有( )。
   A. 引导消费特征 B. 商品化特征
   C. 社交化特征 D. 多级获益的特征
5. 社交电子商务的优势有( )。
   A. 成本更低 B. 高转化率 C. 高用户体验 D. 以人为本
6. 团购型社交电子商务模式有( )。
   A. 消费者自发组织的网络团购管理模式
   B. 第三方网络商业团购模式
   C. 厂商组织团购模式
   D. 自发组织团购模式

二、复习思考题

1. 简述社交媒体的发展历程。
2. 举例说明社交电子商务的基本特征。
3. 举例分析社交电子商务的应用模式。

三、技能实训题

1. 针对不同类型的电子商务应用模式，通过网络检索有关案例。
2. 梳理中国社交媒体的类型及代表性案例。
3. 分析社交电子商务的局限性。

第十二章　跨境电子商务

> **学习要点及目标**

了解跨境电子商务的概念、功能、分类；结合案例了解跨境电子商务平台的模式及其主要特点；理解跨境电商交易模式；了解主流跨境电子商务平台的运作方式；熟悉不同类型跨境电商物流的工作过程；对跨境电子商务物流的分类有清晰的认知，并能进行有效区分；了解跨境电子商务支付的有关内容。

> **引例**

跨境电子商务：洋码头

洋码头成立于 2010 年，是中国海外购物平台的领军者。作为一站式海外购物平台，洋码头专注于连接全球零售市场与中国本土消费，致力于将世界各地优质丰富的商品以及潮流的生活方式和文化理念同步给中国消费者。通过海外买手商家实时直播的海外购物场景，以及跨境直邮快速、安全的运输，同时为消费者提供正品保障、假一赔十的服务，为消费者解除后顾之忧，让每一个中国消费者足不出户，即可安心享受海外原汁原味的正品和服务。2016 年年初，在跨境"4·8"税改政策落地之际，洋码头凭借多年累积的国际物流经验，率先与海关系统快速对接实现"三单对碰"，为不断提升物流效率奠定坚实基础。截至 2017 年第三季度，洋码头用户数达 4800 万，认证买手商家超过 6 万名，覆盖全球六大洲，分布于美国、英国、日本、韩国、澳洲、新西兰等 83 个国家，每日可供购买的商品数量超过 80 万件，以满足国人日益多元化、个性化的海外购物需求。

1. 创立买手商家模式

洋码头是业内创新性创立买手商家制的电商平台，通过买手商家模式建立碎片化的弹性全球供应链，用扫货直播的方式，为国内消费者提供全球值得买的好商品。一直以来，洋码头不断夯实买手商家制模式，突显平台差异化特征，同时注重赋能买手商家，定期提供各项培训，并不断完善服务制度，进一步服务好消费者。

2. 大数据监管，海外正品保障

洋码头一直对商品假货零容忍。源头上，通过线上线下、多部门联合监督，不断完善提升买手商家入驻门槛和审核机制，还引入供应链、运营、客服、市场四大部门共同审核，且身处海外的买手也将接受当地国家法律监管，同时定期组织海外团队实地回访，核查相关资质，保证消费者购买的商品均为海外正品；物流上，洋码头持续投入重金自建官方物流贝海国际，布局全球服务网络，同时合法合规清关，全程状态实时查询，杜绝"第三只手"拆包；技术上，利用大数据监管体系，综合千万交易数据与海量用户反馈，严格甄选出海外正品好货，更上线"码头优选"优中选优，帮助消费者购物决策。

3. 包邮包税，省心省力

洋码头让利消费者，所购商品全部包邮包税，不为烦琐流程困扰，消除购买顾虑。

4. 官方直邮，保障体验

洋码头是跨境行业中率先自建国际物流的跨境电商平台之一，借助旗下官方物流贝海国际，与海关全面对接入境包裹信息，大大提高了清关效率，并通过在线查询运输状态实现"海外正品"溯源，保证运送过程完全封闭，避免拆包调包，形成了业内难以效仿的核心竞争力。这也使得洋码头在2016年税改新政落地后，在国内跨境电商平台竞争中保持了先决优势。2016年"黑五"之际，从11月18日消费者在洋码头下单，仅17小时就从美国海外直邮到清关完成，下单到收货不到5天，再次刷新了海外购物物流时效体验。洋码头还上线"一慢就赔"，确保用户能在承诺时效内收到所购海外商品。

5. 本土中文服务，客服"零时差"

洋码头为用户提供专属"洋管家"服务，随时待命应对世界各地语言与时差差异，及时用中文解答消费者购物、退换货等各类咨询，实现"客服零时差"。在业内自创"本土退货"，建立国内退货仓，保障消费者的完整服务体验，同时针对用户与买手商家产生的交易纠纷，实行先行赔付，进一步保障消费者的权益。第三方咨询机构艾媒相关数据显示，洋码头成为中国手机海淘用户满意度较高的独立型平台。

6. 引"黑色星期五"进中国

黑色星期五是起源于西方的促销购物节，人们在这一天会疯狂地抢购。洋码头将"黑色星期五"原汁原味引入中国，彻底激发了中国消费者的海外购物热情。最新数据显示，2016年"黑五"之际，交易额同比增长6倍，"黑五"开始10分钟内交易额就已突破6000万元。

(资料来源：洋码头官方网站，有删节)

必备知识点

跨境电商的内涵与特征　跨境电子商务发展过程　跨境电子商务的平台模式及主要特点　跨境电子商务物流

拓展知识点

跨境电子商务未来发展趋势　跨境电子商务新的平台模式　跨境电子商务通关

第一节　跨境电子商务概述

互联网全球普及至今不到20年时间，全球市场发生巨大变化，网络虚拟市场已经把人类带入了新的经济发展阶段。电子商务伴随网络信息技术异军突起，它与国际贸易结合后得到广泛应用，形成的新型交易模式，给传统的国际贸易方式带来了极大的冲击，推动了国际贸易向无纸化方向发展。跨境电子商务因其特有的优势，正以惊人的速度发展，如今已成为国际贸易不可逆转的新方式。

一、跨境电子商务的概念

跨境电子商务是指分属不同境内的交易主体，通过电子商务平台达成交易、进行支付结算，并通过跨境物流送达商品、完成交易的一种国际商业活动。从某种意义上来说，跨境电子商务既是一种商业模式也是一种通关模式，相较于邮政的个人物品通关、一般贸易进出口通关，跨境电子商务即是跨境电商通关。

跨境电子商务的本质是电子商务在进出口贸易领域的运用，是国际贸易流程的电子化、数字化、网络化，在单一窗口跨境电子商务服务平台上(包括海关、检验检疫、税务、外汇等功能)，依靠互联网和国际物流，直接对接终端，满足客户需求。跨境电子商务将电子商务与跨境贸易相融合，冲破了国家间的障碍，使国际贸易走向无国界化，正在引起全球经济的巨大变革。同时，由于门槛低、环节少、成本低等方面的优势，跨境电子商务已在全球范围内蓬勃发展。跨境电子商务，简称跨境电商，其概念有狭义和广义之分。

从狭义上看，跨境电商实际上基本等同于跨境零售。跨境零售指的是分属于不同关境的交易主体，借助计算机网络达成交易、进行支付结算，并采用快件、小包等行邮的方式通过跨境物流将商品送达消费者手中的交易过程。国际上对跨境电商的流行叫法：Cross-border E-commerce，其实指的就是跨境零售。从严格意义上说，随着跨境电商的发展，跨境零售消费者中也会含有一部分碎片化小额买卖的 B 类商家用户，但现实中这类小商家(B)和个人消费者(C)很难区分，也很难界定小商家(B)和个人消费者(C)之间的严格界限，所以，从总体来讲，这部分针对小企业(B)的销售也归属于跨境零售部分。

从广义上看，跨境电商是指分属不同关境的交易主体，通过电子商务的手段将传统进出口贸易中的展示、洽谈和成交环节电子化，并通过跨境物流送达商品、完成交易的一种国际商业活动。从更广意义上看，跨境电商指电子商务在进出口贸易中的应用，是传统国际贸易商务流程的电子化、数字化和网络化。它涉及许多方面的活动，包括货物的电子贸易、在线数据传递、电子资金划拨、电子货运单证等内容。

我国跨境电子商务主要分为企业对企业(即 B2B)和企业对消费者(即 B2C)的贸易模式。B2B 模式下，企业运用电子商务以广告和信息发布为主，成交和通关流程基本在线下完成，本质上仍属传统贸易，已纳入海关一般贸易统计。B2C 模式下，我国企业直接面对国外消费者，以销售个人消费品为主，物流方面主要采用航空小包、邮寄、快递等方式，其报关主体是邮政或快递公司，目前大多未纳入海关登记。按照进出境货物流向，跨境电子商务可分为跨境电子商务出口和跨境电子商务进口。

 小资料

跨境电子商务概貌

每天凌晨 4 点，新西兰牧场刚刚挤好的鲜牛奶在迅速完成杀菌、罐装、检验后，搭乘直达航班奔赴上海浦东国际机场，然后上架天猫国际，"锁鲜到家"仅需 72 小时。这样的事情对于国内的消费者来说已不是一件新鲜事了。

跨境进口电子商务是通过电子商务购买国外商品的一种贸易形式，通俗来讲也就是海淘。近年来，我们身边的海淘发生了翻天覆地的变化：产品品类经历了从电子产品、化妆品等各种标准品到生鲜产品的变化；海淘行为也从最初的代购，到如今消费者可以通过天猫、京东、唯品会、聚美等各种平台直接从国外购买产品，甚至体验店试用、线上平台购买的方式。2018年，各大平台力推的"区块链"技术，更是为这些跨境商品打上"身份证"，使得消费者通过手机就可以了解跨境产品从生产、运输到销售的各种信息，从根源上避免了"假货"的出现。在商业领域，国内的出口商正在尝试通过电子商务方式开展出口贸易，即跨境出口电子商务，借助阿里速卖通、亚马逊、eBay等国际性的大平台，将他们的商品销售到全球各个角落。

据商务部的数据显示，到2017年12月，中国各类跨境平台企业已超过5000家，通过平台开展跨境电商的外贸企业逾20万家。根据中国电子商务研究中心的数据监测，2017年中国跨境电商出口交易额336.5亿元，增长41.3%，跨境商品远销美国、欧盟、东盟、日本、俄罗斯、巴西、印度、东南亚、非洲等国家和地区，其中美国和欧盟为主要市场，占比超过30%。可以说，跨境电子商务在短短5年之内经历了各种各样的淬炼，实现了现在的稳定飞速发展。根据艾瑞咨询提供的数据，2018年跨境电商整体交易规模(含零售及B2B)有望增至9万亿元。

(资料来源：杭州网，有删节)

二、跨境电子商务的特点

跨境电子商务融合了国际贸易和电子商务两方面的特征，具有更大的复杂性，跨境电子商务是基于网络发展起来的，网络空间相对于物理空间来说是一个新空间，是一个由网址和密码组成的虚拟但客观存在的世界。网络空间独特的价值标准和行为模式深刻地影响着跨境电子商务，使其不同于传统的交易方式而呈现出自己的特点，主要表现在以下方面。

(1) 多边化，即跨境电商贸易不再局限于双边之间的双边贸易，而是向网状结构拓展，将贸易过程中涉及的信息流、资金流、物流向多边演进。例如，俄罗斯的居民可以通过美国的跨境电子商务交易平台、中国的支付结算平台、新加坡的物流平台，来实现同其他国家间的直接贸易。

(2) 直接化，是指跨境电商企业可以通过跨境电子商务交易平台和服务平台，绕过中间商，缩短交易环节，来实现企业与最终消费者之间的直接交易，能够降低企业成本，提高电商企业效率。

(3) 小批量，是指跨境电子商务的应用能够实现单个企业之间或单个企业与单个消费者之间的交易，因此跨境电子商务贸易单笔订单大多是小批量且金额也较小，一般不超过2万美金，订单往往集中在消费品行业。

(4) 高频度，是指相比于传统贸易，跨境电商贸易的交易频率大幅度提高。通过小批量、高频度的采购，能够缓解企业的资金链压力、降低资金风险。

(5) 高效性，从整个交易流程的速度来看，传统的国际贸易主要由一国的进出口商通过另一国的进出口商集中进出口大批量货物，再通过境内流通企业经过多级分销，最后到达企业或是消费者，表现出环节多、时间长、成本高的特点；而跨境电子商务可以通过电子商务交易与服务平台，实现多国企业之间、企业与最终消费者之间的直接交易，环节少、成本低，提高了国际贸易的效率，表现出高效性的特点。

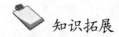 知识拓展

跨境电子商务的发展见右侧二维码。

第二节 跨境电子商务模式

一、跨境电子商务模式概述

跨境电子商务的模式按不同的标准可以分为很多类别，如可以从运营、平台、交易、交易方向、交易规模等方面进行划分。例如，我国跨境电商的运营模式，包括第三方服务平台模式、小宗 B2B 或 C2C 模式、大宗 B2B 模式、独立 C2C 模式等。按贸易方向，跨境电商模式可以分为跨境电商进口模式和跨境电商出口模式：跨境电子商务出口模式主要有外贸企业间的电子商务交易（B2B）、外贸企业对个人零售电子商务（B2C）与外贸个人对个人网络零售业务（C2C），并以外贸 B2B 和 B2C 为主；进口模式以 B2C 以及海外代购模式为主。近年来，跨境电子商务进口的服务链条基本成型，拉近了我国消费者与海外品牌之间的距离。代表性企业有进口中国网、符迈进口网、走秀网、唯品会、淘宝全球购等。外贸出口的跨境电子商务分为如下几种运营方式：①借助本土外贸电子商务平台。其价值链形态为：出口商品的供应商——跨境电子商务平台——境外消费者。在这种模式中，平台搭建 IT 架构，将自己打造成运营中心，聚集供应商和消费者，形成规模效应，负责营销推广，产品由供应商上传和供货；②借助国外知名电子商务平台。出口企业注册成为全球著名电子商务平台的会员，直接向海外消费者推广产品；③寻求国外网店代购分销商品；④外贸企业自建跨境电子商务系统直接面向海外市场。

按贸易规模，跨境电商模式可以分为跨境电商批发模式和跨境电商零售模式。跨境电商批发模式的批量大、批次少、交易比较稳定；跨境电商零售模式的批量小、批次多、交易具有更多的随机性和即时性。跨境电商零售模式可细分为两类：一类是电商企业建立独立的外贸 B2C 网站，如兰亭集势、易宝（DX）、唯品会等；另一类是电商企业入驻第三方外贸交易服务平台，如在阿里速卖通、敦煌网、亿贝（eBay）、亚马逊（Amazon）等平台上销售商品。

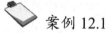 案例 12.1

在线 B2C 跨境电商公司：兰亭集势

兰亭集势（LightInTheBox，简称兰亭）是以技术驱动、大数据为贯穿点，整合供应链生态圈服务的在线 B2C 跨境电商公司。兰亭集势成立于 2007 年，注册资金 300 万美元，总部设在北京，在北京、上海、深圳、苏州、成都、中国香港等设有分公司。2013 年 6 月 6 日，兰亭集势在美国纽交所挂牌上市，交易代码为"LITB"，成为中国跨境电商第一股。兰亭集势业务涵盖兰亭主站、兰亭 MINI 站、兰亭全球买家平台、兰亭智通、鲁智深云 ERP 软件平台、移动端互联网购物 APP、共享海外仓业务等。

兰亭集势在全球所有网站中排名 1624（Alexa 排名 1833，2013 年 11 月数据），网站用户

来自200多个国家，日均国外客户访问量超过100万，访问页面超过200万个。网站已经拥有来自世界各地的注册客户数千万人，累计发货目的地国家多达200个，遍布北美洲、亚洲、西欧、中东、南美洲和非洲。公司也因此荣获Paypal "2008年度最佳创新公司奖"等殊荣。招股书显示，兰亭集势2012年净营收为2亿美元，净亏损达到233万美元。

(资料来源：百度百科，有删减)

按税收标准，跨境电商模式可以分为普通跨境电商模式和保税跨境电商模式。保税跨境电商主要针对特定的热销日常消费品向国内消费者开展零售业务，热销的境外消费品以货物方式申报进口，进入保税区进行保税仓储，消费者在网上下单，消费品分批以个人物品方式申报出口，办理申报并缴纳行邮税(行邮税是海关对入境旅客行李物品和个人邮递物品征收的进口税)。各大境外的合作品牌商在保税区内设立保税仓库、保税展示基地，便于品牌商进行物流调配，在这里培育物流中心和运营中心。货物在保税区仓库存量充裕，先出区后报关，减少企业资金压力，对于客户的退换货服务响应更为及时，未出区的货物可以直接退回海外，免征关税。保税区作为全国跨境商品的集散中心和物流节点，利用国内便捷的快递服务，送货时间将缩短到一周以内，而且商品经过海关检验检疫等部门监管，保障了商品的质量，并且货物在发货前都加贴有溯源防伪二维码，消费者在收到货物后扫描二维码，即可了解到该商品的信息，以鉴定商品真伪。

此外还有一种概念常被提及，即"小额跨境电子商务"或称"在线小额外贸"，是指不同国别或地区间的交易双方通过互联网及其相关信息平台实现不需报关、不缴付关税的交易，实际上就是传统小额国际贸易基于网络化、电子化的新型贸易方式，就是中国小型卖家通过第三方电子商务平台，直接与海外小型买家进行在线交易。将"小额跨境电子商务"定义为：以小微企业或者个人为发货人，以小包裹、个人邮件等形式为物流方式，以个人结汇或者第三方支付平台为账款回收方式，以电子商务网站为营销方式的快速灵活的小型外贸交易。小额跨境电子商务兴起于2008年的金融危机之后，受到全球经济增速减缓的影响，国内很多生产型的中小企业面临严重冲击。

二、跨境电子商务平台模式

随着跨境电商的发展，它的运营模式正发生着变化，平台的选择也逐渐多了起来，让更多的商家有了选择的余地，可以根据自己的需要以及实际情况来选择不同的经营模式和平台。目前，跨境电商共分为5大平台模式：代购、直发、自营、导购以及闪购。

(一)海外代购模式

海外代购模式走的是C2C平台的路线，海外代购平台的运营模式是通过吸引第三方卖家入驻来收取一定的费用，以此获得利润。这些卖家必须是具备海外采购能力或跨境贸易能力的商家或个人，当采集一定数量的订单之后，再将商品集中转运或邮寄回国内。微电商的出现，让海外代购模式又出现了另一种形式——朋友圈海外代购。这种模式是存在于熟人之间的一种交易模式，通过熟人介绍顾客，再让自己在海外的亲朋好友购买他们需要的商品邮寄回国内，这种模式非常简单有效，但是也不乏出现行骗的行为。

(二)直发平台模式

直发平台模式又被称为直运平台模式,是一种 B2C 模式,平台将接收到的订单信息发给海外的商家,然后商家将商品直接发给顾客,天猫国际商城采取的就是这种经营模式。此种跨境电商的盈利模式即低价进购高价售出,它的完成需要有完整的供应链,一旦拥有这个条件,对后续发展有着积极的影响。与之相对应的缺点就是,前期需要投入的资金多,这对于企业来讲是一个不小的挑战。

(三)自营 B2C 模式

自营 B2C 模式的发展渐趋成熟,由当初 1 号店自营全品类商品一统天下的局面,正在逐渐发生变化,如背后由大润发商城支撑的飞牛网,已开始自营跨境 B2C 的平台模式。这种模式的供应链管理能力较强,能够对供应商进行全面的管理,跨境物流也较为完善。另外,自营 B2C 模式也不一定都是经营全品类的商品,也会经营一些特定范畴的商品,如蜜芽宝贝就是专门做母婴产品的 B2C 平台。

(四)导购平台模式

导购平台模式又被称为返利平台模式,通过引流来实现商品的交易,平台从中赚取利益差。例如,某平台将自己的页面与海外 B2C 平台的销售页进行对接,在发生交易之后,B2C 平台会给予该平台一定比例的返点,导购平台为了吸引更多顾客前来购买商品,也会拿出少量返点回馈给消费者。

(五)海外商品闪购模式

这种跨境电商模式非常独特,国内目前采取这种模式的电商平台有聚美优品和唯品会,是一种第三方的 B2C 模式,其供应链环境较为复杂,让很多商家不敢大展身手,纷纷停留在试水阶段。这种模式一旦确立了其行业地位,对于日后的发展将大有裨益,流量和货源都将较为集中。但是,它对前期工作的要求都较高,如物流、货源、转化率问题等,任何一个环节出现问题都会导致其失败。

三、跨境电子商务交易模式

跨境 B2B 模式,指的是企业之间的跨境电子商务模式,B 是广义的企业概念,这是指外贸企业,也可以是生产企业,即传统外贸企业从线下向线上拓展,传统生产企业通过跨境电商进军国际贸易。其中,以阿里巴巴国际站为代表,提供线上平台和线下交易相结合的服务,帮助中国中小企业拓展海外市场。跨境 B2C 模式,指的是外贸企业或生产企业绕开外国进口商、批发商和零售商,把产品直接销售给国外消费者。代表企业有阿里速卖通,它在全球在线零售渠道和中国供应商之间构建信息流、物流、资金流的服务通道。跨境 C2C 模式,指的是国外消费者通过跨境电商平台下单和支付,国内创业者根据订单要求采购商品,通过小包快递或直邮的方式销售给国外消费者,主要代表是个人在 eBay 等平台上开设网店。表 12.1 为跨境电商交易模式的比较。

第十二章 跨境电子商务

表 12.1 跨境电商交易模式比较

模式/类型	主要业务	现金流	盈利模式	盈利能力
B2B	企业为企业提供产品或服务	周期性特征、规律性特征，受宏观经济、金融环境影响较大，竞争稳定	批量产品或服务的差价、产业链延伸费用等	盈利规模大、抗风险能力强，利润水平低
B2C	企业为消费者提供产品或服务，以零售业为主	相对稳定、消费者忠诚度高、受营销推广影响较大，重复消费较高，竞争激烈	产品或服务的销售费用、增值服务费、售后服务费用等	盈利规模适中，抗风险能力相对强，利润水平居中
C2C	消费者为消费者提供产品或服务，以零售业为主	稳定性差，竞争力较弱，现金流会有波动，同行竞争激烈	以产品或服务的销售费用为主	盈利规模小，抗风险能力弱，利润水平高

 知识拓展

主流跨境电子商务平台简介见右侧二维码。

第三节 跨境电子商务物流

一、跨境电子商务物流概述

在跨境电子商务运作过程中，信息流、商流和资金流均可在虚拟环境下实现，但物流环节却不能在虚拟环境下实现。跨境物流是指在两个或两个以上国家或地区之间进行的物流服务，是物流服务发展到高级阶段的一种表现形式。由于跨境电子商务的交易双方分属不同国家，商品需要从供应方国家通过跨境物流方式实现空间位置转移，在需求方所在国家内实现最后的物流与配送。

跨境电商的迅猛发展，给国际物流业带来了机遇和挑战。对传统商业模式而言，跨境电商对物流配送的实效性、稳定性、安全性要求更高。优化物流渠道的选择，对于跨境电商的主体——中小企业而言至关重要。国际物流运作模式的适应性成为跨境电商运营的瓶颈。目前，服务于跨境电商运作的跨境物流模式包括邮政快递(中国)、国际快递、跨境专线物流、海外仓(边境仓)和国内快递的国际化服务，不同模式分别适用于不同情况，各具优势但都存在运输时间长、丢包率高、运输成本高、揽收范围和覆盖的海外市场有限等问题。

目前，跨境电子商务物流的服务内容主要有以下几种。

(一)代理报关服务

由于进行小额跨境电商贸易的企业多为中小企业或者小微企业，本身没有出口资格，所以只能采取私人包裹或者委托代理报关企业操作。代理报关是指接受进出口货物收发货人的委托代理其办理报关业务的行为。而代理报关又分为直接代理报关和间接代理报关。针对我国小额跨境电商贸易使用的代理报关大多数是经营对外贸易仓储、国际运输及代理等服务的企业，它们一般兼具代理报关的职能，这类企业也就是所谓的代理报关企业。这类企业多是历史沿袭形成，如外运、外代公司，它们只能代理该企业所承揽的涉外的报关业务。物流公司在货物的出口过程中主要经过以下操作步骤。

1. 揽件并选择国际快递

在国内物流快递行业纷纷进行产业升级或者忙于进行价格战争时，一些国际物流公司却凭借着信息的不透明大行其道。这些公司的操作模式其实很简单，通过收取一定区域的国际包裹，分类并针对特定体积、特定质量、特定种类的货物进行拼单，然后根据价格、目的国家等选择国际快递。

2. 货物种类信息操作及货值申报

这是物流公司最主要的信息操作，虽然表面看似简单却关乎货物能否准确及时并且安全地送达客户的手中。这是物流中的灰色地带，以欧洲地区为例，对于电子产品一般会征收关税，如果严格按照真实货值进行报关，很有可能连基本的利润都无法保证，何谈跨境电商的高利润。而海关的规定则是报关的货值必须要高于 600 美金，很多物流公司会根据客户的选择来降低报关货值，当然是在不违反相关规定的前提之下。

3. 排仓以及海关检验

货物在经过信息处理之后，会先到达转口港转口。之所以会选择转口港，与自由港身份有很大关系。自由港是指全部或者大多数外国商品可以免税进口的港口，如中国香港，货物不仅可以在进入港口时免交关税，还可以在港口内进行改装、加工、长期储存和销售等。因此，如果货物是从中国香港出口就不用缴纳大量的出口税。但是在这一过程中，必须要使货物从中国内地进入香港，实际上在这之前货物仍然由第三方物流公司控制。

4. 货物出口以及信息跟进

信息的跟进是物流提供的必要服务，包括快递的选择，第三方物流公司会根据客户价格承受程度来选择采用自己的内部会员号或者普通账号来交货。在货物交付第三方物流公司并整理好货物信息之后，第三方物流公司会提供相应的转运号和所选国家快递的运单号，通过这两个信息可以全程跟踪货物的运输以及清关情况。而第三方物流公司也会在必要时候与网外的代理公司沟通货物信息，确保客户及时反应。

(二)仓储服务

一般第三方物流公司会提供 3 种仓储服务：发货地仓储、转运地仓储和海外仓储。发货地仓储主要针对货物的"凑单"或者保税区的仓储，诸如红酒或者食品需要等待海关检疫检验时间较长，报关手续较为复杂，第三方物流公司会提供自营仓库的保管服务，如红酒在深圳保税区的仓储费用平均为 0.3 元／(千克·天)。转运地仓储一般是第三方物流公司与转运地公司合作或者自营的仓库保管服务。例如，中国香港的观塘等地存在大量仓储中心，负责国外进口或者内地出口货物的仓储，这类仓储除了简单的保管作用以外，还负责以香港公司名义流通货物。例如，由内地转口的货物，先以香港公司采购的名义进入香港，再由香港出口，是这个产业链上最为简单的操作模式，而这个模式的最大好处莫过于避税，在很多情况下，内地公司会注册香港名义的公司并租赁仓库，然后将自身采购的货物以低价出售给香港公司，不产生任何利润，也就不会有税收。

从事贸易行业都会有库存积压的风险，而专注于跨境电商交易的中小企业对这些风险的控制以及承受能力都较低。由于对国外政策和竞争环境的研究不力造成货物积压的案例不计其数。例如，圣诞节前夕，德国汉堡港口加大对于中国货物的检查力度，造成平时一天能够到达的货物两个星期都无法清关。很多商家货物积压，造成很大经济损失。由于专注于跨境电商，国内中小企业很难在短时间内将货物转为内销，库存压力自然不言而喻。第三方物流公司此时会帮助客户渡过难关。由于它们掌握大量的国内外客户信息，所以可以作为一个交易平台使用，从而串联行业内不同客户，这一点从每年年末物流公司不遗余力宣传收货可以看出。虽然利润被削减了大半甚至造成亏损，但是中小企业还是愿意把货物及时出手以减少资金及库存压力。

(三)智能反馈

很多第三方物流公司会定期发布货物统计报表，但是只是内部交流的形式。根据每个月或者每个季度的货物收发统计，第三方物流公司能够很容易地得出以下结果：什么货物最为畅销、哪些国家接收货物最多以及两者的组合，各个国家的政策变化、国内海关对各种类货物的检查力度以及报关清关速度等信息。通过对这些信息进行统计，第三方物流公司实际上已经掌握了整个产业链最为关键的内部信息，通常它们会对内部会员客户提供这类信息，但是很少将这些信息进行销售或者自己利用，因为它们也深知要维护自身商业生态系统的平衡，必须要做到减少对系统的信息干预。

一般来说，自建跨境电商平台模式与企业应用式模式的物流服务大体相同，都需要自己选择物流商，以及管理仓储、物流情况的跟踪，但是两者不同之处在于，自建跨境电商平台模式可以依靠巨大的发货量与国际物流商合作，建立国际物流的国内合作仓储中心，而企业应用跨境电子商务只能处于弱势，只能选择合适的国际物流业务国内代理。综合服务商模式的物流服务最为完整。提供综合服务的跨境电商平台将物流体系的搭建作为其竞争力的重要组成部分，通过建立自己的货物仓储中心，继而与国际物流商合作，帮助客户实现一整套物流流程。而提供服务单一的第三方跨境电商平台没有能够在物流服务上帮助客户创造很大价值，其更大的意义是帮助客户扩散信息。

二、跨境电子商务物流分类

跨境电商物流现主要包括邮政小包、国际快递、跨境专线、国内快递的跨国业务、海外仓储、边境仓、保税区或自贸区物流、集货物流八种方式，分别介绍如下。

(一)邮政小包

邮政小包又叫中国邮政航空小包，是中国邮政开展的一项国际、国内邮政小包业务服务，属于邮政航空小包的范畴，是一项经济实惠的国际快件服务项目，可寄达全球 230 多个国家和地区各个邮政网点。据不完全统计，中国跨境电商出口业务 70%的包裹都是通过邮政系统投递的，其中中国邮政占据约 50%的份额，中国香港邮政、新加坡邮政等也是中国跨境电商卖家常用的物流方式。

(1) 优势：邮政网络基本覆盖全球，比其他任何物流渠道覆盖面都要广，而且由于邮政一般为国营，有国家税收补贴，因此价格便宜。

(2) 劣势：非中国邮政运营的若是以私人包裹方式出境，则不便于海关贸易数据统计，无法享受正常的出口退税，非官方邮政小包递送的速度较慢，一般需要 30～60 天，而且丢包率高。

(二)国际快递

国际快递以全球自建网络以及国际化信息系统为支撑，对包裹运输信息的提供、收集与管理有很高的要求：典型企业包括 UPS、Fedex、DHL、TNT(被称为国际快递四大巨头)，其中 UPS 和 Fedex 总部位于美国，DHL 总部位于德国，TNT 总部位于荷兰。

(1) 优势：速度快、服务好、丢包率低，尤其是发往欧美发达国家非常方便。比如，使用 UPS 从中国寄包裹送到美国，最快可在 48 小时内到达，TNT 发送欧洲一般 3 个工作日到达。

(2) 劣势：价格昂贵且价格资费变化较大，一般跨境电商卖家只有在客户强烈要求时效性的情况下才会使用，且一般由客户支付运费。

(三)跨境专线

跨境专线物流一般是通过航空包舱方式将货物运输到国外，再通过合作公司向国内的目的地进行派送，是目前跨境电商比较受欢迎的一种物流方式。目前，业内使用最普遍的物流专线包括美国专线、欧洲专线、澳洲专线、俄罗斯专线等，也有不少物流公司推出了中东专线、南美专线。典型企业和产品包括 EMS 的"国际 E 邮宅"、中环运的"俄邮宝"和"澳邮宝"、俄速通的 RListon 中俄专线，都属于跨境专线物流推出的特定产品。

(1) 优势：集中大批量货物发往目的地，通过规模效应降低成本，因此，价格比商业快递低，速度比邮政小包快，丢包率也比较低。

(2) 劣势：相比邮政小包来说，运费成本还是高了不少，而且在国内的揽收范围相对有限，覆盖地区有待扩大。

(四)国内快递的跨国业务

随着跨境电商火热程度的上升，国内快递也开始加快国际业务的布局，比如 EMS、顺丰都拓展了跨境物流业务，由于依托邮政渠道，EMS 的国际业务相对成熟，可以直达全球 60 多个国家。顺丰也已开通了到美国、澳大利亚、韩国、日本、新加坡、马来西亚、泰国、越南等国家的快递服务，并启动了中国往俄罗斯的跨境 B2C 服务，典型企业包括 EMS 和顺丰速运。

(1) 优势：速度较快，费用低于四大国际快递巨头，EMS 清关能力强。

(2) 劣势：服务质量及派送时间与四大商业快递相比还有待提升。

表 12.2 所示为不同运输方式特点的比较。

表 12.2　不同运输方式特点比较

物流方式 比较指标	邮政小包 (平邮)	UPS、Fedex、 DHL、TNT	跨境专线	EMS
包裹单件重量	不能超过 2 kg，一票一件	不能超过 70 kg，一票多件	不能超过 30 kg，一票多件	不能超过 30 kg，一票一件
计费方式	首重+续重，以 1 g 为计费单位，无附加费	首重+续重，以 500 g 为单位，收取燃油附加费及偏远地区费	首重+续重，以 500 g 为单位，无附加费	首重+续重，以 500 g 为单位，无附加费
是否希望计算包裹抛重	包裹长宽高之和不能大于 90 cm，不计体积重量	需要计算，不受单边长度限制	需要	包裹单边长度超过 60 cm 时需要计算
包裹清关能力	强	较好	较差	强
包裹退回政策	无须额外交费	相当于从国外重新发货，费用高且需清关	需额外交费	无须额外交费
包裹跟踪信息	不详细	详细	较详细	较为详细
运费价格	最低	高	介于平邮和速递之间	价格低于四大快递
派送速度	慢	快	较快但比快递慢	较快

(五)海外仓储

所谓海外仓储服务是指内外贸交易平台、物流服务商独立或共同为卖家在销售目的地提供的货品仓储、分拣、包装、派送的一站式控制与管理服务。卖家在销售货物前，通过批量运输方式将货物存储于目的国仓库，当产生订单后，在目的国进行货物的分拣、包装以及递送，从而有效缩短货物派送时间及派送费用。海外仓储流程包括头程运输、仓储管理和本地配送三个部分。头程运输是指中国商家通过海运、空运、陆运或者联运将商品运送至海外仓库。仓储管理是指中国商家通过物流信息系统，远程操作海外仓储货物，实时管理库存。本地配送是指海外仓储中心根据订单信息，通过当地邮政或快递将商品配送给客户。

(1) 优势：用廉价运输方式将货物发往海外仓库，从而降低物流成本；相当于销售发生在本土，可提供灵活可靠的退换货，增强了海外客户的购买信心；发货周期缩短，发货速度加快，可降低跨境物流缺陷交易率。此外，海外仓能够帮助卖家拓展销售品类，使"大而重"的商品也能实现跨境销售。

(2) 劣势：销售周期长的商品容易造成亏损。同时，对卖家在供应链管理、库存管控、销售管理等方面提出了更高的要求。

(六) 边境仓

边境仓是指在跨境电子商务目的国的邻国边境内租赁或建设仓库，通过物流将商品预先运达仓库，通过互联网接受顾客订单后，从该仓库进行发货。根据所处地域不同，边境仓可分为绝对边境仓和相对边境仓。绝对边境仓指当跨境电子商务的交易双方所在国家相邻，将仓库设在卖方所在国家与买方所在国家相邻近的城市，如我国对俄罗斯的跨境电子商务交易，在哈尔滨或中俄边境的中方城市设立仓库。相对边境仓指当跨境电子商务的交易双方所在国家不相邻，将仓库设在买方所在国家的相邻国家的边境城市，如我国对巴西的跨境电子商务交易，在与之相邻的阿根廷、巴拉圭、秘鲁等接壤国家的邻近边境城市设立仓库。相对边境仓对买方所在国而言属于边境仓，对卖方所在国而言属于海外仓。海外仓的运营需要成本，商品存在积压风险，送达后的商品很难再退回国内，这些因素推动着边境仓的出现，如对俄罗斯跨境电子商务中，我国在哈尔滨设立的边境仓和临沂中俄海外仓。一些国家的税收政策和政局不稳定、货币贬值、严重的通货膨胀等因素，也会刺激边境仓的出现，如巴西税收政策十分严格，海外仓成本很高，那么可以在其接壤国家的边境设立边境仓，利用南美自由贸易协定推动对巴西的跨境电子商务。

(七) 保税区或自贸区物流

保税区或自由贸易区(以下简称"自贸区")物流，是指先将商品运送到保税区或自贸区仓库，通过互联网获得顾客订单后，通过保税区或自贸区仓库进行分拣、打包等程序后集中运输并进行物流配送的一种物流方式。这种方式具有集货物流和规模化物流的特点，有利于缩短物流时间和降低物流成本。保税区模式是目前最常用的跨境进口电商物流配送模式。保税区的商品暂时不需要向海关缴纳进口关税、增值税、消费税等税收，只有当顾客下单之后，卖家将信息对接清关信息系统，保税区发货处进行配送时才需要缴纳进口税，这可降低企业成本。保税区最显著的特征是通过仓储前置，用位移换时间，然后通过选择更经济的运输方式降低干线运输成本。这是一种提前备货、高效通关，进而通过选择更经济物流完成最后一公里运输的物流运作模式，通过自贸区或保税区仓储，可以有效利用自贸区与保税区的各类政策、综合优势与优惠措施，尤其各保税区和自贸区在物流、通关、商检、收付汇、退税方面的便利，简化跨境电子商务的业务操作，实现促进跨境电子商务交易的目的。

(八) 集货物流

集货物流是指先将商品运输到本地或当地的仓储中心，达到一定数量或形成一定规模后，通过与国际物流公司合作，将商品运到境外买家手中，或者将各地发来的商品先进行聚集，然后再批量配送，或者一些商品类似的跨境电子商务企业建立战略联盟，成立共同的跨境物流运营中心，利用规模优势或优势互补理念，达到降低跨境物流费用的目的。

三、跨境电子商务物流模式的选择

跨境物流一直是制约跨境电商行业发展的关键性因素，面对各式各样的物流方案、物流服务商，跨境电商小企业或个人应选择"适合自己的"物流模式，物流选择需考虑的因素如下。

首先，卖家应清楚货物应符合哪些条件在跨境物流方面不会遇到障碍。适合跨境电商物流配送的商品应满足以下四项条件：

(1) 承运货物为文件、样品、货样广告品等没有商业价值的货物；
(2) 出口报关及目的地进口清关手续简单，不需要发件人提供额外的单证；
(3) 运费报价模式为基价加续重；
(4) 重量低于 100 kg 的货物运输。

其次，应该根据所售产品的特点(尺寸、安全性、通关便利性等)来选择合适物流模式，比如家具类大件产品就不适合走邮政包裹渠道，而更适合海外仓模式。

再次，在淡旺季要灵活使用不同物流方式，如淡季时使用中邮小包可以降低物流成本，在旺季或者大型促销活动时期采用中国香港邮政或者新加坡邮政等来保证时效。售前要明确向买家列明不同物流方式的特点，为买家提供多样化的物流选择，买家根据实际需求来选择物流方式。

最后，在选择物流方式时，还需要考虑以下因素。

(1) 从买家的角度出发，卖家应该为买家所购买的货物作全方位的考虑，包括运费、安全度、运送速度、是否有关税等。
(2) 尽量在满足物品安全度和速度的情况下，为买家选择运费低廉的服务。EMS 无论服务还是时效性都比其他四大国际快递公司(UPS、DHL、TNT、Fedex)要逊色，但 EMS 的价格优势是非常明显的。
(3) 商品运输无须精美的外包装，重点是安全快速地将售出的商品送达买家手中。
(4) 即使拥有再多的经验，也无法估计所有买家的情况，所以把选择权交给买家更为合适，只需要在物品描述中标明所支持的运输方式，再确定一种默认的运输方式，那么如果买家有别的需要自会联系卖家。
(5) 有的买家可能适合多种运送方式，卖家可以写出常用的方式及折扣，为买家省去部分运费，也为卖家挣得更多的回头客。

知识拓展

跨境电商运费计算见右侧二维码。

第四节　跨境电子商务支付与通关

跨境电商市场交易规模的持续增长保证了相关企业对于跨境支付服务的需求，而增速明显的跨境进口电商领域可能成为跨境支付新的蓝海市场。各地区跨境支付业务利润均保持增长趋势，尤其是在亚洲地区，中国超越巴西，成为仅次于美国和欧元区的全球跨境支付第三大市场。与此同时，跨境支付成本居高不下，最终用户(付款人)的平均成本达到转账金额的 7.68%。伴随着新主体涌入跨境支付市场，通过非银行机构处理的交易已达到总体规模的 10%。2016 年之前，跨境支付市场主要被 payoneer、paypa、worldfirst 等外资支付机构垄断。2015 年，国家发布《支付机构跨境外汇支付业务指导意见》，中国跨境支付行业进入快速发展阶段。跨境支付机构资质审核严格，截至 2018 年年底，我国持有跨境外汇支付牌照的支付机构数量为 30 家，包括支付宝、财付通、银联支付等巨头，还包括连连支付、汇付天下、易宝支付、宝付等行业先行者。在国内支付市场被支付宝与财付通垄断的情况下，中小支付机构对跨境支付的关注度更高，积极布局海外市场。

一、跨境支付概述

跨境支付是指两个或两个以上国家或者地区之间因国际贸易、国际投资及其他方面所发生的国际债权债务借助一定的结算工具和支付系统，实现资金跨国和跨地区转移的行为。在生活中最常见的例子，中国消费者在网上购买国外商家产品或国外消费者购买中国商家产品时，由于币种的不一样，就需要一定的结算工具和支付系统实现两个国家或地区之间的资金转换，最终完成交易。

一般在跨境电商平台上下订单结算的时候，都会自动弹跳出一个支付的窗口，这就是跨境电商支付平台。每一个正在运营中的跨境电商平台都是需要具备支付功能的，不然是不能去进行交易的。所以说，确定了支付平台的设计要求和特点之后，在各方面的功能和特点也是逐渐增多，具体包括以下特点。

(1) 安全性高。一直以来在跨境电商领域中的安全交易模式越来越关键，要达到一定的安全等级之后，用户在平台上的成交才觉得越来越简单，甚至会更加放心一点。

(2) 支付流程简便快捷。只在短短几秒钟之内就可以显示支付成功，说明所下订单已经完成。这也是跨境电商支付平台能够带给客户的一种功能设置。在开发跨境电商系统的过程中就需要具备这方面的功能，只有这样才能够真正的在支付过程中更加专业，希望今后在支付选择上会越来越新颖。

(3) 对用户的资金保障上越来越安全。客户希望在不同阶段下订单时，有专业的资金保障措施。当大部分客户在跨境电商平台上体验时，都觉得在资金方面的安全性上会有着不同的选择，带来的支付交易模式越来越新颖，在该平台的资金保障性上越来越强。

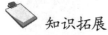知识拓展

跨境电商支付方式及其适用范围见右侧二维码。

二、跨境电子商务支付与外汇管理

跨境电子商务支付的兴起，给基于传统外贸交易特征的外汇管理体制与政策提出了新的挑战，基于与传统贸易商的差异，电子商务在外汇管理政策层面存在 3 个突出问题需要予以明确界定。

一是电子商务交易贸易性质的归属管理问题。从电子商务交易形式上看，跨境电子商务交易在本质上属于服务贸易范畴，国际社会普遍认可将其归入服务贸易总协定(GATS)规则，按服务贸易分类进行统计和管理。而对于仅仅通过电子商务方式完成订购、签约、交易等，但要通过传统的运输方式将货物运送至购买人的，则将被归入货物贸易范畴，属于 GATT 规则的管理范畴，由于我国尚未出台相关服务贸易外汇管理办法及跨境电子商务外汇管理法规，导致有关方面对跨境电子商务涉及的外汇交易归属管理范畴的把握有些模糊。

二是跨境电子商务支付机构相关外汇业务资格问题。跨境电商及其支付业务借助电子

信息技术突破时空限制，将商务交易延伸到世界的各个角落，使交易资讯和资金链条集成大数据平台。交易主体一旦缺乏足够的支付能力或出现信用危机、违规经营、信息泄露、系统故障等问题，则会引发交易主体外汇资金风险。因此，对跨境电子商务及其支付机构进行外汇市场准入管理十分重要与迫切。

三是跨境电子商务支付机构外汇管理与监管职责问题。如何对第三方支付机构所提供的跨境外汇收支服务进行有效的管理与准确的职能定位，急需外汇管理部门在法规中加以明确，从而使其在制度框架下规范运行。

跨境电子商务支付发展给外汇管理带来挑战，随着跨境电子商务的快速发展，针对传统国际贸易的业务特点而设计的现行贸易外汇管理政策，已经难以适应电子商务在交易形态和支付方式方面给外汇管理带来的新要求、新挑战。

1. 交易的虚拟性和无纸化带来单证审核困难

在跨境电子商务中，双方交易信息和契约要素均以电子形式予以记录和传递，而电子单证很容易被修改而不留任何线索和痕迹，导致传统的单证审核方式难以跟上新的形势变化。而虚拟特性更为突出的虚拟游戏物品等交易产品，其交易的真实性和可测性则更是难以把握。目前，除了货物贸易，服务贸易利用跨境电子商务平台进行交易也日益活跃。按照现行外汇管理规定，电子通信、信息服务、无形资产等服务贸易中的售付汇业务，需要提供主管部门的批件或资质证明。如果按照传统服务贸易那样向外汇指定银行提交贸易纸质单证，则难做到相应配套，同时也无法体现出跨境电子商务的优势，即信息流、物流、资金流的高效性和便捷性。

2. 跨境电子商务支付国际收支申报存在困难

一方面，通过电子支付平台境内外电商的银行账户并不直接发生跨境资金流动，且支付平台完成实质交易资金清算常需要 7~10 天，因此由交易主体办理对外收付款申报的规定较难实施。另一方面，不同的交易方式下对国际收支申报主体也产生不同的影响。例如，代理购汇支付方式实际购汇人为交易主体，应由交易主体进行国际申报，但实施起来较为困难；线下统一购汇支付方式实际购汇人为第三方支付机构，可以第三方支付机构为主体进行国际收支申报，但此种申报方式难以体现每笔交易资金实质，增加了外汇审查和监管难度。货物贸易外汇改革后，外汇管理部门通过贸易外汇监测系统，全面采集企业货物进出口和贸易外汇收支逐笔数据，定期比对、评估货物流与资金流总体匹配情况，与传统货物贸易相比，跨境电子商务的物流方式以快递为主，难以取得海关报关单据等合法凭证，同时也难以获得与资金流相匹配的货物流数据，进而增加了外汇监管工作的复杂性和工作量。

3. 银行直接对跨境电子商务交易进行真实性审核困难

跨境电子商务的无纸化、虚拟性导致外汇管理部门对跨境电子商务交易的真实性、支付资金的合法性难以审核，增大了跨境资金异常流动和反洗钱监管难度。特别是第三方支付机构的介入，原本银行了如指掌的交易流程被割裂为难以看出关联的繁杂交易。由于缺乏对交易双方的资讯了解，外汇指定银行无法直接进行贸易真实性审核，如在境外收单业务中，客户的支付指令由支付机构掌握，银行按照支付机构的指令，将资金由客户账户划入人民币备付金账户，通过银行购汇入外汇备付金账户，再将资金由外汇备付金账户汇入目标账户。即便发生在同系统,银行也很难确定各项电子交易的因果关系。

4. 跨境电子商务支付外汇备付金账户管理困难

随着跨境电子商务及支付机构的发展,机构外汇备付金管理问题日益突显,而我国当前对外汇备付金管理没有相关的明确规定。例如,外汇备付金是归属经常项目范畴还是资本项目范畴没有明确;外汇备付金账户开立、收支范围、收支数据如何报送没有明确;同一机构本外币备付金是否可以轧差结算等无统一管理标准,易使外汇备付金游离于外汇监管体系外,这些都需要通过出台相关规定予以解决。

三、跨境电子商务通关

(一)跨境电子商务货物通关方式

跨境电商通关主要经过申报通关、检验检疫、外汇结算、出口退税、进口征税等环节。跨境电商通关主要有三种方式。

(1) 货物方式,也称为一般贸易通关模式,与传统贸易类似,全部纳入海关贸易统计,入关后的主要目的是在中国市场销售,即跨境电商 B2B 业务。

(2) 快件方式,进出境快件运营人以快速商业运作方式承揽、承运物品,中国海关将其分为文件类、个人物品类和货物类三类,个人物品类和文件类快件的通关,一般参照邮件通关的做法,而货物类的通关,除了免征税的货样、广告品外,通常参照一般贸易的方式通关和征税。

(3) 邮件方式,通过邮政渠道出入境的包裹、小包邮件以及印刷品等物品,海关要求以自用合理数量为限,收取行邮税。

以通关方式最为严苛的进口电商货物方式为例,在通关时主要经历申报、查验、征税、放行、结关这五个步骤。具体来说,货物进入中国境内时,其收货人或其代理人必须向中国海关请求申报,交验规定的证件和单据,接受海关对所报货物的查验,依法缴纳海关关税和其他由海关代征的税款,然后才能由海关批准货物和运输工具的放行。除了享受特定减免税优惠和保税的商品,一般贸易方式进入境内,需要缴纳进口税和进口增值税。

(二)跨境电商进口通关模式

1. 保税进口模式

保税进口,即跨境电商先从海外大批量采购商品,并运至国内的保税区备货暂存。当消费者在电商网站下单时,订单、支付单、物流单等数据将实时传送给海关等监管部门,以便完成申报、征税、查验等通关手续和环节。最后,这些跨境商品会直接从保税区的仓库发出,通过国内物流(快递)运达消费者手中。相较于下面的直邮进口模式,此模式的"到货速度"更快、效率更高(见图 12.1)。

2. 直邮进口模式

即消费者在跨境电商的网站(平台)下单后,电商或申报企业通过跨境电子商务系统(涵盖备案、申报、征税、查验、放行等环节)进行申报,并向海关推送订单、支付、物流等信息,在系统完成信息对碰后,这些跨境商品会在海外的仓库完成打包,并以个人包裹的形式入境，入境时会在检验检疫、海关等部门完成通关、查验、征税等环节，直至完成清关。最后，通过国内物流(快递)将跨境商品送到消费者手中。相较于保税进口模式，此模式"上新货"的速度更快(见图12.2)。

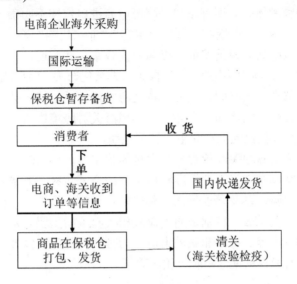

图 12.1　保税进口模式

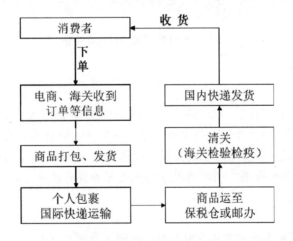

图 12.2　直邮进口模式

3. 快件清关模式

确认订单后，商家通过国际快递将商品直接从境外邮寄至消费者手中。该模式的优点是灵活，有业务时才发货，不需要提前备货。缺点是与其他邮快件混在一起，物流通关效率较低，量大时成本会迅速上升。主要适合业务量较少，偶尔有零星订单的阶段。

(三)跨境电商通关与传统跨境贸易

与传统跨境贸易大批量少批次不同，跨境电商小批量多批次的特点给海关监管带来困难，造成海关通关成本高、出口退税难、通关效率低、政策法规不完善等问题。出口方面：由于每批次交易以单件为基础、出货频次高、商品品类繁多，造成高额的报关成本；跨境电商无法提供报关单、增值税发票，小件邮包没有海关数据，退税成本高，退税流程不完善等导致大部分卖家没有办法缴税，同时也享受不到出口退税的好处。进口方面：大量商品通过快件和邮政渠道通关与现行海关管理制度存在矛盾；物流周期通常需要一周至一个月，严重影响消费者体验；现有法规对跨境电商进口定性不明确，导致在通关、税收、贸易统计及诚信体系等方面不规范，滋生"水客""非法代购"等。

为了适应跨境电商的通关特征，提高通关效率，海关通过"全年无休日、货到海关监管场所24小时内办结海关手续""电子报关，无纸化通关""清单核放、汇总申报"等措施优化通关流程，节省报关时间。此外，各地海关或相关主管机关均自行开发了跨境通关系统，打通海关、质检、物流和支付环节，实现海关对跨境进口电子商务交易、仓储、物流和通关环节实施监管执法的自动化电子管理系统。

国务院是跨境电商相关政策指导性意见的制定方，自2013年我国跨境电商发展元年起，国务院已相继颁布政策文件批准跨境电商综合试验区，要求各部门落实跨境电商基础设施建设、监管实施，以及要求优化完善支付、税收、收结汇、检验、通关等过程。海关总署是跨境电商流程层面，特别是通关流程相关政策的重要制定方。具体措施包括提高通关效率、规范通关流程、打击非法进出口。同时，商务部、发改委、质检总局、外汇管理局等职能部委根据指导意见分别制定相应政策。

进、出口跨境电商的通关模式

(一)出口通关模式

1. 0139模式

2001年海关总署发布公告，增列海关监管代码0139贸易模式。外国旅游者或外商采购货物总值在小于等于5万美金以内的出口订单，以货物运输的方式出口，海关采取简化归类便利通关的操作模式。据悉，0139通关模式对之前大量的零散出口订单都可以有效管理，但由于不适应跨境电商新业态，同时为规范海关管理和贸易统计，该模式在2017年8月1日被取消。

2. 9610模式

2014年2月，海关总署发布另一则公告，新增海关监管代码9610，主要针对跨境B2C企业。9610出口模式全称"跨境贸易电子商务"，适用于境内个人或电子商务企业通过电子商务交易平台实现交易，并采用"清单核放、汇总申报"模式办理通关手续的电子商务零售出口商品(通过海关特殊监管区域或保税监管场所一线的电子商务零售出口商品除外)。9610又俗称集货模式，电子商务企业向海外出售的货物以邮寄、快件等方式运输，分批核放出境，之后定期将已核放的清单归并形成报关单，并根据相关合作机制通过电子口岸将报关单电子数据提供给税务、外汇管理部门，便利电子商务企业办理退税、结汇手续。

3. 1210模式

1210监管方式适用于境内个人或电子商务企业在经海关认可的电子商务平台实现跨境交易，并通过海关特殊监管区域或保税监管场所进出的电子商务零售进出境商品(海关特殊监管区域、保税监管场所与境内区外(场所外)之间通过电子商务平台交易的零售进出口商品不适用该监管方式)。1210保税出口又俗称备货模式,保税仓的商品可以多次先出口,经过监管区,到每月月底来汇总数量之后,再一次性口岸集报,生成一份正式报关单,最后再由跨境电商企业去税局办理退税。1210保税出口模式实行的是入仓退税,即提前把税退完后再产生订单,只要货物进了保税仓之后就可以实现退税了。

4. 1039模式

2014年7月,海关总署增列海关监管代码1039。据悉,1039出口模式即"市场采购"贸易方式,是指由符合条件的经营者在经国家商务主管部门认定的市场集聚区内采购的、单票报关单商品货值15万(含15万)美元以下、并在采购地办理出口商品通关手续的贸易方式。2016年11月16日之前,该贸易方式适用范围仅限于在义乌市场集聚区(义乌国际小商品城、义乌市区各专业市场和专业街)内采购的出口商品。随后,政府将海关监管方式"市场采购"(代码:1039)适用范围扩大到江苏常熟服装城、广州花都皮革皮具市场、山东临沂商城工程物资市场、武汉汉口北国际商品交易中心、河北白沟箱包市场等内采购的出口商品。2018年11月,政府将市场采购贸易试点范围已扩大至温州(鹿城)轻工产品交易中心、泉州石狮服装城、湖南高桥大市场、亚洲国际家具材料交易中心(位于佛山)、中山市利和灯博中心、成都国际商贸城6家市场。

(二)进口通关模式

1. 9610进口

又称直邮进口,适用于中国境内个人或者电子商务企业通过商务交易平台(网站/APP/小程序等)实现交易,并且采用"清单核放、汇总申报"模式办理通关手续的电子商务零售进口商品(但是通过海关特殊监管区域或者保税监管场所一线的电子商务零售进口商品除外)。商家将多个已售出商品统一打包,通过国际物流运送至国内的保税仓库,电商企业为每件商品办理海关通关手续,经海关查验放行后,由电商企业委托国内快递派送至消费者手中,并且每个订单都附有海关单据。该模式灵活、不需要提前备货,相对于快件清关而言,物流通关效率较高。但是需在海外完成打包操作,成本高、物流时间长。

2. 1210进口

又称网购保税进口,适用于境内个人或电子商务企业在经海关认可的电子商务平台实现跨境交易,并通过海关特殊监管区域或保税监管场所进出的电子商务零售进境商品(海关特殊监管区域、保税监管场所与境内区外(场所外)之间通过电子商务平台交易的零售进口商品不适用该监管方式)。1210模式对于跨境电子商务进口模式而言,仅适用于网购保税进口模式。货物在用于进口时,仅限经过批准开展跨境贸易电子商务进口试点的海关特殊监管区域和保税物流中心B型,即海关批复的跨境进口试点城市,才能完成网购保税进口模式清关、发货。在信息数据方面,除了强调企业备案与信息传送之外,保税跨境贸易电子商务的交易平台也需要得到海关的认可。

(资料来源:亿邦动力:电子商务研究中心,有删节)

思考:

1. 结合案例,分析小明在某电商平台做个人的海外直淘时,会涉及哪些进、出口跨境电商的通关模式?

2. 简述9610进口通关模式与1210进口通关模式的联系与区别。

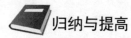 归纳与提高

跨境电子商务总共经历了三个阶段，实现了从信息服务，到在线交易、全产业链服务的跨境电子商务产业转型。

目前，跨境电商共分为这 5 大平台模式：代购、直发、自营、导购以及闪购。在跨境电子商务运作过程中，信息流、商流和资金流均可在虚拟环境下实现，但物流环节却不能在虚拟环境下实现。跨境物流是指在两个或两个以上国家或地区之间进行的物流服务，是物流服务发展到高级阶段的一种表现形式。由于跨境电子商务的交易双方分属不同国家，商品需要从供应方国家通过跨境物流方式实现空间位置转移，在需求方所在国家内实现最后的物流与配送。随着消费能力的提升、消费观念的改变，我国居民对跨境电商、境外旅游、出国留学等需求日益旺盛。而且随着"一带一路"战略的实施，我国与沿线国家的合作领域不断拓宽，经济联系更加紧密，带动了跨境支付需求快速增长。2018 年我国跨境出口电商市场规模突破 7.9 万亿元人民币，总体市场增长趋势保持稳健态势，2018 年的年度增长率仍然保持 10%以上。跨境进口电商市场方面，虽然目前总体市场规模较小，但整个市场近 4 年的年度增长率均保持 30%以上，增长势头明显。

 习题

一、选择题

1. 我国跨境电子商务总共经历了三个阶段，实现了从(　　)，到在线交易、全产业链服务的跨境电子商务产业转型。

  A. 售后服务　　　　　　　B. 产品服务
  C. 信息服务　　　　　　　D. 物流服务

2. 从狭义上看，跨境电商实际上基本等同于(　　)。

  A. 跨境交易　　B. 跨境服务　　C. 跨境零售　　D. 跨境支付

3. 企业之间的跨境电子商务模式有(　　)。

  A. C2C 模式　　B. B2B 模式　　C. B2C 模式　　D. O2O 模式

4. 跨境电商先从海外大批量采购商品，并运至国内的保税区备货暂存的是(　　)。

  A. 直邮进口模式　　　　　B. 保税进口模式
  C. 快件清关模式　　　　　D. 免税通关模式

二、复习思考题

1. 简述跨境电子商务的优势及劣势。
2. 哪种类型的产品适合跨境电子商务交易？
3. 跨境电子商务通关模式有哪些？

三、技能实训题

1. 到自己学习所在区域的保税区调研有关跨境电子商务的通关模式及要求。
2. 调研一个跨境电子商务企业并实习。

参 考 文 献

[1] 柯新生. 电子商务——运作与实例[M]. 北京：清华大学出版社，2007.
[2] 宋文官. 电子商务实用教程[M]. 北京：高等教育出版社，2009.
[3] 陈拥军，孟晓明. 电子商务与网络营销[M]. 北京：电子工业出版社，2008.
[4] 兰宜生. 电子商务基础教程[M]. 北京：清华大学出版社，2007.
[5] 宋远方. 电子商务[M]. 北京：电子工业出版社，2008.
[6] 周小勇等. 电子商务理论与实务[M]. 北京：清华大学出版社，2014.
[7] 李光明等. 电子商务实务[M]. 北京：清华大学出版社，2010.
[8] 李重九等. 电子商务教程[M]. 上海：浦东电子出版社，2000.
[9] 刘怀亮. 电子商务概论[M]. 北京：冶金工业出版社，2006.
[10] 章剑林，商玮. 电子商务概论[M]. 杭州：浙江科学技术出版社，2006.
[11] 李连营. 电子商务实用教程[M]. 成都：电子科技大学出版社，2005.
[12] 祁明. 电子商务实用教程[M]. 2版. 北京：高等教育出版社，2006.
[13] 许国柱. 电子商务实务教程[M]. 广州：广东高等教育出版社，2005.
[14] 杨坚争. 电子商务基础与应用[M]. 西安：西安电子科技大学出版社，2006.
[15] 吴吉义. 电子商务概论与案例分析[M]. 北京：人民邮电出版社，2008.
[16] 李琪. 电子商务图解[M]. 北京：高等教育出版社，2001.
[17] 李晓燕等. 电子商务概论[M]. 西安：西安电子科技大学出版社，2004.
[18] 王月辉. 现代日本流通业[M]. 北京：科学技术出版社，2005.
[19] 彭欣，李新仕. 电子商务实用教程[M]. 北京：中国宇航出版社，2003.
[20] 蒋三庚. 现代服务业研究[M]. 北京：中国经济出版社，2006.
[21] 徐丽娟. 电子商务概论[M]. 北京：机械工业出版社，2004.
[22] 张旭霞. 电子政务[M]. 北京：对外经济贸易大学出版社，2006.
[23] 陈庆云等. 现代公共政策概论[M]. 北京：经济科学出版社，2004.
[24] 汪玉凯. 电子政务在中国[M]. 北京：国家行政学院出版社，2006.
[25] 张润彤，王力波. 电子商务基础教程[M]. 北京：首都经济贸易大学出版社，2003.
[26] 21世纪全国高职高专计算机教育"十一五"规划教材编委会. 电子商务概论[M]. 北京：中国计划出版社，2007.
[27] 刘科文. 电子商务案例分析[M]. 哈尔滨：黑龙江科学技术出版社，2007.
[28] 王鑫，史纪元. EDI实务与操作[M]. 北京：对外经济贸易大学出版社，2007.
[29] 王淑华. 电子商务基础与应用[M]. 北京：科学出版社，2009.
[30] 周春芳. 流通业现代化与电子商务[M]. 北京：中国税务出版社，2004.
[31] 张传玲，王洛国. 电子商务技术[M]. 北京：中国经济出版社，2008.
[32] 马佳琳，周传生. 电子商务原理与技术[M]. 北京：人民邮电出版社，2008.
[33] 王仁武. 实用电子商务技术[M]. 上海：上海科学普及出版社，2004.
[34] 肖和阳，卢嫣. 电子商务安全技术[M]. 长沙：国防科技大学出版社，2005.
[35] 冯晓玲. 电子商务安全[M]. 北京：对外经济贸易大学出版社，2008.

[36] 洪国彬等. 电子商务安全与管理[M]. 北京：清华大学出版社，2008.

[37] 陈大志. 电子商务实务[M]. 武汉：华中科技大学出版社，2008.

[38] 赵莉，吴学霞. 电子商务概论[M]. 武汉：华中科技大学出版社，2009.

[39] 孙参运，李东. 新编电子商务概论[M]. 开封：河南大学出版社，2008.

[40] 俞立平，夏卫红，华毅. 电子商务技术与实务[M]. 南京：东南大学出版社，2003.

[41] 赵乃真. 电子商务技术与应用[M]. 北京：中国铁道出版社，2003.

[42] 邵兵家. 电子商务概论[M]. 北京：高等教育出版社，2003.

[43] 刘建萍. 电子商务基础[M]. 北京：机械工业出版社，2004.

[44] 刘伟明. 网上购物与开店入门与进阶[M]. 北京：清华大学出版社，2010.

[45] 陈联刚，周列平. 电子商务实训[M]. 北京：经济科学出版社，2007.

[46] 徐飞. 网上开店创业手册[M]. 上海：东华大学出版社，2004.

[47] 彭纯宪. 网上开店实务[M]. 北京：机械工业出版社，2009.

[48] 郑晓霞等. 电子商务与电子政务[M]. 北京：中国水利水电出版社，2010.

[49] 张进等. 网络金融学[M]. 北京：北京大学出版社，2002.

[50] 闫涛蔚等. 电子商务营销[M]. 北京：人民邮电出版社，2003.

[51] 《MBA必读核心课程》编写组编. 现代物流管理[M]. 郑州：郑州大学出版社，2004.

[52] 王小宁. 电子商务物流管理[M]. 北京：北京大学出版社，2012.

[53] 邵正宇，周兴建. 物流系统规划与设计[M]. 北京：清华大学出版社，2011.

[54] 马军，杨懋. 电子商务概论[M]. 西安：西安电子科技大学出版社，2009.

[55] 韩朝胜. 电子商务概论[M]. 成都：西南财经大学出版社，2008.

[56] 刘笑诵. 电子商务概论[M]. 苏州：苏州大学出版社，2008.

[57] 王丽亚. 物流信息系统与应用案例[M]. 北京：科学出版社，2007.

[58] 翟丽丽. 电子商务概论[M]. 北京：科学出版社，2011.

[59] 方玲玉. 电子商务基础与实践[M]. 长沙：中南大学出版社，2009.

[60] 佟勇臣. 现代物流信息管理[M]. 北京：中国水利水电出版社，2010.

[61] 赵颖，陈莉，刘德华. 电子商务概论[M]. 北京：北京理工大学出版社，2009.

[62] 谢红燕，辛海涛. 电子商务物流[M]. 北京：中国物资出版社，2010.

[63] 吴成东. 物联网技术与应用[M]. 北京：科学出版社，2012.

[64] 龚威. 现代楼宇自动控制技术[M]. 北京：清华大学出版社，2012.

[65] 侯媛彬等. 凌阳单片机原理及其开发[M]. 北京：科学出版社，2012.

[66] 刘吉成，王兆明. 企业电子商务[M]. 北京：中国水利水电出版社，2011.

[67] 李琪等. 电子商务导论[M]. 北京：电子工业出版社，2010.

[68] 王玉玲. 电子商务原理与应用[M]. 北京：科学出版社，2012.

[69] 秦成德，王汝林. 移动电子商务[M]. 北京：人民邮电出版社，2009.

[70] 李琪. 电子商务概论[M]. 北京：高等教育出版社，2009.

[71] 方真，于巧娥. 电子商务教程[M]. 北京：北京交通大学出版社，2011.

[72] 石鉴. 电子商务概论[M]. 北京：机械工业出版社，2008.

[73] 石彤. 电子商务综合实践教程[M]. 北京：北京交通大学出版社，2011.

[74] 钟元生. 移动电子商务[M]. 上海：复旦大学出版社，2012.

[75] 方建生等．电子商务[M]．厦门：厦门大学出版社，2012．
[76] 杨兴丽等．电子商务概[M]．北京：北京邮电大学出版社，2011．
[77] 王永东．网络营销学[M]．北京：清华大学出版社，2018.7．
[78] 张慧．电子商务概论[M]．武汉：武汉大学出版社，2017.9．
[79] 张健，尹志洪．电子商务概论[M]．武汉：华中科技大学出版社，2018.7．
[80] 白东蕊，岳云康．电子商务概论[M]．2版．北京：人民邮电出版社，2013.9．
[81] 侯晓娜等．电子商务概论[M]．北京：北京理工大学出版社，2016．
[82] 黎继子．电子商务物流[M]．北京：中国纺织出版社，2016．
[83] 于宝琴等．现代物流技术与应用[M]．重庆：重庆大学出版社，2017．
[84] 魏修建．电子商务物流管理[M]，重庆：重庆大学出版社，2007．
[85] 马素刚等．计算机网络技术导论[M]．2版．西安：西安电子科技大学出版社，2016．
[86] 张维迎．经济学原理[M]．西安：西北大学出版社，2015．
[87] 李宏畅．网络金融与电子支付[M]．西安：西安交通大学出版社，2015．
[88] 上海市经济委员会．世界服务业重点行业发展动态[M]．上海：上海科学技术文献出版社，2005．
[89] 王先明，陈建英．网红经济3.0自媒体时代的掘金机会[M]．北京：当代世界出版社，2016．
[90] 黄昊．微商就得这么干 移动营销实战手册[M]．北京：新华出版社，2015．
[91] 李柏杏，王虹．电子商务概论[M]．武汉：武汉大学出版社，2016．
[92] 姚丹等．国际贸易实务[M]．重庆：重庆大学出版社，2017．
[93] 耿鸿武，张涛．新电商：做剩下的3%[M]．北京：新世界出版社，2016．
[94] 徐凡．跨境电子商务基础[M]．北京：中国铁道出版社，2017．
[95] 张永捷等．跨境电子商务新手攻略[M]．北京：对外经贸大学出版社，2015．
[96] 张昶等．移动电子商务[M]．北京：北京邮电大学出版社，2016．
[97] 石璞．电子商务技术环境面临的问题与国内政策改革[J]．考试周刊，2008.12．
[98] 倪娟．电子商务的盈利模式研究[D]．学术论文，2005.6．
[99] 朱文静．电子商务下的网络营销渠道策略[J]．当代经济，2010.6．
[100] 张京卫．电子商务信用机制建设研究[J]．物流科技，2007.5．
[101] 刘娟．建立电子商务信用机制的对策[J]．才智，2011.4．
[102] 廖敏慧等．论电子商务信用机制的构建[J]．商场现代化，2006.10．
[103] 张亚翠．浅析企业网络定价策略[J]．商业研究，2011.1．
[104] 崔玮．我国电子商务信用问题探析[J]．大众商务，2010.6．
[105] 曹博林．社交媒体:概念、发展历程、特征与未来——兼谈当下对社交媒体认识的模糊之处[J]．湖南广播电视大学学报，2011.3．
[106] 赵树梅，徐晓红．"新零售"的含义、模式及发展路径[J]．中国流通经济，2017.5．
[107] 晁钢令，朱敬良．"新零售"与商业变革之路[J]．上海百货，2018．

相关内容网站

1. 中国互联网络信息中心：http://www.cnnic.cn．
2. 中华人民共和国信息产业部：http://www.mii.gov.cn．
3. 百度：http://www.baidu.com．

4. 谷歌：http://www.google.com.
5. 中国调查网：http://www.cornrc.com.cn.
6. 美国在线：http://www.a01.com.
7. 计算机世界报：http://www.ccw.com.cn.
8. 互联网周刊：http://www.enet.com.cn.
9. IT168：http://publish.it168.com.
10. IT 先锋：http://www.itxf.com.cn.
11. 艾瑞网：http://www.iresearch.cn.
12. 百度文库：http://wenku.baidu.com.
13. 百度百科：http://baike.baidu.com.
14. 网经社：http://www.100ec.cn.
15. 虎嗅网：https://www.huxiu.com.
16. 新华网：http://www.xinhuanet.com.
17. 人民网：http://www.people.com.cn.
18. 中国海关：http://online.customs.gov.cn.
19. 中国移动：http://www.10086.cn.